U0365971

新原德

張世英題

"为天地立心，为生民立命，为往圣继绝学，为万世开太平。"此哲学家所应自期许者也。况我国家民族，值贞元之会，当绝续之交，通天人之际，达古今之变，明内圣外王之道者，岂可不尽所欲言，以为我国家致太平，我亿兆安心立命之用乎？虽不能至，心向往之。非曰能之，愿学焉。

——冯友兰《新原人》自序

儒学美德论

陈 来 著

三联书店

图书在版编目（CIP）数据

儒学美德论／陈来著. —北京：生活·读书·新知三联书店，
2019.5
ISBN 978－7－108－06545－2

Ⅰ.①儒…　Ⅱ.①陈…　Ⅲ.①儒家－道德修养－研究
Ⅳ.① B222.15

中国版本图书馆 CIP 数据核字（2019）第 057525 号

责任编辑　王晨晨
装帧设计　薛　宇
责任印制　宋　家
出版发行　生活·讀書·新知 三联书店
　　　　　（北京市东城区美术馆东街 22 号　100010）
网　　址　www.sdxjpc.com
经　　销　新华书店
印　　刷　北京市松源印刷有限公司
版　　次　2019 年 5 月北京第 1 版
　　　　　2019 年 5 月北京第 1 次印刷
开　　本　880 毫米×1230 毫米　1/32　印张 17.5
字　　数　348 千字
印　　数　0,001－7,000 册
定　　价　68.00 元
（印装查询：01064002715；邮购查询：01084010542）

目 次

下 篇

序

本书可以说是以美德的追寻为中心的一个中国伦理研究。

美德伦理运动是近三十年来英语哲学世界的重要一支，也是当代西方哲学在当代中国引起较多关注的哲学流派。从麦金太尔到斯洛特，美德伦理学家的著作有很多已经被译为中文，或在中国有了介绍。中国学者不仅出版了关于西方美德伦理学的评介研究，也开展了对一般德性论的伦理学研究，而本书的主题则是有关儒家伦理与美德伦理的研究。

其实，美德伦理本来并不是一个深奥的理论系统，毋宁说，美德是人类文明最基本的道德实践形态。由于本书关注美德伦理与儒家伦理的研究，故这一部分并不需要以叙述美德伦理在西方晚近复兴发展的历史为开始，这在很多书中都已有详尽的叙述。同时，本书也不是要在美德伦理的框架中回应各种对美德伦理的批评，以便论证美德伦理在当代伦理学的地位、作用，因为我们并不把自己定位为美德伦理学家。我们的目的是检视儒家伦理与美德伦理的关系，辨明儒家伦理与美德伦理的异同，并把美德伦理作为一个研究视角，扩大对儒家思想的研究，加深对儒家美德理论和道德思想的理解。

本书美德伦理部分的各章正是围绕这个目标来安排的。儒学研究与美德伦理一章正是致力于上面所说的总目标，而孔子的德行论和孟子的德性论两章，既是配合此一目标，也欲借此彰显美德伦理视角研究的结果。如我们所说，儒家自有其美德理论（德性理论）的部分，但仅仅从美德理论的角度尚不能完全呈现出儒家道德人生思想的全部性质，孔子的部分尤能证明这一点。战国时期《五行》与《六德》的德行论的一章，是为了说明儒家早期思想中，既有美德伦理，着眼于人之所以为人的德行；又有角色伦理，着眼于人在特定人伦关系中的角色义务，两者都是儒家伦理思想的成分。冯友兰的一章重在说明非道德德行的意义，或儒家道德德行的非道德应用，强调古代德行论在现代传承转化过程中不同的可能路径。冯契的一章则为了探讨在中国化的马克思主义思想中是否可以容纳一种儒家的德性理论和实践。关于儒学人论与仁论的基本分析是试图从比美德伦理更为普遍的哲学角度来呈现对儒家道德思想的理解背景。儒家的实践智慧一章，是参照战后西方哲学对亚里士多德概念的诠释，集中地对儒家传统的"智德"做一深入的阐发。因为，在彼彻姆的书中，实践智慧正是作为亚里士多德美德伦理的内容来叙述的，麦金太尔也认为实践智慧是核心美德。

本书的公德私德部分，可以看作美德研究在一个特定领域的讨论，其重要性在于它们切近中国近代以来的道德变迁历史。其中前三章，即《西方道德概念史的自我与社会》《中国近代以来重公德轻私德的偏向与流弊》《中国古代德行论的分类与分析》，都是在宏观上对这一问题进行梳理和分析。梁启超和李泽厚则是两个重要的典型个案，梁启超《新民说》的公德私德思想是 20 世纪至今最受关注的道德论之一，不仅他的公德思想产生了重大影响，而且他后来最重视的私德思想因被人们忽略从而造成的不利影响也同样深远。梁启超晚期以"人格"思想来把握儒家道德思想的本质，体现了他对只用德行伦理把握儒家道德思想特性的失望，而转向用一种他认为更合适的范式（人格）来揭示孔孟之教的本色，这是意味深长的。李泽厚的两种道德论受到梁启超公德论的影响，而李泽厚晚期的人性论和价值论不仅仍与公德私德论相连，而且也不同程度地关涉美德伦理的问题，从而使得对其伦理学的反思成为当代道德思考的必要环节。

以上所说，是从本书写作的次序和展开来讲的，就成书的呈现而言，为便于读者的进入，则公德私德的部分在先，儒家美德伦理的部分在后。

儒家伦理是儒家思想的主要部分，有关儒家伦理的研究以往主要集中在儒家思想史。近年来，关于儒家伦理的研究开始更多转向理论本身，从而使得有关儒家伦理的理论研究成为当代儒学研究的重点。本书所致力和关注的也是这一领域研究的一个方面。

如我们一开始就说过的，美德伦理的问题并不是一个深奥的哲学理论问题，并不需要很多抽象的形上思辨，因此本书的特点是，在紧扣主线的前提下，各章在从一个方面关联于美德伦理与儒家伦理研究的同时，大都可独立地成为道德思想史研究的专题案例，从而也体现了全书的学术性。应当说明，本书的思考只是表达了作者个人的文化立场，欢迎得到专家的指正。

本书的内容撰写，经历了较长时间，其中若干章节已经在刊物上面发表，其情形如下。第四章：《梁启超的私德说》，《清华大学学报》，2013 年 1 期；第五章：《梁启超的道德思想及其对孔孟之教的认识与把握》，《清华大学学报》，2017 年 2 期；第六章：《李泽厚两德论评析》，《船山学刊》，2017 年 4 期；第八章：《桑德尔论公民德行的评论与思考》，《华东师范大学学报》，2016 年 3 期；第十章：《儒学的人论》，《哲学动态》，2016 年 4 期；第十一章：《论儒家的实践智慧》，《哲学研究》，2014 年 8 期；第十二章：《德性伦理与儒家伦理》，《清华哲学年鉴》，2009 年；第十三章：《春秋时代的德行伦理与早期儒家伦理学的特点——兼论孔子与亚里士多德伦理学思想的异同》，《河北学刊》，2002 年 6 期；《〈论语〉的德行论体系》，《清华大学学报》，2011 年 1 期；第十四章：《孟子的德性论》，《哲学研究》，2010 年 5 期；第十五章：《早期儒家的德行论——以郭店楚简〈六德〉〈五行〉为中心》，《北京大学学报》，2018 年 2 期；第十六章：《圣贤之后的人生追寻——冯友兰〈新世训〉的

伦理学意义》,《哲学研究》,2006 年 2 期;第十七章:《冯契德
性论简论》,《华东师范大学学报》,2006 年 2 期。在收入本书
时,这些发表过的文章又经过修改,也调整了题目。这是要跟
读者说明的。

当代著名哲学家、北京大学哲学系的前辈老师张世英先生
欣然为本书题字,这是我的福气,谨向张先生表示深深的感谢!

陈　来

2018 年 4 月 30 日

上　篇

第一章　西方道德概念史的自我与社会

一、亚里士多德："公民品德"与"善人品德"

古希腊城邦林立，城邦规模一般都不大，故个人与城邦国家的关系较为直接，这就是个人作为城邦国家的"公民"，以及由此而来的对公民的要求。城邦对公民行为的要求可以说即是公民道德。

根据亚里士多德的《政治学》，什么是公民，犹如什么是城邦一样，在当时时常引起争辩，而没有大家公认的定义。依据亚里士多德的观点，公民的性质如下："（一）凡有权参加议事和审判职能的人，我们就可以说他是那一城邦的公民；（二）城邦的一般含义就是为了要维持自治生活而具有足够人数的一个公民集团。"[1]

---

[1]　亚里士多德：《政治学》，吴寿彭译，商务印书馆，2012 年，117 页。

城邦是一种社会组织，若干公民集合在一个政治团体内，就成为一个城邦。可见城邦不是血缘共同体，也不是宗教组织，公民和城邦的关系是其作为政治团体的成员与政治团体的关系。在阐明了公民与城邦的定义和关系之后，亚里士多德进入了如下的问题：

> 同上述论旨"城邦的同一性应该求之于政治"密切相关的下一问题为：善人的品德和良好公民的品德应属相同，还是相异？但我们在研究这个问题之前，必须先行说明公民品德的一些功能，作为一个团体中的一员，公民之于城邦恰恰好像水手之于船舶。水手各有职司，一为划桨（桡手），另一为舵工，另一为瞭望，又一为船上其他职事的名称；船上既按照各人的才能分配各人的职司，每一良水手所应有的品德就应当符合他所司的职分而各不相同。但除了最精确地符合于那些专职品德的个别定义外，显然，还须有适合全船水手共同品德的普遍定义。……现在这个社会已经组成为一个政治体系，那么，公民既各为他所属政治体系中的一员，他的品德就应该符合这个政治体系。倘使政体有几个不同的种类，则公民的品德也得有几个不同的种类。所以好公民不必统归于一种至善的品德。但善人却是统归于一种至善的品德的。于是，很明显，作为一个好公民不必人人具备一个善人所应有的品德。[2]

---

[2]《政治学》，123 页。

这里亚里士多德提出了两个概念，即"公民的品德"和"善人的品德"，他认为二者是不同的。好公民和好人是不同的道德概念，好公民必定是具体的，是特定政治体系的成员资格，而亚里士多德认为好人则是普遍概念，超越不同的政治体系的差异，单纯指向人格与品质的高尚良善。善人或好人也就是中国文化所说的君子。

所谓公民道德，就是超出其个人职业所司所应符合的社会集体的要求，各个不同职业的人共同地符合其所属的政治体系的要求。不同的政治体系，不同的城邦，对公民的政治要求不同，故不同国家有不同的公民道德要求。在亚里士多德看来，由于国家政治体系不同，故公民道德是分殊的，不是普遍的。相比而言，"善人"的道德则是无分于国家体制的，是普遍的，是"统归于一种至善的品德"的。因此，亚里士多德指出，好公民仅仅是被要求符合于他所在的国家，是不会具备善人的品德的，也就是说好公民的品德还达不到善人的品德。可见，善人的品德高于公民的品德，但国家只要求公民具备公民品德，只要求符合好公民的要求。亚里士多德这里提出的也就是公民道德与个人道德的区别问题。

亚里士多德说：

倘使一个城邦不可能完全由善人组成，而每一公民又各自希望他能好好的克尽职分，要是不同的职分须有不同的善德，那么所有公民的职分和品德既不是完全相同，好公民的品德就不能全都符合善人的品德。所有的公民都应该有好公民的品德，只有这样，城邦才能成为最优良的城邦；但我们如果不另加规定，要求这个理想城邦中的好公民也必须个个都是善人，则所有的好公民总是不可能而且也无须全都具备善人的品德。[3]

因此，亚里士多德的结论是"好公民的品德和善人的品德并不全然相同"。然而，他也强调另一点，即统治者和政治家应为善人，"统治者的训练应该不同于一般公民的教育，统治者的品德有别于一般被统治公民的品德，统治者的品德应相同于善人的品德"。[4]

这里，在本节的最后，再提及亚里士多德的伦理思想。他在《政治学》中，把他在《伦理学》中的论点概括为"幸福为善行的极致和善德的完全实现"。这里是以定义"幸福"的形式出现的，即幸福是善行和善德的统一。德是内在的德性，故其完全实现即是幸福；善的行为若仅见诸一两件小事是不够的，须达到极致才是幸福。他还指出，最高的善是"凡由己（出于本然）的善行"，并认为"一个真正善良而快乐的人，其本性的善一定是绝对的善。当他发扬其内在的善德时，一定能明白昭示其所善具有的绝对的价值（品格）"。[5]

---

[3]　《政治学》，124页。

[4]　同上书，125页。

[5]　同上书，389页。

在亚里士多德看来，好公民包括统治者和自由人，统治者要懂得统率、治理自由人，而自由人"须知道怎样接受他人的统治——这就是一个好公民的品德"。他还说"明智"是统治者所应专备的品德，被统治者所应专备的品德则为"信从"，也就是说服从是公民道德的核心。

以上是亚里士多德的一般结论，但他也指出一个例外，"惟有理想城邦而其所拟政制有属轮番为治的体系，其中公民必须兼具统治者和被统治者的品德，人人都要具备善德：在这里好公民便同于善人"。[6] 每个公民都要准备参与轮流做统治者，故其教育要以此为目标。"在轮番为治的理性城邦中好公民的道德符合于善人的道德；这里的公民教育也就应该等同于善人的教育，而使之包含众德。"[7] 这里指的是卷三第四章后部所提及的情形，并没有普遍性。

古代中国文化一向有善人的道德标准，称之为君子之德，并以此为普遍道德标准，而没有出现过公民品德或相关的思想。亚里士多德对公民道德和善人品德的区分，以及他的观点，对近代以来公德和私德的讨论，对现代社会偏重公民品德、忽视善人品德，都具有重要的参考价值。忽略善人品德，只注重公民道德，正是现代社会道德危机的根本原因之一。

---

〔6〕 《政治学》，447页。
〔7〕 同上书，462页。

二、休谟的个人之德与社会之德

休谟《人性论》的第三卷题为"道德学"，休谟很重视德行问题，所以此卷的第一章是德与恶总论，认为道德的问题，根本上是善和恶的区别，是德性和恶行的区别问题。[8]

他把道德的善和恶、德性和恶行的区别分为两类，一类是自然的德，即通过自然感情建立的德性，如同情和仁慈。一类是人为的德，即通过人为设计建立的德性，其中最主要的是正义。通过人为设计而建立的德性是针对各种不同形式的社会而言的，与之相反，通过自然情感而确立的德性则是针对个人而言的。自然德性是对个人自己有用或令个人自己愉快的品质、性格和才能等，在他看来，属于这类德性的有伟大而豪迈的心灵品质，还有仁慈和仁爱的心理情感。人为德性以公共的和社会的有用性为标准，而自然德性以个人私人的有用性和愉快为标准。休谟对仁慈和正义做了不少比较性的论述，最后指出，仁慈主要是一种人格价值，它更昭示于人格品德的高尚；正义则直接与全体社会成员的现实利益相联系，着眼于保障整个社会的利益的制度建设。[9]

在后来作为《人性论》第三卷改写的《道德原则研究》中，休谟继续发展了这种分析。但与《人性论》第三卷不同

---

〔8〕　休谟：《人性论》（下册），关文运译，商务印书馆，1996年。

〔9〕　周晓亮：《休谟及其人性哲学》，社会科学文献出版社，1996年，274页。

的是，其重点似已经从自然和人为的分别转向他人和个人的分别。在他看来，道德可以分为对他人有用、对自己有用、令他人愉快、令自己愉快四种，[10] 这四种其实是两种，即对他人有用、令他人愉快，和对自己有用、令自己愉快，实际上是把"对他人"和"对自己"作为道德的基本分际。而且在《道德原则研究》中，休谟更加强调了《人性论》中"社会之德"（社会性的德性）的概念，认为自然德性和人为德性中都有社会性的德性、公共的有用性。自然相对社会而言，个人相对他人而言。

对自己有用的品质，有审慎、进取、勤奋、刻苦、俭省、节约、节制、明辨等，这些可归入个人品质或个人价值。对他人有用的品质，有仁爱、慷慨、和蔼、慈悲、怜悯、宽厚等，这些可归入社会道德。[11] 关于自然的德和人为的德的区别，休谟讲得很清楚。而关于个人的德和社会的德的区别，虽然他在概念上没有区别得很清楚，但其思想是明确的。这对后来哲学家的相关讨论应有所影响。

三、康德论"自己的完善"和"他人的幸福"

思考边沁提出的"对自己的义务"和"对他人的义务"，这就不能不提到比他更早的康德（1724—1804）。康德在 1797

---

〔10〕 休谟：《道德原则研究》，曾晓平译，商务印书馆，2001 年。
〔11〕《休谟及其人性哲学》，258 页。

年完成《道德形而上学》第二部"德性论的形而上学初始根据",在此书的"德性论导论"中,他区分了"自己的完善"和"他人的幸福";在此书的"伦理要素论"中,他既说明了"对自己的完全义务",也说明了"对他人的德性义务"。所以,若论到私人道德,则"自己"与"他人"的对分早已是一个普通的分析,思想史很容易出现,并不是一个复杂的哲学问题。但把自己和他人的分别带进道德理论,则是西方近代哲学的产物。

那么,哪些是康德所认定的对自己的义务和对他人的义务?

关于对自己的义务,康德分为两部分,一部分是人对自己的生理躯体的义务,他称之为"人对作为一种动物性存在的自己的义务",包括不应自杀,不应对性做非自然的使用,不应酗酒和暴食。[12]另一部分是"人对纯然作为一个道德存在者的自己的义务",包括不应说谎,不应吝啬,不应阿谀奉承;伤害这些义务的恶习是:妒忌、忘恩负义、幸灾乐祸。[13]

对他人的义务,主要是爱和敬重。对他人的爱的义务,包括行善的义务、感激的义务、同情的义务。对他人敬重的义务,包括节制、谦虚、尊严。伤害敬重的恶习是傲慢、毁谤、嘲讽。[14]此外,康德区别了"人们相互之间就其状态而言的伦理义务",主要是友谊,认为爱与敬重在友谊中是最紧密的

---

〔12〕 康德:《康德著作全集(第6卷)·纯然理性界限内的宗教 道德形而上学》,李秋零译,中国人民大学出版社,2010年,426—436页。

〔13〕 同上书,470页。

〔14〕 同上书,463页。

结合。最后，还涉及"交往的德性"，一些外围、附属的东西，如健谈、礼貌、好客、婉转。康德讲的这两种义务还是比较简单的。他所说的对他人的义务，并没有涉及公民道德和公共道德，可见"对他人的义务"这个概念，并不必然指向公德。应该说，康德还是在基本道德的意义上，在此范围之内，来区分对己和对人的分别。

四、边沁："私人伦理"与"自己的完善"

边沁（1748—1832）主张，整个伦理可以定义为一种艺术，指导人的行为，以产生最大的幸福。一方面艺术即一种技术、方法，另一方面此艺术即指行为的管理艺术。总之，伦理学是指导人的行为的管理艺术，而其中又有两种基本分别：

> 那么，在一个人力所企及的范围内，它所指导的是什么行为？它们必定要么是他自己的行为，要么是其他载体的行为。伦理，在它是指导个人自身行动的艺术的限度内，可以称作自理艺术，或曰私人伦理。[15]

Private ethics 是指导人对自己的行为，是私人伦理，那么指导人对他人的行为则为公共伦理。[16]

他认为，作为一般伦理的管理艺术分为两类，"这艺术在

---

〔15〕　边沁：《道德与立法原理导论》，时殷弘译，商务印书馆，2000 年，349 页。

〔16〕　同上书，349 页。

本身据以表现的措施具备持久性的限度内，一般用立法这一名称来表示。而在它们的暂时性的、凭当时事态决定的情况下，则用行政来表示"。[17]

他又认为，管理艺术就其指导未成年人行为的范围，可称为教育艺术，其中有两方面，一个是"私人教育艺术"，一个是"公共教育艺术"，这是就履行指导职责的主体而划分的。反推上去，他应该认为有私人伦理和公共伦理，以对应这两种教育艺术，但他并没有明确加以阐明。

那么，什么是私人伦理、一般伦理？私人和公共的对立在什么地方适用？

说到一般伦理，一个人的幸福将首先取决于他希望中仅他本人与之有利害关系的部分，其次取决于其中可能影响他身边人的幸福的部分。在他的幸福取决于他前一部分行为的限度内，这幸福被说成是取决于他对自己的义务。于是，伦理就它是指导一个人在这方面的行为的艺术而言，可以叫作履行一个人对自己的义务的艺术。……要是他的幸福以及其他任何利益相关者的幸福，取决于他的行为当中可能影响他身边人的利益的部分，那么在此限度内这幸福当说是取决于他对别人的义务。[18]

可见，一般伦理既包括私人伦理，也包括公共伦理，这

---

〔17〕《道德与立法原理导论》，350 页。

〔18〕同上书，351 页。

是两种义务。仅与本人有关者为私人伦理，履行此种义务的品质如慎重。可能影响他人者为公共伦理，履行此种义务的品质如慈善。边沁称公共的伦理为立法的艺术，对自己的义务的艺术就是私人伦理，而对别人的义务的艺术就属于立法艺术。他说：

> 让我们重述并概括一下，被认作一门艺术或科学的私人伦理同包含立法艺术或科学的那个法学分支之间的区别。私人伦理教导的是每一个人如何可以依凭自发的动机，使自己倾向于按照最有利于自身幸福的方式行事；而立法艺术（它被认为是法律科学的一个分支）教导的是组成一个共同体的人群如何可以依凭立法者提供的动机，被驱使来按照总体上说最有利于整个共同体幸福的方式行事。[19]

立法是公共的，所以强调有利于共同体的幸福，而非个人幸福，此即近于公德之说。私人伦理是私德，立法艺术是公德。因此公德应当是最有利于整个共同体幸福的德行。

一个人的行为仅与自身有关，是为私人的。一个人的行为可能影响他人，就不属于私人的，但也不见得就直接对共同体有影响。一个人行为影响其他人的幸福，边沁认为有两种，一是消极的方式，即对其邻人或他人的幸福不减不损；一是积极的方式，即谋图增长之。与前者相应的品质是正直，与后者相应的品质是慈善。边沁把这两种都作为"一般伦理"，但他没有

---

[19]《道德与立法原理导论》，361 页。

明确说明，某人对自己的义务如慎重属于私人伦理，那么他对他人的义务属于何种伦理？是否属于公共伦理？

总之，边沁试图区别一般伦理和私人伦理，其私人伦理有似于"私德"的概念，正如亚里士多德的"公民品德"有似于"公德"的概念一样。其一般伦理应既包括私人伦理，也包括他人伦理，又包括公共伦理的概念，但他没有真正说清楚公共伦理和对他人的义务的概念区别。其立法艺术有似于公共伦理，但也没有定义得很清楚。他更没有指出私人伦理的具体所指，使这个概念模糊而不便实践。

中国古代有没有私人伦理的概念或类似物？中国文化中私人伦理包括哪些？这都值得研究。如果说亚里士多德建立了公民道德的概念，那么可以说边沁建立了私人伦理的概念，这些是近代东亚社会公德和私德讨论的概念基础。而且边沁把"对自己的义务"和"对他人的义务"加以区分，成为西方近代社会文化对公德和私德进行区分的分析基础。但是实际上，正如我们在后面所要指出的，这一"对自己—对他人"的框架并不能成为私德公德区分的合理基础。

五、密尔论"个人道德"与"社会道德"

比起边沁的《道德与立法原理导论》，更为著名的应是密尔（1806—1873）的《论自由》。《论自由》所讨论的是公民自由问题，即探讨社会所能合法施用于个人的权力的性质和限度，换言之，对统治者施用于人民的权力要予以一些限制。[20] 他主张，"任何人的行为，只有涉及他人的部分才须对社会负责。在仅只涉及本人的那部分，他的独立性在权利上则是绝对的。对于本人自己，对于他自己的身和心，个人乃是最高主权者"。[21]

在该书的第四章《论社会驾于个人的权威的限度》，一开始，作者声明：

> 每人既然事实上都生活在社会中，每人对于其余的人也就必得遵守某种行为准绳，这是必不可少的。这种行为，首先是彼此互不损害利益……第二是每人都要在未来保卫社会或其成员免于遭受损害和妨碍而付出的劳动和牺牲中担负他自己的一份。……这些条件，若有人力图规避不肯做到，社会是有理由以一切代价去实行强制的。社会所可作的事还不止于此，个人有些行为会有害于他人，或对他人的福利缺乏应有的考虑，可是又不到违犯任何既得权利的程度。这时，犯者便应受到舆论的惩罚，虽然不会受到法律的惩罚。总之，一个人的行为的任何部分一到有害地影响到他人的利益的时候，社会对他就有制裁权。[22]

然后他笔锋一转：

> 但是，当一个人的行为并不影响自己以外的任何人的

〔20〕约翰·密尔：《论自由》，许宝骙译，商务印书馆，2007年，1页。

〔21〕同上书，11页。

〔22〕同上书，90页。

利益……在一切这类情事上，每人应当享有实行行动而承
担其后果的法律上和社会上的完全自由。〔23〕

然后，他提出了"个人道德"和"社会道德"的区分。他
认为，他的上述主张是反对社会对个人的强制管束，但这决不
是反对人应当在自己之外关心他人的善与福。他说："若说有谁
低估个人道德，我是倒数第一名。"〔24〕就是说，他不仅不反对个
人道德，而且是重视个人道德的第一名。但是他紧接着说，个
人道德在重要性上仅次于社会道德。这就建立了两个概念，个
人道德与社会道德。两者的关系是，社会道德第一，个人道德第
二，其余道德等而论之。他认为，个人道德的教育只应以劝服来
进行，而不能用强制的办法来进行。可惜他并没有清楚说明这两
个概念。照其说法，个人道德是个人德性品质的总和。

他还说明，"我的意思并不是说，无论某人个人方面的品
德或缺陷怎样，他人对他的观感都不应受影响。这是既不可能
也不可取的"。〔25〕如果一个人在品质方面有重大缺陷，他人自
然会产生一种厌恶，使他成为被人鄙视的对象。虽然这并不能
成为他人对他加害的正当借口。人民还有权利以各种不同的办
法让我们的观感发生作用。他说，"一个人表现鲁莽、刚愎、自
高自大，不能约束自己免于有害的放纵，追求兽性的快乐而牺

〔23〕《论自由》，90页。
〔24〕同上。
〔25〕同上书，91页。

牲情感上和智慧上的快乐……这样的人只能指望被人看低，只能指望人民对他有较少的良好观感，而他对于这些是没有权利抱怨的"。[26]

所以，密尔认为，一个人若只在涉及自己的好处、不影响与他发生关系的天然的利益时，他的行为和德性招致天然厌恶，他因此而应当承受的唯一后果只是一些别人不再理睬他的不便。[27]

如果他的行动对他人有所损害，那就需要有完全不同的对待了。侵蚀他人的权利，在自己的权利没有正当理由而横加他人以损失或损害，以虚伪或两面的手段对待他人，不公平地或不厚道地以优势凌人，以致自私地不肯保护他人免于损害——所有这些都是道德谴责的恰当对象，在严重的情事中也可成为道德报复和道德惩罚的对象。不仅这些行动是如此，就是导向这些行动的性情正当说来也是不道德的，也应当是人们不表赞同或进而表示憎恶的东西。[28]

那么，哪些是导致这些行为的性情呢？他指出：

性情的残忍、狠毒和乖张——这些是所有各种情绪中最反社会性的和最惹人憎恶的东西——嫉妒，作伪和不诚实，无充足原因而易暴怒，不称于刺激的愤慨，好压在他人上头，多占分外便宜的欲望，借压低他人来满足的自

---

[26]《论自由》，93页。

[27] 同上。

[28] 同上。

傲，以"我"及"我"所关的东西为重于一切，并专从对己有利的打算来决定一切可疑问题的唯我主义——所有这一切乃是道德上的邪恶，构成了一个恶劣而令人憎恶的道德性格。这与前节所举只关己身的那些缺点是不一样的。[29]

他说："所谓对己的义务，即是不是对社会负有责任的，除非情况使得它同时也成为对他人的义务。"他的说法似乎是针对边沁的"对自己的义务"做的说明。所谓"对己的义务"主要是指自重、自慎、自我发展，如果人的缺点只是就对自己的义务而言，只是损害自己，不损害他人，如鲁莽、刚愎、自大、放纵、愚蠢，这些缺点不能算是不道德，故不成为道德谴责的对象。在密尔的论述中，"对他人的义务"即是"社会道德"；与此相对，"对自己的义务"即是"个人道德"。这是我们对密尔的分析。明治日本提出的"公德—私德"概念很可能受到密尔这种区分的影响。

密尔的概念很清楚，但用于道德史的分析并不容易，如：孔子与儒家的"仁"究竟是"对自己的义务"还是"对他人的义务"？从克己来说仁是对自己的义务；但从爱人来说，仁是对他人的义务。如果以对自己和对他人来分别私德和公德，那么只能说，孔子的仁既是私德，又是公德，或既有私德的性质，又有公德的意义。当然，对他人的义务和公共生活的义务并不相同，这是不应被混淆的。全面地说，在私人道德和公共

---

[29]《论自由》，93 页。

道德之间，还有他人道德，构成私人—他人—公共的序列，那种个人道德—他人道德的两分法，容易把同样是非个人的他人道德和公共道德混为一谈。

中国文化中是否有这种对两种道德的分疏？中国古代道德中哪些属于个人道德，哪些属于社会道德？或哪些是兼而有之？个人道德的概念比起边沁的私人伦理观念更切合私德的讨论，因为道德与伦理有别，同时他使用的个人—社会的区分，也比私人—公共的区分要来得科学。因为"私"字难免带给人一种价值非中立的意味，但是社会道德是指公民道德还是公共道德，并不清楚。

六、涂尔干：公民道德（civil morals）与公共道德

19 世纪末 20 世纪初，涂尔干的讲稿《社会学教程》发表，到了 20 世纪 50 年代英文版的书名才改为《职业伦理与公民道德》。不过，与书名不同，此书中真正论及公民道德处却不多。

在涂尔干看来，所谓公民即国家的公民，公民个体作为国家的成员必有其被规定的义务，这些义务的基本特征是，以忠诚和服务的义务为中心，这体现了国家的逻辑。国家的逻辑既不同于家庭的逻辑，也不同于职业伦理（他所讲的职业伦理正如亚里士多德讲的船舶水手一样）。

照他看来，道德有不同的适用范围，如个体与其自身，家

庭群体，职业群体，政治群体。政治群体国家的整个规范形成了所谓的公民道德。[30]故公民义务即是对国家的义务。[31]

"公民道德所规定的义务，显然就是公民对国家应履行的义务"，照这个说法，"个体与其自身"的道德即是个体的道德，是个体作为个人的道德，而不是个体作为国民的道德。

他认为："普遍的道德应用规范也可分为两类：一类是每个人与其自身的关系，也就是说那些被称之为'个体'道德准则的规范；一类是除了特定的族群之外，我们与其他民族之间的关系。"[32]"实际上，个体道德准则的规范，其功能在于把所有道德固定在个体意识之中，广义而言，这是它们的基础，其他所有一切均建立在这个基础上。另一方面，那些能够决定人们对其同胞，也就是对其他人究竟负有何种义务的规范，构成了伦理学的最高点、即顶点。"[33]在这两种义务之间，还有一种义务，就是家庭义务、职业伦理和公民道德。他还强调，职业伦理不是社会成员共有的伦理，所以侵犯了职业伦理不等于侵犯了"公共道德"。[34]

他也谈到家庭道德。他说："实际上，家庭生活曾经是，也依然是道德的核心，是忠诚、无私和道德交流的大学校：我们赋予家庭很高的地位，使我们倾向于去寻找那些可以特别归

---

〔30〕 涂尔干：《职业伦理与公民道德》，渠敬东译，商务印书馆，2015年，46页。
〔31〕 同上书，4页。
〔32〕 同上书，3页。
〔33〕 同上书，4页。
〔34〕 同上书，6页。

结为家庭的解释，而非其他。"[35]他又说："如果政治社会局限于家庭社会或具体的范围，就几乎可以与后者等同起来，成为家庭社会本身。但是，当政治社会由一定数量的家庭社会组成时，由此形成的集合体就不再等同于构成它的每个要素了，它是某种新的东西，需要用一个不同的词来描述。"[36]罗马的父权制家庭就常常被比作微型的国家。

这样看来，他把每人与自身关系的道德定义为个体道德，而每人与自身之外的关系的道德分为若干层次，即家庭道德、职业伦理、公共道德、族群伦理，一个比一个应用的范围更广。用公德和私德的语言来看，他确定了个体道德是私德，而其公德的范围很广，划分更细，内部包含不同的逻辑。但他似乎没有在意公民道德与公共道德的区分。

对于社会总体生活的构建，近代西方自由主义是从个体本位的权利立论，而涂尔干以及法国的社会主义者则从社会结构的系统着眼，把国家看作经济组织的扩大。因此他把国家的政治作用最终落实到职业伦理和公民道德，[37]而几乎没有关注个人对自己的义务、个人道德的重要性。这倒很像百年来中国社会遭遇的境况，只讲职业伦理和公民道德，而忽视个人道德。在这个意义上，涂尔干的做法开了现代国家的先河。

---

〔35〕《职业伦理与公民道德》，61 页。

〔36〕 同上书，49 页。

〔37〕 同上书，中译序。

七、日本的公民道德与公共道德

自 20 世纪初开始，公德的概念曾流行一时。那么，公德是公共道德还是公民道德？人们的理解是不一致的。陈弱水认为，社会伦理区别于个人伦理和国家伦理，公共道德近于社会伦理，公民道德近于国家伦理。根据他的研究，公德基本上是要求公民不要破坏公共利益，或不妨害在社会生活公共领域中活动的他人，是人对社会整体以及其他社会成员的义务。所以公德应该是指公共道德。[38] 这个主张是妥当的。

汉字"公德"的使用来自近代日本。日本明治时代风俗改革运动中的"违式诖违条例"规定，违者处以罚金或笞刑，其所取缔的条目多达百条，如第四十四条"喧哗、争吵、妨害他人自由、吵闹惊扰他人者"，第五十八条"攀折游园及路旁花木或损害植物者"，第七十五条"夜间十二点后歌舞喧哗妨碍他人睡眠者"。这些都是意在建立日常生活中公共场所的规范。

又如明治十八年浮田和民的《社会道德论》，共含五十五个条目，而西村茂树明治三十三年的《公德养成意见》中的规条共一百三十项公德，规定个人行为应避免造成对他人或公众的损害，这些事项包括：不守时，聚会无故缺席，攀折公园花木并擅入禁止出入场所，在泥土墙壁与神社佛寺外墙涂鸦，污染政府机关、旅馆及其他公共场所的厕所，在火车、汽船、公

---

[38]　陈弱水：《公共意识与中国文化》，新星出版社，2006 年，198 页。

共马车内独占利益不顾他人之困扰，拖拽重物破坏道路等。[39]

其实，这类规定条目在中国历史上可列为"礼"之条文，是新时代社会文化应遵循的新礼，可不称为"德"。故此类规定条目不属于德，而属于"新礼"。但近代以来无论日本还是中国并未就此加以分疏，统以"公德"论之，这就容易把公共生活规范混同于道德规范，在理论上有不尽如人意之处。但就实践而言，从日本明治时期开始，风俗开化运动，借用公德观念，推行有力，效果明显。"礼"以"禁"为特色，公德就其为社会道德而言，以"不"为特色，其核心是"不影响或损害他人"和"不损害公共利益"。此一精神核心的具体化，则为"不害他人性命""不占他人财产""不伤他人名誉""不侵犯他人权利"等等，类似的具体规定可列举无数。但"公德"的概念在百年以来已经深入人心，如今改为"公礼"亦不可能，也许用"公共礼规"来表达要好一些。这是"礼"的观念创造性转化的一个实例。本来，古代有"仪节"一说，以指称各种礼之节目，但现代中文"礼仪"只是仪式，"礼节"只是礼貌，节目成为文艺专用语，度数亦然。所以我们只得用一个新词"礼规"来表达现代公共生活的行为规定。人在社会上受此种礼规之教化日久，便生起一种"公德心"，或叫作尊礼的德性，这在日本人是很常见的。

因此，很明显，除了教授的历史知识，现代人并不需要

---

[39]《公共意识与中国文化》，223页。

学习那么多古礼知识，古人如何站立起坐，如何行礼作揖，如何穿着冠带等，而是要使礼成为现代人公共生活的节目体系，亦即一个世纪以来公德概念所贯穿的社会精神和行为要求。制订新礼规是当务之急。自然，新礼规也需要奖惩制度的支持。

德即道德是较为抽象性的原则，对人的行为的规范和约束是一般性的导引，而不是具体的规定，如人道原则是一致普遍性原则，至于如何做到爱人、尊重人，需要相关制度和具体法则的补给和保证。

中国古代不能说只是重私德轻公德，古代社会里，公德即在礼的体系之中，古人非常重视礼的规范和实践，而且古代礼的敬让之道不仅是古代社会公德的精神，也可以转化为现代生活的公德精神。只是古礼之文很难完全调适为当代生活的规则。可以说，中国文化缺的不是公德，而是现代社会生活的公德。

八、斯洛特的德性伦理："关于自己的德性"

现在我们回过头来继续讨论中外有关公德—私德的思想。现代伦理学家麦克尔·斯洛特（Michael Slote）在其《从道德到德性》（*From Morality to Virtue*）一书中，将道德分为"关于自己的德性"（self regarding virtue）与"关于他人的德性"（other regarding virtue）。其实采用这种分析的学者不少，如威廉斯（Bernard Williams）也讲"自我关涉"和"他者关涉"的分界。[40] 所谓关于自己的德性是有利于拥有者自己的品质，如深谋远虑、坚忍、谨慎、明智、沉着。所谓关于他人的德性是有利于他人的品质，如仁慈、公正、诚实、慷慨。还有一类，如自制、勇敢，是既关乎自己，又关乎他人的德性。斯洛特认为，在一般的道德观中，关乎他人比关乎自己要更重要，故两种德性之间是不对称的。[41] 斯洛特认为常识道德观中人我不对称，而德性伦理学则无此困难，故更为可取，黄慧英反对这种观点对儒家适用，她指出，儒家对人际交往的德性，既有关于自我成就，又同时有关于成就他人，所谓关乎自己之德性与关乎他人之德性乃二而一，人我并非对立。[42]

而斯洛特所说的关于自己的德性基本上是"非道德德性"，他的问题意识突出非道德德性，并没有意图涉及公德问题。其实，关乎自己与关乎他人的德性都是个人基本德性（道德），而非公共道德，严格意义上的私德只是个人道德的一部分，而非全部，甚至只是小部分。从另一方面来说，私德多属非道德的德性，但非道德的德性可能不止于严格意义的私德，即只关乎自己的道德、德性。

---

〔40〕 伯纳德·威廉斯：《伦理学与哲学的限度》，陈嘉映译，商务印书馆，2017年，64页。

〔41〕 以上可参看黄慧英：《儒家德性之中的人我关系》，载氏著《儒家伦理：体与用》，上海三联书店，2005年，64页。

〔42〕 同上书，68页。

那么哪些是非道德的德性呢？黄慧英认为，就儒家伦理而言，在儒家伦理系统内，大部分的德性都是有道德含义的，但仍有部分德性属于非道德的范围，前者关注的是道德人格的养成，后者为整全人生所需。[43]她又认为，在儒家伦理，非道德德性有其独立于道德德性的地位，故儒家伦理不仅仅是一狭义的道德系统。[44]至于哪些属于非道德的德性，她认为《论语》中所说的文质彬彬，文是一种非道德德性，《论语》中所说的"君子所贵乎道者三"，"动容貌、正颜色、出辞气"即属于文的德性。另外，"知者不惑、勇者不惧"的不惑、不惧，及"知与勇"也是有助于成为君子人格的非道德德性。孔子所说的九思中"视思明，听思聪，色思温，貌思忠"等也是非道德德性。"柔、明、惠、和"是非道德的。在儒家伦理中，道德德性比非道德德性重要，但只要非道德德性不妨碍道德，是受到鼓励的。[45]又如，孟子对古圣人的评论中，圣之和、圣之清、圣之任，和、清、任也是属于非道德价值，但它们都是圣的不同表现形态，构成美好人生与品格的一部分。

与其他学者不同，黄慧英很重视"非道德"的领域，所以她重视斯洛特这样的看法：

---

〔43〕黄慧英：《从人道到天道》，鹅湖出版社，2013年，150页。
〔44〕同上书，151页。
〔45〕同上书，174—177页。

　　Slote 指出，德性伦理学者用来评价的基本德行概念，并不专限于道德（moral），也就是说，并不专指道德上的善，或道德上的卓越，而是"关于一些好的或令人欣羡的人格特征、卓越人格，或者简要地说，一项美德，比较宽广的德行概念"。这显然是指 Slote 所强调的德行概念，不限于道德的德行，而包括受人肯定的非道德德行。Slote 还指出，非道德的德性是从自我的福祉出发的，对自我的福祉与他人的福祉有同等的重视。这样的伦理学立场将涵盖大部分常识性思想的以往观点。以往总认为他人的福祉才是道德的，或是重要的。[46]

斯洛特提出：

　　但是依我们共同的认识，无论是利他还是利己的特性和行动都可以是值得欣羡的德性（或其个例）。把这种大多数属于与自己相关的特性，如审慎、坚忍、不用心、慎重和轻率，做出描述与评价，明显是伦理学的部分事务——虽然也许不是正规的道德观的事。[47]

黄慧英在其《儒家伦理与德性伦理》一文最后说：

　　是否对非道德的价值给予一定程度的重视，从而使人们去发扬哲学价值，如果哲学价值的重要性得到承认，那么许多相关的原则都可以建立起来，渐渐便会形成一种学

---

〔46〕《儒家伦理：体与用》，49 页。
〔47〕同上。

问。我们可以给这种学问一个新的名称，或者我们仍然称之为伦理学。[48]

其实并不需要一个新名称，有一个旧名称曾流行甚久，即人生论或人生哲学，它是 20 世纪前 20 年广泛使用的概念，也许可以恢复它的作用。

〔48〕《儒家伦理：体与用》，61 页。

第二章　中国近代以来重公德轻私德的偏向与流弊

一、"公德—私德"框架的反思

现在让我们来讨论有关社会公德的进一步反思。

古代中国的农村生活以小农经济为基础,不可能形成大规模的劳动分工和商品交换,人们缺少广泛的社会交往,公共生活受到极大限制。在传统社会中,民间生活有很多集市、庙会、赛神、祭祀等公众活动,但这些活动多是定期的,不是人们每天投入其中的,所以并未制定一定的参与规则。

但公德不应只是公众活动的行为规则,公共生活范围甚广,如官员的政治生活、政治活动,都不是私人空间的私人行为,在这方面中国古代有大量的规范性论述,如克己复礼,非礼勿视,非礼勿听,非礼勿言,非礼勿动,这些都不是私人伦理,而是包括了面对公共生活的要求。

当代中国社会所说的文明礼貌即是日本明治时代所说的文明开化，如公共场所不大声喧哗，不乱扔垃圾，不随地吐痰，都属于公共生活准则。又如遵守公共秩序，爱护公共财物等，这些都属于公共道德。

社会公德一般指公民在社会交往和公共生活中应当遵循的行为准则，旨在维护公共利益和公共秩序。社会公德与法律的关系，也是人们关注的一个问题。一般来看，社会公德要求禁止的行为可以说是最轻的法律，亦多可采用社会的规定这一类弱法的形式。以爱护公共物品为例，各种公共场所都有违禁的处罚规定，以养成和规范人们的公德意识和行为。

另一方面，有些学者认为，社会公德涉及的是人与人、人与社会、人与自然的关系，而中国古代儒家等在这方面都有比较丰富的思想，所以儒家伦理虽然"不包含公民、公民社会，以及公民伦理的概念，但是隐含着关于公共生活关系的推论"。[1] 至于"过而忘家，公而忘私""天下为公"等思想都是古代公德观的基础。有学者认为"中国历来被称为礼仪之邦，自古以来就有重视社会公德的优良传统"，认为管子所说的国之四维，即礼义廉耻，就是传统社会的公德观念，至少包含了社会公德的应用。[2] 的确，"礼仪之邦"所标示的正是一种社会的

---

〔1〕　廖申白：《公民伦理与儒家伦理》，《哲学研究》，2011 年第 11 期。
〔2〕　吴潜涛主编：《论公共伦理与公德》，湖北人民出版社，2008 年，364 页。

公共文明，所以，不是中国古代没有社会公德，而是没有近代社会公共生活所要求的公德和礼规。

现代汉语中的"公德"概念包含至少两个方面，一是公民道德，一是公共道德。还有人把很多价值也列入公德概念。公民道德体现国家对公民的政治要求，公共道德体现现代社会公共生活的规范要求，二者有联系，又有区别。中国古代与希腊城邦国家不同，既无公民，自然没有公民道德，但是也有政治共同体对成员的要求。而中国古代不能说没有公共道德，所谓公共即非私人之谓，公共性有梯次的不同，随着社群规模的外推而渐大渐广。从近代以来的使用来看，我们今天应该在概念上做出明确区分：狭义的公德专指公共道德，而广义的公德则包括公共道德和公民道德。而其他政治价值如自由、民主都不属于道德，不属于公德。由于公德包含公民道德和公共道德二者，所以以往很多时候的讨论，由于没有分清公德观念的真正所指而变得不清楚，公德这个笼统概念的适用性也越来越有限。

那么，什么是个人道德或私德呢？梁启超说"人人独善其身谓之私德"，以上谈到公德观念分狭义和广义二者。近代中国学者多注意公德问题，很少有人研究确定私德的概念及其德目体系。倒是近代西方学者边沁、密尔等对私人伦理、个人道德做了界定。在我们看来，私人伦理的说法并不理想，既然讲个人对自己的义务，就不能说是伦理了，所以还是个人道德的说法较好。个人道德，用前述西方思想家的讲法，即只与自身有关，而不涉及他人的行为或品质，如勤学、立志、俭朴、温和，或谦虚、严肃、耐心、慎重等。我们在《古代宗教与伦理》一书中，把古代德行分为三类，第一类为"个人品格"，包含直、宽、刚、简、柔、愿、强等。在《古代思想文化的世界》中我们继续讨论了这一问题，以晋悼公在周事单襄公得到的称赞为例，指出春秋时代德行叙述可分为三部分，即四无，十一言，二未尝不。如《左传》十六德中"言无陂，正也；视无还，端也；听无耸，成也；言无远，慎也"，这四德都是个人的德行，并提到其中最为个人性情陶养的德行，如齐、圣、广、渊、明、允、笃、诚、忠、肃、共、懿、慈、惠、和所代表的"形式性德行"，追求的是人格、性情的一般完美，而不是伦理关系的特殊规范，并在古代德行论中命名为"性情之德"，以与"道德之德""伦理之德""理智之德"区分开来。"性情之德"是在礼乐文化的总体中界定的，其内容正是"与自己相关的德行"；而仁、义、勇、让、信、礼为"道德之德"；孝悌、慈爱、友忠既不是纯粹的个人道德，也不是道德之德，属于"伦理之德"。由此看来，说中国传统道德都是私德，并不恰当。道德之德与伦理之德相比，前者相对而言是道德的品质，而后者是人与人的人际关系直接关联的德目。但仁义信礼都是要体现在人伦和社会中的，不是纯粹个人的品质，所以古代德行大部分不是纯粹个人的私德。如仁是爱他人，义是正他人，礼是敬他人，信是诚信于人，都不是只涉及自身的德行。可见边沁的说法并不适用。把个人道德仅仅定义为对自己的道德是有问题的，其实中国古代的个人基本道德多数是联系着对他人的态度。即使有董仲舒提出"义者正我"，这也只是讲了义的修身义，而义的伦理义还是对他人而言。[3]这是与西方不同的。那么，这部分道德应叫作什么道德呢？相对于政治群体要求的道德和社会群体要求的道德，这部分道德显然更多属于关乎个人全面发展的人的道德，在亚里士多德叫作善人品德，在中国文化中叫作"君子品德"，其内涵包含四个层面，即性情之德、道德之德、伦理之德、理智之德。可见，公德—私德的区分虽然有一定意义，但如果把公德—私德作为全部道德的基本划分，则会遗失一大部分基本道德，这也证明这种公德—私德划分法的重大局限。

另外，《逸周书》的《文政解》中有"禁九慝"，禁止九种不良的公共行为，含有后世所谓公德的意义，表现出了对所谓公共道德的行为的关注。

那么，是不是以往中国传统中的修身德行都是个人道德或私德呢？这要看私德的定义。完全脱离社会生活的个人修身在儒家是少有的，这与佛教和道教不同。当然，宋明理学的修身工夫如体验未发、体认良知、静坐收心，不与社会生活直接联系，近于纯粹的精神修炼，但大多数修身工夫，虽然其修身的过程可能不直接联系社会生活，但所修之德如仁义礼智是与社会行为和他人关联的，而且还需要事上磨炼。所以，也不能说修身都是私德，梁启超此说恐亦未能成立。当知梁启超所说的

----

[3]　参陈来:《"仁者人也"新解》,《道德与文明》, 2017 年第 1 期。

中国传统私德不必都是私人伦理，亦适用于公共生活。而另一方面，梁启超所说的公德也并非都是道德，其中多属近代社会的意识、价值。辛亥革命以后梁启超自己也放弃了公德—私德的分别论，走向人格修养论。人格修养固须落实于个人身心，但其德行并非只对个人自己有意义，也同时适合于公私不同领域。至于梁启超所说的近代公德在我国阙如，这是事实，因为社会发展在当时尚未进至近代社会故。

《大学》八条目是工夫，每一工夫阶段并非代表一种道德或德性，虽然修身、正心、诚意、致知似乎是个人工夫，而齐家、治国、平天下为社会治法，但照《大学》所说，其中道理一贯，不分公私。修己治人，其中的治人无论如何不属于私。儒家修己之事，一半为了治人，修己非皆私人事，治人更非私人事，故治人之德，在孔子《论语》中在所多有，皆非私人之德。只不过当时社会交往有限，其中并不突出与陌生他人发生关系的规范，对公物的爱护亦非全民皆须具有的品质，故不受注意，但如梁启超所说公德阙如，则也不是如此。就应用范围之分别言，古代道德非私人之德，主要是主政者、任官者、士人之德。故君子之德，其体无分于私公，其用则理一而分殊。虽然公民道德和公共道德可以合称为公德，但西方思想史上的古希腊和近代更强调的是公民道德，而非公共道德。事实上，一个稳定成熟的近代国家与社会，内部秩序更需要公共道德。中国近代以来的特殊进程，使得最受重视的是革命道德，改革开放以后，更强调的是公民道德，都不重视公共道德的概念及其推广。换言之，百年来的中国，重视政治公德，不重社会公德，二者严重失衡。今日当务之急，就是要重建二者的平衡，近期的重点是发展社会公德，即公共道德。

仅仅指导个人行为而不涉及他人的道德德性，在中国古代儒家道德体系中不占多数，其他都属于"可能影响他人"的范围，仁义礼智信都含有"对他人的义务"，在中国古代道德文化中"对自己的义务"和"对他人的义务"是合一的而不是分立的。

即使按梁启超偏狭的定义，"人人相善其群者谓之公德"，传统的德目虽然不皆直指群体，但都从不同方向而益群、固群、理群，在梁启超的定义下，直接利群的德目占比例较少，至于自由、自治、权利等概念为古代中国文化所未见。

总而言之，"公民道德"的概念，从亚里士多德到近代西方是明确的，"个人道德"的概念在西方也是有的，但意义不清晰，而从古代到近代"公共道德"的概念并未受到注意。这是日本近代在公共道德意义上重视"公德"概念运用的积极意义。日本近代的公德主要指公共道德，而这一公德观念被梁启超转移为以启蒙思想为内容，梁启超所推崇的公德重点在爱国利群的政治公民道德，而不是公共道德。[4] 从此，伴随中国的历史发展进程，政治公德不仅排挤了社会公德（即公共道德），更挤压了个人基本道德（私德）。应当说，个人基本道德不一定

---

〔4〕《公共意识与中国文化》，4页。

是狭义的私德，即只与自己有关的道德，密尔对个人道德和社会道德的区分不够合理，广义的私德就是公德以外的个人基本道德。

中国传统文化中的主要道德都与他人有关，是涉及他人的道德。中国人最重视的五伦：君臣、父子、兄弟、夫妇、朋友，所要求的伦理道德都是关系伦理，而不是纯粹只涉及个人自身的道德，孝悌忠信亦然。仁义反映的是普遍的伦理要求，孝悌反映的是特殊的伦理要求，都不是仅与自己有关，有些道德在修身过程中似乎与他人无关，如"中"，但"中"的实践意义是导向"和"，"和"作为综合的结果，是关涉他人的。诚、信、敬、恭也都涉及他人，在与他人交往的关系中呈现并发生着作用。故私德之说只在有限的意义上有用。

以仁德为例。在儒家伦理中，仁是各种德性中最重要的，仁既是德性的一个德目，也是整体德性。仁既是对待他人的，也是对待自己的，这和亚里士多德对公正的讨论相似。

从对待自己的德性来看，首先仁不是对"礼"作为规范体系的反对，人反而是对规范体系全面贯彻与实践的促进者。一个人在自己的视听言动上全面合乎礼的规范要求，便是仁。这就是孔子回答颜渊问仁的主要之点。

> 颜渊问仁。子曰："克己复礼为仁。一日克己复礼，天下归仁焉。为仁由己，而由人乎哉！"颜渊曰："请问其目。"子曰："非礼勿视……"（《论语·颜渊》）

克己与由己，正表明这里的仁具有对待自己的德性的意义。从行为上遵守规范的礼，是为仁的重要方面，可谓以礼修身。用礼要求自己，即是仁，这是孔子对古代仁说的继承。当然，礼不仅是个人视听言动的道德规范，也是公共生活和公共服务的规范。后来仲弓问仁，子曰："出门如见大宾，使民如承大祭。"出门与在家相对，出门意味着朝向社会交往和社会服务，使民则是士君子治民的常事。这里仁就是对待他人的德行。由此可见，表面上看，把"对人"和"对己"作为公德—私德划分的界限，似乎言之成理，但实际上"对人"者并不皆属公德，而是人之所以为人的基本道德。亦即古代所说的基德。

二、梁启超的公德私德说

面对 20 世纪初中国近代变革和国家富强的迫切要求，梁启超的公德说（1902 年 3 月 10 日）是其将近代启蒙思想应用于当时中国政治和道德领域的表现。这一思想是梁启超"戊戌变法"以后在日本受到近代西方社会思想等影响下迅速形成的。[5]

梁启超在《新民说》第 5 节"论公德"开始论述其关于私德与公德的理解和认识：

> 道德之本体一而已，但其发表于外，则公私之名立

---

[5]　一般认为，梁启超的国家观直接受到的影响，来自波伦哈克（Conrad Bornhak）与伯伦知理（Johann Caspar Bluntchli），《清议报》第 11 号至第 31 号刊有《德国伯伦知理著国家论》。

> 焉。人人独善其身者谓之私德，人人相善其群者谓之公德。二者皆人生所不可缺之具也。无私德则不能立。合无量数卑污虚伪残忍愚懦之人，无以为国也。无公德则不能团。虽有无量数束身自好、廉谨良愿之人，仍无以为国也。[6]

这是说，公德和私德是道德统一体的两个外在表现方面，"独善其身"者是私德，"相善其群"者是公德。"公德"是个人与社群关系的道德，"私德"是个人不与他人发生关系而只求自身品性的完善而言；二者都是人生必需的道德，也都是立国所需求的道德。"无私德则不能立"，"无公德则不能团"，相比较而言，私德是个人立身处世的根本，公德是社群得以维持的条件。

按照他的举例，能立私德者，如束身自好、廉谨、良愿；私德败坏者，如卑污、虚伪、残忍。公德之目虽然亦可列举，而其主要性质为利群。梁启超主张，缺少私德的民众不可能组成国家，只具有私德而缺少公德的国民也不能组成国家。可见，梁启超所说的"群"并不是一般的指社群、社会而言，而主要是指国家而言。他又指出：

> 夫一私人之所以自处，与一私人之对于他私人，其间必贵有道德者存，此奚待言？虽然，此道德之一部分，而非其全体也。全体者，合公私而兼善之者也。

---

[6] 梁启超：《新民说》，宋志明选注本，辽宁人民出版社，1994年，16页。本书所引《新民说》皆据此本，以下皆只注明书名和页码。

> 私德、公德，本并行不悖者也。然提倡之者即有所偏，其末流或遂至相妨。[7]

这里所说，对称私德为"独善其身"之德的说法是个补充。私德既是个人自处的德操，也是个人对待其他个人、处理与其他个人关系的道德，公德则是个人对于群体的道德。这个区分还是清楚的。私德与公德两者并行不悖。这个思想用今天的话来说，私德是个人的品德、修养，而公德是指有益于国家、社会的德行。[8]梁启超对公德的倡扬和呼吁直接来自于他在这一时期的国家主义立场和对近代日本国家建设的借鉴。[9]而就观念来说，梁启超所言公德即"个人对于群体的道德"的定义是西方近代所未重视的。

他指出，就私德而言，中国文化的私德甚为发达；但因偏于私德之表彰，对公德之提倡就甚多缺略：

> 吾中国道德之发达，不可谓不早。虽然，偏于私德，而公德殆阙如。试观《论语》《孟子》诸书，吾国民之木铎，而道德所从出者也。其中所教，私德居十之九，而公德不及其一焉。如《皋陶谟》之九德；《洪范》之三德；

---

[7] 《新民说》，18 页。

[8] 张灏指出："公德指的是那些促进群体凝聚力的道德价值观，私德是指有助于个人道德完善的那些道德价值观。"见张灏：《梁启超与中国思想的过渡（1890—1907）》，江苏人民出版社，1995 年，107 页。

[9] 见狭间直树的论文《新民说略论》，其文收入狭间直树编：《梁启超·明治日本·西方》，社会科学文献出版社，2001 年，76 页。

《论语》所谓"温、良、恭、俭、让",所谓"克己复礼",所谓"忠信笃敬",所谓"寡尤寡悔",所谓"刚毅木讷",所谓"知命知言"。《大学》所谓"知止,慎独,戒欺,求慊",《中庸》所谓"好学,力行,知耻",所谓"戒慎恐惧",所谓"致曲",《孟子》所谓"存心养性",所谓"反身、强恕"……凡此之类,关于私德者,发挥几无余蕴,于养成私人(私人者对于公人而言,谓一个人不与他人交涉之时也)之资格,庶乎备矣。[10]

　　梁启超列举了《论语》《孟子》《大学》《中庸》《尚书》所标举的德行,如忠信笃敬、温良恭俭让,大体皆为私德;所教人的修养方法,如知止慎独、存心养性,皆为增进私德之方法,这些中国古人的著作对于养成人的私德,相当完备。而在公德培养方面,他认为中国的传统文化却付诸阙如,这对近代国家的形成,非常不利。

　　因此他在《新民说》第五节"论公德"中就说道:

　　公德者何?人群之所以为群,国家之所以为国,赖此德焉以成立者也。人也者,善群之动物也(此西儒亚里士多德之言)。人而不群,禽兽奚择?而非徒空言高论曰"群之,群之",而遂能有功者也。必有一物焉贯注而联络之,然后群之实乃举。若此者谓之公德。[11]

────────

〔10〕《新民说》,16—17页。
〔11〕同上书,16页。

梁启超强调公德是人类社群得以成立的根本，尤其是国家得以建立的根本。公德使个人与国家联结成一体成为可能。这就近于把公德看作国家得以成立的先在条件了。其实社会公德是与社群组织的形成壮大同行成长的。中国近代思想家往往把文化的近代化看作是社会近代化的前提而加以鼓吹，成为一种文化决定论，在理论上往往是难以成立的。但就实践来说，这些新观念的宣扬，确实会对社会进步起到一种促进的作用。

梁启超强调："我国民所最缺者，公德其一端也。"〔12〕他认为，中国文化中重私德，轻公德，这种情形必须改变，否则，中国在近代世界的衰落是无法挽救的。他说：

> 虽然，仅有私人之资格，遂足为完全人格乎？是固不能。今试以中国旧伦理与泰西新伦理相比较：旧伦理之分类，曰君臣，曰父子，曰兄弟，曰夫妇，曰朋友；新伦理之分类，曰家族伦理，曰社会（即人群）伦理，曰国家伦理。旧伦理所重者，则一私人对于一私人之事也（一私人之独善其身，固属于私德之范围，即一私人与他私人交涉之道义，仍属于私德之范围也。此可以法律上公法、私法之范围证明之）；新伦理所重者，则一私人对于一团体之事也。（以新伦理之分类，归纳旧伦理，则关于家族伦理者三：父子也，兄弟也，夫妇也；关于社会伦理者一，朋友也；关于国家伦理者一，君臣也。然朋友一伦决不足以

---

〔12〕《新民说》，16页。

尽社会伦理，君臣一伦尤不足以尽国家伦理。何也？凡人对于社会之义务，决不徒在相知之朋友而已，即绝迹不与人交者仍于社会上有不可不尽之责任。至国家者，尤非君臣所能专有。若仅言君臣之义，则使以礼、事以忠全属两个私人感恩效力之事耳，于大体无关也。将所谓"逸民不事王侯"者，岂不在此伦范围之外乎？夫人必备此三伦理之义务，然后人格乃成。若中国之五伦，则惟于家族伦理稍为完整，至社会国家伦理不备滋多。此缺憾之必当补者也，皆由重私德、轻公德所生之结果也。）[13]

他指出，中国古代五伦为主的伦理，在家族伦理方面比较完整，但在社会伦理方面只讲朋友，在国家伦理方面只讲君臣，是很不完备的。[14]其所以如此，乃是由中国文化看重一私人对他私人之事、不看重一私人对于一团体之事，是由中国文化重私德、轻公德的偏重所造成的。而团体意识以

---

[13] 《新民说》，17 页。

[14] 梁启超此种认识亦受到日本文部省所发训令之影响，盖见训令中中学所教伦理道德所列之目有对于自己之伦理、家族之伦理、社会之伦理、国家之伦理等，因而认为中国伦理范围较狭。参看张灏：《梁启超与中国思想的过渡（1890—1907）》，109 页；黄雅琦：《救亡与启蒙：梁启超之儒学研究》，花木兰出版社，2009 年。当时日本学者多注意公德问题，如 1902 年 10 月东京高等师范学校校长嘉纳治五郎对湖南师范留学生谈话，即强调"凡教育之要旨，在养成国民之公德"。此说亦得时为学生的杨度之赞同。另可参看陈弱水：《公德观念的初步探讨——历史源流与理论建构》，台北"中研院"中山人文社会科学研究所《人文及社会科学集刊》9.2（1997.6）：39—72。

及个人对待团体的道德，是谓公德，是近代国家得以成立的关键。

要之，吾中国数千年来，束身寡过主义，实为德育之中心点。范围既日缩日小，其间有言论行事，出此范围外，欲为本群本国之公利公益有所尽力者，彼曲士贱儒辄援"不在其位，不谋其政"等偏义，以非笑之，挤排之。谬种流传，习非胜是，而国民益不复知公德为何物。今夫人之生息于一群也，安享其本群之权利，即有当尽于其本群之义务。苟不尔者，则直为群之蠹而已。彼持束身寡过主义者，以为吾虽无益于群，亦无害于群，庸讵知无益之即为害乎？何则？群有以益我，而我无以益群，是我逋群之负而不偿也。夫一私人与他私人交涉，而逋其所应偿之负，于私德必为罪矣；谓其害之将及于他人也；而逋群负者，乃反得冒善人之名，何也？使一群之人，皆相率而逋焉，彼一群之血本，能有几何？而此无穷之债客，日夜蠹之而瓜分之，有消耗，无增补，何可长也？然则其群必为逋负者所拽倒，与私人之受累者同一结果。此理势之所必然矣。今吾中国所以日即衰落者，岂有他哉？束身寡过之善士大多，享权利而不尽义务，人人视其所负于群者如无有焉。人虽多，曾不能为群之利，而反为群之累，夫安得不日蹙也？[15]

---

[15]《新民说》，19页。

梁认为"束身寡过"即属私德，认为中国传统德育以养育私德为主，并且传统思想中有排斥公德发展之处，几乎成为习惯，于是人民不知什么是公德，不知什么是个人对群体的义务。其实，中国古代亦有公德，只是古代公德多相对于士大夫而言，对百姓并不提倡，而士大夫文化对民众也有影响，梁启超似未辨乎此。当然，古时的公德与近代的公德仍有同异。他所强调的是，国民必须明确自己对于群体、国家所负担的义务，以求益群利群，而不可只享受群体的好处而不承担责任。过于注重"身"的人难免对"群"有忽视。中国要从衰落转向振兴，一定要加强国民对"群"的责任意识，而这个"群"不是指社会，是指国家。

近代西方思想对个人和社会之道德的区分，始见于边沁对"私人伦理"与"公共伦理"的区分，此后密尔在其《论自由》中特别区分"个人道德"和"社会道德"。[16]日本受此影响，在明治二三十年代关注过公德讨论。梁启超戊戌变法后到日本，受到其影响。但梁启超以爱国的民族主义出发，把个人对群体的自觉义务看成公德的核心，这是和中国近代民族国家受压迫而欲自强的时代要求——救亡图存密切相关的。事实上，日本明治以后，也不断突出"公德"建设的意义，而就西洋近代所突出的公德，其意义主要指人在社会交往和公共生活中所循的道德，以及对公共财物所持的态度，对行政公务所承担

---

〔16〕《论自由》，90页。

的责任，对社会公益事业的关注，即突出社会公德，并不突出
"国家"意识和由此而来的政治性公德，即国家对公民的要求。
梁启超的公德说受到日本近代重视公德的影响，但更受加藤弘
之等国家主义的影响，故其重点有所不同，是集中在公民道德
即政治性公德上的。由于日本明治维新后成功走入近代化，欧
化流行了二十年之后，在社会建设方面有了反思，故日本的公
德建设主要指向公共道德。而中国甲午战争之后，要唤起国民
爱国利群，反抗列强对中国的侵逼，故梁启超呼吁的公德必然
指向公民道德及其各种近代政治意识和公民意识，这是与日本
不同的。

　　梁启超关于公德和私德的观点，也受到边沁的启发。梁启
超在其《乐利主义泰斗边沁之学说》中谈道："边沁以为人生一
切行谊其善恶标准于何定乎？曰：使人增长其幸福者谓之善，
使人减障其幸福者谓之恶。此主义放诸四海而皆准，俟诸百世
而不惑……其乐利关于一群之总员者谓之公德，关于群内各员
之本身者谓之私德。"

　　就公德的条目而言，梁启超在《新民说》中特别立专节论
述的，有国家意识、进取意识、权利思想、自由精神、自尊合
群、义务思想等，其实，从伦理学上来说，这些大都不属于道
德。梁启超以"公德"称这些意识和价值，也造成了理论上的
混淆，有些学者如李泽厚至今还受其影响。这里仅举其论自由
与公德：

　　　　今世少年，莫不嚣嚣言自由矣，其言之者，固自谓有

文明思想矣，曾不审夫泰西之所谓自由者，在前此之诸大问题，无一役非为团体公益计，而决非一私人之放恣桀骜者所可托以藏身也。今不用之向上以求宪法，不用之排外以伸国权，而徒耳食一二学说之半面，取便私图，破坏公德，自返于野蛮之野蛮，有规语之者，犹敢靦然抗说曰："吾自由，吾自由！"吾甚惧乎"自由"二字，不徒为专制党之口实，而实为中国前途之公敌也。[17]

在梁启超看来，自由是为了增益团体公益的公德，而绝不是私人放肆的条目。自由是指向宪政、指向国权的政治价值。这里警惕以自由为名而行私人放肆之实的立场，和他后来在《论私德》中的立场是一致的。

应该指出，梁启超在写作"论公德"时期，虽然着重推崇公德，但对私德并没有否定，对其意义也是肯定的，这是他后来可以在同一部书中写作"论私德"一节的基础。

三、刘师培的伦理思想

让我们来看看与梁启超《新民说》同时的刘师培的《伦理教科书》，以与梁启超做一比较。黄遵宪本来曾劝梁启超作一伦理教科书，梁启超未作，作了《德育鉴》，而刘师培为之。可见伦理道德的近代重建，在新时代通过新形式，特别是吸收日

_____

〔17〕《新民说》，62页。

本教科书的形式进行伦理教育，在辛亥之前已经开始，这是近代性的一个方面。梁启超 1905 年作《德育鉴》，以宋明儒者修身之言为德育教材，延续了传统的修身形式，以为非如此不能在实践上亲切有味，与古代重视"行"的教育是一致的。刘师培认为，过去的伦理教育不得其法，有行无知，知即是对伦理的起源与分类的知识性分析。这一观点便与梁启超不同。刘师培的《伦理教科书》分为两册，1906 年出版，而其基本思想于1904 年已形成。第一册是"己身之伦理"，约相当于梁启超所说的私德。第二册为"家族伦理与社会伦理"，其社会伦理约相当于梁启超之公德，而家庭伦理在公私之间。故两册的分法已经蕴涵着伦理的公私人我之分。

先看第一册，刘师培凡例中言："此册所言，不外振励国民之精神，使之奋发兴起。"这个出发点与梁启超等是一致的。他认为，就伦理而言"当以己身为主体，以家族、社会、国家为客体。故伦理一科，首重修身"。[18]

他认为，古代典籍之中，《尧典》所言"亲九族"属家族伦理，"平章百姓"属社会伦理，"此皆施于他人之伦理也"；而《尧典》之"直而温，宽而栗，刚而无虐，简而无傲"与《皋陶谟》"宽而栗，柔而立，愿而恭，乱而静，挠而毅，直而温，简而廉，刚而塞，强而毅"，"此对于自己之伦理也"。这个分析方法与西方近代伦理"对于自己"和"对于他人"的分别一致。

---

[18]　刘师培：《经学教科书　伦理学教科书》，广陵书社，2016 年，128 页。

他认为，秦汉以后的儒家伦理分为两派，"一曰自修学派，以明心践性为宗，以改过慎独为旨，倡正谊明道之说，而不欲谋利计功。属此者，董、韩等"；"一曰交利学派，以仁恕为心，以大同为想，以民胞物与为志，无复人我之见存。属此派者，张载、王守仁等"。他又说："盖自修学派所言者，对于己身之伦理也；交利学派所言者，则施于他人之伦理也？"合两派而兼取之，庶伦理之学，可以由致知而进于实践乎！[19]

"修身者，所以欲人人成为完全无过之人也"，即修身的目标是达到完满的人格，然而他又说："然这个平昔之思想，以身为家族之身，不以身为社会之身，其所谓修身者盖仅为实践家族伦理之基耳。"[20]其实家族伦理亦有非家族伦理之用，如国家、社会之用。故古人之求忠臣于孝子之家，即看出孝德并非只有家族道德的意义和功能。

他又指出，这个历史上不皆如此，孔子的仁追求社会公益，超出修身，"盖以己身对社会，则社会为重，己身为轻。社会之事，皆己身也"。他举出张载的《西铭》为证，又举出"吴康斋'男儿须挺然生世间'，是己身为世界之身，非家族所克私有之身也"，又举"罗念庵有言，'吾人当将此身放在天地间公共地步'，公共之地即西人所谓社会、国家也"。他认为中国人多不明此理，己身之外，仅以家族为范围。"凡事于家族

---

[19]《经学教科书 伦理学教科书》，132 页。
[20] 同上书，136 页。

有利者，则经营唯恐其后；凡事于家族有害者，则退避不敢复撄。而一群众益，不暇兼营。此则中国伦理之一大失也。"[21]一群即社会、国家。其实罗念庵所言，在二程以来的理学中常见。总之，照刘师培此说，中国古代关于超出己身、家族之外的社会伦理亦复不少，不过他所引者多是指心胸和境界而言，并非是社会伦理。但指出古人的眼界不限于己身，确属必要。

只关心己身，是"独善其身"，独善其身的自修学派，在他看来"乃不侵他人之权利，亦不为他人尽义务也"。他说自修学派"一若舍修身之外，无权利之可求，亦无义务之可尽。夫只身孤立，与世奚裨"。[22]不过，此种批评只适合于佛、道之修行，但佛、道主出世，所以"与世奚裨"自然不能切中它们的要害。最后他说："然己之不修，则与人交际，亦安能推行而无失哉？"[23]

第一册主乎心性修身之学，全部为古代心性修身观念之解析。第二册为家族伦理和社会伦理，此册的弁言说："中国古籍，于家族伦理，失之于繁；与社会伦理，失之于简。"其第二课云："家族伦理为实践治理之基，特中国所行家族伦理，其弊有二。一曰所行伦理仅以家族为范围，中国人民自古以来，仅有私德，无公德；以己身为家族之身，一若舍孝弟而外，别无

---

[21]《经学教科书　伦理学教科书》，137 页。

[22] 同上书，138 页。

[23] 同上书，139 页。

道德；合家族而外，别无义务。又以社会、国家之伦理，皆由家族伦理而推，人人能尽其家族伦理即为完全无缺之人，而一群之公益，不暇兼营。"但他也承认，中国古代伦理亦有不以家族为范围者，如《公羊传》"不以家事辞王事"，汉贾谊言"国而忘家，公而忘私"。王事即国家之事，国家与家族相比较，则家族为轻，国家为重，古代多有此说，如"昔大禹过门不入，霍去病言匈奴未灭，何以家为"，此皆言国家之事重于家族之事。当然，刘师培已重视家族伦理之改良，尤其是"家族伦理之互相均平"。五伦互为对待者当互尽其伦理，矫正不平者使之均平。

其论父子之伦，一方面强调慈孝为父子互尽之伦，一方面批评儒家在古代"以为父母若存，则为人子者，只当对父母尽伦理，不得对社会、国家尽伦理"有妨公德。[24]然而他也承认，即使是《孝经》也有言曰"立身行道，扬名于后世，乃孝之终"。《礼记》乃言"事君不忠，非孝也。莅官不敬，非孝也。朋友不信，非孝也。战阵无勇，非孝也"，"则对社会、国家尽伦理，亦为孝亲之一端"。书中言道："盖以国家较家族，国为重而家为轻。……若伍子胥因报父仇，引吴灭楚，己所仇者仅君主一人，乃引异国覆祖国，则又一国之公敌矣。故公私之界不可不明也。"[25]他在家族伦理的结论部分指出：

使非改良家族伦理，则平等之制难期实行，而国民公

---

〔24〕《经学教科书 伦理学教科书》，209 页。
〔25〕同上书，210 页。

共之观念，亦永无进步之期矣。不惟此也，中国社会、国
家之伦理所以至今未发达者，则由家族思想为之阙隔也。[26]

　　以宗法系民，故家族伦理则为发达。又以社会之伦
理，皆由家族伦理而推，而一群之公益不暇顾矣。吾观中
国之臣民，私德为重，公德为轻。[27]

刘师培的教科书全面陈列了中国古代伦理的观念，间或从
近代的立场上加以评论，而本章所注重者仍在其公德—私德之
观念。

《伦理学教科书》十八课为家族伦理部分之结论，十九
课"论公私之说"，开始社会伦理部分。在刘师培看来，家族
伦理似属私德，只有社会伦理才属公德。想他看来，凡有公
共观念必生公德，"吾试即中国古人之言公者考之，则孔子言
'欲立''欲达'，墨子言'兼爱''交利''视人犹己'，曾子言
'人非人不济'，汉儒言'相人偶为仁'，宋儒言'民胞物与'，
孰非社会伦理之精言乎？特近世以来，中国人民公德不修，社
会伦理知之者稀"。[28]

这就是说，中国文化亦有社会伦理，以己对人，以私对
公，则这些伦理即是公德。"但明清以来因专制政体之进化而不
修公德，对社会伦理知之亦少。"他指出，"中国所谓公德者，

---

[26]《经学教科书　伦理学教科书》，237页。

[27] 同上书，238页。

[28] 同上书，239页。

皆指对于一家一姓者而言，非指对于国民团体者言之也。以专
制之祸，涣人民之群，此固国民轻公德之第一原因也"。[29] 人
民以公德为轻，故社会伦理无法实行。

在二十课"论中国社会伦理不发达之原因"，他回顾了中
国历史党祸，认为汉、宋、明尚能先公后私，晋、唐则倾轧纷
争，"遂一己之私，而忘天下国家之念者也，公德不修，莫此
为甚"。认为中国词章家的思想多出于"为我"，与公德之说大
相背驰。王维等诗，以高隐自足，是独善而不能兼善也，苏东
坡诗"大抵以乐利为宗者也，以乐利为宗，是利己而不复利物
也，此与边沁以一群之利为乐利者不同"。[30]

此课的最后，他说：

> 昔《礼记》有言，"并座不横肱"，古语有言"食
> 不毁器，荫不折枝"，所以存公德也。今中国之民，与
> 薄物细故之微，既无公共之观念，如污秽公共道路，损
> 折公共之花木，乘舟车则争先，营贸易则作伪，此事虽
> 小，可以喻大。故其课一群之利害，亦互相诿避而莫敢
> 居先。[31]

什么是社会伦理？"社会伦理者，即个人对于一群之伦理
也。"[32]"既有社会，则个人与社会交涉必繁，斯有社会之规则。

---

[29]《经学教科书 伦理学教科书》，240 页。

[30] 同上书，241 页。

[31] 同上书，242 页。

[32] 同上书，243 页。

夫理则何自昉乎？使古人所为与他人无与，则不必谋于一群，而一群不得施其干涉，故有完全自主之权。然所行、所为不可不屈于社会者，必一己之外，利害有涉于他人。利害既涉于他人，则不得不受社会之节制。此社会规则所由起也。"〔33〕这样的说法与密尔论自由的思想完全一致，必然是受密尔《论自由》一书思想的影响所致。

此下为释仁爱、释正义、释和睦、论义侠、论择交、论服从、释诚信、论洁身、对于师友之伦理、对于乡党之伦理。这显示出，刘师培认为仁义和礼属于社会伦理，也就是说，中国古代并非没有社会伦理，而是有许多关于社会伦理的资源。

第二册第三十六课为结论，是专对于社会伦理而言。他在结论中说，中国人在20世纪以前不知"社会伦理为何物"，是因为此前中国没有完全的社会，"故于人民有公德，仍自成立完全社会始"。〔34〕同时，他也指出，近代中国人为矫正此弊，在传统中亦寻其资源，如"人我相通"之伦理，如孔子大同思想"其人不独亲其亲、子其子"，他认为哲学说法"非不深远"，但不从社会改造开始，社会伦理便无法实行。

刘师培的伦理思想，在其《经学教科书》中也有论及：

《易·象传》所言之"君子"，即言君子当发易道以作事耳。故所言之伦理，有对于个人者，有对于家族者，有

〔33〕《经学教科书　伦理学教科书》，244页。

〔34〕同上书，276页。

对于社会者，有对于国家者。观于《易经》之象传，而伦理之学备乎此矣。[35]

他分类详细列举了《象传》中的伦理观念：

个人伦理：乾之自强不息，蒙之果行育德，小畜懿之德，否之俭德避难，大畜多识前言往行以畜其德，颐之千丧言语，节饮食，大过独立不惧，遁世无闷，坎之常德行，恒立不易方，大壮非礼弗履，晋自昭明理，家人言犹物，行有恒，蹇反身修德，损惩忿窒欲，益迁善改过，升顺德积小高大，困致命遂志，鼎正位凝命，震恐惧修省，坤厚德载物，归妹永终知敝，小过哀用过俭。

社会伦理：坤厚德载物，需饮食宴乐，讼作事谋始，同人类族辨物，坎习教事，咸以虚受人，遁远小人，不恶而严，睽以同而异，渐居贤德善俗，兑朋友讲习，未济辨物居方。

国家伦理：屯之经纶，师容民畜众，履辨上下、定民志，大有遏恶扬善，蛊振民育德，临教思无穷。保民无疆，贲明庶政，无敢折狱，明夷莅众用晦而明，解赦过宥罪，萃除戎器，困致命遂志，井劳民劝相，革治历明时，鼎正位凝命，丰折狱致刑，旅明慎用罚，巽申命行事，节制度数议德行，中孚议狱缓死，既济思患预防。

---

[35]《经学教科书　伦理学教科书》，106 页。

家族伦理：随向晦入息，家人言有物、行有恒。[36]

由以上可见，如《周易》所说"利用安身以崇德"，则其关于个人伦理应有不少，但国家、社会伦理亦复不少。当然，所列国家伦理方面，不见得都属于"伦理"，但关于家庭者确乎不多。可见《周易》的样本并不见得最有代表性。

这种对待自己和对待他人伦理的分别，在亚里士多德已开其端，他在论公正德性的第五卷中说："公正自身是一致完全的德性，它是未加分化的，而且是对待他人的。正因为如此，在各种德性中，人们认为公正是最主要的。……由于有了这种德性，就能以德性对待他人，而不只是对待自身。……在各种德性中，唯有公正是关心他人的善……而最善良的人，不但以德性对待自己，更要以德性对待他人。"[37]亚里士多德也说过，"公正还是一个公正的人在公正的选择中所遵循的一种行为原则"，说明亚里士多德的美德公正同时也是行为的原则，并不排斥行为。

四、马君武论公德

然后我们来看一下 1903 年 4 月马君武发表的《论公

---

[36]《经学教科书　伦理学教科书》，106—107 页。

[37] 亚里士多德：《尼各马可伦理学》，苗力田译，中国人民大学出版社，2003 年，90 页。

德》。[38] 比起梁启超《新民说》论公德，马君武此文仅晚一年。
我们知道，19 世纪末 20 世纪初，这一时期正是日本国内关注
公德问题讨论的时期。故不仅梁启超受此影响而关联到中国问
题，马君武亦然。马君武（1881—1940）1901 年考入日本京都
帝国大学，学习化学，留日期间结识了梁启超等人，也为梁启
超的《新民丛报》撰稿。

他的论公德文，可以说是对梁启超公德论的回应，并借由
此论申发其对中国古代社会的批判。

"私德者何？对于身家上之德义是也。公德者何？对于社
会上之德义是也。"可见其对公德私德的定义和理解与近代西方
思想家略同。他接着说：

> 论者动谓中国道德之发达，于公德虽阙如，而私德颇
> 完备，亦六经之所陈，百儒之所述，似于私德已发挥无余
> 蕴矣。呜呼，中国之所谓私德者，以之养成驯原谨愿之奴
> 隶则有余，以之养成活泼进取之国民则不足。

这一段前面引梁启超《新民说》而反驳之，认为中国私德
并非已经发挥无余蕴，而是只能养成奴隶制道德而已，而不能
养成国民的道德。按国民道德多就公德而言，故此处所驳梁启
超者私德说者，并不合理。观其大意，活泼进取是私德，亦属
近代之私德，却为中国古代所无。从公德私德之分而言，他似

---

[38] 马君武此文原载《政法学报》癸卯年第 1 期（1903 年 4 月 27 日），下引不再
注明。可参看曾德珪选编：《马君武文选》，广西师范大学出版社，2000 年。

认为，国民道德有公私之分，国民之私德应以活泼进取为主。
他又说：

> 夫私德者，公德之根也。公德不完之国民，其私德亦
> 不能完，无可疑也。欧美公德之发达也，其原本全在私德
> 之发达……故私德之与公德也，乃一物而二名也。私德不
> 完，则公德必无从而发生。

表面看来，他的讲法和梁启超1903年秋回国后写的《论
私德》的语句相似，但立意完全不同。梁启超认为，虽然中国
有私德而无公德，但养好私德，可推致公德。而马君武之意，
认为中国公德之不立，不是梁启超所说只欠一推，而是中国的
私德根本不发达。那么什么是马君武所说的私德呢？"夫人必
能爱名誉，而后立身涉世，乃有所忌惮，不敢失节堕行，寡
廉鲜耻。""夫人必能爱权利，而后能真自治"，"夫人必能爱自
由，而后其人格乃尊，为一国中之主人，不为一国中之奴隶。"
他认为中国私德不提倡爱名誉、爱权利、爱自由，所以公德无
以立。故他总结说："若徒指束身寡过，存心养性，戒慎恐惧
诸小节为私德完全之证，是乃奴隶国之所谓私德，非自由国
之所谓私德也。（自由国亦不废存心养性诸节，而断不能赅私
德之全）。"

可见，他认为梁启超所说的私德皆为奴隶国之私德，非自
由国之私德，而他倡导的私德乃是自由国之私德。此种讲法似
是而非，爱权利、爱自由，如梁启超所言，近于公德，不属私
德。本来，依梁启超之推理，中国文化并非没有公德私德，但

缺乏近代社会之公德。而照马君武所说，中国并近代之私德亦无，故应全面去旧图新，进行道德革命和改造。陈独秀后来所说伦理革命，即继此而来。那么，可否说私德亦有古代近代之分？公德亦有古代近代之分？应看到，即使近代有近代之私德，其与古代私德亦颇有连续性，而近代之公德则与古代大异。

但马君武自己并未如此区分，他认为，"盖吾国民之在古昔，固非无公德之国民也。史称：文王之囿，方七十里，与民同乐。又曰：文王之时，耕者让畔，行者让路，斑白者不提挈负载于道路。此数者皆与今日欧美之所谓公德者同。故吾国民公德之发达，以在周文王时为极盛"。这是说西周时公德发达，只是后来渐行退化。但此说不严谨，盖周文王时不可能有"国民公德"，彼既封建，何来国民？但中国古代已有社会之超个人的公德，此是不争的事实。

马君武此文，文理逻辑不强，但重点似非集中于政治，不在奴隶之道德，如陈弱水所言，其重点乃是社会公德，即公共道德。[39] 如马君武在此文中列举：

> 上海之例，道路侧不许便溺，公园花草不许毁伤，公共之建筑不许污秽，是它非公德之所当事乎？而吾国人之干犯此等禁例、受其科罚者日有所闻也。

> 不观于欧美诸国乎？虽幼稚如童子、下等之愚夫，未有在道旁便溺者也，未有毁伤公园之花木者也，未有污

---

〔39〕《公共意识与中国文化》，110 页。

秽公共建筑物者也。夫岂必时时有警察以守护乎？而人民既有公德，则自爱公共之乐利，守公共之禁戒而不敢犯。……欧美公德发达之原因，即欧美不仅爱其一身一家之乐利，而爱公共乐利故也。

欧美各国固莫不有特别之国风，至其国民之品位及风格，则莫不优于高尚，而爱重公共之乐利。……兹略举数事，以为欧美平民公德发达之证。欧美各国之中，寻常通用者为电车马车，而乘用之客，皆重公德。车中有单，列明车价，有箧收纳之，乘客自按单纳价，不须营业者之请讨，而自不敢相欺。且乘降之时，井然有序，老弱者及妇女常居先，壮者后之。故人数虽多，而无逼塞不通之患。先至之壮者，见有后至之老弱及妇女坐位，恒起立以让之。

五、章太炎论革命的道德

章太炎《革命之道德》刊于《民报》第8号（1906年10月8日，亦即他就任主编的次期）。该文首揭"种族革命"的大义，以为今日之"革命"，非简单的改朝换代，而是"光复"故国："光复中国之种族也，光复中国之州郡也，光复中国之政权也。"此前之中国种族所以沦为"满洲异族"之统治，且久久不得"光复"，其根本原因不在宋学、汉学之为祸，而在道德的衰亡，"道德衰亡，诚亡国灭种之根基也"。

因此，今天的革命中人，必须讲求道德，否则将无以号召天下。[40]

章太炎认为，革命之道德，"不必甚深言之，但使确固坚厉，重然诺，轻死生，则可矣"。而所谓"大德""公德"之外，"小德""私德"决不可忽视："道德果有大小公私之异乎？于小且私者，苟有所出入矣，于大且公者而欲其不逾闲，此乃迫于约束，非自然为之也。"如此缺乏道德的自觉，则必迎合时势而为，有机可乘，"则恣其情性，顺其意欲，一切破败而毁弃之，此必然之势也"。

这就是说，革命道德即坚定勇敢、不畏牺牲，属于大德、公德。但在大德公德之外，小德私德也不能忽视，缺乏私德，就不可能有大德的自觉，私德是公德的基础。他还认为，事实上道德不分大小、不分公私。

"方今中国之所短者，不在智谋而在贞信，不在权术而在公廉。""尽天下而以诈相倾"，"其诈即亦归于无用"；"人人皆不道德，则惟有道德者可以获胜"。"今之革命，非为一己而为中国。中国为人人所共有，则战死亦为人人所当有"，前仆后继，都为分内之事。"今人以自分之事而不肯为之死，吾于是知优于私德者亦必优于公德，薄于私德者亦必薄于公德，而无道德者之不能革命，较然明矣。"

章太炎很重视道德的作用，认为中国缺少的不是智谋，而

---

[40]　参看张勇：《"道德"与"革命"》,《中国学术》第33辑，商务印书馆, 2013年。

是道德。关于公德和私德，他认为"优于私德者亦必优于公德，薄于私德者亦必薄于公德"，就是说，私德是基础，直接决定公德，一个人公德的厚薄取决于私德的厚薄。这些观点和梁启超《论私德》的观点很为接近。

《革命之道德》一文另一颇引起后来研究者关注之处，是他以职业高下论道德的论述。他认为：

今之道德，大率从职业而变。都计其业，则有十六种人：一曰农人，二曰工人，三曰裨贩，四曰坐贾，五曰学究，六曰艺士，七曰通人，八曰行伍，九曰胥徒，十曰幕客，十一曰职商，十二曰京朝官，十三曰方面官，十四曰军官，十五曰差除官，十六曰雇译人。其职业凡十六等，其道德之第次亦十六等。

故以此十六职业者第次道德，则自艺士以下，率在道德之域；而通人以上，则多不道德者。九等人表，不足别其名，九品中正，不能尽其实。要之，知识愈进，权位愈申，则离于道德者也愈远。

照此说，从事农工至艺士职业的人，都是道德的，而官商多不道德。特别是，他的结论是"知识愈进，权位愈申，则离于道德者也愈远"，知识越多越不道德，官位越高越不道德，这种民粹主义道德论不能不说和后来"文革"时代思想有相同之处。但他重视个人道德，则是事实。

今之革命党者，于此十六职业，将何所隶属耶？农、工、裨贩、坐贾、学究、艺士之伦，虽与其列，而提倡者多在通人。使通人而具道德，提倡之责，舍通人则谁与？
然以成事验之，通人率多无行；而彼六者之有道德，又非
简择而取之也，循化顺则不得不尔。

通人率多无行，是批评知识人没有坚定的道德操守，这
对鼓吹革命道德的人来说，也不奇怪。凡强调革命斗争和革
命战争之道德的人，往往就会轻视知识人的道德。在他看
来，农工之人的道德并不是出于道德选择，而是朴素自然地
形成的。

六、徐特立论公德

1949 年中华人民共和国成立后，公德的问题也立即受到最
高领导人的注意。新的人民政府必然也要关注新的国家对公民
的要求。1949 年 9 月 29 日，毛泽东在《新华月报》创刊号题
词：爱祖国、爱人民、爱劳动、爱护公共财产，为全体国民的
公德。同月，由毛泽东起草并由中国人民政治协商会议全体会
议通过的《共同纲领》之四十二条："提倡爱祖国、爱人民、爱
劳动、爱科学、爱护公共财物为中华人民共和国全体公民的公
德。"说明新中国成立伊始，在和各方面的合作中，很重视现代
国家建设和"国民公德"的问题。在这"五爱"中，爱祖国即
是爱国，这是近代以来一直被首要强调的公民道德，如 1902 年
梁启超的《新民说》。爱护公共财物是近代以来欧美国家一直注
重的公共道德。爱科学是"五四"以来社会文化的共识，而爱

人民、爱劳动则是中国共产党自身意识形态所直接要求的。可见，这一"公德"体系实包含了多方面的内容，其中公共道德只占较轻的地位。

1950 年毛泽东昔年的老师徐特立写下了《论国民公德》一文，发表于当年的《人民教育》。这显然是作为教育家的徐特立自觉接受的一项任务，即阐发毛泽东提出的"五爱"公德。文章的开始这样说："首先有一个问题应该提出讨论，就是政协纲领上决定全体国民的公德，而没有决定个人的私德，有什么历史事实根据和理论根据？"（《论国民公德·弁言》）他还提出："毛泽东关于道德的认识，不侧重个人的私德，而重视政治关系。"他赞成毛泽东的这个认识，同时主张要重视那些影响到政治的私德，或影响公德的私德。这一观点应该也是从毛泽东而来的。

他的这一说明很重要，既阐明了毛泽东的道德思想重点，即在道德问题上重视政治意义；也说明了正是依据毛泽东的观点，政协的《共同纲领》只讲公民道德，不讲个人私德。应该说，毛泽东的这一主张深刻影响了后来几十年新中国的道德建设。

徐特立也提到，在清末，甲午战争以后，清政府提出"尊君、尊孔、尚公、尚武、尚实"的道德标准，得到了社会的公认，即这五项道德成为清政府当时提出的"公德"。

但徐特立的文章并未真正回答《共同纲领》为何"只决定全体国民的公德，而没有决定个人的私德"，他只说毛泽东不重视个人的私德。此下，他的文章更多是讲人的道德是由社会发展所决定的这一观点，这似乎含蕴着个人的私德随着社会的改变而自然改变。社会改造好了，个人道德自然就好。他说：

> 从大革命、土地革命到抗日的民族革命，凡是改变了社会关系的地区，即实行了减租减息、平分土地以及发扬起广大人民民主的地区，于是社会习惯和个人道德也就来了历史上空前的大转变。如犯法作乱的人，很少看见；烟赌盗贼，不禁自绝；以致夜不闭户，一切坏分子都变为劳动者。这些事实说明个人的好坏是由社会决定的。这些事实完全把马克思、恩格斯、毛泽东的道德思想，在中国革命过程中实现了，而且还继续发展到解放区去。(《论国民公德》)

他所说的个人的好坏，就是指个人道德。他隐含的主张是，离开了社会的改造而论个人道德或个人修养，不仅是错误的，甚至"这完全是反动的"。

此下徐特立对"五爱"分别做了解说，当然他的解说有自己的特点，如爱护公共财物，他的解说更多关注在厉行节约、反对浪费，这虽然是当时解决国家财政困难的一个方面，但与近代以来的公共道德所讲的爱护公共财物还不相同。在这个意义上，他确实并没有涉及公共道德。而他讲的爱科学，更多地强调人文科学理论的阶级性、时代性，要求人们认识马克思主义的社会科学，少犯错误。这与一般讲的爱科学的精神也不一样。倒是他说"认识到毛主席古今中外法，列宁的批判的吸收人类一切遗产的重要"，这一方面说明了毛主席的认识方法是古今中外法，不排斥任何一方，另一方面也说明了中共的文化政策受到列宁的重大影响，即列宁说过"批判的吸收人类一切遗产"。关于爱人民，他说："人民政协《共同纲领》中规定的德目是新中国的新的道德标准，不是任何国家任何时期都适用的。"

他又说：

> 由于中国过去是半殖民地，有些省份曾经一度沦为殖民地，所以我们政协《共同纲领》的德目中，就把爱祖国提到第一位；由于这个国家，是由人民大众出钱出力流血牺牲所创造出来的国家，所以德目中在爱祖国之后，接着就提到爱人民。

其实，国家对于公民的要求是一般的逻辑，而并非看不同地区的特殊经历。爱国是民族国家对国民的一项基本要求，如果说因为一些地区曾经沦为殖民地才确定爱国，那就把爱国当成了一项施政的政策，而不是全体国民的道德。人民大众是无产阶级政党的基础，中国共产党是无产阶级先锋队，但其基本诉求是解放人民，人民当家做主，这是其政策纲领内在决定的。最特别的是，公德应是人民大众对国家负责的道德，但在徐特立的讲法中，爱人民的公德成为政府的责任：

> 爱人民最基本的最一般的，即凡是人民，都要给以政权、财权、人权之保证。

> 对于爱人民，我们可以具体说明如下：要为全国一切人民谋利益，全国人民都有人权、政权、财权，有事做，有书读，有饭吃，都要各得其所。

这是解释新政府的政策导向，对土地关系、劳资关系的解说，要保证使农民获得土地，工人有工作，公教人员有事做，私人企业有利可图，以有利于生产的发展。于是爱人民变成了政策的解说，而不是"在思想上提高为一种自觉自动的人们的公共道德"。这样，爱人民的公德不是公民个人的道德，而成为一项国家制度的价值，与今天的核心价值一样，而不是个人作为公民的道德了。

可见，徐特立的文章并没有从理论和实践上很好地论证"五爱"作为国民之公德的意义，但无论如何，很明显，新政权重视政治性公德，轻视个人的私德，主张道德是意识形态，强调道德的政治功能，这些都已显示出此后几十年在道德和公德问题上的基本导向和偏向。

七、新中国成立以后对公德的基本认识

由于新中国成立以后，一切都在党和国家领导之下，所以此下我们不再通过个人的阐述，而经由国家宪法和党的文件来考察这个时代对公德私德问题的主张和理解。

1954 年通过的《中华人民共和国宪法》的第一百条规定："中华人民共和国公民必须遵守宪法和法律，遵守劳动纪律，遵守公共秩序。尊重社会公德。"应当说这里所说的"社会公德"就是"五爱"公德。但"尊重社会公德"的提法似不妥，难道其他几项都是要"遵守"，而社会公德不应当"遵守"吗？无论

如何，这可以说是在法律形式上确定了"五爱"为主要内容的"社会公德"，"五爱"作为国民公德具有了法律认可的地位。但是"五爱"公德与这里所说的"社会公德"是同是异？在这里要求被尊重的社会公德应该不是"五爱"公德。这就有了两种不同的公德。"五爱"当属政治性公德，而所谓社会公德应当属于社会性公德。前者是公民道德，后者是公共道德。公共道德的地位和重要性远低于公民道德。在这里，作为公共道德的社会公德只是"四个遵守"的最后一项。

1982年，在将近三十年之后，新的《中华人民共和国宪法》出台，1982年宪法第二十四条规定：

国家通过普及理想教育、道德教育、文化教育、纪律和法制教育，通过在城乡不同范围的群众中制定和执行各种守则、公约，加强社会主义精神文明的建设。

国家提倡爱祖国、爱人民、爱劳动、爱科学、爱社会主义的公德，在人民中进行爱国主义、集体主义和国际主义、共产主义的教育，进行辩证唯物主义和历史唯物主义的教育，反对资本主义的、封建主义的和其他的腐朽思想。

这个表述直到2018年2月都没有变化，在1988、1993、1999、2004年的宪法修正案中都没有对1982年宪法的这一条做出过任何改变。国家作为中华民族的民族国家，要进行爱国主义、集体主义、国际主义、共产主义的教育，以及辩证唯物主义和历史唯物主义的教育，却独独没有中华文化和中华美德的教育。这里的问题难道不是很明白吗？

　　八二宪法其中也提到了"五爱"，但对五四宪法有了调整，把其中的"爱护公共财物"，改为"爱社会主义"。新的"五爱"为"爱祖国，爱人民，爱劳动，爱科学，爱社会主义"。我们看到，原属于社会公德范畴的爱护公共财物没有了，再加上"在人民中进行爱国主义、集体主义和国际主义、共产主义的教育，进行辩证唯物主义和历史唯物主义的教育"，公德的政治性更为加强，而个人道德仍未见倡导。就中国社会的情形而言，"五爱"虽然作为国民公德被规定，但它的实际影响直接关联着青少年教育。由于面对社会公共生活的公共道德未见倡导，而用"爱社会主义"取代"爱护公共财物"，明显表现出政治性公德压倒社会性公德的倾向，更不要说，公德压倒私德，是1950年徐特立文章发表以后一直不变的导向。

　　其实，在五四宪法之后，"文革"时期，1975年正式通过了第一次修改五四宪法的新宪法，但这部宪法中没有出现社会公德的规定。1978年在"文革"后又进行了宪法修改，七八宪法除了在"不劳动者不得食、各尽所能、按劳分配的社会主义原则下"，规定"劳动是一切有劳动能力的公民的光荣职责"外，其第五十七条规定：公民必须爱护和保卫公共财产，遵守劳动纪律，尊重社会公德，遵守宪法和法律。这就恢复了五四宪法对"尊重社会公德"的讲法。而把原来作为公民公德的"爱护公共财产"移到此处，表明"爱护公共财产"与其他"五爱"（爱祖国，爱人民，爱劳动，爱科学，爱社会主义）不能平列，没有其他"五爱"重要。社会性公德让位于政治性公德，甚为明显。五四宪法的"遵守公共秩序"消失了，应该是纳入了"遵守社会公德"。

八二宪法在五十三条的规定与七八宪法差别不大，1988、1993、1999、2004 年的四次宪法修正案，都未涉及公民道德要求的改变，说明 1978 年以来的四十年，在宪法的层面，在有关公民道德要求方面，我们恪守的还是五四宪法的思想，没有按照社会生活的变化进行改进。

八二宪法要在人民中进行爱国主义、集体主义和国际主义、共产主义的教育，进行辩证唯物主义和历史唯物主义的教育，但唯独没有提出要进行中华优秀文化和传统美德的教育。这在今天来看是一个明显的缺失。现在看来，八二宪法所说的反对封建主义的腐朽思想，更多的是一个内涵含糊的概念，反映了"文革"刚刚结束时人们的观念，应该说早已过时。尤其是中共十八大以后对弘扬中华优秀文化的大力倡导，使得这类概念的使用必须加以检讨。

那么，是不是 1982 年的几十年来，党和政府对此毫无认识的进步呢？也不是，但它未体现在国家宪法的修正案中，而是体现在中国共产党的决议和文件里。事实上，在整个社会生活中，党的文件的作用往往超过了宪法法律的规定，承担着国家治理的功能。

1986 年党的十二届六中全会通过了《中共中央关于社会主义精神文明建设的指导方针的决议》，这是改革开放后第一个具有纲领性的文件，提出"四有"（有理想、有道德、有文化、有纪律的社会主义公民）是社会主义精神文明建设的根本任务，强调一切着眼于建设，把注意力集中到加强思想道德建设。这个看起来是一般性的论述，似乎把"四有"作为对公民的本质要求，近似于公德。在这个意义上，"四有"的地位超过了"五爱"。当然，这个文件继续肯定了"五爱"，即爱祖国、爱人民、爱劳动、爱科学、爱社会主义，但不是作为公民的公德，而是作为"社会主义道德建设的基本要求"。无论如何，这都说明当时对道德的看法，是把公德作为道德建设的基本要求，来代替一切道德，这并不合理，也是十年后将此修改为三个领域（社会公德、职业道德、家庭美德）的原因。

"五爱"本属国民公德，但在这个文件中，却提出要使"五爱"在社会生活各个方面体现出来，如军民关系、干群关系、干部之间、家庭内部以及人与人之间。其实这是不可能的，社会公德的作用范围到底何在，这些问题都不清楚。

有进步的是，这个决议开始提出了职业道德建设，还提出了"在社会公共生活中，要大力发扬社会主义人道主义精神"，但这样概括公共生活的道德也是不准确的。所以，这个文件中"树立和发扬社会主义的道德风尚"一节本来是要全面体现思想道德建设的宗旨和要求，但对公共生活的道德要求过于片面，人道主义并不是公共生活的基本道德。

十年后，1996 年党的十四届六中全会通过了《中共中央关于加强社会主义精神文明建设若干重要问题的决议》，《决议》

中提出社会公德、职业道德、家庭美德三分的框架，但这三类道德之外，没有提及个人道德。文件明确把文明礼貌、助人为乐、爱护公物、保护环境、遵纪守法五个方面作为社会公德，兹引其第11节：

（11）社会主义道德建设要以为人民服务为核心，以集体主义为原则，以爱祖国、爱人民、爱劳动、爱科学、爱社会主义为基本要求，开展社会公德、职业道德、家庭美德教育，在全社会形成团结互助、平等友爱、共同前进的人际关系。

为人民服务是社会主义道德的集中体现。在发展社会主义市场经济条件下，更要在全体人民中提倡为人民服务和集体主义的精神，提倡尊重人、关心人，热爱集体，热心公益，扶贫帮困，为人民为社会多做好事，反对和抵制拜金主义、享乐主义和个人主义。在经济活动中，国家依法保护企业和个人利益，鼓励人们通过合法经营和诚实劳动获取正当经济利益；同时引导人们对社会负责、对人民负责，正确处理国家、集体和个人的关系，反对小团体主义、本位主义，反对损公肥私、损人利己。严格防止把经济活动中的商品交换原则引入党的政治生活和国家机关的政务活动。

全面加强社会主义道德建设，大力倡导文明礼貌、助人为乐、爱护公物、保护环境、遵纪守法的社会公德，大力倡导爱岗敬业、诚实守信、办事公道、服务群众、奉献社会的职业道德，大力倡导尊老爱幼、男女平等、夫妻和睦、勤俭持家、邻里团结的家庭美德。当前要以加强职业道德建设、纠正行业不正之风为重点。

提出五条德目作为社会公德，这比以前有进步，但仍未能抓住公共道德的要点和根本特性。在加强青少年思想道德教育的第12节：

（12）加强青少年思想道德教育，是关系国家命运的大事。要帮助青少年树立远大理想，培育优良品德。各级各类学校都要全面贯彻党的教育方针，坚持社会主义办学方向，加强德育工作，努力培养德智体等方面全面发展的社会主义建设者和接班人。根据大、中、小学的不同特点，切实加强和改进思想品德课程、政治理论课程，把传授知识同陶冶情操、养成良好的行为习惯结合起来，把个人成材同国家前途、社会需要结合起来，形成爱党爱国、关心集体、尊敬师长、勤奋好学、团结互助、遵纪守法的风气。积极组织学生参加生产劳动和社会实践，帮助他们认识社会，了解国情，增强建设祖国、振兴中华的责任感。充分发挥共青团、少先队团结和引导广大青少年进步的重要作用，深入开展"希望工程"、"青年志愿者"和"手拉手"等活动，发扬互相关心、助人为乐的精神。重视老同志在青少年教育中的积极作用。全党全社会都要十分关心青少年思想道德建设，学校、家庭、社会密切配合，为他们的健康成长创造良好环境。

这里的爱党爱国、关心集体、尊敬师长、勤奋好学、团结互助、遵纪守法应作为六项学生道德，但只作为"风气"，还欠理想，根本上还是为忽视个人道德的思路所影响。

相比起来，宪法的修改还不如党的文件。在宪法多年来毫不改变对国民道德要求的同时，党的文件不断提出新的改变。但党并没有想到要把这些改变及时反映到宪法修正案中。

2001年中共中央印发了《公民道德建设实施纲要》，提出"通过公民道德建设的不断深化和拓展，逐步形成与发展社会主义市场经济相适应的社会主义道德体系"。这就几乎把公民道德等同于全部"社会主义道德"。《纲要》所理解的公民道德，其核心是"爱国主义、集体主义、社会主义"和"为人民服务精神"，但在此前提之下，也开始提到"中华民族的传统美德"，这是积极的。"要继承中华民族几千年形成的传统美德，发扬我们党领导人民在长期革命斗争与建设实践中形成的优良传统道德，积极借鉴世界各国道德建设的成功经验和先进文明成果。"这都是正确的。特别是，《纲要》提出"坚持尊重个人合法权益与承担社会责任相统一。要保障公民依法享有政治、经济、文化、社会生活等各方面的民主权利，鼓励人们通过诚实劳动和合法经营获取正当物质利益。引导每个公民自觉履行宪法和法律规定的各项义务，积极承担自己应尽的社会责任。把权利与义务结合起来，树立把国家和人民利益放在首位而又充分尊重公民个人合法利益的社会主义义利观"。这些在理论上也是没有异议的。

在"指导思想和方针原则"部分：

在全社会大力倡导"爱国守法、明礼诚信、团结友善、勤俭自强、敬业奉献"的基本道德规范，努力提高公民道德素质，促进人的全面发展，培养一代又一代有理想、有道德、有文化、有纪律的社会主义公民。

关于公民道德建设的"主要内容"：

11．从我国历史和现实的国情出发，社会主义道德建设要坚持以为人民服务为核心，以集体主义为原则，以爱祖国、爱人民、爱劳动、爱科学、爱社会主义为基本要求，以社会公德、职业道德、家庭美德、个人品德为着力点。在公民道德建设中，应当把这些主要内容具体化、规范化，使之成为全体公民普遍认同和自觉遵守的行为准则。

比起十年前，在社会公德、职业道德、家庭美德之外，这里增加了"个人道德"（个人品德），这是很有意义的。可惜，与社会公德、职业道德、家庭美德不同，此下没有列出个人道德的德目，有关"个人道德"的提法在后来十几年中没有继续。[41] 接下来：

14．爱祖国、爱人民、爱劳动、爱科学、爱社会主义作为公民道德建设的基本要求，是每个公民都应当承担的

---

〔41〕但在党的十九大报告中提到了"推进社会公德、职业道德、家庭美德、个人品德建设"，并在 2018 年全国两会上又提出"明大德、守公德、严私德"，其中的私德即是个人道德。

法律义务和道德责任。必须把这些基本要求与具体道德规范融为一体，贯穿公民道德建设的全过程。要引导人们发扬爱国主义精神，提高民族自尊心、自信心和自豪感，以热爱祖国、报效人民为最大光荣，以损害祖国利益、民族尊严为最大耻辱，提倡学习科学知识、科学思想、科学精神、科学方法，艰苦创业、勤奋工作，反对封建迷信、好逸恶劳，积极投身于建设有中国特色社会主义的伟大事业。

15．社会公德是全体公民在社会交往和公共生活中应该遵循的行为准则，涵盖了人与人、人与社会、人与自然之间的关系。在现代社会，公共生活领域不断扩大，人们相互交往日益频繁，社会公德在维护公众利益、公共秩序，保持社会稳定方面的作用更加突出，成为公民个人道德修养和社会文明程度的重要表现。要大力倡导以文明礼貌、助人为乐、爱护公物、保护环境、遵纪守法为主要内容的社会公德，鼓励人们在社会上做一个好公民。

16．职业道德是所有从业人员在职业活动中应该遵循的行为准则，涵盖了从业人员与服务对象、职业与职工、职业与职业之间的关系。随着现代社会分工的发展和专业化程度的增强，市场竞争日趋激烈，整个社会对从业人员职业观念、职业态度、职业技能、职业纪律和职业作风的要求越来越高。要大力倡导以爱岗敬业、诚实守信、办事公道、服务群众、奉献社会为主要内容的职业道德，鼓励人们在工作中做一个好建设者。

17．家庭美德是每个公民在家庭生活中应该遵循的行为准则，涵盖了夫妻、长幼、邻里之间的关系。家庭生活与社会生活有着密切的联系，正确对待和处理家庭问题，共同培养和发展夫妻爱情、长幼亲情、邻里友情，不仅关系到每个家庭的美满幸福，也有利于社会的安定和谐。要大力倡导以尊老爱幼、男女平等、夫妻和睦、勤俭持家、邻里团结为主要内容的家庭美德，鼓励人们在家庭里做一个好成员。

《纲要》在社会公德、职业道德、家庭美德的具体规范和德目的表述上，与 1996 年的《决议》一致，表示这方面的思考已经成熟稳定。[42]保留"五爱"作为"基本要求"，与 1996 年的《决议》也是一致的，体现了党和政府希望在公德体系中保持连续性的一种努力。"基本要求"的提法，在规范与原则之间，更多的是作为基本原则，而不是公德德目。这与新中国成立之初有所不同。

因此，真正与 1996 年不同而有所发展的地方，首先，是指导思想中提出的"爱国守法、明礼诚信、团结友善、勤俭自强、敬业奉献"的基本道德规范。这五项可谓"新五德"，但《决议》仍未能将之称为"德"，这也许可以理解为，写文件的人往往过于注重修辞的不重复，而没有把澄清概念放在第一

---

[42] 关于社会公德概念的辨析已有学者做了研究，如程立涛：《"社会公德"及其相关概念辨析》，《保定学院学报》，2009 年第 2 期。该文还介绍了马克思主义经典作家的相关论述。

位。这"新五德",应该就是《纲要》所说的"个人道德"的内容,只是《纲要》自身并没有做这样的明确肯定。

其次,《纲要》第15节对"社会公德"做了理论上的定义和界说,特别提到社会公德是涵盖了人与人、人与社会、人与自然之间的关系,这个说法过于宽泛。与价值观不同,公德不可能涵盖所有人与人的关系,如家庭;也不可能涵盖人与社会的所有关系,如爱国;更不可能涵盖所有对自然的关系,如生态价值。所以不能说涵盖了三方面的关系,而只能说涉及三个向度。至于社会公德的具体内容,明确为文明礼貌、助人为乐、爱护公物、保护环境、遵纪守法五者,这明确说明社会公德的内涵是"公共道德",而不包括公民道德。这种区分是妥当的。

然而,什么是"好公民"?好公民只是遵守公共道德,而不包括公民道德?或者反过来,好公民只是指遵守公民道德,而不包括公共道德?显然二者都不完全。值得注意的是,这一节中提到了公德是公民个人道德修养的重要表现,这既承认了公德与个人道德修养的关系,也无异于承认个人道德为社会公德提供了支撑,尤其是肯定了"个人道德修养"这个观念,这是一个进步。遗憾的是,政府提倡的精神文明和道德文明中,始终没有明确确立"个人道德"的德目和"个人道德修养"的意义。这正是我们所要强调的。

就问题来看,在一个市场经济体系为主的社会,政府并没有必要制定职业道德,社会的每一个行业单位都会有自己的职场要求,适应自己的需要。这似乎还是全民所有制留下的习惯思路。家庭美德更应该由文化传统来保障，而不是由政府来规定，政府制定家庭美德，这反映了长期以来忽视社会文化传统的习惯路径。

总结起来，"爱祖国、爱人民、爱劳动、爱科学、爱社会主义作为公民道德建设的基本要求"，实际上是以"五爱"为"公民道德"，是国家对公民要求的政治性公德。

"文明礼貌、助人为乐、爱护公物、保护环境、遵纪守法为主要内容的社会公德"，这里的社会公德就是"公共道德"，或社会性公德，不包括公民道德（政治性公德），明确这一点是有意义的。以往对公德概念的运用是比较混淆的，虽然我们在某种情况下为方便分析仍然可以运用这种笼统意义上的公德概念，但对严格的伦理学讨论来说，必须区分公共道德和公民道德。

那么，"爱国守法、明礼诚信、团结友善、勤俭自强、敬业奉献"的基本道德规范，属于什么道德呢？在逻辑上，应该属于个人基本道德，其中既有个人基本公德，也有个人基本私德。爱国守法、敬业奉献属于公德，明礼诚信、团结友善、勤俭自强属于私德。《纲要》的体系逻辑应是以个人基本道德为核心，从中演绎或推化出社会公德、职业道德、家庭美德，形成完整的道德体系。但"个人基本道德"的观念始终不能出场，我们的道德体系中始终不能有"个人基本道德"的地位。而且，严格地说，爱国在"五爱"的公民道德中已经包含，不一定要在基本道德中再次提出。

那么这"新五德"比起老五常仁、义、礼、智、信如何呢？一个社会的基本道德必须是能够落实到个人践行的，当然，个人践行的道德如仁、义、礼、智、信，在古代同时是政治价值、社会价值，而这是"新五德"所不承担，也不能承担的。而私德不应该只是对于自己的道德，而应该是君子之德、善人道德，即个人的道德、品质、人格。而"新五德"以爱国守法当先，以敬业奉献殿后，公德意识还是强过了善人品德，可见徐特立以来此种影响的深远。[43]党的十八大以来社会主义核心价值的体系，也仍然存在这样的问题。

至于公共道德，也是现代社会生活的重要维度，在我看来，公共道德自然很重要，但相比于个人道德而言，公共道德的问题并不难解决，关键是政府和社会组织要像明治后期的日本一样，全力抓住这个问题，使之成为社会和媒体的关注焦点，持之以恒，必然有效。在这个问题上陈弱水的著作阐发得很清楚。我们从新中国成立以来的问题则是，政治性公德挤压了社会性公德，使社会公德始终很难成为社会的关注焦点，而政治公德和意识形态论题永远成为关注焦点。陈弱水以台湾地区为主，强调要突出公德中的社会性公德；而我们以大陆为主，强调最重要的是加强私德中的个人基本道德，这不仅与我们对中国大陆道德生活史的判断有关，亦是我们的儒家文化立场所决定的。

---

〔43〕 持此种看法的学者较多，如陈晓平的论文《公德私德之统一》主张一个好的道德体系应当以公德为主，私德为辅（蔡德麟、景海峰主编：《文明对话》，清华大学出版社，2006 年）。

　　总之，我们的视角是真正伦理学和道德学的，以个人基本道德为核心，认为近代以来最大的问题是政治公德取代个人道德、压抑个人道德、取消个人道德，并相应地忽视社会公德，使得政治公德、社会公德和个人道德之间失去应有的平衡。因此，恢复个人道德的独立性和重要性，并大力倡导社会公德，是反思当代中国道德生活的关键。

第三章　中国古代德行论的分类与分析

正如我在《仁学本体论》（生活·读书·新知三联书店，2014年）一书中说过的，"原"之一字，兼有二义，一为穷其源头，一为究其根本，《仁学本体论》不是强调推其源头，而是究其根本。本书亦然，《儒学美德论》不是强调推原"德"概念的初始，而是着重研究与"德"相关的重大问题。

尽管如此，《儒学美德论》仍然应该对德的概念的源起有所交代。方便的是，我在拙著《古代宗教与伦理》和《古代思想文化的世界》（生活·读书·新知三联书店，2002年）两书中，对三代至春秋的德行论已经做了较为充分的梳理和分析，而孔子的德行论，我在《孔子·孟子·荀子》一书中也做了详细的说解。本章先概述以上所说的研究结论，便于读者了解中国古代早期发展的德行论，然后对古代德行论与公德私德问题的讨论加以分析。

一、古代德行论的体系

从西周到春秋"德"的用法来看，德的基本含义有二，一是指一般意义上的行为、心意，二是指具有道德意义的行为、心意。由此衍生出的德行、德性则分别指道德行为和道德品格。

在文化发展的早期，氏族、部落的群体生活主要依靠习俗和传统维系社会。随着社会的发展，会逐步产生出关于个人行为乃至个性的褒贬观念：这样，就产生了具体的德行观念，即关于品格、品德、品行的观念，如勇敢、公正、明智等，而抽象的"德"的观念则为后起。

在《尚书》二典中的"德"字已有三种用法：一、无价值规定的品行；二、美德；三、有美德之人。二典中也提出了一些具体的德行条目，关于具体的德行条目的确有可能在夏以前就提出来了。具体的德行条目在氏族的部落生活中就可以见到，抽象的"德"的观念则要晚于具体的德行条目。

狭义的"德性"是指人内在的人格素质，"德行"则指人的行为的道德特性，但德行从主观方面来看，就是德性，如孝本来是德行，但作为人之能孝的内在品质就是德性。郑玄《周礼》注说，"德行，内行之称。在心为德，施之为行"。

德性与伦理的区别在于，德性是指属于个体的一种内在品格，如刚强或宽厚，正直或坚强，伦理则是发生在人与他人之间关系的规范。中国古代最早也最突出的伦理规范应推"孝"，如四德、五教。

德行方面，先来看舜所提出的四德："帝曰：夔！命汝典乐，教胄子，直而温，宽而栗，刚而无虐，简而无傲。""直""宽""刚""简"四德体现了早期对德性的基本要求，在这里是作为年轻人品行教育的要素，这些德性是：正直而不失温和，宽厚而不失原则，刚毅而不暴虐，清高而不骄傲。

《舜典》载舜命契布五教之语："契！百姓不亲，五品不逊，汝作司徒，敬敷五教，在宽。"《孟子·滕文公上》说："圣人有忧之，使契为司徒，教以人伦：父子有亲，君臣有义，夫妇有别，长幼有序，朋友有信。"照这个说法，五品即是五种人伦关系：父子、夫妇、君臣、长幼、朋友（郑玄注亦如此）。五教则是指五种人伦关系的准则：亲、义、别、序、信。《左传》说得更为清楚："舜臣尧……举八元，使布五教于四方。父义、母慈、兄友、弟恭、子孝，内平外成。"（《左传·文公十八年》）《左传》所述五教完全是家庭道德，这可能比《孟子》更接近五教的原始意义。如果在舜的时代确曾命契颁布五教，其文化意义则不在摩西十诫之下。

不过，在西周文献中，"孝"并不是作为"德"，而可能更多的是作为"行"。《尧典》《皋陶谟》所说的德多是指个人的品格、品性，而"孝"一类的伦理规范并未包括其中。《洪范》第六"乂用三德"也是指"一曰正直，二曰刚克，三曰柔克"，未包括伦理即人伦规范的内容。《吕刑》说"惟敬五刑，以成三德"，孔传以为三德即刚柔正直三德，认为同于《洪范》之说。因此，"德"字最早应指作为个人品格的德性，而较少用指人伦道德规范的德行。

在上古文献中有不少对于德行体系的概括，为分疏得清楚起见，我们在《古代宗教与伦理》中把它们分为三类：

第一类：

四德：直、宽、刚、简（《尧典》）

九德：宽、柔、愿、乱、扰、直、简、刚、强（《皋陶谟》）

三德：正直、刚克、柔克（《洪范》）

第二类：

五教：父义、母慈、兄友、弟恭、子孝（《左传·文公十八年》）

七教：父子、兄弟、夫妇、君臣、长幼、朋友、宾客（《礼记·王制）》

八政：夫妻父子兄弟君臣（《逸周书·常训》）

十伦：君臣之义，父子之伦，贵贱之等，亲疏之杀，夫妇之别，长幼之序，上下之际（《礼记·祭统》）

四道：亲亲、尊尊、校校、男女有别（《礼记·大传》）

五达道：君臣、父子、夫妇、兄弟、朋友（《礼记·中庸》）

三行：孝行、友行、顺行《周礼·师氏》）

六行：孝、友、睦、姻、任、恤（《周礼·大司徒》

第三类

六德：中、和、祗、庸、孝、友《周礼·大司乐》）

六德：知、仁、圣、义、忠、和（《周礼·大司徒》）

三达德：智、仁、勇（《礼记·中庸》）

四德：精、忠、孔、信（《国语·周语上》）

四德：忠、信、礼、义（同上）

九德：孝、悌、慈惠、忠恕、中正、恭逊、宽弘、温直、兼武（《逸周书·宝典》）

九德：忠、信、敬、刚、柔、和、固、贞、顺（《逸周书·酆保》）

九行：仁、性、让、言、固、始、义、意、勇（《逸周书·文政》）

九守：仁、智、固、信、城沟、廉、戒、竞、国（同上）

在以上三类与德有关的表达中，第一类属于个人品格，第二类是社会基本人伦关系的规范，第三类可以看作前两类结合的产物，其中既有个人品格如温直刚柔，也有人伦道德如孝悌友，值得注意的是第三类里普遍性的道德价值反映为德性的要求，显著增多，如仁、智、信、义等。而所有这些，基本上反映了西周时代德行观念的面貌。它们既是作为统治者个人的规范和要求，也具有普遍的伦理学上德性和德行原则的意义。大体上看，第三类出现要晚于前两类，其中有的地方可能已融入了早期儒家的思想。无论如何，早期儒家所提倡的德行德目与这三类德行有密切的联系。

从内容上看，这些德目似可看作两大类，一类是立基于家庭和家族乃至宗族关系的人伦规范，一类是作为个人品格的要求；在后者中也包含着一般人格理想的意义。这两方面也就是后来儒家道德学说的基本立脚点。

> 季文子使大史克对曰："……先君周公制《周礼》曰：'则以观德，德以处事，事以度功，功以食民。'作《誓命》曰：'毁则为贼，掩贼为藏，窃贿为盗，盗器为奸。……孝敬忠信为吉德，盗贼藏奸为凶德。……"

> "昔高阳氏有才子八人……齐圣广渊，明允笃诚，天下之民谓之八恺。高辛氏有才子八人……忠肃共懿，宣慈惠和，天下之民谓之八元。此十六族也，世济其美，不陨其名，以至于尧，尧不能举。舜臣尧，举八恺，使主后土，以揆百事，莫不时序，地平天成。举八元，使布五教于四方，父义、母慈、兄友、弟共、子孝，内平外成。……"（《左传·文公十八年》）

"使布五教"即传布五种人伦道德，其意义正如我们在前面指出的。五教是五种家族或家庭伦理的德行，表示五教在当时的适用性。季孙在这里还说明，"孝敬忠信"是四种"基德"，也就是美德。而"盗贼藏奸"为凶德，凶德即恶行。这说明"德"可以泛指心理—行为的属性。这里"基德"的概念值得重视。

高阳氏有八个贤人，他们分别具有齐、圣、广、渊、明、允、笃、诚等八种德行；而高辛氏也有八个贤人，他们则分别具有忠、肃、共、懿、宣、慈、惠、和等另八种德行。于是，在他的叙述中，就提出了十六种个人的美德德行。前面所说的"孝敬忠信"的基德比较接近于伦理规范的一类，而上面所说的这十六种德行都比较近乎于个人性情的一类。强调个人形式的德行，这与礼乐文化的特质相适应。

来看《国语·周语》：

> 晋国孙谈之子周适周，事单襄公，立无跋，视无还，听无耸，言无远；言敬必及天，言忠必及意，言信必及身，言仁必及人，言义必及利，言智必及事，言勇必及制，言教必及辩，言孝必及神，言惠必及和，言让必及敌；晋国有忧未尝不戚，有庆未尝不怡。

晋之公孙惠伯谈，其子名周，即后来的晋悼公（悼公即位在公元前572年）。晋悼公即位之前，在周事单襄公，很受周大夫的赞赏。照这里所说，他的德行很完美，这是否属实，我们不必深考。我们所关注的是当时人们用以评价人的德行标准和德目表。这里有关德行的叙述可分为三个部分：四"无"，十一"言"，二"未尝不"。四"无"是：站则双腿并直不弯，视则不会左顾右盼，听从不拉长耳朵，言恒论切近之事而不骛远。十一"言"的描述是：讲到敬一定表示对天的敬畏，讲到忠必求发自内心，讲到信必从自己身上做起，讲到仁必施爱及于他人，讲到义必能兼顾于利，讲到智必重处理事务而不流于虚浮，言及勇必定有所制约，论到教必强调分辨是非，讲到孝一定相信鬼神，讲到惠一定致力亲和，讲到让即使对敌人亦先礼后兵。二"未尝不"是指：自己的国家有忧患则未尝不忧愁，国家有庆则未尝不喜悦。就德目而言，这里提出了敬、忠、信、仁、义、智、勇、教、孝、惠、让共十一个德目，其中除了"教"是不是德行可能还有疑问，其他十个无疑都是德行的条目。而最后所说的忧国爱国之心，如果与前面所说的"忠"有区别的话，则这两个"未尝不"也可合为一个德行。前面所讲的四"无"当然也是德行。这样，总共有十六个德行。这个德目表在公元前 6 世纪的前期，应当是有代表性的。[1]

据《国语》，正是因为周的身上有种种美德，所以单襄公在重病时对儿子单顷公说，周一定会成为晋国的国君，要善待他：

> 必善晋周，将得晋国。其行也文，能文则得天地。天地所胙，小而后国。夫敬，文之恭也；忠，文之实也；信，文之孚也；仁，文之爱也；义，文之制也；智，文之舆也；勇，文之帅也；教，文之施也；孝，文之本也；惠，文之慈也；让，文之材也。象天能敬，帅意能忠，思身能信，爱人能仁，利制能义，事建能智，帅义能勇，施辩能教，昭神能孝，慈和能惠，推敌能让。此十一者，夫子皆有焉。

> 天六地五，数之常也。经之以天，纬之以地。经纬不爽，文之象也。文王质文，故天胙之以天下。夫子被之矣，其昭穆又近，可以得国。且夫立无跛，正也；视无

---

[1]　本节所述，参看拙著《古代宗教与伦理》，第七章"德行"，生活·读书·新知三联书店，1996 年。

还，端也；听无声，成也；言无远，慎也。夫正，德之道也；端，德之信也；成，德之终也；慎，德之守也。守终纯固，道正事信，明令德矣。慎成端正，德之相也。为晋休戚，不背本也。被文相德，非国何取！

后面一段，就是评论前面所说的周的第一部分德行四"无"，这四"无"之"行"，用"德"的语言来表达，就是正、端、成、慎。单襄公又把周对晋国的"未尝不戚""未尝不怡"的爱国之德，合说为"为国休戚"。所以，单襄公评论周的德行，总共提出了十六个德目，即：敬、忠、信、仁、义、智、勇、教、孝、惠、让、慎、成、端、正、为国休戚。值得一提的是，慎、成、端、正四德与敬、忠、信、仁等十一德之间的关系。照单襄公"慎成端正，德之相也"的说法，韦昭注云"相，助也"，则似乎相对于其他德行，这四德是属于辅助的德行，而其他诸德是基本的德行。如果进一步分析的话，像"立无跛""视无还"这一类德行，属于比较个人性的德行；这些固然是贵族的"礼"文化中所要求的个人人格的一部分，但并不是与社会或他人直接关联的德行。而忠、信、仁、义、孝、惠、让、敬则是与他人和社会直接关联的德行，既包括伦理关系，也包括社会关系。也许我们可以用"个人性德行"和"社会性德行"来区别二者。此外，就社会性德行而言，需要指出的是，这个时期已经出现"忠国""利国"的价值观念，汉以后更发展出"爱国"的观念，这些观念虽然没有作为德行条目，但作为与"忠"德关联一体的道德观念亦不断深入人心，在社会层面发生作用。

二、古代德行论的类型

从西周后期到春秋时代，德行体系可以说经历了一个发展的过程。如上所说，在讨论古代的德行论体系的时候，我们会涉及德行的分类问题。

根据前述古代的德性体系，我们在《古代思想文化的世界》中曾把中国古代德性论的全体区分为四种类型：

性情之德：齐、圣、广、渊、宽、肃、明、允；

道德之德：仁、义、勇、让、固、信、礼；

伦理之德：孝、慈、悌、敬、爱、友、忠；

理智之德：智、咨、询、度、诹、谋。

其中"性情之德"即我们在前面称为个性形式的德性，指人的一般心理性态；其在古代被强调，自然和周代的礼乐文化有关，但在后来的中国文化中也始终受到重视。[2]性情之德和理智之德都属于个人性德行，道德之德和伦理之德属于社会性德行。如果换个说法，也可以用自我指向的德行和他人指向的德行。值得关注的是，"道德之德"和"伦理之德"如何分别，以及是否需要分别。我们的区分想要表达的是，伦理之德是与人际的直接伦理关系的规范相联系的德目，而道德之德则是相对来说比较个人的道德品行，道德之德和伦理之德都是"基德"，即基本德行。

---

〔2〕　参看拙著《古代思想文化的世界》，第九章"德行"，生活·读书·新知三联书店，2002 年。

春秋末期，孔子在《论语》中注目的德行，约为四类：

一、夫子温、良、恭、俭、让以得之。(《论语·学而》)

二、弟子入则孝，出则悌，谨而信。(《论语·学而》)谨是少言。

三、主忠信(《论语·学而》)，恭宽信敏惠(能行五者于天下，为仁矣，曰恭宽信敏惠，恭则不侮，宽则得众，信则人任焉，敏则有功，惠则足以使人)，恭是敬。

四、仁、智、勇、义。(仁者不忧，知者不惑，勇者不惧。)(《论语·子罕》)

第一类我们称为性格德性，第二类我们称为人伦德性，第三类我们称为政治德性，第四类可称为综合德性。政治德性在春秋时代越来越受到关注，儒家也非常重视政治德性。[3]

麦金太尔强调，在古代希腊，德性是个体履行其社会角色的性质。上述四类德行固然可以说都是贵族履行其统治角色所要求的，但每一类和社会角色关联的程度有别。如《左传·文公八年》所说"五教"："父义、母慈、兄友、弟恭、子孝"，在这个脉络里德目与社会伦理关系中的角色的关联就很直接。而尽力于公家之事的忠，敬守其业的信，就与宗法伦理关系中的特定角色较少关联，而近于普遍性的德行。另外，刘康公所说"宽肃宜惠，君也；敬恪恭俭，臣也"，这一类讲法固然可以帮助我们了解某些德行是当时主要对于统治者或统治阶级而要

---

〔3〕 参看拙著《孔子·孟子·荀子》，生活·读书·新知三联书店，2017年。

求的德行，但不等于说，仁义礼智孝悌勇信不是统治阶级所要求的德行。这只是表示，有些德行一般而言是普遍要求的，同时，由于担任某些特定的社会角色而更加强调另外某些德行。毫无疑问，西周春秋的封建时代，德行论主要是贵族的德行和规范，因为贵族承担社会管理的职责并掌握权力，故特别需要强调使他们得以正确履行职责和行使权力的德行要求。同时，这也绝不表示这些针对贵族提出的德行对于其他阶层乃至对后来的人没有普遍意义。

麦金太尔指出，在荷马的英雄社会，"是一个得到明确界定并具有高度确定性的角色系统里，每个人都有既定的角色和地位，这个系统的关键结构是亲属关系和家庭的结构。在这样一个社会中，一个人是通过认识到他在这个系统的角色来认识到他是谁的，而且通过这种认识他也认识到他应当做什么"。[4] 其实认识到自己的角色，并不就能认识到应当做什么，甚至认识到应当做什么也不等于能促使他按应当去做。西周到春秋，基本上属于宗法政治的封建社会，在这个社会结构中，每个人的角色和地位是由宗法关系决定的。而处在每一位置的人都同时对上和下负有相应的义务，如父慈子孝兄友弟恭一类。宗法体系要求的是家族的德行，政治体系要求的是负责公共事务和承担对上级下属的相应义务，因此会产生不同的德行要求。西周春秋虽然是宗法身份决定政治身

---

〔4〕　麦金太尔：《德性之后》，龚群译，中国社会科学出版社，1995年，153页。

份，但在依宗法身份担任公共职务时也就产生了附加于宗法
德行以外的政治德行。

如前所说，早期社会的德行多属于贵族的德行，西方古代
亦然。雅典的重要德性"节制"，"起初这是一种贵族的德性，
它是一种有权力但不滥用权力的人的德性，这种节制的一个方
面就是控制自身情欲的能力"。[5]希腊"核心的德性是智慧，智
慧与节制一样，原来是一个表示赞扬的贵族词语，它逐渐更普
遍地用来指那些在特殊场合知道怎样下判断的人"。[6]因此，古
代文明中的德行论最早是讨论政治统治者和贵族的德性，却并
不因此而否定了这些德性的普遍性。即使在城邦生活的亚里士
多德，也认为"只有那些富人和有地位的人才能获得某些主要
的德性，如那些慷慨大方和宽宏大量的德性"。如麦金太尔所
说，这种局限性并不必然影响亚里士多德理解人类生活中德性
地位的总体框架并产生独到的见解。[7]

西周以来所谓的"礼"，本来是一无所不包的文化体系，
其中两大重要的部分，一为制度，一为礼仪。礼在制度方面的
规定是确定国家政治关系的制度体系结构，礼仪则规定着贵族
生活与交往关系的形式。西周时代，丧祭、冠婚、射御之礼已
经为礼之大体，即礼的主要内容。周代的礼仪是以一套象征意

---

〔5〕　《德性之后》，172 页。

〔6〕　同上书，194 页。

〔7〕　同上书，200—201 页。

义的行为及程序结构来规范、调整个人与他人、宗族、群体的关系，使交往关系文明化，使礼的统治仪式化。同时"礼"本身是一套规范体系，即生活规范体系，如言语、容貌、活动、礼节等。其中也包含了公共生活的行为规定，即近代人们所说的公德。西周春秋古代德目表中绝大多数没有"礼"，也说明春秋时代的礼主要是礼俗和制度。从这个角度说，古代社会不是没有公德，而是当时的社会公德范围有限，是具体、分化的，多体现为贵族社会政治生活的公共性；而且公共生活的行为规定也更多表现为"礼"，而不是"德"，这是我们研究古代文化不可不知的。古礼中很多属于交接之礼，规定人与人的交往关系和行为，这些行为以"敬让""礼让"为根本精神，而展开为众多的形式仪节规定。[8]刘师培早就指出："昔《礼记》有言，'并座不横肱'，古语有言'食不毁器，荫不折枝'，所以存公德也。"马君武也认为："盖吾国民之在古昔，固非无公德之国民也。史称：文王之囿，方七十里，与民同乐。又曰：文王之时，耕者让畔，行者让路，斑白者不提絜负载于道路。此数者皆与今日欧美之所谓公德者同。故吾国民公德之发达，以在周文王时为极盛。"这是说西周时公德发达，只是后来渐行退化。但马氏此说不严谨，盖周文王时不可能有"国民公德"，彼既封建，何来国民？但中国古代已有社会之超个人的公德，此是不争的事实。

---

〔8〕　参看邹昌林：《中国古礼研究》，文津出版社，1992年，131—135页。

三、德行论的分析框架

边沁和康德所说的"私人伦理"与"他人伦理"，前者是个人对自己的行为，后者指向个人对他人的行为。人对自己的义务是为了"自己的完善"，人对他人的义务是为了"他人的幸福"。近代西方社会早期主要以"私人—他人"的框架来区分两种伦理义务。现代德性伦理学家斯洛特也提出"关于自己的德性—关于他人的德性"，仍然是采用这种分别为基础。

从密尔开始，不用私人—他人的分析框架，而提出"个人道德"与"社会道德"，亦即改用"个人—社会"的分析框架，其社会道德的概念不仅包含以前所谓对他人、影响他人的行为，而且包括对社会群体、社会公共场所的行为。对社群整体的义务即包括亚里士多德所重视的公民道德，对社会公共场所的义务即涂尔干所说的公共道德。"个人—社会"的分析框架扩大了人对社会空间的规定，由此产生"公德"的概念。梁启超以"个人对于群体的道德"定义公德，在古代确实少见，古人对群体的义务往往是通过其他德行概念或形式来实现的。刘师培定义社会伦理为"个人对于一群之伦理"，与梁启超是一致的。

根据以上分析，我们可以说，中国古代的德行论，包含了三大类型：一为个人品格德行，二为人伦伦理德行，三为基本道德德行。个人品格德行，如高阳氏的八德，晋悼公的四"无"，这些是真正属于"为了自己的完善"的"私人伦理"。如果"私德"的概念在这样的意义上来理解，那么这部分德行在古代德行体系中所占分量不大，并不像梁启超所说的占了主体——其实是另两类即人伦德行和道德德行才占了古代德行论的大部分。人伦德行是为了伦理关系的义务，而不是为了自己的完善；道德德行如仁义礼智，也不是只为了个人的完善，而包含着对他人的影响。在这个意义上，就不能像梁启超所说的，私德以外都是公德。因为人伦德行和道德德行虽然涉及他人，但并不是公德。古代没有公德之说，人在伦理关系之外的社会行为的公德，除了礼的规定之外，多是依靠基本道德在各个社会空间的推伸应用，很少有一般规定。如果私德是对自己的义务，那么这样的私德必然是非道德的德行，这一点前人似皆未予注意。真正的私德，不涉及他人，只能是非道德的德行。

这样来看，梁启超是把我们所谓的个人品格德行和基本道德德行都称为"私德"了，但这在理论上是不恰当的。因为，仁义礼智这些基本道德德行不仅关乎个人德行的完善，更关联着他人和社会。其功能大大超过"私"的范围。如果把伦理德行和道德德行，因为它们都涉及他人，便皆归属为"社会性道德"，也有不便之处。因为这容易把它们和近代以来所强调的公民道德和公共道德混淆起来，公民道德和公共道德才更适合"社会性道德"的范畴，才是"公德"。如果把人伦德行和道德德行也称为社会性德行，就与真正的公德无法区分。所以，人伦德行可称为"他人性道德"，以便与以公德为内容的社会性道德分开。

同时，应该看到，三大类型之外，古代亦有公德，如汉以后"爱国"以及"忠国"或与之相近的概念愈来愈普遍，这即是公德的范畴。古代所说的"民胞物与"，不仅是境界，也可以看作公德。儒家的普遍主义金律"己所不欲，勿施于人"，既是个人德行，也是他人德行，亦是社会伦理的通则。只不过古代这些公德观念尚未在社会层面具体化为公共生活的规定规范。又如"老吾老以及人之老，幼吾幼以及人之幼"，也是社会公德的精神，"老者安之""朋友信之""少者怀之"不是个人道德，也不是人伦道德，而是二者之外的社会道德。仁义礼智信，都不只是他人道德，也通向社会道德。"不仁于人，不得为仁"说明仁必及于人，具有他人道德的意义。其他如与人为善，成人之美，薄责于人，己欲立而立人，这些他人道德与社会道德是相通的。在己—人之间展开的道德德行在儒家俯拾皆是，"人"即他人，指向他人伦理，与社会性公德相通。又如儒家的"仁民爱物"与爱人民、爱公共财物亦是相通的，可以成为现代公德的资源；温良恭俭让，在古代是君子的性格德行，但亦可成为现代公德的行为要求。所以如廖申白所说："儒家伦理虽然不包含公民、公民社会以及公民伦理的概念因子，但是它隐含着某些关于公共生活关系的推论。"

当然，"他人"与"社会"有别，他人是对于各种各类各个人的，社会则为群体，如社群、团体、国家。

因此，综上来看，近代以来的分析，一个是"自我—他人"的框架，一个是"个人—社会"的框架，都在一定范围内有其适用性。就中国古代来看，"自我—他人—社会"三分的框架比起两分的框架更为适合。自我的德行是人对自己完善的义务，他人的德行是涉及他人幸福的义务，社会的德行是对社会的行为义务。

从这个角度看，私德—公德的框架有其问题与限制。如上所说，真正只关涉自己的德行如古代性情之德，在德行体系中所占分量不大，如果把这部分德行叫作私德，则在此之外，他人德行分量最大，但这部分德行并不能叫作公德。故私德—公德两分的架构不适合古代德行论体系。梁启超所说的公德，其实是属于第三类即社会道德。由此反推，梁启超实际上是把自我道德和他人道德都归结为私德，而这种做法并不科学，因为他人道德虽然不是对于社会群体的行为义务，但并不都是"私"，其中他人的道德占了全部道德的最大部分，也最重要。

另一方面，如果就近代社会而言，"社会的德行"还须加以分别。如梁启超所说的公德，既以公民道德为主，还应有公共道德，如日本明治后期所强调的那样。所以归结起来，梁启超的问题是：他所说的私德，其实既包括个人德行，又包括了他人道德，故不宜用私德的说法；他所说的公德，既包括公民道德，又应包括公共道德，而他的重要关注点全在政治性公德。在严格的分析中，这四个概念必须加以澄清。这也是近代以来有关公私德讨论的关键。"自我"和"个人"不同，因此从反思梁启超公德—私德的二分法出发，我们应该得出道德分类的四分法，即自我—他人—政治—社会：

"自我—他人"属于"个人道德"

"政治—社会"属于"社会道德"。

社会道德中的公民道德是政治性公德，社会道德中的公共道德是社会性的，是社会性公德，二者不同。粗略地分，道德可分为个人道德和社会道德，细分则个人道德中有自我指向的道德和他人指向的道德；社会道德包括政治性公德和社会性公德。

因此，今天我们所说的"个人道德"，与"私德"概念有所不同。个人道德及个人品质并不只是与自己有关，故不应称为私德。个人道德品质是君子之德的重要部分，既是自立自强的个人人生观，又是为他人着想的他人道德，也是尊重社会规则的践行自觉，合称为个人基本道德。

私德概念导致的一个弊病是认为私德只与自己有关，故相比于公德而受到轻视。梁启超所说的私德其实属个人道德，但并非只与自己有关，所以这个私德概念容易引起误解，以为公德以外都属私德，只与自己有关，都不重要。可见名义不当会出现弊病，所以应当正名。其实梁启超所说的私德很多是人的基本道德和品质，实属重要。而且，很明显，由于公德—私德观念一出，古代的善人道德和君子德行的观念就被彻底淹没了，今天，在倡导公民道德和公共道德的同时，必须大力强调善人道德和君子德行。

尽管私德—公德的框架有其问题，但人们多年沿用，在有些场合亦有其方便之处。故我们在此书中又是为了加强对比，也偶尔使用。但我们必须清楚认识其限制。

跳出这种框架，对中国古代伦理的认识还可以有其他角度，如人格理想或理想人格，如梁启超晚年所认识的那样。它可以超出德行伦理的限制，也可能更容易使中国古代伦理的本来面目向我们完全打开。

第四章 梁启超的公德说与私德说

研究中国近代思想史的学者曾提出，梁启超在历史上的主要业绩，是他在戊戌（1898 年）之后到 1903 年之间在《清议报》《新民丛报》上所写的思想启蒙的文章。[1]这是从推动近代思潮和改革运动来讲的。其实，如果不就社会思潮的启蒙而言，梁启超对学术的贡献在后来，特别是 1920 年以后，更有建树，但这不是本章的关注点。本章关注的是，从 1902 年初开始写作《新民说》，到 1905 年底《德育鉴》完成，这一时期梁启超关于"民德"思想的提出、发展、转变、完成，显示了他对"公德—私德互补论"的深刻认识。这一点使他不仅超越了同时

---

[1]　如李泽厚：《中国近代思想史论》，人民出版社，1976 年，423 页。李泽厚在此书中，对于梁启超的论述，比起对康有为、谭嗣同来，要简略很多，对梁启超的《新民说》基本未提，对王国维的论述就更为简单了。

代的思想者，也是"五四"时代新学者所不及的。这从一个方面说明，评价梁启超，不能只着眼于"历史贡献"，还应注重其"思想贡献"；而要全面、深入地理解梁启超的思想贡献，就必须破除"启蒙的一元论"思维，才有可能。如果改变启蒙一元论的观察角度，那么我们就自然会看到，梁启超的思想贡献绝不是止于 1903 年，他的思想特点是不断变化发展，在不断的变化发展中增益着思想的深刻性和洞察力。

　　梁启超于 1902 年开始写作《新民说》，一共 20 节，随写随发表在《新民丛报》半月刊上，至 1906 年结束。[2]研究梁启超的已有论著，从列文森开始，无不宣扬其《新民说》前期所写的《论公德》，作为梁启超道德伦理思想走向近代及其批评传统道德思想的证明，这是合理的。然而研究者少有顾及其《新民说》中后写的《论私德》及其意义，只有张灏曾在其著作最后一章讨论过"新民和私德"。[3]这表明在一般学者看来，梁启

---

〔2〕　关于《新民丛报》，可参看周佳荣：《言论界之骄子：梁启超与新民丛报》，中华书局（香港），2005 年。

〔3〕　如勒文森：《梁启超与中国近代思想》，刘伟、刘丽译，四川人民出版社，1986 年。刘邦富：《梁启超哲学思想新论》，湖北人民出版社，1994 年。其书第五章论《新民说》，而全未及《论私德》的意义。类似的论文和著作还有：张锡勤：《梁启超伦理思想研究》，《中国哲学》第 12 辑；沈善洪、王凤贤：《梁启超〈新民说〉伦理思想初探》，《学术月刊》，1984 年第 11 期；唐凯麟：《走向近代的先声——中国早期启蒙伦理思想研究》，湖南教育出版社，1993 年；张灏：《梁启超与中国思想的过渡（1890—1907）》，崔志海、葛夫平译，江苏人民出版社，1993 年，194—209 页。

超讨论公德的思想才最有意义，事实上在当时社会中造成巨大影响的也确实是其论公德的思想。《论私德》是梁启超在1903年秋美洲之行归来、总体思想发生转变时所写的。因此，从《新民说》最后完成的整体来看，梁启超对公德和私德同样重视和肯定，《新民说》中的"私德说"，与"公德说"共同体现了他的道德思想，而且补充了"公德说"的基础。本章将从这一点入手，力图揭示梁启超的思想贡献，以及其道德思想从传统到现代转化的合理途径。需要说明的是，《新民说》甚长，且梁的文字往往酣畅淋漓、一气呵成，很难切割；而为了使分析具有说服力，我们不得不较完整地引述其中的多处段落，尽管这些文字的篇幅可能较长，对读者的耐性会有所考验。

一、新民论

梁启超在《新民说》开始，便以"论新民为今日中国第一急务"开其宗、明其义。他说：

吾今欲极言新民为当务之急，其立论之根柢有二：一曰关于内治者；一曰关于外交者。

所谓关于内治者何也？天下之论政术者多矣，动曰：某甲误国，某乙殃民，某之事件政府之失机；某之制度官吏之溺职……若是者，吾固不敢谓为非然也。虽然，政府何自成？官吏何自出？斯岂非来自民间者耶？某甲、某乙者，非国民之一体耶？久矣夫，聚群盲不能成一离娄，聚群聋不能成一师旷，聚群怯不能成一乌获。以若是之民，得若是之政府官吏，正所谓种瓜得瓜，种豆得豆。其又奚尤？西哲常言：政府之与人民，犹寒暑表之与空气也。室中之气候与针里之水银，其度必相均，而丝毫不容假借。国民之文明程度低者，虽得明主贤相以代治之，及其人亡则其政息焉。[4]

这是援用西方哲人的一种看法，以为政府的德行和官员的德行，来自于一般民众的德行，因而一般民众德行若无进步，则政府和官员的德行也不可能进步。其实，这与中国文化传统的观念不同，在儒家看来，士是无恒产而有恒心者，士大夫的德行本与一般民众不同，一般民众的德行有待政府和士大夫的教化而提升，这在朱子的《大学章句序》中得到最为明白的说明。而梁启超在这里之所以一反传统的精英道德说，主张官员德行来自民众，乃在于他对改变当时普通国人对政治的普遍麻木态度感到极为迫切，故强调改变"民德"的重要性，从而提出"新民为今日中国第一急务"的呼吁。

他在第 3 节"释新民之义"中指出：

新民云者，非欲吾民尽弃其旧以从人也。新之义有二：一曰淬厉其所本有而新之，二曰采补其所本无而新之。二者缺一，时乃无功。先哲之立教也，不外因材而笃与变化气质之两途，斯即吾淬厉所固有采补所本无之说也。一人如是，众民亦然。

---

[4] 《新民说》，2 页。

凡一国之能立于世界，必有其国民独具之特质。上自道德法律，下至风俗习惯、文学美术，皆有一种独立之精神，祖父传之，子孙继之，然后群乃结，国乃成。斯实民族主义之根柢、源泉也。我同胞能数千年立国于亚洲大陆，必其所具特质有宏大、高尚、完美，厘然异于群族者，吾人当保存之而勿失坠也。……世或以"守旧"二字为一极可厌之名词，其然岂其然哉？吾所患不在守旧，而患无真能守旧者。真能守旧者何？即吾所谓淬厉其固有而已。[5]

我们知道，近代的"新民"呼吁在梁启超之前已经发起，如严复《原强》所提倡的"鼓民力""开民智""新民德"，[6]唐才常所主张"新其政必新其民"等，[7]但都没有后来梁启超的《新民说》系统、雄辩而且影响巨大。梁启超承继了严复等的思想，在《新民丛报》开办伊始，便公开其宗旨："本报取《大学》新民之义，以欲维新吾国，当先维新吾民。"[8]《大学》本有新民之说，严复、梁启超所说的新民则是指近代意义上的国民道德的改造与更新。但这种改造与更新，对梁启超来说，并不是抛弃传统道德，他明确指出，新民之新字包含有二义，一个意义是说，锻炼激发本有的德性而使其日新之、自新之；

---

[5]　《新民说》，7 页。

[6]　严复：《原强》，《严复集》，中华书局，1986 年，27 页。

[7]　唐才常：《唐才常集》，中华书局，1980 年，32 页。

[8]　《本馆告白》，《新民丛报》第 1 号，1902 年 1 月 1 日。

另一个意义是说，学习采纳本来所没有的新道德而使其纳新、开新、更新之，二者不可缺一。可见他从一开始就明确申明，"新民说"并不是要人完全抛弃传统。他指出，中国古代先哲的修养方法一向包括两方面，也就是淬厉其所固有的道德，采纳原本没有而更新的道德。在他看来，广义地说，"所固有"者不只是道德，而且可以是风俗、文学等民族的共同文化，可以是整个民族的特性和精神。由此他认为，中华民族的特性和民族文化的精神是中华民族数千年来立国于亚洲大陆的所以然，是中国民族主义的根源，因此，整体上保守此一民族文化是必须的。

然而，梁启超又着重指出，仅保守其所本有的道德文化是绝不够的：

> 仅淬厉固有而遂足乎？曰：不然。今之世非昔之世，今之人非昔之人。昔者，吾中国有部民而无国民。非不能为国民也，势使然也。吾国夙巍然屹立于大东，环列皆小蛮夷，与他方大国未一交通，故我民常视其国为天下。耳目所接触，脑筋所濡染，圣贤所训示，祖宗所遗传，皆使之有可以为一个人之资格，有可以为一家人之资格，有可以为一乡、一族人之资格，有可以为天下人之资格，而独无可以为一国国民之资格。夫国民之资格虽未必有以远优于此数者，而以今日列国并立、弱肉强食、优胜劣败之时代，苟缺此资格，则决无以自立于天壤。故今日不欲强吾国则已，欲强吾国，则不可不博考各国民族所以自立之

道，汇择其长者而取之，以补我之所未及。今论者于政治、学术、技艺，皆莫不知取人长以补我短矣，而不知民德、民智、民力实为政治、学术、技艺之大原。不取于此而取于彼，弃其本而摹其末，是何异见他树之蓊郁而欲移其枝以接我槁干，见他井之汩涌而欲汲其流以实我眢源也？故采补所本无以新我民之道，不可不深长思也。[9]

这一段讲的就是"采补其所无"，主要是指"国民的意识"一向为中国人之所无。其实这也并不奇怪，迄至于梁启超写《新民说》的时代，中国人一直是王朝的子民，共和国还未出现，自然也就不会有国民资格的自觉了。梁启超认为，在列国并立、弱肉强食的时代，民族国家的自立之道，首要者即在于树立"国民"之意识，即一国之公民的意识。他认为这是学习西方政治学术技艺的根本所在。

世界上万事之现象不外两大主义，一曰保守，二曰进取。人之运用此两主义者，或偏取甲，或偏取乙，或两者并起而相冲突，或两者并存而相调和。偏取其一，未有能立者也。有冲突则必有调和。冲突者，调和之先驱也，善调和者，斯为伟大国民，盎格鲁撒逊人种是也。譬之颐步，以一足立，以一足行，譬之指物，以一手握，以一手取。故吾所谓新民者，必非如心醉西风者流，蔑弃吾数千年之道德、学术、风俗，以求伍于他人，亦非如墨守故纸

---

[9] 《新民说》，9页。

者流，谓仅抱此数千年之道德、学术、风俗，遂足以立于
大地也。[10]

梁启超主张，在道德的问题上，如同在一切问题上一样，
应当兼取保守和进取的态度，一方面保守其旧，一方面进取
其新，所以他主张的"新民说"，既不是全然蔑弃传统道德，
也不是仅仅抱守传统道德，而是二者的调和并存。他认为善
于进行调和才是伟大的国民，调和主义是处理世界万事万物
的最佳原则。

二、公德说

面对 20 世纪初中国近代变革和国家富强的迫切要求，《新
民说》在 1902 年刚开始写作时，明显是以提倡公德为主导方向
的。而《论公德》（1902 年 3 月 10 日）是梁启超将近代启蒙思
想应用于当时中国政治和道德领域的表现。这一思想是梁启超戊
戌以后在日本受到近代西方社会思想等影响下迅速形成的。[11]

梁启超在《论公德》一开始就论述其关于私德与公德的理
解和认识：

道德之本体一而已，但其发表于外，则公私之名立

---

〔10〕《新民说》，9 页。

〔11〕一般认为，梁启超的国家观直接受到的影响，来自波伦哈克（Conrad
Bornhak）与伯伦知理（Johann Caspar Bluntchli），《清议报》第 11 号至第 31
号刊有《德国伯伦知理著国家论》。

焉。人人独善其身者谓之私德，人人相善其群者谓之公德。二者皆人生所不可缺之具也。无私德则不能立。合无量数卑污虚伪残忍愚懦之人，无以为国也。无公德则不能团。虽有无量数束身自好、廉谨良愿之人，仍无以为国也。[12]

这是说，公德和私德是道德统一体的两个外在表现方面，"独善其身"者是私德，"相善其群"者是公德。"公德"是个人与社群关系的道德，"私德"是个人不与他人发生关系而只求自身品性的完善而言；二者都是人生必需的道德，也都是立国所需求的道德。"无私德则不能立"，"无公德则不能团"，相比较而言，私德是个人立身处世的根本，公德是社群得以维持的条件。

按照他的举例，能立私德者，如束身自好、廉谨、良愿；私德败坏者，如卑污、虚伪、残忍。公德之目虽然亦可列举，而其主要性质为利群。梁启超主张，缺少私德的民众不可能组成国家，只具有私德而缺少公德的国民也不能组成国家。可见，梁启超所说的"群"并不是一般的指社群、社会而言，而主要是指国家。他又指出：

夫一私人之所以自处，与一私人之对于他私人，其间必贵有道德者存，此奚待言？虽然，此道德之一部分，而非其全体也。全体者，合公私而兼善之者也。

───────────

〔12〕《新民说》，16 页。

> 私德、公德，本并行不悖者也。然提倡之者即有所
> 偏，其末流或遂至相妨。[13]

这里所说，对称私德为"独善其身"之德的说法是个补充。私
德既是个人自处的德操，也是个人对待其他个人、处理与其他
个人关系的道德，公德则是个人对于群体的道德。私德与公德
两者并行不悖。这个思想用今天的话来说，私德是个人的品
德、修养，而公德是指有益于国家、社会的德行。[14]一般认为，
梁启超对公德的倡扬和呼吁直接来自于他在这一时期的国家主
义立场和对近代日本国家建设的借鉴。[15]

他指出：就私德而言，中国文化的私德甚为发达；但因偏
于私德之表彰，对公德之提倡，其多缺略：

> 吾中国道德之发达，不可谓不早。虽然，偏于私德，
> 而公德殆阙如。试观《论语》《孟子》诸书，吾国民之木
> 铎，而道德所从出者也。其中所教，私德居十之九，而公
> 德不及其一焉。如《皋陶谟》之九德；《洪范》之三德；
> 《论语》所谓"温、良、恭、俭、让"，所谓"克己复礼"，
> 所谓"忠信笃敬"，所谓"寡尤寡悔"，所谓"刚毅木讷"，
> 所谓"知命知言"。《大学》所谓"知止，慎独，戒欺，求

---

[13]《新民说》，18页。

[14] 张灏指出："公德指的是那些促进群体凝聚力的道德价值观，私德是指有助
于个人道德完善的那些道德价值观。"见张灏：《梁启超与中国思想的过渡
（1890—1907）》，107页。

[15] 见狭间直树：《新民说略论》，收入《梁启超·明治日本·西方》，76页。

慊"，《中庸》所谓"好学，力行，知耻"，所谓"戒慎恐惧"，所谓"致曲"，《孟子》所谓"存心养性"，所谓"反身、强恕"……凡此之类，关于私德者，发挥几无余蕴，于养成私人（私人者对于公人而言，谓一个人不与他人交涉之时也）之资格，庶乎备矣。[16]

梁启超列举了《论语》《孟子》《大学》《中庸》《尚书》所标举的德行，如忠信笃敬、温良恭俭让，大体皆为私德；所教人的修养方法，如知止慎独、存心养性，皆为增进私德之方法，这些中国古人的著作对于养成人的私德，相当完备。而在公德培养方面，他认为中国的传统文化却付诸阙如，这对近代国家的形成，非常不利。

因此他在《新民说》第五节"论公德"中就说道：

公德者何？人群之所以为群，国家之所以为国，赖此德焉以成立者也。人也者，善群之动物也（此西儒亚里士多德之言）。人而不群，禽兽奚择？而非徒空言高论曰"群之，群之"，而遂能有功者也。必有一物焉贯注而联络之，然后群之实乃举。若此者谓之公德。[17]

梁启超强调公德是人类社群得以成立的根本，尤其是国家得以建立的根本。公德使个人与国家联结为一体成为可能。这就近于把公德看作国家得以成立的先在条件了。其实社会公

---

[16] 《新民说》，16—17 页。

[17] 同上书，16 页。

德是与社群组织的形成壮大同行成长的。中国近代思想家往往把文化的近代化看作是社会近代化的前提而加以鼓吹，成为一种文化决定论，这在理论上往往是难以成立的。但就实践来说，这些新观念的宣扬，确实会对社会进步起到一种促进的作用。

梁启超强调："我国民所最缺者，公德其一端也。"[18]他认为，中国文化中重私德，轻公德，这种情形必须改变，否则，中国在近代世界的衰落是无法挽救的。他说：

> 虽然，仅有私人之资格，遂足为完全人格乎？是固不能。今试以中国旧伦理与泰西新伦理相比较：旧伦理之分类，曰君臣，曰父子，曰兄弟，曰夫妇，曰朋友；新伦理之分类，曰家族伦理，曰社会（即人群）伦理，曰国家伦理。旧伦理所重者，则一私人对于一私人之事也（一私人之独善其身，固属于私德之范围，即一私人与他私人交涉之道义，仍属于私德之范围也。此可以法律上公法、私法之范围证明之）；新伦理所重者，则一私人对于一团体之事也。（以新伦理之分类，归纳旧伦理，则关于家族伦理者三：父子也，兄弟也，夫妇也；关于社会伦理者一，朋友也；关于国家伦理者一，君臣也。然朋友一伦决不足以尽社会伦理，君臣一伦尤不足以尽国家伦理。何也？凡人对于社会之义务，决不徒在相知之朋友而已，即绝迹不与

---

[18]《新民说》，16页。

人交者仍于社会上有不可不尽之责任。至国家者，尤非君臣所能专有。若仅言君臣之义，则使以礼、事以忠全属两个私人感恩效力之事耳，于大体无关也。将所谓"逸民不事王侯"者，岂不在此伦范围之外乎？夫人必备此三伦理之义务，然后人格乃成。若中国之五伦，则惟于家族伦理稍为完整，至社会国家伦理不备滋多。此缺憾之必当补者也，皆由重私德、轻公德所生之结果也。）[19]

他指出，中国古代五伦为主的伦理，在家族伦理方面比较完整，但在社会伦理方面只讲朋友，在国家伦理方面只讲君臣，是很不完备的。[20] 其所以如此，乃是由中国文化看重一私人对他私人之事，不看重一私人对于一团体之事，是由中国文化重私德、轻公德的偏重所造成的。而团体意识以及个人对待团体的道德，是谓公德，是近代国家得以成立的关键。

要之，吾中国数千年来，束身寡过主义，实为德育

---

[19] 《新民说》，17 页。

[20] 梁启超此种认识亦受到日本文部省所发训令之影响，盖见训令中中学所教伦理道德所列之目有对于自己之伦理、家族之伦理、社会之伦理、国家之伦理等，因而认为中国伦理范围较狭。参看张灏：《梁启超与中国思想的过渡（1890—1907）》，109 页；黄雅琦：《救亡与启蒙：梁启超之儒学研究》，花木兰出版社，2009 年。当时日本学者多注意公德问题，如 1902 年 10 月东京高等师范学校校长嘉纳治五郎对湖南师范留学生谈话，即强调"凡教育之要旨，在养成国民之公德"。此说亦得时为学生的杨度的赞同。另可参看陈弱水：《公德观念的初步探讨——历史源流与理论建构》，台北"中研院"中山人文社会科学研究所《人文及社会科学集刊》9.2（1997.6）：39—72。

之中心点。范围既日缩日小，其间有言论行事，出此范围外，欲为本群本国之公利公益有所尽力者，彼曲士贱儒辄援"不在其位，不谋其政"等偏义，以非笑之，挤排之。谬种流传，习非胜是，而国民益不复知公德为何物。今夫人之生息于一群也，安享其本群之权利，即有当尽于其本群之义务。苟不尔者，则直为群之蠹而已。彼持束身寡过主义者，以为吾虽无益于群，亦无害于群，庸讵知无益之即为害乎？何则？群有以益我，而我无以益群，是我逋群之负而不偿也。夫一私人与他私人交涉，而逋其所应偿之负，于私德必为罪矣；谓其害之将及于他人也；而逋群负者，乃反得冒善人之名，何也？使一群之人，皆相率而逋焉，彼一群之血本，能有几何？而此无穷之债客，日夜蠹之而瓜分之，有消耗，无增补，何可长也？然则其群必为逋负者所拽倒，与私人之受累者同一结果。此理势之所必然矣。今吾中国所以日即衰落者，岂有他哉？束身寡过之善士大多，享权利而不尽义务，人人视其所负于群者如无有焉。人虽多，曾不能为群之利，而反为群之累，夫安得不日蹙也？[21]

梁认为"束身寡过"即属私德，认为中国传统德育以养育私德为主，并且传统思想中有排斥公德发展之处，几乎成为习惯，于是人民不知什么是公德，不知什么是个人对群体的义务。其实，中国古代亦有公德，只是古代公德多相对于士大夫

---

[21]《新民说》，19页。

而言，对百姓并不提倡，而士大夫文化对民众也有影响，梁启超似未辨乎此。当然，古时的公德与近代的公德仍有同异。他所强调的是，国民必须明确自己对于群体、国家所负担的义务，以求益群利群，而不可只享受群体的好处而不承担责任。过于注重"身"的人难免对"群"有忽视。中国要从衰落转向振兴，一定要加强国民对"群"的责任意识，而这个"群"不是指社会，是指国家。

> 故子而遗父母之负者，谓之不孝。此私德上第一大义，尽人能知者也。群之于人也，国家之于国民也，其恩与父母同。盖无群无国，则吾性命财产无所托，智慧能力无所附，而此身将不可以一日立于天地。故报群报国之义务，有血气者所同具也。苟放弃此责任者，无论其私德上为善人为恶人，而皆为群与国之蟊贼！〔22〕

这是说，对一己有恩者，必须报答之，报效之，这是道德的通理。故个人对其父母负其义务，对其国家也须负有义务。梁启超在论公德的必要时，往往举私德为譬，可见他认为私德与公德同属一理，是相通的，以此说明公德之必需。

> 近世官箴最脍炙人口者三字，曰清、慎、勤。夫清、慎、勤岂非私德之高尚者耶？虽然，彼官吏者受一群之委托而治事者也，既有本身对于群之义务，复有对于委托者之义务，曾是"清、慎、勤"三字遂足以塞此两重责任

---

〔22〕《新民说》，19 页。

乎？此皆由知有私德，不知有公德，故政治之不进，国华
之日替，皆此之由。彼官吏之立于公人地位者且然，而民
间一私人更无论也。我国民中无一人视国事如己事者，皆
公德之大义未有发明故也。

且论者亦知道德所由起乎？道德之所立，所以利群
也，故因其群文野之差等，而其所适宜之道德亦往往不
同。而要之，以能固其群、善其群、进其群者为归。[23]

传统官德强调清廉、慎法、勤政，是私德之高尚者，但官
员作为个人对群体的义务，和官员对群体委托所负的义务，在
清、慎、勤三者中都无法表达。在梁看来，这个例子就是知有
私德不知有公德的例子，中国政治的不进步，都是根源于不知
有公德；公德以利群固群为目的，要求国民视国事如己事。其
实，古代士大夫亦要求视天下事如己事，但并不要求平民如
此，而梁启超要求一切国民皆应有此公德。由此，梁启超主
张，一切道德都是以利群为依归，这涉及道德根源和本质的问
题，已超出了论公德的范围。就道德的实际情形而言，公德之
外的私德是否以利群为目的，则并不必然。不过这里就不多讨
论了。

近代西方思想对个人和社会之道德的区分，始见于边沁对
"私人伦理"与"公共伦理"的论述，此后密尔在其《论自由》

---

[23]《新民说》，20页。

中特别区分"个人道德"和"社会道德"。[24] 日本受此影响，在明治二三十年代关注过关于公德的讨论。梁启超戊戌变法后到日本，受到这一影响。但梁启超从爱国的民族主义出发，把个人对群体的自觉义务看成公德的核心，这是和中国近代民族国家受压迫而欲自强的时代要求——救亡图存密切相关的。事实上，日本明治以后，也不断强调"公德"建设的意义，而就西洋近代所突出的公德，其意义主要指人在社会交往和公共生活中所循的道德，以及对公共财物所持的态度，对行政公务所承担的责任，对社会公益事业的关注，即突出社会公德，并不突出"国家"意识。梁启超的公德说受到日本近代重视公德的影响，但更受加藤弘之等国家主义的影响，故其重点有所不同。而梁启超的国家主义，是一种"救国"的国家主义，其"利群"是指利于国家，其公德说的主要宗旨端在"爱国主义之发达"。这一点，对比马君武在梁启超《论公德》发表次年所写的同名文章，也可以看出。[25]

　　基于"新民"说，梁启超又提出"新道德"的观念：

　　　　德也者，非一成而不变者也（吾此言颇骇俗，但所言者德之条理，非德之本原，其本原固亘万古而无变者也。读者幸勿误会。本原惟何？亦曰利群而已），非数千年前之古人所立一定格式以范围天下万世者也（私德之条目变

---

〔24〕《论自由》，90 页。

〔25〕《论公德》，《马君武文选》。

迁较少，公德之条目变迁尤多）。然则吾辈生于此群，生于此群之今日，宜纵观宇内之大势，静察吾族之所宜，而发明一种新道德，以求所以固吾群，善吾群、进吾群之道，未可以前王先哲所罕言者，遂以自画而不敢进也。知有公德，而新道德出焉矣，而新民出焉矣。今世大夫谈维新者，诸事皆敢言，惟不敢言新道德，此由学界之奴性未去，爱群、爱国、爱真理之心未诚也。盖以为道德者日月经天、江河行地，自无始以来不增不减，先圣昔贤尽揭其奥以诏后人，安有所谓新焉旧焉者？殊不知道德之为物，由于天然者半，由于人事者亦半，有发达，有进步，一循天演之大例，前哲不生于今日，安能制定悉合今日之道德？使孔孟复起，其不能不有所损益也，亦明矣。今日正当过渡时代，青黄不接，前哲深微之义或湮没而未彰，而流俗相传简单之道德，势不足以范围今后之人心。且将有厌其陈腐而一切吐弃之者。吐弃陈腐犹可言也，若并道德而吐弃则横流之祸，曷其有极！今此祸已见端矣。老师宿儒或忧之劬劬焉，欲持宋元之余论以遏其流，岂知优胜劣败，固无可逃！捧抔土以塞孟津，沃杯水以救薪火，虽竭吾才，岂能有当焉？苟不及今急急斟酌古今中外，发明一种新道德者而提倡之。吾恐今后智育愈盛，则德育愈衰，泰西物质文明尽输入中国，而四万万人且相率而为禽兽也。呜呼！道德革命之论，吾知必为举国之所诟病，顾吾特恨吾才之不逮耳。若夫与一世之流俗人挑战，吾所不惧，吾所不辞，世有以热诚之心爱群、爱国、爱真理者乎？吾愿为之执鞭以研究此问题也。公德之大目的，既在利群，而万千条理即由是生焉。本论以后各子目，殆皆可以利群二字为纲以一贯之者也。故本节但论公德之急务，而实行此公德之方法，则别著于下方。〔26〕

以道德的本原为利群，这本应指公德，但梁氏统就所有"德"而言，以作为强调之论。他又区分了德之本原和德之条理，德之条理是指条目。梁启超认为历史上私德的德目很少变迁，而公德的条目随历史变化而变迁较大。这就在理论上引起问题：若道德本原是利群，何以私德条目经久少变，而公德条目屡屡变迁？这显然是因为私德并不以利群为宗旨，故不紧随社会组织的变化而变化。梁启超并没有注意此中的困难，他指出，就公德而言，道德是随历史的演化而变化、发展、进步的。于是他提出，今天的历史处境已经根本改变，在新的历史形势下，为了中国的生存发展，需要一种"新道德"，以团结国人，改善、发展中国。这种"新道德"就是公德，故说"知有公德，而新道德出焉矣，而新民出焉矣"。新民主要就是用新道德启蒙人民，而新道德主要是就爱国、爱群、爱真理等公德而言。不过，在有些地方梁启超并未区分私德和公德，如他说以道德革命发展新道德，以抵御西方物质文明的泛滥，以免于人人陷于禽兽，这里所说的德就应该不仅仅是指公德而言了。然

---

〔26〕《新民说》，22 页。

而，他的道德革命之说，开了后来新文化运动的先河，则无可否认。[27]

就公德的条目而言，梁启超在《新民说》中特别立专节论述的，有国家意识、进取意识、权利思想、自由精神、自尊合群、义务思想等，对当时的国人是振聋发聩的。关于梁启超在呼吁公德上的建树和意义，论者已多，[28]又非本章主旨，故不就此详论，仅举其论自由与公德：

> 今世少年，莫不嚣嚣言自由矣，其言之者，固自谓有文明思想矣，曾不审夫泰西之所谓自由者，在前此之诸大问题，无一役非为团体公益计，而决非一私人之放恣桀骜者所可托以藏身也。今不用之向上以求宪法，不用之排外以伸国权，而徒耳食一二学说之半面，取便私图，破坏公德，自返于野蛮之野蛮，有规语之者，犹敢觍然抗说曰："吾自由，吾自由！"吾甚惧乎"自由"二字，不徒为专制党之口实，而实为中国前途之公敌也。[29]

在梁启超看来，自由是为了增益团体公益的公德，而绝不是私

---

〔27〕 耿云志、崔志海合著的《梁启超》中指出："新民说中提出的一系列新道德、新理念、新观念不但被当时政治立场对立的革命派所接受，而且在五四时期借着新文化运动者的嘴和笔再次被提了出来。"（广东人民出版社，1994年，116页。）吕滨《新民伦理与新国家》亦认为梁启超此说对新文化运动起了引发的作用。（江西教育出版社，2000年，154页。）

〔28〕 对梁启超诸"公德"德目进行深入分析者，首推张灏《梁启超与中国思想的过渡（1890—1907）》，尤其是第六章。

〔29〕 《新民说》，62页。

人放肆的条目。自由是指向宪政、指向国权的政治价值。这里警惕以自由为名而行私人放肆之实的立场，和他后来在《论私德》中的立场是一致的。

应该指出，梁启超在写作《论公德》时期，虽然着重推崇公德，但对私德并没有否定，对其意义也是肯定的，这是他后来可以在同一部书中写作"论私德"一节的基础。如：

> 凡有过人之才者，必有过人之欲；有过人之才，有过人之欲，而无过人之道德心以自主之，则其才正为其欲之奴隶，曾几何时，而销磨尽矣。故夫泰西近数百年，其演出惊天动地之大事业者，往往有宗教思想之人。夫迷信于宗教而为之奴隶，固非足贵，然其藉此以克制情欲，使吾心不为顽躯浊壳之所困，然后有以独往独来，其得力固不可诬也。日本维新之役，其倡之成之，非有得于王学，即有得于禅宗。其在中国近世、勋名赫赫在人耳目者，莫如曾文正。试一读其全集，观其困知勉行厉志克己之功何如？天下固未有无所养而能定大艰成大业者。[30]

在这里，梁启超讲的道德心，并没有区别是私德还是公德，就对于情欲的克制而言，就宗教、王学、禅宗的励志克己而言，这里的道德心应该更多指私德。所以这一段话与一年多后他在《论私德》中同样推崇英美领袖的道德纯洁、日本维新之士的儒家道德、曾国藩的修行严谨是一致的。这说明，《论私德》的若

---

〔30〕《新民说》，68 页。

干意识在《论公德》中业已存在，只是在突出公德的主调下，未得到明确的发展和阐述。

三、论私德

梁启超 1902 年著写《新民说》的《论公德》一节，以大力呼吁、提倡公德为主，在当时影响很大。但一年多之后，他的思想有所变化，重新重视私德的意义，故著写了《论私德》作为《新民说》的第 18 节。[31]

> 吾自去年著《新民说》，其胸中所怀抱欲发表者，条目不下数十，而以公德篇托始焉。论德而别举其公焉者，非谓私德之可以已。谓夫私德者，当久已为尽人所能解悟能践履，抑且先圣昔贤言之既已圆满纤悉，而无待末学小子之哓哓词费也。乃近今以来，举国嚣嚣靡靡，所谓利国进群之事业一二未睹，而末流所趋，反贻顽钝者以口实，而曰新理想之贼人子而毒天下。噫！余又可以无言乎。作论私德。[32]

梁启超在这里解释说，在过去的一年里，他所写的《新民说》的此前部分，即第 1 节到第 17 节，大力提倡公德，而

---

〔31〕《论私德》分三次在《新民丛报》上刊出，即 1903 年 10 月 4 日、11 月 2 日、1904 年 2 月 14 日，亦即第 38—39 号、第 40—41 号、第 46—48 号。参看李国俊编：《梁启超著述系年》，复旦大学出版社，1986 年，77 页。

〔32〕《新民说》，162 页。

未列举私德，但这并不是说私德不需要，而是因为中国古先圣贤论述私德已经圆满充分，不必再费口舌。然而没有想到，在倡扬公德时，有些人把公德和私德对立起来，从而不仅没有利国利群，反而由于蔑弃私德，引起社会的不满。有鉴于此，他又专节论述私德的意义，以补充《论公德》的不足。应该指出，1903 年梁启超的美洲之行，因看到新党的腐化败坏而甚为不满，最后导致了他思想的转变，这就是：在美洲归来之后其言论发生转变，放弃破坏主义和革命排满主张。《年谱长编》云："先生美洲归来后，言论大变，从前所深信之破坏主义和革命排满的主张，至是完全放弃。这是先生政治思想的一大转变。"〔33〕换言之，梁启超美洲之行的思想结果是总体上对激进主义深加反省。因此，《新民说》中对私德的讨论，并不是书斋中的申论，而是这一年多中梁启超在政治领域的所见所闻的心得所引发的，即政治活动让他对道德问题重新进行思考。同时，这些思考比较周全地处理了私德与公德的关系，在思想上有着重要的意义。〔34〕

　　在《论私德》中，梁启超发展了他在前期对私德的认识，对私德与公德之关系做了进一步的探讨。他接受了斯宾塞的说

〔33〕　张朋园对梁启超从力倡革命转向保守提出了五个因素，见氏著《梁启超与清季革命》，台北"中央研究院"近代史研究所，1982 年，167—175 页。

〔34〕　蒋广学推测第 18 节（《论私德》）可能作于出访美洲之前，而发表于出访之中，这是不可能的。蒋说参看蒋广学、何卫东：《梁启超评传》，南京大学出版社，2005 年，119 页。

法：团体是个人之集合，团体的德性由个人的德性决定；个人没有的德性，从团体也无法获得。因此个人的德性很重要。个人的德性就是私德，他指出：

> 私德与公德，非对待之名词，而相属之名词也。……夫所谓公德云者，就其本体言之，谓一团体中人公共之德性也；就其构成此本体之作用言之，谓个人对于本团体公共观念所发之德性也。夫聚群盲不能成一离娄，聚群聋不能成一师旷，聚群怯不能成一乌获。故一私人而无所私有之德性，则群此百千万亿之私人，而必不能成公有之德性，其理至易明也。盲者不能以视于众而忽明，聋者不能以听于众而忽聪，怯者不能以战于众而忽勇。故我对于我而不信，而欲其信于待人，一私人对于一私人之交涉而不忠，而欲其忠于团体，无有是处，此其理又至易明也。若是乎今之学者日言公德，而公德之效弗睹者，亦曰国民之私德有大缺点云尔。是故欲铸国民，必以培养个人之私德为第一义；欲从事于铸国民者，必以自培养其个人之私德为第一义。[35]

这就是说，从作用来说，公德是团体成员对团体的态度；但从本体来说，公德是团体成员共同具有的德性。因而，个人所没有的德性，也不可能成为团体共有的德性，如同一个盲人组成的团体不可能有视觉明亮的德性一样。每个人私有的德性所没有的，那么由这样的个人组成的团体，不管其人数有多么多，其公

---

〔35〕《新民说》，162—163 页。

有的德性也不可能具有。因此，今天社会在公德建设方面遇到的问题，很大程度上是因私德有大缺点所造成的。于是他提出："欲铸国民，必以培养个人之私德为第一义。欲从事于铸国民者，必以自培养其个人之私德为第一义。"培养国民道德，应以培养私德为先务，从事国民道德教育的人，应首先重视培养自己的私德。这个讲法便与一年前他在《论公德》篇中所论，有很大的变化了。[36] 他还说："私德者，人人之粮，而不可须臾离者也。"[37]

> 且公德与私德，岂尝有一界线焉区划之为异物哉？德之所由起，起于人与人之有交涉。（使如鲁敏逊漂流记所称以孑身独立于荒岛，则无所谓德，亦无所谓不德。）而对于少数之交涉与对于多数之交涉，对于私人之交涉与对于公人之交涉，其客体虽异，其主体则同。故无论泰东泰西之所谓道德，皆谓其有赞于公安公益者云尔，其所谓不德，皆谓其有戕于公安公益者云尔。公云私云，不过假立之一名词，以为体验践履之法门。就泛义言之，则德一而已，无所谓公私，就析义言之，则容有私德醇美，而公德尚多未完者，断无私德浊下，而公德可以袭取者。孟子

---

[36] 狭间直树的论文《新民说略论》第四节"《论私德》之后的'中国之新民'的立场"指出，《论私德》篇大力宣扬的不是公德，而是私德，而且是固有之旧道德。在对象上与先前面对广大民众呼吁他们向上对照，现在则以攻击后来的所谓"革党"为基调。其文收入狭间直树编：《梁启超·明治日本·西方》，87 页。

[37] 《新民说》，176 页。

曰："古之人所以大过人者无他焉，善推其所为而已矣。"
公德者私德之推也，知私德而不知公德，所缺者只在一
推；蔑私德而谬托公德，则并所以推之具而不存也。故养
成私德，而德育之事思过半焉矣。[38]

梁启超对私德与公德做了重新思考，他认为道德不论公德
或私德，都起源于人与人的交往需要，以指导人处理与他人的关
系，这里的"他人"可以是少数他人，可以是多数他人，也可以
只是某一个别的他人。不管作为客体的"他人"有何不同，和他
人发生关系的自我作为主体是同一的。只要主体的道德是为了增
益于公益，其所发之对象客体的差别并不是决定性的，在这个意
义上说，道德无所谓公私。而若就对象之分别来看，社会上有些
人私德醇美而公德还不完备，但绝没有私德败坏而公德却完美的
人。他在这里提出，公德是私德的进一步推广。那些有私德而公
德不备的人，主要是在私德基础上缺少进一步推广；而如果私德
不立，则用以推广的基础也无以成立。可见，私德是公德的基
础，故说"养成私德，而德育之事思过半焉矣"。

日本明治时曾流行"破坏主义"[39]，即激进破旧主义。梁启

---

〔38〕《新民说》，163 页。

〔39〕 梁启超 1899 年曾著有《破坏主义》（1899 年 10 月 15 日）一文，曰："日本
明治之初，政府新易，国论纷糅。伊藤博文、大隈重信、井上馨等共主破坏
主义，又名突飞主义，务摧倒数千年之旧物，行急激之手段。当时诸人皆居
于东京之筑地，一时目筑地为梁山泊云。"可见其破坏主义是受日本明治前期
思想的影响。

超在 1999—1903 年赞同破坏主义，反对保教，但在《论私德》中批评了破坏主义的坏处，对破坏主义做了全盘的反思，对道德之重要性做了进一步的阐发：

> 今日蹻踔俊发、有骨鲠、有血性之士，其所最目眩而心醉者，非破坏主义耶？破坏之必能行于今之中国与否为别问题，姑勿具论。而今之走于极端者，一若惟建设为需道德，而破坏则无需道德，鄙人窃以为误矣。古今建设之伟业，固莫不含有破坏之性质，古今破坏之伟人，亦靡不饶有建设之精神，实则破坏与建设，相倚而不可离，而其所需之能力，二者亦正相等，苟有所缺，则靡特建设不可得期，即破坏亦不可得望也。……我之所恃以克敌者何在？在能团结一坚固有力之机体而已。然在一社会，一国家，承累年积世之遗传习惯，其机体由天然发达，故成之尚易。在一党派则反是，前者无所凭借，并世无所利用，其机体全由人为发达，故成之最难。所谓破坏前之建设者，建设此而已。苟欲得之，舍道德奚以哉？[40]

他针对"惟建设为需道德，而破坏则无需道德"的主张提出了反驳，认为建设与破坏不可相离，破坏必须伴随建设，破坏前也要有建设，而道德建设就是最重要的建设。他指出，国家的凝聚力来自积年累世的习惯文化，于是才能成为坚固有力

[40]《新民说》，178 页。

的有机体，决不可轻易加以破坏。

　　吾畴昔以为中国之旧道德，恐不足以范围今后之人心也，而渴望发明一新道德以补助之。（参观第五节《论公德》篇。）由今以思，此直理想之言，而决非今日可以见诸实际者也。夫言群治者，必曰德，曰智，曰力，然智与力之成就甚易，惟德最难。今欲以一新道德易国民，必非徒以区区泰西之学说所能为力也，即尽读梭格拉底、柏拉图、康德、黑智儿之书，谓其有"新道德学"也则可，谓其有"新道德"也则不可。何也？道德者行也，而非言也，苟欲言道德也，则其本原出于良心之自由，无古无今无中无外，无不同一，是无有新旧之可云也。苟欲行道德也，则因于社会性质之不同，而各有所受。其先哲之微言，祖宗之芳躅，随此冥然之驱壳，以遗传于我躬，斯乃一社会之所以为养也，一旦突然欲以他社会之所养者养我，谈何容易耶？窃尝举泰西道德之原质而析分之，则见其得自宗教之制裁者若干焉，得自法律之制裁者若干焉，得自社会名誉之制裁者若干焉。而此三者，在今日之中国能有之乎？吾有以知其必不能也。不能而犹云欲以新道德易国民，是所谓磨砖为镜、炊沙求饭也。吾固知言德育者，终不可不求泰西新道德以相补助，虽然，此必俟诸国民教育大兴之后，而断非一朝一夕所能获。而在今日青黄不接之顷，则虽日日闻人说食，而己终不能饱也。况今者无所挟持以为过渡，则国民教育一语，亦不过托诸空言，而实行之日终不可期，是新道德之输入，因此遂绝望也。[41]

梁启超在这里明确地否定了他在《论公德》篇中表达的道德革命论，因为道德革命即是一种激进破旧主义，正是他在此时力加反对的。同时他对先前所持的"新道德"主张也进行反省，认为新道德只是理想，不是当下能够实践的。他甚至说，"道德"本于良心的自由，无古今、无中西、无新旧。而"行道德"则应根据社会习俗、文化、制度的不同而因地制宜、因时制宜，在近代中国的转变时期，就是应当主要依据于中国的传统进行德育。他认为，西方道德的根源，起于宗教制裁、法律制裁、社会制裁，这三者为古代中国所无，亦非当时中国所能有，因此，对西方新道德的吸收是将随社会逐渐发展、国民教育大兴之后，才有可能。可见他对前期的文化决定论是有所更改的。

　　然则今日所恃以维持吾社会于一线者何在乎？亦曰吾祖宗遗传固有之旧道德而已。（道德与伦理异，道德可以包伦理，伦理不可以尽道德。伦理者或因于时势而稍变其解释，道德则放诸四海而皆准，俟诸百世而不惑者也。如要君之为有罪，多妻则非不德，此伦理之不宜于今者也。若夫忠之德爱之德则通古今中西而为一者也，诸如此类不可枚举。故谓中国言伦理有缺点则可，谓中国言道德有缺点则不可。）而"一切破坏"之论兴，势必将并取旧

[41]《新民说》，178—179 页。

道德而亦摧弃之。呜呼！作始也简，将毕也钜。见披发于
伊川，知百年而为戎。毋曰吾姑言之以快一时云尔。汝之
言而无力耶，则多言奚为？汝之言而有力耶，遂将以毒天
下，吾愿有言责者一深长思也。[42]

既然当时中国的实际状况，不可能以西方新道德来代替传
统道德，那么，维持当下社会的道德只能是传统的道德。在这
里，梁启超区分了道德与伦理两个不同的概念，这与黑格尔相
通。他认为伦理是与特定社会组织结构关联的模式，如尊崇君
主、容纳多妻，是随社会和历史变化而改变的；道德是一般的
人格品性，如忠之德目、爱之德目，是不随社会历史变化而
改变的。这就更加证明了传统道德作为道德是普世的、永恒
的价值。[43]

读者其毋曰：今日救国之不暇，而哓哓然谈性说理
何为也？诸君而非自认救国之责任也，则四万万人之腐
败，固已久矣，而岂争区区少数之诸君？惟中国前途悬于

---

[42]《新民说》，180 页。

[43] 陈敬的论文《论梁启超的普世伦理思想》，认为梁启超旅美归来后写《论私德》
的变化，实质是转向普世伦理，重视道德的普遍性。又指出在现代伦理学中公
德被称为规范伦理，属于他律道德；私德被称为美德伦理，是一个人修养和
自律，对美德伦理的回归表现了梁启超对公德—私德关系的认识是辩证的。文
载李喜所编：《梁启超与近代中国社会文化》，天津古籍出版社，2005 年，426
页。耿云志、崔志海合著的《梁启超》讲到梁启超北美之游引起的思想变化，
即在新民问题上，由原来提倡公德变为强调传统私德，认为是思想上明显的倒
退。参看氏著《梁启超》，广东人民出版社，1994 年，143—144 页。

诸君，故诸君之重视道德与蔑视道德，乃国之存亡所由系也。今即以破坏事业论，诸君亦知二百年前英国革命之豪杰为何如人乎？彼克林威尔实最纯洁之清教徒也。亦知百年前美国革命之豪杰为何如人乎？彼华盛顿所率者皆最质直善良之市民也。亦知三十年前日本革命之豪杰为何如人乎？彼吉田松阴、西乡南洲辈皆朱学王学之大儒也。故非有大不忍人之心者，不可以言破坏，非有高尚纯洁之性者，不可以言破坏。虽然，若此者，言之甚易，行之实难矣！吾知其难而日孜孜焉！兢业以自持，困勉以自勖，以忠信相见，而责善于友朋，庶几有济；若乃并其所挟持以为破坏之具者而亦破坏之，吾不能为破坏之前途贺也。……今日稍有知识稍有血性之士，对于政府而有一重大敌，对于列强而复有一重大敌，其所以兢兢业业蓄养势力者宜何如？实力安在？吾以为学识之开通，运动之预备，皆其余事，而惟道德为之师。无道德观念以相处，则两人且不能为群，而更何事之可图也？……曾文正者，近日排满家所最唾骂者也，而吾而愈更事而愈崇拜其人。吾以为使曾文正生今日而犹壮年，则中国必由其手而获救矣。彼惟以天性之极纯厚也，故虽行破坏可也；惟以修行之极严谨也，故虽用权变可也。故其言曰扎硬寨，打死仗；曰多条理，少大言；曰不为圣贤，便为禽兽；莫问收获，但问耕耘。彼其事业之成，有所以自养者在也，彼其能率厉群贤以共图事业之成，有所以孚于人且善导人者在也。吾党不欲澄清天下则已，苟有此志，则吾谓曾文正集不可不日三复也。[44]

梁启超在《论私德》这里所说的道德，显然并非专指公德，而是主要指私德。他指出，英美革命的领袖都是重视道德、纯洁善良的人，日本维新的代表人物都是日本的大儒，故无论救国还是革命，从事政治都需要以道德品性为根本。他特别推崇曾国藩天性淳厚、修行严谨，认为这样的人格是今日救国事业的榜样。他甚至认为，对于从事政治救国的人士来说，重视还是蔑视道德，是关系到国之兴亡的根本大事。这显然是儒家的道德观，表明儒家思想对梁启超道德思想的深刻影响。同时，这一说法，实际上是把道德归结为美德，带有德性伦理学的色彩，因为，公德指向公共生活，私德关注个人品质，后者是德性论，前者是规范论。而他此时也显示出对精英道德的更多关注，这也是与写《论公德》时不同的。[45]

另外，梁启超也力劝新学青年正视这一点：

问者曰：今日国中种种老朽社会，其道德上之黑暗不可思议，今子之所论，反乃偏责备于新学之青年，新学青年虽或间有不德，不犹愈于彼等乎？答之曰：不然。彼等者无可望无可责者也，且又非吾笔墨之势力范围所能及

---

[44]《新民说》，183 页。

[45] 黄克武认为梁启超在《新民说》后期的精英主义观念加强，以仁人志士负最大责任。见氏著《一个被放弃的选择：梁启超调适思想之研究》，台北"中央研究院"近代史研究所专刊（70），1994 年，154 页。

也。中国已亡于彼等之手，而惟冀新学之青年致死而之生之，若青年稍不慎，而至与彼等同科焉，则中国遂不可救也。此则吾哓音瘏口之微意也。[46]

由于当时参加救国、革命运动的多是接受新学影响的青年，因此梁启超明确表示，对私德的培养尤寄希望于青年，因为他们是维新事业的主体，是中国的希望。

近代以来有些西方政治思想家主张，不应把适合于私人生活或个人关系的道德标准用于政治行为，但 20 世纪以来，越来越多的学者不赞成把公德与私德截然分割开来，那种认为公共生活中可以完全不顾私人生活道德标准的主张在现代政治生活中已经无法立足。和一般启蒙学者不同，梁启超因很早便从事政治活动，所以他对私德重要性的觉悟来得更早，认识也更深入。

四、论德育与求道

梁启超基于对道德与社会变革的认识，使得他对德育问题的理解，与其他的社会改革人士大不相同。他自认为是当时新学中重视提倡德育的人。他指出：

窃尝观近今新学界中，其斤斤然提挈德育论者，未始无人；然效卒不睹者，无他焉，彼所谓德育，盖始终不

〔46〕《新民说》，185 页。

离乎智育之范围也。夫其獭祭遍于汗牛充栋之宋元明儒学案，耳食饫乎入主出奴之英法德伦理学史，博则博矣，而于德何与也？若者为理，若者为气，若者为太极无极，若者为已发未发，若者为直觉主义，若者为快乐主义，若者为进化主义，若者为功利主义，若者为自由主义，涉其藩焉，抵其奥焉，辨则辨矣，而于德又何与也？夫吾固非谓此等学说之不必研究也，顾吾学之也，只当视之为一科学，如学理化、学工程、学法律、学生计，以是为增益吾智之一端而已。若曰德育而在是也，则所谓闻人谈食，终不能饱……而名德育而实智育者，益且为德育之障也。以智育蠹德育，而天下将病智，以"智育的德育"障德育，而天下将并病德育。此宁细故耶？有志救世者，于德育之界说，不可不深长思矣。[47]

梁启超指出，儒学思想史的学习，西方伦理学史的学习，虽然其中包括了很多深刻的道德理论思考，述及众多的伦理学派别，但此类学习与科学的学习相同，只是增益了人的知识，并不能直接增进道德。所以，了解他人的道德经验并不能增进自己的道德，知识的博学并不能代替德育。在他看来，近代德育遇到的最大问题是，把救国的重点放在智育之上，以智育代替德育。而事实上德育对于救世救国更具根本性意义。

至于德育的做法，他吸收了明末清初大儒黄宗羲的讲法，

---

〔47〕《新民说》，186页。

即用一两句话，或几个字标出修身工夫的宗旨，简要直接，使
学者易有下手处：

> 吾以为学者无求道之心则亦已耳，苟其有之，则诚
> 无取乎多言，但使择古人一二语之足以针砭我而夹辅我
> 者，则终身由之不能尽，而安身立命之大原在是矣。黄梨
> 洲曰："学问之道，以各人自用得着者为真。"又曰："大
> 凡学有宗旨，是其人之得力处，亦是学者之入门处。天下
> 之义理无穷，苟非定以一二字，如何约之使其在我？"此
> 诚示学者以求道不二法门哉！夫既曰各人自用得，则亦听
> 各人之自为择，而吾宁容哓哓焉？虽然，吾既欲以言责自
> 效于国民，则以吾愿学焉而未能至者，与同志一商榷之可
> 乎？[48]

他主张，德育的方法，不需要"多言"，适宜的方法是各
人选择古人嘉言一两句，作为安身立命的根本，终身实行；或
者用几个字标举学术的宗旨，以凝聚方向。梁启超的这一主
张应当是和他早年在学海堂、万木草堂这些传统书院浸润于
传统德育、对传统儒学有内在其中而自得的体验，有直接的
关系。[49]

---

[48] 《新民说》，186 页。

[49] 黄克武强调梁启超的思想与儒家传统有连续性，见氏著《一个被放弃的选择：
梁启超调适思想之研究》，台北"中央研究院"近代史研究所专刊（70），1994
年，34 页。刘纪曜则认为梁启超形式上跟着传统，实际上已离开传统，见氏著
《梁启超与儒家传统》，台湾师范大学历史研究所博士学位论文，1985 年。

　　据此，他提出了"正本""慎独""谨小"三项德育修身的要领，作为一种示范，提供给大家参考。他希望人们都像他一样，选择适合自己的古人嘉言作为工夫条目，自用自行，安身立命。

　　在论述"正本""慎独""谨小"这三纲领的意义时，他以王阳明《拔本塞源论》为依据，充分显示出王学在他的德育观中占有主导地位：

　　　　一曰正本。吾尝诵子王子之拔本塞原论矣，曰："圣人之学，日远日晦；而功利之习，愈趋愈下。其间虽尝瞀惑于佛老，而佛老之说，卒亦未能有以胜其功利之心。虽又尝折衷于群儒，而群儒之论，终亦未能有以破其功利之见。盖至于今，功利之毒，沦浃于人之心髓而习以成性也几千年矣。记诵之广，适以长其敖也；智识之多，适以行其恶也；闻见之博，适以肆其辩也；辞章之富，适以饰其伪也。其称名借号，未尝不曰吾欲以共成天下之务，而其诚心实意之所在，以为不如是则无以济其私而满其欲也。以若是之积染，若是之心志，而又讲之以若是之学术，宜其闻吾圣人之教，而以为赘疣枘凿。"（下略）呜呼，何其一字一句，皆凛然若为今日吾辈说法耶！夫功利主义，在今且蔚成大国，昌之为一学说，学者非惟不羞称，且以为名高矣。阳明之学，在当时犹曰赘疣枘凿，其在今日，闻之而不却走不唾弃者几何？虽然，吾今标一鹄于此。同一事也，有所为而为之，与无所为而为之，其外形虽同，而其性质及其结果乃大异。[50]

由于他认为功利主义是当时盛行之论而最为有害，故以王阳明《拔本塞源论》中强调从心髓上破除"功利之习""功利之心""功利之见""功利之毒"的观点为根本，明确把道德和功利主义对立起来，以排斥功利主义。王阳明此文中指出，功利之士往往借着为天下事务的口号，其实是为了满足自己的私欲，因为不借着这些口号就不能实现其私欲。梁启超认为这正好可以用来作为对当时新党政治人士行为的写照。他特别痛心的是，与明末清初不同，今日的功利主义在西方文化的影响下，已经堂而皇之地成为流行的价值观，而受到推崇，这也是他最感忧心的地方。

所以，他对功利主义的戒心，还不是一般意义的，主要是有见于政治活动人士的虚伪：

> 试以爱国一义论之。爱国者，绝对者也，纯洁者也；若称名借号于爱国，以济其私而满其欲，则诚不如不知爱国不谈爱国者之为犹愈矣。王子所谓功利与非功利之辨即在于是。吾辈试于清夜平旦返观内照，其能免于子王子之所诃与否，此则非他人所能窥也。大抵吾辈当发心伊始，刺激于时局之事变，感受乎时贤之言论，其最初一念之爱国心无不为绝对的、纯洁的，此尽人所同也。及浸假而或有分之者，浸假而或有夺之者；既已夺之，则谓犹有爱国

---

[50]《新民说》，187 页。

心之存，不可得矣。而犹贪其名之嫩而足以炫人也，乃姑假焉；久假不归，则亦乌自知其非有矣？夫其自始固真诚也，而后乃不免于虚伪，然则非性恶也，而学有未至也，亦于所谓拔本塞源者，未尝一下刻苦工夫焉耳。[51]

他特别关注的是，当时不少大谈爱国、名为爱国的政治人士，他们的活动却表现出，这些人其实是为了追求和满足自己的私欲，这正是王阳明所说的功利之士。在他看来这样的人还不如不知爱国的观念、不谈爱国宣传的人。按照他的分析，这些人开始时有真实的爱国心，但此心渐渐为名利之心所侵夺，真实的爱国心便渐渐失去，但仍然以爱国为名，以爱国为炫耀。这都是因为他们"学有未至"，没有下过"刻苦工夫"。这里的"学"指修身之学，"工夫"指修身的工夫。这是批评当时政治活动的功利之士缺乏儒学的学养和理学的工夫。

> 顷见某报有排斥鄙人奋道德之论者，谓："今日只当求爱国忘身之英雄，不当求束身寡过之迂士。既为英雄矣，即稍有缺点，吾辈当恕其小节，而敬其热心。"又曰："欲驱发扬蹈厉，龙拿虎掷之血性男子，而一一循规蹈矩、粹面盎背，以入于奄奄无气之途，吾不知亡国之惨祸既在目前，安用此等腐败迂阔之人格为也？"吾以为此言又与于自文之甚者也。夫果为不拘小节之英雄犹可言也，特恐英雄百不得一，而不拘小节者九十九焉。我躬之

---

[51]《新民说》，188 页。

在此一人之内耶，抑在彼九十九人之内耶？则惟我乃能知之。如曰无须如王子所谓拔本塞源者而亦可以为英雄也，则不诚无物，吾未见有能成就者也。如曰吾之本原本已纯美，而无所用其拔与塞之功也，则君虽或能之，而非所可望于我辈习染深重，根器浅薄之人，夫安得不于此兢兢也？况吾之所谓旧道德者，又非徒束身寡过、循规蹈矩之云也，以束身寡过、循规蹈矩为道德之极则，此又吾子王子所谓断潢绝港，行焉而不能至者也。苟不以心髓入微处自为课程，则束身寡过之虚伪与爱国忘身之虚伪、循规蹈矩之虚伪，与龙拿虎掷之虚伪正相等耳。何也？以其于本原之地丝毫无与也。以爱国一义论之既有然，其他之诸德亦例是而已。[52]

　　梁启超也引述了当时批评其《论私德》观点的人士的看法，并给予了回应。针对主张在政治上不当求束身寡过之士，当求爱国忘身之英雄，英雄皆有小节之缺点的批评，他认为，以不拘小节为名放松对政治人士的道德要求，其结果不仅不能得到英雄，而可能适得其反。他以儒家经典《中庸》的话"不诚无物"为据，坚持没有道德修身就没有英雄。梁启超的这一说法，很像朱熹对于陈亮批评的回答，鲜明地表现出儒家学者的立场。在这个意义上，梁启超此论可视为近代新儒家批评功

---

〔52〕《新民说》，189 页。

利主义的一个代表。[53]他也表示，他所说的传统道德决不是仅指束身寡过、循规蹈矩，而是强调在内心本原的细微处上去除功利，真心爱国忘身，只有这样中国的政治才有希望。

正本之后为慎独，梁启超依然以《拔本塞源论》为根据：

> 二曰慎独。拔本塞原论者，学道之第一著也。苟无此志，苟无此勇，则是自暴自弃，其他更无可复言矣。然志既立，勇既鼓，而吾所受于数千年来社会之熏染，与夫吾未志道以前所自造之结习，犹盘伏于吾脑识中而时时窃发，非持一简易之法以节制之涵养之，不能保其无中变也。若是者，其惟慎独乎？慎独之义，吾侪自束发受《大学》《中庸》，谁不饫闻？顾受用者万不得一，固由志之未立，亦所以讲求者有未莹也。吾又闻诸子王子曰："慎独即是致良知。"（与黄勉之书）然则王子良知之教，亦慎独尽之矣。……故以良知为本体，以慎独为致之之功。此在泰东之姚江，泰西之康德，前后百余年间桴鼓相应，若合符节，斯所谓东海西海有圣人，此心同，此理同。而求道之方，片言居要，彻上彻下，真我辈所终身由之而不能尽者也。……王子既没，微言渐湮，

---

[53] 这里所说的"近代新儒家"，是指19世纪末至20世纪20年代这三十年间出现的儒家思想家，包括康有为等。"近代新儒家"表示这些近代学者并非固守传统儒学，而在政治、社会等方面提出了与时俱进的主张，但在人生价值、道德义理、修身工夫方面仍坚持儒家的思想。以往学者对梁启超作为近代新儒家的身份似不太肯定，而最近十多年来，这一点在学界应已无争议。

浙中一派，提挈本体过重，迨于晚明，不胜其敝。而刘蕺山乃复单标慎独以救王学末流，实则不过以真王学矫伪王学，其拳拳服膺者，始终仍此一义，更无他也。今日学界之受毒，其原因与晚明不同，而猖狂且十倍。其在晚明，满街皆是圣人，而酒色财气不碍菩提路；其在今日，满街皆是志士，而酒色财气之外，更加以阴险反复、奸黠凉薄，而视为英雄所当然。晚明之所以猖狂者，以窃子王子直捷简易之训以为护符也；今日所以猖狂者，则窃通行之爱国忘身、自由平等诸口头禅以为护符也。故有耻为君子者，无耻为小人者，明目张胆以作小人，然且天下莫得而非之，且相率以互相崇拜，以为天所赋与我之权当如是也。……昔吾常谓景教为泰西德育之原泉，其作用何在？曰在祈祷。祈祷者，非希福之谓也！晨起而祈焉，昼餐而祈焉，夕寝而祈焉，来复乃合稠众而祈焉。其祈也，则必收视返听，清其心以对越于神明，又必举其本日中所行之事所发之念而一一细绎之。其在平时，容或厌然拼其不善而著其善，其在祈祷之顷，则以为全知全能之上帝，无所售其欺也，故正直纯洁之思想不期而自来，于涵养省察克治三者之功，皆最有助力，此则普通之慎独法也。日日如是，则个人之德渐进；人人如是，则社会之德渐进。所谓泰西文明之精神者，在是而已。诗曰："上帝临汝，无贰尔心。"又曰："相在尔室，尚不愧于屋漏！"东西之教，宁有异耶？要之，千

> 圣万哲之所以度人者，语上语下虽有差别，顿法渐法，
> 虽有异同，若夫本原之地，一以贯之，舍慎独外，无他
> 法门矣。……[54]

梁启超把王阳明与康德对比，认为二者在根本上一致，这开了后来当代中国哲学以康德贯通心学的先河。美洲之行使梁启超大受刺激的是当时活跃在海外的政治人士及学界人士的所作所为，他形容道，满街都是革命救国的"志士"，他们以"爱国""自由"为口号，却把"阴险反复，奸黠凉薄"当作英雄手段，公开以做小人为天赋权利而毫无羞耻。当时活跃在海外的新派政治人士的这些表现，是促使梁启超重新认识并强调私德的根本原因。在他看来，私德败坏是阻碍维新大业成功的根本大病。

为此，梁启超提倡慎独。梁启超所说的慎独，是阳明学的慎独，是以良知为本体的工夫。他所说的慎独方法，"必收视返听，清其心"以对越于天；又必举其本日中所行之事、所发之念，而一一反省之，使其正直纯洁之良知，不期而自然发动。他认为这种方法与西方的祈祷相通，于涵养、省察、克治三者之功，最有助力。

最后谈到"谨小"，这也是有针对性的：

> 三曰谨小。"大德不逾闲，小德可出入"，此固先圣之
> 遗训哉，虽然，以我辈之根器本薄弱，而自治力常不足以

---

[54]《新民说》，191 页。

自卫也，故常随所熏习以为迁流。小德出入既多，而大德之逾闲遂将继之矣，所谓涓涓不塞将成江河，绵绵不绝将寻斧柯也。……夫使吾之所谓小过者，果独立焉而无其因果，则区区一节，诚或不足以为病；而无如有前乎此者数十层，有后乎此者数十层，以相与为缘，若是乎，则亦何小之非大也？……譬诸治身，一二日之风寒疥癣，其事甚小。而推其何以致此之由，则必其气血稍亏之感召也，卫生不协之酿成也，极其流弊，一日如此，他日如此，其痼疾或乃入于膏肓也。今吾辈之以不矜细行自恕者，其用心果何居乎？细行之所以屡屡失检，必其习气之甚深者也，必其自治之脆薄而无力者也。其自恕之一念，即不啻曰：吾身不能居仁由义。是并康德所谓良心之自由而放弃之也。必合此数原因，然后以不矜细行自安焉，是乌得更以小论也？而况乎以接为构，而日与相移，纯粹之德性势不能敌旦旦之伐也。孟子曰："能充无欲穿窬之心，而义不可胜用。"以反比例观之，则知充纤毫凉薄之心，可以弒父；充纤毫险黠之心，可以卖国也。所恶者不在其已发之迹象，而在其所从发之根原也。以不拘小节之英雄自命者，其亦可以思矣。[55]

梁启超特别针对小节无害论而提出"谨小"，"大德不逾闲，小德出入也可；事君，敬其事而后其食，躬自厚而薄责于

---

〔55〕《新民说》，194 页。

人"，见于《论语·子张》，这是孔子弟子子夏的话，意谓大的道德原则不可违背，小的行为细节则不必苛求。梁启超认为，子夏的话本是对贤者所说，不是对一般人所说；一般人小德出入多了，大德也必然被伤害。这是因为，小节小过皆有因果作用，且小过之积，如涓涓细水，可以汇成江河，犯成大过；小节出入之害，如风寒甚小，却可以亏其气血，引致痼疾，而亏于大节。当时从事革命或维新的人士很多以不拘小节的英雄自命，而流为功利之士，梁启超对此深为痛心。他主张必须检点细行，不能以自恕之心对待小事之过。所谓过之大小，是在已发之迹上论，没有从"用心"来看，如果从所发之根源来说，任何"过"都是恶对于纯粹之德性的戕害。他甚至认为，纤毫的不正之心，最后可以发展为卖国的大节问题，这是绝不能不加注意的。

以上三者，述鄙人所欲自策厉之言也。天下之义理无穷，仅举三义者，遵梨洲之教，以守约为贵也。多述前贤训言者，末学谫陋，所发明不能如前贤也。专述子王子与其门下之言者，所愿学在是，他虽有精论，未尝能受也。抑古之讲学者，必其心得也甚深，而身体力行也甚笃，虽无言焉，已足以式化天下，而言论不过其附庸耳。不知道如鄙人，宁当有言？顾吾固云未能自度而先度人，窃自附于菩萨之发心矣。若问鄙人于此三者能自得力与否，固踧然无以为对也。愿读者毋曰彼固不能实行也，而遂吐弃之。苟其言有一二可采者，则虽无似如鄙人，犹勿以人废言，则鄙人以此言贡献于社会之微意也。[56]

梁启超说明，正本、慎独、谨小三者本是他用意鞭策勉励自己的条目。仅仅立此三条，是要遵照黄宗羲的教示，不以多为贵。在论述三条时多引用前贤训言，是因为前贤已经发明无余。而引用前贤以阳明学为主，是因为他志愿在学王学。[57]佛经有言，"己已得度，回向度他，是为佛行；未能自度，而先度人，是为菩萨发心"。梁启超以此表示，自己虽然尚未能做到这三条，但学菩萨发心，乐于向人推荐，激励大家一起身体力行。[58]

梁启超在论述谨小时，引用王阳明弟子钱德洪的辟"虞"之说：

> 钱绪山云："学者工夫不得伶俐直截，只为一虞字作祟。良知是非从违何尝不明，但不能一时决断，如自虞度曰：此或无害于理否？（一）或可苟同于俗否？（二）或可欺人于不知否？（三）或可因循一时以图迁改否？（四）只此一

---

[56]　《新民说》，194 页。

[57]　狭间直树认为梁启超对王学的推崇受到日本的影响，参看黄克武的论文：《梁启超与儒家传统：以清末王学为中心之考察》，见李喜所编：《梁启超与近代中国社会文化》，142 页。

[58]　黄克武认为梁启超在《新民说》后期，以为"淬厉所本有"是更为根本的工作，放弃了破坏主义与发明新道德之后，他将注意力转放到"淬厉"，尤提倡王阳明学派的修身工夫。参看其《一个被放弃的选择：梁启超调适思想之研究》，144、151 页。

> 虞便是致吝之端。"……以鄙人之自验，生平德业所以不
> 进者，皆此四种虞法梗乎其间。盖道心与人心交战之顷，
> 彼人心者，常能自聘请种种之辩护士，设无量巧说以为
> 之辞。〔59〕

虞度是思度、谋虑。钱德洪所说的四种虞度，都是人不能直接
依从良知，犹豫不决，对自己的行为过错巧饰辩解。梁启超认
为，这四种虞法就是人的自恕之词，也即是古人所说的阻碍道
心的人心，所以与道心对立的"人心"是一切过失之根源，必
须加以克服。

五、《德育鉴》与《节本明儒学案》

《新民丛报》1902 年初在日本出版，梁启超"日撰五千言，
以《新民说》、《新民议》两篇为主"。1903 年春，梁氏应美洲
保皇党之邀，游历加拿大、美国各地，广泛接触了保皇党、革
命党人士，10 月启程返回亚洲。1904 年，梁启超到香港开保
皇大会，2 月末由香港至上海，3 月复返日本。在这期间，梁
启超对革命党人的行为愈加不满，这直接导致了他在思想上对
德育的重新重视。黄遵宪 1904 年 7 月致书梁氏说："公自悔功
利之说、破坏之说足以误国也，乃一意反而守旧，欲以讲学为救
中国不二法门。公见今日之新进小生造孽流毒，现身说法，自陈

---

〔59〕《新民说》，192 页。

己过，以匡救其失，维持其弊，可也，为保国粹即能固国本，此非其时，仆未敢附和也。如近日《私德篇》之胪列阳明学说，遂能感人，亦不过二三上等士夫耳。言屡易端，难于见信，曷贵多言。仆为公熟思而审处之，诚不如编教科书之为愈也。于修身伦理，多采先秦诸子书，而益以爱国合群自治尚武诸条，以及理化实业各科，以制时宜，一定趋向。"〔60〕可知《论私德》发表于1903 年末 1904 年初时引起不少注意。黄遵宪这一时期与梁启超信件往来较多，对梁启超影响较大，但梁启超并没有按黄氏所劝去编著德育教科书，而是作了《德育鉴》这样的传统德育书。〔61〕

1905 年梁启超作成《德育鉴》，发挥了他在《论私德》中提出的德育主张，选录古代儒者论道德修身语录数百条，间加以"启超谨案"，进行评述，发明儒者修身大意。〔62〕

其前言首曰：

---

〔60〕 吴天任编著：《民国梁任公先生启超年谱》，台湾商务印书馆，1977 年，册 2，590—591 页。

〔61〕《德育鉴》前言最后说："本编不可以作教科书，其体裁异也。惟有志之士，欲从事修养以成伟大之人格者，日置坐右，可以当一良友。其甄录去取之间，与夫所言进学之涂径次第，及致力受用之法门，自谓颇有一日长。不然，安取剿说以祸枣梨也？若夫学校用本，尚思别述。杀青之期，不敢言耳。乙巳十一月。著者识。"倒是刘师培 1906 年作成了一部《伦理教科书》，可能也源于受到黄遵宪的影响，而其书以知为先，不重践行，与梁启超此书宗旨不同。梁启超与刘师培道德论述的比较可参看黄进兴：《追求伦理的现代性——从梁启超的"道德革命"谈起》，《新史学》十九卷第四期，2008 年。

〔62〕 董方奎《新论梁启超》（华中师范大学出版社，2007 年）中有两章论梁启超教育思想及其在中国近代教育的地位，却皆未及《德育鉴》及其教育意义。

鄙人关于德育之意见，前所作《论公德》《论私德》

两篇既已略具，本书即演前文宗旨，从事编述。[63]

可见《德育鉴》是根据《论公德》与《论私德》的思想，编述

古人关于修身治心的道德语录，作为德育的参考。就实际来

说，此书主要是申演《论私德》的宗旨而编成的，应无疑义。

然后他直接论述了在《论私德》篇中讨论到的"道德"和

"伦理"的分别，他说：

> 《记》有之，有"可得与民变革者"，有"不可得与
>
> 民变革者"[64]。窃以为道德者，不可得变革者也。近世进
>
> 化论发明，学者推而致诸各种学术，因谓即道德亦不能
>
> 独违此公例。日本加藤弘之有《道德法律进化之理》一
>
> 书，即此种论据之崖略也。徐考所言，则仅属于伦理之
>
> 范围，不能属于道德之范围（道德之范围，视伦理较
>
> 广。道德可以包伦理，伦理不能尽道德），藉曰道德，
>
> 则亦道德之条件，而非道德之根本也。若夫道德之根
>
> 本，则无古无今、无中无外而无不同。吾尝闻之子王子
>
> 之言矣，曰："良知之于节目事变，犹规矩尺度之于方
>
> 圆长短也。节目事变之不可预定，犹方圆长短之不可胜

---

〔63〕　梁启超：《德育鉴》，北京大学出版社，2011年，3页。

〔64〕　见《礼记·大传》："立权度量，考文章，改正朔，易服色，殊徽号，异器械，
别衣服，此其所得与民变革者也。其不可得变革者则有矣：亲亲也，尊尊也，
长长也，男女有别，此其不可得与民变革者也。"此脚注为笔者所加，非原引
文注。

穷也。故规矩诚立，则不可欺以方圆。而天下之方圆，不可胜用矣。尺度诚陈，则不可欺以长短，而天下之长短不可胜用矣！良知诚致，则不可欺以节目事变，而天下之节目事变不可胜应矣！"夫所谓今之道德当与古异者，谓其节目事变云尔。若语于节目事变，则岂惟今与古异，抑且随时随地、随事随人，在在而皆可异。如人民服从政府，道德也；人民反抗政府，亦道德也；则因其政府之性质如何，而所以为道德者异。缄默谨言，道德也，游说雄辩，亦道德也；则因其发言之目的如何，而所以为道德者异。宽忍包荒，道德也，竞争权利，亦道德也；则因其所对之事件如何，而所以为道德者异。节约俭苦，道德也；博施挥霍，亦道德也；则因其消费之途径如何，而所以为道德者异。诸如此者，其种类恒河沙数，累万纸而不能尽也。所谓道德进化论者，皆谓此尔。虽然，此方圆长短之云，而非规矩尺度之云也。若夫本原之地，则放诸四海而皆准，俟诸百世而不惑，孔子所谓一以贯之矣。故所钞录学说，惟在治心治身之要。若夫节目事变，则胪举难殚。恃原以往，应之自有余裕耳。〔65〕

梁启超坚持主张，道德不受进化论规律所支配，道德的根本原则不会进化，道德对应的具体事项即节目会在历史上变化，但

---

〔65〕《德育鉴》，4—5 页。

道德本身或根本原则不会变化。不仅如此，在他看来道德的根本，古今、中外是一致的。治心、治身作为道德修养的要法也不会随时代变化，在今日仍然是有意义的。了解《论私德》的思想，就知道《德育鉴》的前言完全是《论私德》思想的展开和实践。

他接着指出：

> 公德私德，为近世言德育者分类之名词。虽然，此分类亦自节目事变方面观察之，曰某种属于公之范围，某种属于私之范围耳。若语其本原，则私德亏缺者，安能袭取公德之媺名？而仅修饰私德而弁髦公德者，则其所谓德已非德。何以故？以德之定义与公之定义常有密切不能相离之关系故。今所钞录，但求诸公私德所同出之本。若其节目，则刘蕺山《人谱》及东人所著《公德美谈》之类，亦数倍此编之卷帙，不能尽耳。[66]

他提出，公德、私德是近代教育就节目方面所做的分别，其实二者并不能分开，而是统一的。私德亏缺的人不可能真有公德，而只讲私德却蔑视公德，也不会是真正有德的人。公德和私德不能分开培修，德育的培养是涵养公德私德同出之本源，这个本原就是人的自由良心。《德育鉴》的内容就是集中在如何培壅自己的自由良心。

前言最后说："本编所钞录，全属中国先儒学说，不及泰

---

[66]《德育鉴》，5页。

西，非敢贱彼贵我也。浅学如鄙人，于泰西名著，万未窥一。凭借译本，断章零句，深惧灭裂以失其真，不如已已。抑象山有言，东海西海，有圣人出焉，此心同也，此理同也。治心治身，本原之学，我先民所以诏我者，实既足以供我受用而有余。孔子曰'知及之，仁守之'；又曰'得一善，则拳拳服膺而不失'。窃谓守而不失，然后其物乃在我。"〔67〕这里对本原之学的强调，表现出梁启超在修身的心学方面坚定地回到了儒学传统。〔68〕

以下举出几则梁启超的按语，以说明他的思想及其与《论私德》的一致性。

启超谨案：居今日而与学者言义利之辨，无论发心体认者渺不可得，但求其不掩耳却走者，盖千百中无一矣。何也？所谓权利思想，所谓功利主义，既已成一绝美之名词、一神圣之学派。今乃举其与彼平昔所服膺最反对之学说而语之，匪直以为迂，且以为妄耳。吾今为一至浅之解释以勘之：先哲所谓义者，诚之代名词耳；所谓利者，伪之代名词耳。吾辈今日之最急者，宜莫如爱国，顾所贵乎有爱国之士者，惟其真爱国而已。苟伪爱国者盈国中，试

---

〔67〕《德育鉴》，6页。

〔68〕有些学者认为梁启超对中国文化的私德评价不高，这显然只见《论公德》篇，而无见于《论私德》篇，如黄雅琦：《救亡与启蒙：梁启超之儒学研究》，207页。

问国家前途，果何幸也？[69]

梁启超认为，爱国为公德的第一要求，但声称爱国者，有诚有伪，而诚伪的问题就是私德的问题，可见私德和公德是不能分开的。在他看来，最大的问题是伪爱国者盈于国中，口称爱国，自命爱国，实际上却从个人功利出发。因此梁启超坚持以传统义利之辨排击功利主义。

> 启超谨案：今世自由、平等、破坏之说，所以浸灌全国，速于置邮者，其原因正坐是，皆以其无碍手也。然卓吾谓酒色财气不碍焉耳，未尝必以酒色财气为圣贤也，而自由、平等、破坏，则以为豪杰志士之鹄焉。此正阳明所谓其习熟既足以自信，而条目又足以自安也。故昔之陷溺利欲、弁髦私德者犹自惭焉，今则以为当然。岂徒以为当然，且凡非如是者，不足以为豪杰。呜呼，是非之心与羞恶之心俱绝，相率而禽兽矣！[70]

梁启超认为，自由、平等、破坏之说所以很快流行全国，是因为很多人觉得自由、平等、破坏之说不妨碍他们的各种败德行为；不仅不妨碍他们的败德行为，而且可以作为在社会活动的宗旨。其甚者，以自由、破坏为其败德行为做辩护。

他又指出：

---

[69]《德育鉴》，10—12页。
[70] 同上书，17页。

　　　　启超谨案：……言破坏者，动曰一切破坏，而旧道德
　　　尤其所最恶也。一言蔽之，则凡其所揭橥者，皆投小人之
　　　私心，而又可以附于君子之大道而已。[71]

破坏主义以传统道德为破坏的主要目标，于是破坏主义的口号
和主张，都是投合小人之心，又可以为君子所容纳的，这里指
的就是以自由平等破坏为口号。

　　又如，《德育鉴》载吕坤语曰："'无所为而为'五字是圣
贤根源，学者入门念头，就要在这上做。今人说话，第二三句
便落在有所为上，只为毁誉利害心脱不去，开口便是如此。"下
有梁启超按语：

　　　　启超谨案：学者闻辨术之说，莫不以为迂，但今试
　　　问：苟有所为而言爱国，尚足为爱国矣乎？故曰立心之
　　　始，即务去此，不去此则率天下而伪也。[72]

这里所谓"有所为"，是指在道德之外的目的，若主张爱国而另
有其目的，这便是"有所为而言道德"；真诚的、没有另外目的
的爱国才是"无所为而为"。"无所为而为"就是从事道德行为
而没有任何功利、外在的目的。

　　针对这些以爱国合群为名、以私智自利为实的人，梁启超
用王阳明的知行学说加以分析：

　　　　今与人言爱国也，言合群也，彼则曰吾既已知之矣；

────────────

〔71〕《德育鉴》，19 页。
〔72〕同上书，22 页。

非惟知之，而且彼亦与人言之，若不胜其激昂慷慨也。而
激昂慷慨之外，则无余事矣，一若以为吾有此一知而吾
之责任皆已尽矣。是何异曰：识得孝字之点画，则已为孝
子；识得忠字之点画，则已为忠臣也。就阳明先生观之，
则亦其人未尝有知而已。然使其果纯为未尝有知也，则
犹有冀焉，冀其一知而即行也。若知而不行，则无冀焉
矣。……而今世之坐视国难、败坏公德者，其良知未尝不
知爱国、合群之可贵。知其可贵而犹尔尔者，则亦不肯从
事于致之之功而已。有良知而不肯从事于致之之功，是欺
其良知也。质而言之，则伪而已矣。人而至于伪，乃小人
而无忌惮也。阳明先生必提挈知行合一，以为致良知之注
脚，为此也夫，为此也夫！[73]

这些人知道爱国、合群为公德，不仅知道，而且能把爱国、
合群讲得慷慨激昂。但他们有知而无行，没有行动。梁启超
说，这按王阳明的说法，就是还没有知。如果他们真的是未
知，人们还可以期望他们有知而能行，实际上他们是有知而
根本不行。甚至有些坐视国难、败坏公德的人，他们的良知
不是不知道爱国、合群的可贵，却仍然不按良知去做，这就
是伪。

今试问举国之人，苟皆如先生所谓用其私智以相比
轧，假名以行其自私自利之习，乃至于其所最亲近而相凌

---

[73]《德育鉴》, 68 页。

相贼者，苟长若是，而吾国之前途尚可问乎？夫年来诸所谓爱国、合群之口头禅，人人能道，而于国事丝毫无补者，正坐是耳。《记》曰："不诚无物。"又曰："至诚而不动者，未之有也；不诚，未有能动者也。"〔74〕

梁启超最为不满的就是，爱国、合群成为口头禅，以爱国为名行其自私自利之实，从而导致对于国家大事毫无所补。

《节本明儒学案》一书成于 1905 年 10 月，《德育鉴》成于同年 11 月。〔75〕两者成书时间相先后，内容都是德育语录，有一致性。以《德育鉴》的前言来看，《节本明儒学案》也是以《论私德》的思想为指导最终编成的，同期的《松阴文钞》也是同类的著作。以下略举《节本明儒学案》中的几例眉批：

眉批：然则以功利之心谈爱国者何如？〔76〕

眉批：所谓主观说也。必实有爱国之心，然后成其为我之国。

眉批：此语直令人无所逃遁，凡吾辈日言爱国而无实行者，皆未知国之可爱也，推之一切皆如此。〔77〕

---

〔74〕《德育鉴》，73—74 页。

〔75〕朱鸿林对《节本明儒学案》做了详细研究，其论文为《梁启超与〈节本明儒学案〉》（2011 年 4 月香港理工大学明史会议论文）。

〔76〕梁启超：《节本明儒学案》，《饮冰室丛著》第六种，商务印书馆，1916 年，111 页。

〔77〕同上书，127 页。

眉批：今世傲狠险戾之徒，侈然以平等自由口头禅相
号者，正以有成说使之自信自安也。[78]

这些眉批的思想与《德育鉴》按语所说，完全一致，都指
向当时谈爱国的人士蔑视私德修养而言。梁启超宣传公德，本
来是为了宣传、鼓动人民的爱国主义意识，但他在海外政治活
动中遇到的口称爱国的人士，个人道德品质低下，爱国的口号
下面充满功利之心，这使得梁启超大为失望，也使得他重新思
考私德的意义及其与公德的统一问题。[79]

张灏在著作中谈到《德育鉴》时有一种明显的倾向，即
努力把梁启超和儒家传统拉开一些距离，以避免把梁启超肯
定为一位儒家思想家。他认为梁启超的人格理想已经不是传
统的内圣外王，梁启超《新民说》主张的道德价值也多为新
的价值观，更对传统秩序和制度提出了改革的挑战。[80]我
以为，这里的关键在于要用动态和发展的观点理解"儒家"，

---

[78] 《节本明儒学案》，《饮冰室丛著》第六种，121 页。

[79] 1916 年梁启超还作《曾文正公嘉言钞序》，言："抑先圣之所以扶世教、正人
心者，四书六经亦盖备矣。然义丰词约，往往非末学所骤能领会，且亦童而
习焉，或以为陈言而忽不加省焉。近古诸贤阐扬辅导之言，益汗牛充栋，然
其义大率偏于收敛，而贫于发扬。夫人生数十寒暑，受其群之荫以获自存，
则于其群岂能不思所报？报之则必有事焉，非曰逃虚守静而即可以告无罪也
明矣，于是乎不能不日与外境相接构。且既思以己之所信易天下，则行且终
其身以转战于此浊世。若何而后能磨炼其身心，以自立于不败？若何而后能
遇事物泛应曲当，无所挠枉？天下最大之学问，殆无以过此！非有所程序而
养之于素，其孰能致者？"

[80] 参看张灏：《梁启超与中国思想的过渡（1890—1907）》，194—198 页。

特别是"近代新儒家",而避免用一个单一的本质主义的儒家概念去判断儒家的多元体现和历史发展。传统儒家的体现形态本身就是多元的,不是单一的。而无论近代或现代、当代的新儒家学者,都不再与传统儒家完全一致。他们大都批判地肯定工业文明、民主政治、科学发展、现代化社会组织,并广泛吸收现代价值观;但在基本道德价值、基本人生理念、基本修身方法以及文化认同上,仍坚持肯定儒家的基本观念。尤其是像梁启超这样坚持以宋明儒学工夫从事修身实践,坚持儒家的德育传统,在近代学者中已实属罕见,虽然他与乃师康有为的思想有所区别,但同为近代之新儒家,应无可疑。

总而言之,虽然梁启超《新民说》中的公德说在近代以来最有影响,人们甚至把《新民说》的道德思想仅仅归结为公德说;而实际上,《新民说》中后写的《论私德》,对公德说做了很大的补充和修正,更加深刻地思考了私德在整个道德结构中的基础意义和重要价值。因而,《论私德》不仅深化了梁氏个人在《新民说》初始的道德论,而且对由启蒙推动的近代化运动带来的道德反思的限度,在后来发起的新文化运动的十年前,便做了根本性的揭示,显示出思想家的深刻洞见。《论私德》及其影响下的《德育鉴》等书的编订,从根本上确立了梁启超作为近代新儒家的思想立场和方向,也奠

定了儒家道德论在近代进行调适和发展的典范，这从现代新
儒家梁漱溟由梁启超《德育鉴》得到的启发和受到的影响亦
可见一斑。[81]

---

[81] 梁漱溟说："溟年十四五以迄十八九间，留心时事，向志事功，读新会梁氏所
　　　为《新民说》、《德育鉴》，辄日记，以自勉励。"(《思亲记》)"任公先生同时
　　　在报上有许多介绍外国某家某家学说的著作，使我得以领会近代西洋思想不
　　　少。他还有关于古时周秦诸子以至近世明清大儒的许多论述，意趣新而笔调
　　　健，皆足以感发人。此外有《德育鉴》一书，以立志、省察、克己。涵养等
　　　分门别类，辑录先儒格言（以宋明为多），而任公自加按语跋识。我对于中国
　　　古人学问之最初接触，实资于此。……在当年却给我的助益很大。这助益，
　　　是在生活上，不徒在思想上。"(《梁漱溟全集》第2卷)"对于人格修养的学
　　　问，感受《德育鉴》之启发，固然留意；但意念中却认为'要作大事必须有
　　　人格修养才行'，竟以人格修养作方法手段看了。似此偏激无当浅薄无根底思
　　　想，早应当被推翻。无如一般人多半连这点偏激浅薄思想亦没有。"(《我的自
　　　学小史》)"我极关心国家大事，平素看轻书本学问而有志事功，爱读梁任公
　　　的《新民丛报》、《德育鉴》、《国风报》等书报，写作日记，勉励自己。"

第五章　梁启超论孔孟之教

梁启超在明确反对袁世凯复辟帝制却未能有效阻止之后，密谋部署反袁，在他的计划下，1915 年 12 月蔡锷在云南打响了护国战争的第一枪。1916 年春，梁启超从上海南下，途经香港，绕道越南，进入广西，与护国军会合。在越南逗留的十天中，生死未卜且患病暑热的梁启超，写下了留告世人的《国民浅训》一书，陈述了国民应有的知识与责任，期望由此增进国民的政治常识，共同维护共和的政体。[1]

然而，在《国民浅训》这样一本以国家、政治、宪法、自治知识为主体的书中，梁启超说了这样一段话：

> 就风俗道德方面言之，我国孔孟所教，诚可称道德之
> 正鹄（此却非我虚矫自大之言，吾新有所见，行将专著书

---

〔1〕　参看夏晓虹：《"共和国民必读书"》，《读书》，2016 年第 3 期。

发明之）。[2]

这是说，《国民浅训》一书的内容主要是就爱国、立宪等政治层面的政治常识立论；若就社会道德和个人人格而言，则孔孟之学代表了道德的真理；但道德问题并不是此书要讨论的内容，故将另行讨论。我们要注意的是，他在1916年春所说的对孔孟道德之教的"新有所见"并表达了对孔孟之教的坚定自信，而且行将著专书加以发明的究竟是什么"所见"？新在何处？他在该年春以后又写了什么专书来发明这个新的"所见"？这是本章所关心的问题。

显然，他的"所见"是对于风俗道德和孔孟之教的"所见"，应表达与孔孟之教关联在一起的他的伦理道德思想。既然是"新有所见"，我们就不能不从其"旧有"的对道德和孔教的"所见"谈起。

一、《新民说》的道德观

1902年，梁启超在日本发表了震撼国人的《新民说》，大力提倡新的（近代的）国民道德与人格，以实现救亡图存，其中涉及他对固有道德文化遗产的认识和态度。他的基本态度可以概括为"一曰淬厉其本有而新之，二曰采补其本无而新之，二者缺一，时乃无功"。一方面保守传统道德风俗，一方面进

---

[2]　梁启超：《国民浅训》，《饮冰室合集·专集之三十二》，中华书局，1989年。

取而学习近代西方文化的新伦理、新道德。他认为，中国固有的传统道德偏重于私德，而缺少公德，他所说的公德主要指近代国家的公德："吾中国道德之发达，不可谓不早，虽然，偏于私德，而公德殆阙如。试观《论语》《孟子》之书，吾国民之木铎，而道德所从出者也。其中所教，私德居十之九，而公德不及其一焉。"[3] 他说中国传统文化"关于私德者，发挥几无余蕴，对养成私人之资格，庶乎备矣"。此"私德"他后来更多称之为"人格"。[4] 他的基本主张是持守中国传统的私德，而大力发展近代国家与社会所需的公德，《新民说》的重点是强调养成国民资格的公德。

梁启超认为，从世界文明史来看，道德形相五花八门，但精神实质是一致的："其道德之外形，相反如此，至其精神则一也。一者何也？曰为一群之公益而已。"[5] 认为利国利群是一切道德的精神本质，这个说法当然并不全面。他又认为，"德也者，非一成不变者也（吾此言颇骇俗，但所言之者德之条理，非德之本原。其本原固亘古亘今而无变者也。本原惟何？亦曰利群而已），非数千年前之古人所立一定格式以范围天下万世者也"。[6] 可见，他认为道德有不变的，有可变的，不变的是道德的本原、精神，可变的是道德的具体条目、形式。他还认

---

〔3〕　《新民说》，16 页。

〔4〕　同上书，17 页。

〔5〕　同上书，20 页。

〔6〕　同上书，21 页。

为，私德在历史上变迁较少，公德在历史上变迁较多。总体上说，他的思想与旧的道德观所不同的是，认为道德并非自古以来永久不变、不增不减，强调道德至少有一部分是随历史而变化的，有发达、有进步，主张孔孟复起、生于今日，其道德亦须有所损益。这些思想与其政治上的变法思想是一致的。

梁启超所说的近代西方社会的公德，主要是指爱国思想、进取意识、权利观念、自由、进步、自尊、合群、自治等观念，认为这些是中国国民所欠缺而急需的"德"。其实，梁启超这里所说的公德，很多内容并不属于道德范畴，更多的是属于政治、社会观念。而他当时把这些近代民族国家和近代社会所需要的观念统称为"公德"，虽然便于传播，但含有一些混淆。这也应当可以解释辛亥革命以后他很少再用私德公德的说法，而更多用国民资格、国民常识来表达爱国思想、进取意识、权利观念、自由、进步、自尊、合群、自治这些观念。

《新民说》中也谈到传统道德的基本概念，在论国家思想一节中他指出："吾中国相传天经地义，曰忠曰孝、尚矣。虽然，言忠则义完，言忠君则其义偏。"在他看来，"忠孝二德，人格最要之件也，二者缺一，时曰非人"。[7]他认为忠是报国，孝是报恩，二者都是基本道德。忠的概念并没有问题，忠君的概念则有偏差。他更指出，中国传统只讲民的忠，不讲君的忠，这更是偏差，"民之忠也，仅在报国之一义务耳。君之忠

---

〔7〕《新民说》，26页。

也，又兼有不负付托之义务"。[8] 忠对一般人民是指报国的义务，忠对君主则不仅要求报国的义务，还含有不可辜负人民付托的义务。可见，梁启超并不否定忠孝的道德意义，但他强调忠的根本义是报国，不是忠君，君主也应当实行忠德以尽其义务，而且他认为英法等民主国的国民亦应尽其忠德。这些诠释和提法表现出他仍然重视忠德，但不是用其传统义，而是包含了对忠德进行近代传承转化的意义。[9]

《新民说》中"论私德"一章，是梁启超1903年游美洲归来后所作，此章在公德与私德孰轻孰重的关系上做了重大调整，提出"欲铸国民，必以培养个人之私德为第一义"。他说："就泛义务言之，则德一而已，无所谓公私。就析义言之，则容有私德醇美，而公德尚未完者；断无私德浊下，而公德可以袭取者。""公德者私德之推也。知私德而不知公德，所缺者在一推……故养成私德，而德育之事思过半矣。"[10]

梁启超一生十分重视道德修养，他对社会道德问题的观察很重视社会政治文化对人的影响。他在《新民说》中认为，中国古代私德体系完备，但这并不能自然带来社会风俗道德的醇美，清末社会私德已经堕落，其原因主要有五，一是专制政

---

[8] 《新民说》，26页。

[9] 关于梁启超及其以后中国学人对伦理学的思考，可参看黄进兴：《从理学到伦理学》，台北允晨文化，2013年。

[10] 《新民说》，163页。关于梁启超私德说的产生和意义，参看陈来：《梁启超的私德说》，《清华大学学报》，2013年第1期。

府之陶铸，二是晚清行法家霸术之结果，三是对外战败的挫沮，四是生计憔悴的逼迫，五是学术匡救之无力。可见道德风俗的改善不能仅仅依赖古代道德体系的传承，更重要的是社会的政治、经济条件要有利于道德的改善。梁启超的这一看法，对单从道德体系来看道德风俗问题，是一个有力的补正，值得服膺儒学的人深加思考。

二、反保教论中的孔学观

梁启超晚年写《清代学术概论》，其中涉及他与康有为的思想关系："启超自三十以后，已绝口不谈'伪经'，亦不甚谈'改制'。而其师康有为大倡设孔教会、定国教、祀天配孔诸议，国中附和不乏。启超不谓然，屡起而驳之。……持论既屡与其师不合，康梁学派遂分。"[11]其标志便是1902年春，在写作《新民说》的同时，梁启超发表了《保教非所以尊孔论》一文，明确反对康有为的保教论。此文所谓"保教"专指立孔教为国教的主张。

梁启超早年受康有为的影响，赞成其保教论，1897年也曾主张成立"保教公会"，他自己后来也说曾经是"保教党之骁将"。戊戌之后梁启超在日本广泛学习西学，思想上渐渐离开康

---

〔11〕 梁启超：《清代学术概论》，《梁启超哲学思想论文选》，北京大学出版社，1984年，504—506页。

有为，对其保教之说做了反思和批判。

梁启超反对把儒学宗教化，虽然他也使用"孔教"一词，但他所说的"孔教"是孔子之教，指孔学教化的体系，并不是把孔学视为宗教。他认为，宗教专指迷信宗仰而言，其权力范围乃在人的躯体界之外，宗教的特点是"以魂灵为根据，以礼拜为仪式，以脱离尘世为目的，以涅槃天国为究竟，以来世祸福为法门"。[12]他认为孔子不是宗教家，"其所教者，专在世界国家之事，伦理道德之原，无迷信、无礼拜，不禁怀疑，不仇外道，孔教所以异于群教者在是。质而言之，孔子者，哲学家、经世家、教育家，而非宗教家也"。[13]他认为康有为等人是把孔子之教等同于西方宗教，但实际上"盖孔子立教之根柢，全与西方教至不同，吾非必抑群教以扬孔子，但孔教虽不能有他教之势力，而亦不至有他教之流弊也"。[14]因此，他以为，康有为的保教说是把孔教作为宗教来保存，不合孔教自身的传统。他批评保教论者"持保教论者，辄欲设教会、立教堂、定礼拜之仪式、著信仰之规条，事事摹仿佛耶，唯恐不肖，此靡论其不能成也，即使能之，而诬孔子不已甚耶？""强孔子以学佛耶，以云是保，则所保者必非孔教矣"。[15]

梁启超还特别用思想之自由反对保教说，认为保教论者

---

〔12〕梁启超：《保教非所以尊孔论》，《梁启超哲学思想论文选》，北京大学出版社，1984 年，96 页。

〔13〕同上。

〔14〕同上书，97 页。

〔15〕同上。

主张立孔教为国教，与近世文明法律精神相悖。他说："使其
论日盛，而论者握一国之主权，安保其不实行所怀抱，而设立
所谓国教以强民使从者？果尔则吾国将自此多事矣。""信教自
由之理，一使国民品性趋于高尚，（若特立国教，非奉此者不
能享完全之权利；国民或有心信他教，而为事势所迫强自欺以
相从者，是国家导民以弃其信德也。信教自由之理论，此为最
要）一使国家团体归于统一，而其要者，在画定政治与宗教之
界限，使不相侵越也。政治属世间法，宗教属出世法，教会不
能以其教侵政府，固无论矣，而政府亦不能滥用其权以干预国
民之心魂也。""吾中国历史独优于他国者一事，即数千年无争
教之祸是也。……吾中国幸无此，是即孔子所以贻吾侪以天幸
也。"[16] 他认为，如果如保教者所说去做，"教争乃起，而政争
亦将随之而起，是为吾国民分裂之厉阶也，言保教者不可不深
长思也"。因此，他坚持："文明之所以进，其原因不一端，而
思想自由，其总因也。"在这样的立场上他对孔子的自由精神大
力表彰："盖孔教之精神非专制的而自由的也。""孔子之所以为
孔子，正以其思想之自由也。而自命为孔子之徒者，乃反其精
神而用之，此岂孔子之罪也？呜呼，居今日诸学日新、思潮横
溢之时代，而犹以保教为尊孔子，斯亦不可以已乎？"[17]

　　在这篇文章的"论孔教无可亡之理"一节中，梁启超表达

---

[16]《保教非所以尊孔论》，《梁启超哲学思想论文选》，98—99 页。

[17] 同上书，100 页。

了他对孔教内容与特点的认识，以及道德之常与变的认识。他说："孔子之立教，对二千年前之人而言者也，对一统闭关之中国人而言之也，其通义之万世不易者固多，其别义之与时推移者亦不少。"[18]这就是说，孔教的内容中既有"万世不易"的，也有"与时推移"的，前者是通义，后者是别义，前者是普遍真理，后者是特殊内容。其特殊内容是针对两千年前特定时代的特定问题而发。普遍真理是不变的，特殊内容是变化的。因为此时的梁启超更关注"与时推移"的部分，所以他强调孔子立教的历史性，认为孔教主要针对两千年前人讲，是对闭关锁国时代的中国人讲的，这些内容在今日必须与时推移，改变发展。

那么什么是孔教的万世不易之道呢？梁启超认为："其所教者，人之何以为人也，人群之何以为群也，国家之何以为国也。凡此者，文明愈进，则其研究之也愈要。近世大教育家多提倡人格教育之论，人格教育者何？考求人之所以为人之资格，而教育少年，使之备有此资格也。东西古今之圣哲，其所言合于人格者不一，而最多者莫如孔子。孔子实于将来世界德育之林，占一最重要之位置，此吾所敢豫言也。"[19]他坚信孔子是世界上最重要的人格教育家，孔教的主要内容即是人格教育，这才是孔教的万世不易之道。应该说，就梁启超对孔子之教的认识来看，与其晚期思想是一致的。只是在当时这一点并没有被特

---

〔18〕《保教非所以尊孔论》，《梁启超哲学思想论文选》，102 页。

〔19〕 同上。

别加以强调，多被视为一时之论，他自己亦未自觉其根本性。

梁启超最早的孔子之见，除了 1902 年的《保教非所以尊孔论》外，应推《世界伟人孔子传》，其中说："二千年间所自产者，何一不受赐于孔子？其有学问，孔子之学问也；其有伦理，孔子之伦理也；其有政治，孔子之政治也。其人才皆由得孔子之一体以兴，其历史皆演孔子之一节以成，苟无孔子，则中国当非复二千年来之中国。"又说："吾将以教主尊孔子也，而教主不足以尽孔子……吾将以教育家尊孔子，孔子诚教育家也，而教育家不足以尽孔子……吾将以学问家尊孔子，而学问家不足以尽孔子……吾将以政治家尊孔子，夫孔子诚政治家也，而政治家不足以尽孔子。……孔子之因时的政治，可以善当时之中国，可以善二千年之中国，且可以善自今以往永劫无穷之中国也。"此文仅存残稿两章，所作时间不明，一般认为应在清末。只是，所存两章的内容虽属尊尚孔子，但并无论及孔子之教的方面；其中只是推崇孔子思想对过去、未来之普适意义，并未言及孔教中与时推移的部分，似写在 1902 年以前。[20]

三、论道德之大原

辛亥革命后，梁启超回到中国，1912 年他曾作《中国道

---

〔20〕 梁启超:《世界伟人孔子传》,《梁启超全集》第六册, 北京出版社, 1999 年, 3156 页。

德之大原》一文，此文本针对当时有人批评中国人种姓低劣而发。这里所说的种姓即指国民性，亦称国性。梁启超指出，中国人的种姓支持中国人几千年的文明发展，故此种姓亦即是民族精神，"以吾所见之中国，则实有坚强美善之国性，颠扑不破，而今日正有待于发扬淬厉者也"。[21] 这表明他反对批评中国人种姓低劣的说法，主张发扬中国人坚强善美的国性。

　　然后，他谈到对道德的理解："今之言道德者，或主提倡公德，或主策励私德；或主维持旧德，或主轮进新德，其言固未尝不各明一义，然吾以为公私新旧之界，固不易判明，亦不必强生分别。自主观之动机言之，凡德皆私德也。自客观影响所及言之，凡德皆公德也。德必有本，何新非旧；德贵时中，何旧非新。"[22] 我们知道，1902—1903 年梁启超写了《新民说》，《新民说》的基本理论基础是公德—私德区分论。而此时，他认为道德的公私，很难区分，道德的新旧，也很难区分，故不必强作分别。在他此时看来，一切道德行为，从动机上讲都是私德；从结果之影响上讲，都是公德，所以可以说道德无公私之分。一切道德都有其历史文化根源，都与传统有关联；道德最贵时中，必须根据时代的新变化进行调整，故道德亦可以说无新旧之分。这种讲法与十年前的《新民说》明显不同。这些说法在理论上虽然不一定都能够成立，但指出公德与私德、新道

――――――――――

〔21〕　梁启超：《中国道德之大原》，《饮冰室合集·文集之二十五下》。
〔22〕　同上。

德与旧道德之间没有截然的界限，还是有所见的。同时也显示出他的道德思想已经不再以公德—私德区分论为基础，开始抛弃用公德私德的概念来分析道德这一方法。[23]

他又说："吾以为道德最高之本体，固一切人类社会所从同也。至其具象的观念，及其衍生之条目，则因时而异，因地而异。甲社会之人，与乙社会之人；甲时代之人，与乙时代之人，其所谓道德者，时或不能以相喻。要之，凡一社会，必有其所公认之道德信条，由先天的遗传，与后天的熏染，深入乎人人之脑海而与俱化。如是，然后分子与分子之间，联锁巩固，而社会之生命，得以永续。"[24] 这是说道德的最高本体是放之四海而皆准的、不变的，而道德的具体观念和条目则因时而异、因地而异。这一点与他在十年前的《保教非所以尊孔论》中所持的论点是一致的。

重要的是，他提炼了风俗道德的根据、国人的心理观念，认为："吾尝察吾国多数人之心理，有三种观念焉，由数千年之遗传熏染所构成，定为一切道德所从出，而社会赖之以维持不敝者。"[25] 这三种观念，一曰报恩，二曰明分，三曰虑后。这是指社会伦理、个人道德所依据的深层文化心理，也就是他所说

---

[23] 梁启超在辛亥革命以后不再用公德私德论分析道德问题，其原因尚不十分清楚，也许是因为其论敌如章太炎主张道德无分于公私，"优于私德者亦必优于公德"。参看张勇：《"道德"与"革命"》。

[24] 《中国道德之大原》。

[25] 同上。

的道德之大原。这一做法，有些类似于后来李泽厚所说的文化心理结构分析。从方法上看，这一分析，不是就传统道德的德目（如仁义礼智信）、命题（如先义后利）而加以传承诠释，而是追寻所有传统道德德目、命题后面的普遍心理观念，这为转型过渡时代处理道德问题与道德理解提供了一个新的思路。

"报恩"涉及"义务"观念，他说："故西人有孝于亲、悌于长、恤故旧、死长上者，共推为美德，在我则庸行而已。吾国人抱此信念，故常能以义务思想，克权利思想。所谓正谊不谋利、明道不计功，非必贤哲始能服膺也，乡党自好者，恒由之而不自知。盖彼常觉有待报之恩，荷吾仔肩，黾勉没齿而未遑即安也。夫绝对的个人主义，吾国人所从不解也。无论何人，皆有其所深恩挚爱者，而视之殆与己同体。故欧美之国家，以个人为其单位，而吾国不尔也。夫报恩之义，所以联属现社会与过去之社会，使生固结之关系者，为力最伟焉。吾国所以能绵历数千年使国性深入而巩建者，皆恃此也。"[26] 这是指出中国人的价值观重视义务，不重权利，以报恩为重，不重个人主义；而西方人重个人权利，不重报恩等义务。他认为报恩观念是最有力的社会凝聚要素。

梁启超指出，提出心理观念三义，既是从价值观入手分析道德的基础，更是着眼于风俗实践的功效，他说："之三义者，不学而知，不虑而能，而我国所以能数千年立于大地经无量丧

---

[26]《中国道德之大原》。

乱而不失其国性者，皆赖是也。是故正心诚意之谈，穷理尽性之旨，少数士君子所以自厉也；比较宗教之学，探研哲理之业，又教育家所以广益而集善也；然其力皆不能普及于凡民，故其效亦不能大裨于国家。独乃根此三义，而衍之为伦常，蒸之为习尚，深入乎人心而莫之敢犯，国家所以与天地长久者，于是乎在。"[27]他认为，宋明理学的正心诚意工夫只适合于士君子的自我修养，哲学伦理学的研究只适合于教育家的研究，这些都是精英文化，并不能广泛普及到凡民大众，也不能有益于国家。只有依据心理观念三义，使报恩、明分、虑后观念深入人心，那么不仅伦常风俗可以善化，国家的根基亦得以确立。可以说，除去这里突出的国家意识不论，梁启超注重伦理普及的立场，对古代道德思想也是一个转变性发展。

　　他在文中也涉及具体的传统道德概念，如忠。他说："然古代国家统治权集于君主，国家抽象而难明，君主具体而易识，于是有忠君之义。然我国之所谓忠君，非对于君主一自然人之资格而行其忠，乃对于其为国家统治者之资格而行其忠，此其义在经传者数见不鲜也。故君主不能尽其对于国家之职务，即认为已失统治国家之资格，而人民忠之之义务，立即消灭。"[28]这里所说，君主必尽其对国家的职务义务，若不能尽其义务，人民便没有对君主尽忠的义务，比《新民说》进了一

---

〔27〕《中国道德之大原》。
〔28〕同上。

步。梁启超还指出忠君概念的历史起源，是由于国家太抽象而不具象，君主作为国家代表则易于识认，古人们通过忠君表达忠国，也就是说忠君的本质是忠国。他同时指出，中国古代的忠君，并不是对君主个人的忠，而是对他代表国家统治者的资格行其忠。相比于"五四"时期批评古代忠臣对君主只是忠于个人的说法，可谓早就预见在先，而且比"五四"时期的见解更有说服力。

四、孔子教义在今日的实际裨益

1915 年春，针对过去两年康有为等鼓吹立国教之声的甚嚣尘上，还有袁世凯欲恢复帝制的活动愈益明显，梁启超发表了《孔子教义实际裨益于今日国民者何在、欲昌明之其道何由？》（以下简称《孔子教义》）一文，时恰在《国民浅训》写作的一年之前。半年之后他又写了《复古思潮平议》，继续申发其有关孔子之教的思想与对袁世凯复辟动向的批评。

由《孔子教义》一文的题目可见，其学术意义在于阐明孔子之教的现代意义和价值，以及昌明孔子之教的正确途径。有人说梁启超此文是鼓吹尊孔复古，这是不准确的。梁启超一贯主张尊崇孔子，但他反对借尊孔来复古，因为梁启超所说的"复古"在当时特指复辟帝制，同时，他也不赞成因反对复辟而反孔，认为这是两个不同的问题。1915 年秋天以后《青年杂志》因反对袁世凯称帝复辟而掀起反孔文化运动即新文化运动，梁启超已预先指出其问题。

在保教问题上,《孔子教义》一文与十几年前的《保教非所以尊孔论》基本一致,反对专注于倡言孔教为国教或把孔教宗教化,虽然 1913 年他也曾在请愿书上签字。在这篇文章中,他首先突出肯定孔子在中国文明中的地位,认为孔子为中国文明的代表,中国二千年来的团结一体完全有赖于孔子思想的力量,今天的社会教育仍必须以此为中坚而普及。他特别强调孔子之教对中国人的适用性。他说:"彼中外诸哲,微论其教义未必能优于孔子也,就令优焉,而欲采之以牖吾民,恐事倍而功不逮半。盖凡人于其所习知所深信之人,则听其言必易受而易感,我国民亦何莫不然。我国民最亲切有味之公共教师,舍孔子无能为之祭酒。"〔29〕

他认为,妨碍孔子之学正大发扬的主要有三种倾向,一是汉学,即两汉至隋唐乃至晚清乾嘉的考据学,以训诂考据为业,用力于古籍的偏僻字义,对孔学大多数易解的大义反而漠视。二是宋学,受佛教刺激,专注在性命理气之学,极深而研几,重体轻用。三是新学即康有为之学,把孔子之教附会于西洋宗教和教会,倡导孔学宗教组织化,特别强调配天的祭祀礼仪。尤其是对于第三种即新学,他指出:"然则欲效彼都教会之形式以推崇孔子,其必劳而无功,明矣。劳而无功犹可言

---

〔29〕 梁启超:《孔子教义实际裨益于今日国民者何在、欲昌明之其道何由?》,《梁启超哲学思想论文选》,北京大学出版社,1984 年,235 页。

也，苟以此倡，其弊实滋。不见近数千年来，揭孔子之徽帜以结集团体者纷起于国中乎？其拳拳焉真以道自任者，吾岂敢谓无人，而有所为而为者，实乃十居八九。率此以往，其将以孔于市矣。吾故曰：此种尊孔子之法，无益而有害也。"〔30〕梁启超认为，西方宗教与教会的形成，有其特殊的历史和特殊的信仰，与孔教完全不同，孔子不是超绝人类的神，没有神的种种神通，不讲来世的祸福，这些观点与 1902 年的反保教文的思想是一致的。

他还特别指出："宋学一派与新学一派，则皆若以孔子为有所不足，必以其所新学得于外者附盖之，其流弊所极，甚则以六经为我注脚，非以我学孔子，殆强孔子学我矣。吾以为诚欲昌明孔子教旨，其第一义当忠实于孔子，直绎其言，无所减加，万不可横己见杂他说以乱其真，然后择其言之切实而适于今世之用者，理其系统而发挥光大之，斯则吾侪诵法孔子之天职焉矣。"〔31〕

他认为："大抵孔子之言虽多，可大别之为三类。其一，言天人相与之际，所谓性与天道，宋明儒竭才以钻仰者也，以近世通行语指之，可谓为属于哲学范围。其二，言治国平天下之大法，非惟博论其原理而已，更推演为无数之节文礼仪制度，以近世通行语指之，可谓为属于政治学社会学之范围。

---

〔30〕《孔子教义实际裨益于今日国民者何在、欲昌明之其道何由？》，《梁启超哲学思想论文选》，237 页。

〔31〕 同上书，238 页。

其三，言各人立身处世之道，教人以所以为人者与所以待人者，以近世通行语指之，可谓为属于伦理学道德学教育学之范围。"[32]孔子之教言可分为三类：一是哲学，二是政治学、社会学，三是伦理学、教育学。在他看来，哲学诚精深博大，但这是专家之学，不可用来教育一般国民。政治学、社会学在古代为治平之法，多为当时当地的具体制度，不能尽用于今日，亦不必尽人皆学。所以，孔子之教今天最当学者，是第三类，即伦理学、教育学的内容。他说："是故吾于保全国粹论，虽为平生所孜孜提倡，然吾之所谓国粹主义与时流所谓国粹主义，其本质似有大别。……吾意以为孔子所以能为百世师者，非以其哲学论政治论等有以大过人，若仅就此范围内以观孔子而已，则孔子可议之处或且甚多，吾侪断不容墨守孔子之言以自足。然此等殊不足以轻重孔子，孔子所言而能涵盖近世学说也，固足以盖见孔子之大，其时或逊于近世学说也，曷尝为孔子之累？"[33]

那么孔子之学有以大过人处何在？梁启超指出：

> 孔子教义，其实际裨益于今日国民者固别有在，何在？则吾前举第三种所谓教各人立身处世之道者是已。更以近世通行语说明之，则孔子教义第一作用实在养成人格。读者若稍治当代教育史，当能知英国之教育常以养成

---

[32]《孔子教义实际裨益于今日国民者何在、欲昌明之其道何由？》，《梁启超哲学思想论文选》，238 页。

[33] 同上书，239 页。

人格为其主要精神，而英之所以能久霸于大地，则亦以此。而人格之纲领节目及其养成之程序，惟孔子所教为大备，使人能率循之以自淑而无所假于外，此孔子之圣所以为大为至也。问者曰：斯固然矣，然遂得谓实际裨益于今日乎？答曰：社会凡百事物，今大与古异，东亦与西异，独至人之生理与其心理，则常有其所同然者存，孔子察之最明，而所以导之者最深切，故其言也，措诸四海而皆准，俟诸百世而不惑，岂惟我国，推之天下可也；岂惟今日，永诸来劫可也。夫古今东西诸哲之设教者，曷尝不于此三致意，然盛美备善，则未或逮孔子；故孟子称孔子集大成，而释之以始条理终条理，观其养成人格之教，真可谓始终条理而集大成者也。吾侪诵法孔子，则亦诵法此而已矣，昌明孔子之教，则亦昌明此而已矣。[34]

应该说，这些思想是梁启超辛亥后回国以来的新有所见，且至其晚年亦未改变。对于"孔子教义实际裨益于今日国民者何在、欲昌明之其道何由"这一问题，他自己给了明确回答，那就是孔子之学中的"立身处世之道"，换言之"养成人格之教"；昌明孔子之教的正确途径就是诵法孔子的"养成人格之教"。他还特地把孔子对君子人格的养成与英国绅士（gentleman）加以对比。

半年之后，他又写了《复古思潮平议》一文。此文起因是

---

〔34〕《孔子教义实际裨益于今日国民者何在、欲昌明之其道何由？》，《梁启超哲学思想论文选》，240 页。

针对蓝公武对袁世凯倒行逆施所发激愤之词而欲加以"平议"，即纠正其偏激之论使之稍平。[35]其中指陈时政的部分在此不论，专看其道德论和孔教论。他说："吾以为蓝君所言，洵诡激而失诸正鹄，吾不能为之阿辩也。然此种诡激之言，曷为发生于今日，则固有使之者焉，亦不可不深省也。"[36]他指出蓝氏之论属偏激，但导致其如此偏激的是袁世凯等人的复辟活动。那么蓝氏发了什么偏激之词呢？他说："蓝君之论最骇人听闻者，彼对于忠孝节义，皆若有所怀疑，而对于崇拜孔子，亦若有所不慊。此其持论诚偏宕而不足为训也。"[37]即蓝氏的文章因反袁而对忠孝节义之德有所怀疑，对崇拜孔子也有所不满。这显然是把袁世凯主国以后倡导忠孝节义、康有为等大力鼓吹立孔教为国教，和袁世凯欲谋复辟的活动混为一谈了。对于传统道德，他认为："盖忠孝节义诸德，其本质原无古今中外之可言。昔人不云乎：'天下之善一也。'凡道德上之抽象名词，若智、仁、勇、诚明、忠信、笃敬、廉让，乃至若某若某，虽其涵孕之范围广狭全偏或有不同，然其同于为美德，则无以易。"[38]这也就是说，忠孝节义智仁勇等都是道德美德的名词，其本质古今中

---

[35]　蓝公武:《辟近日复古之谬》,《大中华》创刊号，1915 年。文中称"不欲以孔孟之言行为表率，而欲奉世界伟人为导师"。

[36]　梁启超:《复古思潮平议》,《梁启超哲学思想论文选》，北京大学出版社，1984 年，243 页。

[37]　同上。

[38]　同上。

外都是一样的，并不能因为袁世凯提出推崇这些美德就怀疑否定它们。"即如忠孝节义四德者，原非我国所可独专，又岂外国所能独弃。古昔固尊为典彝，来兹亦焉能泯蔑？夫以忠孝节义与复古并为一谭，揆诸论理，既已不辞；以厌恶复古故而致疑于忠孝节义，其瞀缪又岂仅因噎废食之比云尔！"〔39〕他认为，忠孝节义四德，中外通用而普适，未来仍然需要。把忠孝节义与复古复辟混为一体是不对的，由反对复辟而怀疑忠孝节义更是不对的。可见他是肯定传统道德对古今中外的普适性的。

　　然后他谈到对孔子的认识："若夫孔子教义，其所以育成人格者，诸百周备，放诸四海而皆准，由之终身而不能尽。以校泰西古今群哲，得其一体而加粹精者，盖有之矣；若孟子所谓集大成，庄生所谓大小精粗其运无乎不备，则固未有加于孔子者。孔子而可毁，斯真虽欲自绝，其何伤于日月也！"〔40〕在他看来，孔子教义就是养成人格之学（这与《孔子教义》的认识相同），其意义是放之四海而皆准的，西方哲学也许在个别方面胜于孔子，但没有超过孔子的，孔子的养成人格之学是集大成的。如果毁否孔子，就是自毁长城。他认为孔子思想是普遍主义的。这些思想，比起"五四"新青年们因反袁而否定孔子、否定中国文化，不知要深刻多少。"五四"新青年若能深入领会反袁主帅梁启超的思想，文化上将少走多少弯路！他接着

---

〔39〕《复古思潮平议》，《梁启超哲学思想论文选》，243 页。

〔40〕 同上。

说："且试思我国历史，若将孔子夺去，则暗然复何颜色？且使中国而无孔子，则能否抟抗此民族以为一体，盖未可知。果尔，则二千年来之中国，知作何状？又况孔子之教本尊时中，非若他教宗之树崖岸、排异己、有以锢人之灵明而封之以故见也。然则居今日，而教人以诵法孔子，又岂有几微足为国民进取之障者？故蓝君此论，实诡激而失正鹄，其说若昌，弊且不可纪极，吾断不能为之阿辩也。"[41]他肯定地表示，没有孔子，中国文化必黯然失色；没有孔子，中华民族就不可能团结一体。孔子之教主张时中，与排斥异己、蒙蔽心灵的某些宗教不可同日而语。论孔子对中华文明不可替代的作用，这也是与《孔子教义》文中所论一致的。他还特别指出，今天的中国人力求进取，而诵法孔子对国民进取毫无障碍，将改革进取与诵法孔子对立起来是错误的。[42]

　　1915 年这两篇文章中肯定，孔子之学的"养成人格之教"是"放诸四海而皆准，俟诸百世而不惑，由之终身而不能尽，始终条理而集大成者"，这个观点大大发展了其早年反保教文中重视人格教育的提法，也成为他 1916 年以后对孔子之教认识的基础。如前所提及的，《新民说》中的"私德"在 1915 年以后更多地被称为"人格"，这是他的道德思想在辛亥革命前与辛亥革命后的一大分别。

---

〔41〕《复古思潮平议》，《梁启超哲学思想论文选》，244 页。

〔42〕梁启超有关国民教育与国民资格养成问题的思想，可参看张锡勤：《梁启超思想平议》，人民出版社，2013 年。

五、孔孟讲义与《儒家哲学》

如本章开始所说，1916 年 3 月梁启超在越南停留时写下《国民浅训》，其中的内容分为两部分：一部分是国民政治常识，如立宪、财税、法律等；一部分是《新民说》曾提倡的爱国心、公共心、自由、平等诸公德（值得注意的是《国民浅训》中并没有使用公德的概念）。在《国民浅训》这样一本以国家、政治、宪法、自治知识为主体的书中，梁启超说了这样一段话："就风俗道德方面言之，我国孔孟所教，诚可称道德之正鹄（此却非我虚矫自大之言，吾新有所见，行将专著书发明之）。"然而，他紧接着又谈到道德的现状："须知道德之为物，其中固有一部分不可得与民变革者，亦有一部分必须与民变革者。道德本为社会之产物，社会之境遇变迁，则道德之内容，亦当随而变迁。徒袭取数千年前先哲遗训之面目，必不足以范围一世之人心，只相率以虚伪而益其腐败耳。"[43]他认为，道德有一部分是不可变的，一部分是必须随时代而变的，这与《新民说》的观点是一致的。但他同时指出，对于现实的风俗道德，仅仅照搬那些体现了不可变道德的先哲遗训，是根本不够的，甚至会导致"相率以虚伪而益其腐败"。正如他早在《新民说》时期就主张的，在 1915 年两篇文章中也反复表达的，他对社会道德问题的观察很重视每一时期社会政治文化对人的道德的影响。

---

[43]《国民浅训》。

回到本章一开始关注的问题。在看过《国民浅训》的"行将专著书发明之"一段话之后，我们翻检了梁启超1916年以后的著作，却并没有发现一本专论孔孟之教的意义与价值的书。有之，只是1918年他为群儿讲授《孟子》而用的讲义稿，[44]1920年在清华讲授"国学小史"课的"孔子"讲义，以及后来在清华国学院讲授的"儒家哲学"讲义。那么，以理推之，如果梁启超在1916年以后没有完成那部他本来计划要写的专书，则其"新有所见"必定会表达在上述三部讲义之中了。

我们还可以问，这些"新有所见"的主要观点会不会在1916年春之前就已经表达，如1915年？因为，《孔子教义》与《复古思潮平议》两文的写作时间与1916年春非常接近，他也并没有说这些"新有所见"是1916年春天才开始产生的。有理由确信，他说的"新有所见"，是指近来新有所见，而这些"新有所见"的主要观点，确实已经表达在1915年他所写的那两篇文章之中了。换言之，这两篇文章所说的有关风俗道德与孔孟之教的观点，就是其"吾新有所见"的要点，只是原准备再加发明而已。于是也就可以说，1916年以后的三部讲义的观点与这两篇一致，而且是以这两篇的观点为基础和基调。因为，我们并没有在后来的三部讲义中发现与1915年两篇文章相

---

〔44〕《读孟子记》，见夏晓虹辑：《饮冰室合集集外文》，北京大学出版社，2005年，774—794页。并请参看夏晓虹：《梁启超家庭讲学考述》，《中正汉学研究》，2012年第2期。

比有重大变化、发展了的观点。

1918 年 7 月至 8 月间，梁启超为群儿讲《孟子》，所作讲义，"略同学案"。讲义分为三部分，"一曰哲理论，二曰修养论，三曰政治论"，讲义称"读孟子记"，字数约三万，至 1919 年仍未定稿，故全稿并未出版问世。其中性善论部分的分析借用了佛教的思想，分析相当深入，其修养论部分也阐发得不错，认为"孟子教人以第一义"曰"存养"。但就风俗道德和立教大意方面，论述很少。[45] 1920 年《国学小史》中的孔子部分，约五万字，论述不可谓不详，但其中论述孔子立教大意处亦不多。[46] 其中"孔学提纲"说："孔子所谓学，是要学来养成自己的人格。""孔子教人只是教人养成人格。什么是人格呢？孔子用一个抽象的名来表示它，叫作仁。用一个具体的名来表示它，叫作君子。"他在最后说，"孔子的人格在平淡无奇中现出他的伟大"。"我们读释迦、基督、墨子诸圣哲的传记，固然敬仰他的为人，但总觉得有许多地方，是我们万万学不到的。惟有孔子，他一生所言所行，都是人类生活范围内极亲切有味的庸言庸行，只要努力学他，人人都学得到。孔子之所以伟大就在此。"[47] 可见，孔孟讲义的字数不少，略可称之为"发明"（梁所说"行将专著书发明之"），义理分析亦相当深入，但

---

〔45〕《复古思潮平议》，243 页。

〔46〕 梁启超：《国学小史》，商务印书馆，2014 年，95—172 页。

〔47〕 同上书，165 页。

就"孔孟所教""孔孟之教"的宗旨大意处却未多论及。

这三部讲义外，只有《要籍解题及其读法》对孔孟之教大意做了阐发。1923 年梁启超应清华之邀讲授国学课程，讲稿刊于《清华周刊》，名为《要籍解题及其读法》。其中"《论语》之内容及其价值"部分写道，《论语》一书可分为八类项，一、关于个人人格修养之教训；二、关于社会伦理之教训；等等。然后他指出，"第一项之人格修养之教训，殆全部有历久不磨的价值"。"第二项之社会伦理，第三项之政治谈，其中一部分对当时阶级组织之社会立言，或不尽适于今日之用，然其根本精神，固自有俟诸百世而不惑者"。〔48〕梁启超还指出：《论语》之最大价值，在教人以人格的修养。修养人格决非徒恃记诵或考证，最要是身体力行，使古人所教变成我所自得。"〔49〕这就是说第一项的内容具有超越时代的永恒价值，第二项、第三项的具体内容或不尽适用于今日，但其根本精神也是永久适用的。

其中有关"《孟子》之内容及其价值"的《读〈孟子〉法》说，"读孟子，第一宜观其砥砺廉隅，崇尚名节，进退辞受取与之间竣立防闲，如此然后可以自守而不至堕落。第二宜观其气象博大，独往独来，光明俊伟，绝无藏闪，能常常诵习体会，人格自然扩大。第三宜观其意志坚强，百折不回，服膺书中语，对于环境之压迫，可以增加抵抗力。第四宜观其修养下手

---

〔48〕《国学小史》，439 页。

〔49〕同上书，440 页。

功夫简易直截，无后儒所言支离、玄渺之二病。要之，孟子为修养之最适当之书，于今日青年尤为相宜"。[50]人格的养成必须诉诸修养方法，孟子的存养论是养成人格最适当的方法。

1923 年，梁启超在《为创设文化学院事求助于国中同志》中开门见山地说："启超确信我国儒家之人生哲学，为陶养人格至善之鹄，全世界无论何国无论何派之学说，未见其比。在今日有发挥光大之必要。"[51]这一段话，与《国民浅训》中的那一段互相辉映；所不同的是，梁启超在这里完全以堂堂正正的态度，开诚布公地，而不是插话式地，表达了自己的这一根本性立场。

1926 年的《儒家哲学》讲义，篇幅更大，但通篇是儒家学派史，除第一讲"儒家哲学是什么"外，其他各讲对孔子孟子立教大意都未涉及。梁启超在这里指出，"哲学"的含义其实不适于中国，"若勉强借用，只能在上头加上个形容词，称为人生哲学。中国哲学以研究人生为出发点，最主要的是人之所以为人之道：怎样才算一个人，人与人相互有什么关系？"[52]他说儒家哲学可名为儒家道术，"道是讲道之本身，术是讲如何去做。儒家哲学，一面讲道，一面讲术，一面教人应该做什么事，一面教人如何去做"。[53]他认为，儒家哲学范围广博，而其根本所在，是"专注重如何养成健全人格"。他还指出："一切学说，都可以分

---

[50]《国学小史》，443 页。

[51] 刘东、翟奎凤选编：《梁启超文存》，江苏人民出版社，2012 年，389 页。

[52]《梁启超哲学思想论文选》，488 页。

[53] 同上书，490 页。

为两类，一种含有时代性，一种不含时代性，即《礼记》所谓‘有可与民变革者，有不可与民变革者’。……有许多学说，不因时代之变迁而减少其价值，譬如不患寡而患不均，不患贫而患不安，利用厚生，量入为出，养人之欲，给人之求，都不含时代性，亦不含地方性。""儒家道术外王的大部分，含有时代性的居多，到现在抽出一部分不去研究他也可以。还有内圣的全部、外王的一小部分，绝对不含时代性。如智仁勇三者为天下之达德，不论在何时何国何派，都是适用的。关于道的方面，可以说含时代性的甚少。关于术的方面虽有一部分含时代性，还有一部分不含时代性。譬如知行分合问题，朱晦庵讲先知后行，王阳明讲知行合一，此两种方法都可用，研究他们的方法都有益处。儒家道术大部分不含时代性，不可以为时代古、思想旧而抛弃之。"[54]他认为，儒家之学的内圣部分的全部，都不含时代性，亦不含地方性；儒学的外王部分中的一小部分也不含有时代性。他特别指出，儒家倡导的美德不论在何时何地，都是适用的。

这些论述与他在 1916 年以后关于教育的观念转变亦相一致。[55] 1915 年 1 月，梁启超在《吾今后所以报国者》一文中宣布他今后将致力于讲求"人之所以为人者"和"国民之所以为国民者"的教育。我们可以说，《国民浅训》便是讲求"国民

---

[54] 《梁启超哲学思想论文选》，494 页。

[55] 参看夏晓虹：《"铸造全国青年之思想"——欧游前后梁启超讲学路径的变动》，《岭南学报》复刊（第四辑），上海古籍出版社，2015 年。

之所以为国民者"的教育，而孔孟人格之教即讲求"人之所以为人者"。1917 年 1 月，梁启超发文说，"人格修养者，教人之所以为人，使其有高尚思想"。[56] 而在二者之间，讲求"人之所以为人者"的人格修养，越来越居重要地位，成为梁启超理解中的最重要的教育内容。研究者认为，梁启超民国初年后归国五六年，在教育重心的转变方面已经做好准备，讲求"国民之所以为国民者"的国民教育，将让位于讲求"人之所以为人者"的人格修养。[57] 这与 1915 年以后他对孔孟之教人格修养之学的反复推崇，若合符节。这一推重人格修养的思想也贯穿于他在"五四"以后对"国学"的基本看法，如他针对胡适倡导的整理国故指出国学不仅是"文献的学问"，更是"德性的学问"，使得这一看法不仅是对孔孟之教的看法，而亦成为他看待中国文化的基本立场。

经由以上叙述，我们认为，梁启超在《国民浅训》中所说的对孔孟之教的"新有所见"，不可拘泥于词语，实际上应是指他在辛亥革命以后所产生的、与在辛亥革命之前（如《新民说》时期）所见不同的认识。这些对孔孟之教的主要观点和认识，涉及他有关文化道德伦理的根本立场，始发于 1915 年的两篇文章中，而贯穿于此后他的一切著述。从伦理学上说，在

---

〔56〕《梁任公今后之社会事业》，《大公报》1917 年 1 月 30 日。

〔57〕 参看夏晓虹：《"铸造全国青年之思想"——欧游前后梁启超讲学路径的变动》，《岭南学报》复刊（第四辑），上海古籍出版社，2015 年。

这一时期，他不再利用公德、私德这类分析，而重在从养成人格、人格修养来理解孔孟之教的普适意义，并对这些意义给予了高度的肯定。可惜的是，从"五四"时代到今天，人们只记得他在《新民说》前半部中的呐喊，而不甚留意乃至忽略了他在辛亥革命后十几年里的成熟思考。

总结以上所说的梁启超在辛亥革命以后的道德思想，主要有以下几个观点：

1. 道德有不变者，有可变者；不变的是精神，可变的是条目；不变的是通义，可变的是别义。可变者含有时代性，不可变者不含时代性。

2. 道德的公私，很难区分，道德的新旧，也很难区分，一切道德行为，从动机上讲都是私德；从结果之影响上讲，都是公德，所以可以说道德无公私之分。

3. 哲学伦理学的研究只适合于教育家，这些都是精英文化，并不能广泛普及到凡民大众，也不能有益于国家。要关注道德德目背后的心理观念，要注重伦理普及。

4. 孔孟之教在养成人格，其说放诸四海而皆准。儒家的内圣之学和美德传统不含时代性，儒家人格修养之学具有永久之价值。

应该说，这些思想不仅在20世纪初期的道德思考中有代表性，其中对孔子与儒家思想的认识，作为与"五四"新青年派同时而又与之完全不同的结论，也是有代表性的。这些思考对于我们当代的道德思考，仍有其可供借鉴参考的价值。

第六章　李泽厚的"两种道德论"

一般认为，后期李泽厚的哲学，除了情本体论外，最值得注意的是其有关伦理道德方面的理论，而李泽厚在这方面的理论是以"两种道德论"或"两德论"为中心的。应当说，由于李泽厚曾经深入研究康德，对康德伦理学体会匪浅，因此，虽然他的主导思想是启蒙思想，并且不同时期的重点关注有所不同，但他对伦理的关注是一贯的。也因为他曾经深入康德，所以他对儒家的理解和批判都不是肤浅的，而是总能从康德出发在某一方面保留其对儒家伦理的某种肯定。

可能正是这种不能忘情于伦理学或道德论的思想情怀，使得他晚近在出版了两种关于中国哲学登场的小书之后，又出版了两本涉及伦理学和道德问题的小书，其中一本是《回应桑德尔及其他》，一本是讨论前书的《什么是道德》。虽然，李泽厚晚期所讲的"伦理学"，在落脚点上受到美国上世纪80至90年代将伦理学与政治哲学联结一体讨论的影响，而其出发点仍与康德的影响有一定关系。无论如何，如果讲到李泽厚的伦理学思想，就不能不关注他的有关思想是以"两德论"的区分为中心、主体的。他的"两德论"在概念上区别了"宗教性道德"和"社会性道德"，而越到后来，他所关注的是，现代的社会性道德如何确立，其基本思想是中国古代儒家把两种道德合二为一，现代社会必须把两者拆分，使现代的社会性道德独立发展。但是由于他讲的现代社会性道德主要包含的是政治社会价值，所以"两德论"的趋向最后指向的是政治哲学的讨论，而不是真正的道德论。这些都是我们所不取的。我们的视角以个人基本道德为核心，是真正伦理学和道德学的。近代以来，最大的问题是社会公德取代个人道德、压抑个人道德、取消个人道德，因此，恢复个人道德的独立性和重要性，是反思现代性的关键。

一、伦理绝对主义和伦理相对主义

在 1994 年写成的《哲学探寻录》中，李泽厚第一次提到两德论。但那时他并没有把两德论作为一个重要理论，而是置于第三大节第一小节"伦理绝对主义与伦理相对主义"之下。他针对康德的伦理绝对主义，即绝对服从、坚决执行"绝对律令"，说："这是一种'宗教性道德'，是一种伦理绝对主义。""这就是黑格尔、马克思、孔德以及现代文化人类学家用伦理相对主义来反对康德的原因：并没有那种先验的'实践理性'，那只是空洞的形式；现实存在的是随时代的社会、利益、环境不同而各不相同的伦理法规和道德原则，它们由法律、规约、习惯、风俗等等形式表现出来，常常是由外在的强制，经过长久的历史，化为内在的自觉要求，这可称之为'社会性道德'。"[1]

他接着说：

> 宗教性道德和社会性道德之作为道德，其相同点是，两者都是自己给自己立法，都是理性对自己的感性活动和感性存在的命令和规定。……其区别在于，"宗教性道德"是自己选择的终极关怀和安身立命，它是个体追求的最高价值。……"社会性道德"则是某一时代社会中群体（民族、国家、党派、集团）的客观要求，而为个体所必须履行的责任、义务，常与法律、风习相关联。前者似绝对，却未必每一个人都能履行，它有关个人修养。后者似相对，却要求该群体的每个成员的坚决履行，而无关个体状况。对个体可以有宗教性道德的期待，却不可强求；对个体必须有"社会性道德"的规约，而不能例外。一个最高纲领，一个最低要求，借用康德的术语，一个是范导原理（regulative principle），一个是构造原理（constitutive

---

[1]　李泽厚：《人类学历史本体论》，天津社会科学院出版社，2008 年，13—14 页。

principle)。[2]

我们也可以说，李泽厚所处理的问题涉及道德在历史上的常与变的问题。康德的伦理绝对主义坚持的是不变的道德，而伦理相对主义的道德是随历史环境而变化的、可变的道德。这种绝对和相对的区分并没有涉及传统和现代的分野。李泽厚这里主张的区分是，"宗教性道德"是个体主观的选择，"社会性道德"是社会客观性的要求，是客观的道德之最低要求。这种强调道德有主观和客观之分的思想很像先秦告子等主张的以"内""外"区别道德种类的思想。其实，如果所谓"宗教性道德"是伦理绝对主义，就不可能只是个体的主观选择。信仰可以是主观选择，但道德不是。

1999 年，在《己卯五说》中，李泽厚继续发展了《哲学探寻录》中关于绝对伦理和相对伦理的思想：

> 我以为，作为人类伦理行为的主要形式的"自由意志"，其基本特征在于：人意识到自己个体性的感性生存与群体社会性的理性要求处在尖锐的矛盾冲突之中，个体最终自觉牺牲一己的利益、权利、幸福以至生存和生命，以服从某种群体（家庭、氏族、国家、民族、阶级、集团、宗教、文化等等）的要求、义务、指令或利益。可见，第一，它是个体自觉意识的行动、作为和态度。动物也有为群体生存而牺牲个体的事例，但不可能有这种自觉

---

[2] 《人类学历史本体论》，14 页。

的具有理性认识在内的"意志"。第二，由于它常常是相悖于个体生存的利益或快乐，因而是不顾因果利害而如此行为动作的。由于它不屈服于利害因果的现象世界，所以说它是"自由"意志。动物自然也没有这种"自由"的意志。这里的关键在于，人的这种"自由意志"本身具有崇高价值，它为人类对自己和对他人（包括对后人）培育了具有社会文化内涵的普遍性的心理形式，使人获得不同于动物界的社会性生存。这就是所谓高于现象界的"伦理本体"。[3]

他把自由意志解释为"个体牺牲自己的感性幸福以服从社会群体利益"的自觉，与康德一样，他认为这就是伦理本体。这个伦理本体其实就是普遍伦理原则，不是个人对信仰的主观选择。

据说康德讲伦理学时，曾使听众落泪。正由于他非常准确地揭示了这一人之所以为人即具有"自由意志"的伟大庄严，表明这个"伦理本体"的地位远在任何个体的感性幸福、快乐以及任何功绩、事业之上。只有宇宙本身能与之相比："位我上者，灿烂星空；道德律令，在我心中。"

所有这些，似乎又显示出，的确存在某种超越个体、己方以至某一集体利益的、更为崇高伟大的普遍价值。相

---

〔3〕　李泽厚：《哲学纲要》，北京大学出版社，2011年，4页。

对于一切时空条件中的事物，它是某种绝对的存在。[4]

伦理本体超越个体的感性幸福，是绝对的存在，是崇高伟大的价值。康德哲学是李泽厚做出如此肯定的理论来源，康德对李泽厚的这种影响甚深。

本文所主张的人类学历史本体论承认并重视它的意义。但认为它不是来自上帝，也不是来自"天理"、"良知"或"先验理性"，它仍然来自"人"。这"人"不是有时空限制的任何社会、民族、阶级、集团，当然更不是任何个体，而是作为过去、现在、未来以及或可无限延长的人类总体，也就是《批判》一书中所说的"大写的人"。这"大写的人"的生存延续便是康德所宣讲"应当"服从的"绝对律令"或"先验原则"的根源。因为它代表的是人类总体的存在和利益。对个体说，它就像是"先验原理"：作为人，生来就有此服从义务；不服从它，也就不是人。这是一种似乎无道理可讲的"先验的"理性命令。康德的"绝对律令"实际来自此处。康德举出的"不说谎"、"不自杀"等思想规范正是人类作为维系其生存和延续在一般情况下所不可或缺的基本要求。康德提出的"人（个体）是目的"，则是人类总体发展到现阶段的必然要求和至上理想。它们的根源实际都在这个"人类学历史本体"。[5]

---

〔4〕《哲学纲要》，7页。
〔5〕 同上。

那么,普遍伦理原则来自何处?在这一点上李泽厚坚持历史唯物论的立场,认为人类社会的普遍伦理原则来自可无限延长的人类总体。这个观点我们是赞成的。但是李泽厚在思想和逻辑上常常不能把这一点坚持到底。比如,他一方面承认绝对伦理的根源是人类总体的生存延续,也就是说,绝对伦理代表了人类总体生存的利益,无论人类总体的过去、现在、未来。但另一方面,他又认为,就"现在"而言,人类总体的现阶段的伦理要求为"个人是目的",这就否认了伦理本体、绝对伦理在现在时代作为人类总体利益的代表的意义。如果李泽厚仍然承认绝对伦理在"现在"时代代表人类总体生存延续的利益,那就不能认为"个人是目的"是现代的至上理想,不能要求绝对伦理让位于个人目的,也不能认为"个人为整体而存在"需要发展而成为"整体为个体而存在",因为那就明显违背了人类总体生存延续的需要。这是李泽厚伦理思想的内在紧张,也应当是康德伦理学思想的紧张。

回到宗教性道德和社会性道德的问题,李泽厚写道:

> 我以为,以康德为代表,伦理绝对主义所审验的这种具有普遍必然性的"绝对律令",有其合理内核,是人类学历史本体论对传统进行转化性创造的重要资源。简单说来,仍然是如下几点:第一,任何时空条件的人群作为人类总体生存延续的一个部分,就一般言(虽有特殊或例外),大体有着共同的或相似的要求和规范(如"不说谎"、"不自杀"等等)。第二,在各种即使不同的道德要

求和伦理规范中，都同样是要求个体自用理性来主宰、支配自己的感性行为，直至牺牲自己的感性存在（生命）。在这"理"、"欲"的剧烈冲突中，"理"占上风，从而完成伦理行为、道德品格。所以我称之为"理性的凝聚"。伦理绝对主义突出了这一特征，却以"上帝"、"先验理性"、"天理"、"良知"等等名义来令人信从。其实，这一特征只是心理形式，而非具体内容。它们所提出的具体内容都只是相对伦理，都服从于特定时空条件的社会要求。第三，其结果却是通过各种相对伦理，历史地积淀出某些共同性原则，特别是积淀出人类这一文化心理的结构形式，即"自由意志"，它是"内在自然人化"的重要组成部分。这就是关键，这就是成就。第四，可见，这个心理形式，被称为"伦理本体"或"自由意志"，是以人类总体（过去、现在、未来）的生存延续为根本背景、依据和条件，也在根本上服务于这个"总体"。从而它的"普遍必然"，如同认识论的逻辑形式和自由直观的"普遍必然"样，是以人类总体为限度。它实际是由"经验"上升而来的所谓"先验"。它作为似乎超越时空条件的"宗教性道德"（先验原则）的"绝对伦理"，是以一定时空条件下的社会性道德的相对伦理为其真实的产生基地。这也就是"绝对伦理"与"相对伦理"的辩证法。[6]

---

〔6〕《哲学纲要》，8 页。

他认为，伦理本体反映了人类总体生存延续的利益，是"宗教性道德"，但本体是普遍的抽象，此一本体在各个时代、社会的具体表现是相对伦理，是"社会性道德"。可见，对于李泽厚，绝对伦理是宗教性道德，是人类总体的利益的代表，而这样一来，绝对伦理就不可能是个人的主观选择。可见李泽厚把绝对伦理称作宗教性道德带来的内在危险，即很容易把普遍伦理原则与宗教信仰相混同，把宗教的特征赋予普遍道德原则。

李泽厚认为一定历史时空的社会性道德是普遍伦理原则的现实基础，通过相对伦理历史地积淀出了绝对伦理。这似乎把逻辑学和发生学混淆了。从逻辑学上说普遍伦理在先，具有逻辑的先在性。当然，可能相对伦理先产生，绝对伦理后于相对伦理而产生。但即使如此，绝对伦理也不见得是依据于相对伦理而提出，而是提高了站位的高度和广度，是人类精神反思能力跃升的结果。其实，更可能的是绝对伦理与相对伦理同时产生，前者指引人类普遍的道德精神，后者针对具体社会确立行为准则。同时，把普遍伦理原则称作"宗教性道德"并不恰当，因为这些伦理原则的确认不必以宗教信仰为前提。中国文明就是个例子，在犹太是摩西以十诫与上帝立约，而在中国是舜命契布立五教，教以人伦。李泽厚在这里用这两个概念处理"绝对伦理和相对伦理的辩证法"，就其思想实质来说，属于伦理学的深度思考，还没有发生我们在后面所说的那种混淆。

在2001年的《两种道德论》中，他指出：

> 康德和一切宗教，也包括中国的儒家传统，都完全相

信并竭力论证存在着一种不仅超越人类个体而且也超越人类总体的"天意"、"上帝"或"理性",正是它们制定了人类(当然更包括个体)所必须服从的道德律令或伦理规则。因之,此道德律则的理性命令,此"天理"、"良心"的普遍性、绝对性……即以绝对形式出现,要求"放之四海而皆准,历时古今而不变",而为亿万人群所遵守和履行。这就是所谓绝对主义伦理学,也就是我所谓的"宗教性道德"。[7]

道德本是维系群体人际关系的原则、准绳,它是一种逐渐形成并不断演化、微调以适应不断变化着的生存环境的产物,成为一种非人为设计的长久习俗。……"宗教性道德"本来源于一定时空内的某种社会性道德,被提升为"普遍必然性"的信仰、情感的最终依托,成为敬畏崇拜的神圣对象。[8]

从汉儒制定"天人感应"的图景、以神圣性的宇宙系统来规范人的世间行为,甚至成为制约皇帝的活动的政治规范,到宋儒建立天理人欲的道学以先验的"天理"、"良知"来论证宣说人际的伦常纲纪,都是将"社会性道德"的经验内容塞入"宗教性道德"的超验形式,以成为普遍必然、神圣崇高的绝对律令。使个体在

---

[7] 《哲学纲要》,15页。
[8] 同上书,17页。

履行这道德行为中，其内在心理境界超出狭隘的经验范围，具有某种独立自足无待乎外的强大力量，从而富贵不淫，贫贱不移，威武不屈。这也就是超越于现实功利的道德伦理领域中的"自由意志"，作为"人"的标准永远激励后世，甚至千古不灭。经验性的社会性道德内容以先验的宗教性道德的形式出现，便能产生这样巨大的功能和效果。谁能不为耶稣上十字架，孔子"知其不可而为之"，以及屈原的执着、文天祥的刚毅、岳飞的勇敢，以及鲁迅的硬骨头，而感到如康德所谓的"道德律令，在我心中"那种唯人独有而可与日星辉映的庄严神圣！〔9〕

李泽厚在这里所讲的绝对伦理的意义，是何等的好啊！可见，宗教性道德和社会性道德的概念，本来是顺就他的康德哲学研究的合理分析，来处理绝对伦理和相对伦理的关系。他的主张也值得参考，宗教性道德是指人类古往今来共同确认的普遍伦理原则，社会性道德是指人类在不同社会不同时代提出的适合当时时代社会的具体道德原则。尽管李泽厚把人类普遍道德称为"宗教性道德"并不见得恰当，但道德的绝对性和相对性的区别是客观的，也是李泽厚两种道德论的合理方面。而且，尽管李泽厚对于现代社会性道德的看法我们不一定同意，但他对绝对伦理的深刻认识，至今还没有人能超过，是值得高

---

〔9〕《哲学纲要》，19 页。

度肯定的。

如果李泽厚的"两种道德论"只是处理绝对伦理和相对伦理的关系，那就不会出现其他复杂问题了。可是事实上，李泽厚对这两种道德的区分和用法大大超出了绝对伦理和相对伦理的问题，从而使得其概念在运用时出现了不少混淆之处，这也不能不加以指出。以下我们就对这些问题加以分析讨论。

二、政教合一的解构

据李泽厚自己说，他正式提出"两种道德论"在1994年，[10]他还说"两德论"的提出借鉴了汉代"儒法互用"的历史经验，即把儒家的道德和法家的体制相融合，从而提出现代社会道德和体制应当分开。由此可见，李泽厚提出"两德论"的问题意识包含着"道德和体制"的关系，他所说的社会性道德首先是指体制而言。但社会政治体制并不是道德。借鉴儒法互用这一说法，表明李泽厚一开始在概念的使用上就有混淆之处，而对这一点他却似乎始终没有觉知。他说：

> 90年代新一代的教授们鼓吹自由主义的政治哲学，强调资本主义经济—政治秩序的普遍适用性，轻视不同国家的文化、传统和现实的特殊背景。我注意自汉代以

---

[10]《人类学历史本体论》，372页。

来，体现着"实用理性"精神的"儒法互用"，即儒家重人情重实质的世界观，融入重形式重理智的法家体制，获得长期的社会稳定和人际和谐的历史经验……为此，在伦理学，我提出对错与善恶应予分开的"两种道德"的理论，一是与政治哲学相关的社会性道德，它是建立在现代个人主义和社会契约基础上的自由、平等、人权、民主，以保障个人权益，规范社会生活。另一是与宗教、信仰、文化传统相关的宗教性道德，它有终极关怀，人生寄托，是个体追求的生存价值，生活意义的情感，信仰、意愿的对象。前者是公德，是公共理性，应该普遍遵循；后者是私德，是个人意识，可以人自选择。……二者不是谁优先的问题，而是宗教性道德有范导作用，一般不应有建构作用。[11]

其实终极关怀是信仰，而不是道德；自由、平等、人权、民主是政治价值，也不是道德。讨论这两个领域的关系是有意义的，但把这两种东西称作两种道德，在概念上就是混淆不清。本来，李泽厚提出宗教性道德和社会性道德的早期，是顺就康德哲学，主要处理绝对伦理和相对伦理的问题；但他到美国后，逐步受到美国政治哲学的影响，把宗教性道德和社会性道德的问题转向"对错与善恶"的问题，从而在"两种道德论"的讨论中产生了一些混淆。

---

[11]《人类学历史本体论》，372 页。

　　上面这段话是李泽厚 2003 年在其《哲学自传》中的回顾。如果他的记忆是正确的，那么"两德论"的提出，本来应是针对西方自由主义政治哲学对现代性普遍价值的鼓吹，并因此轻视不同文明国家的文化传统在现代化过程中的作用，提出重视文化传统和宗教信仰对现代性的范导，重视在民事诉讼中"和谐高于正义"。然而，从前节可见，李泽厚 1994 年最初提出两种道德的概念时，并没有表达对罗尔斯等自由主义的不满，而是在理论上处理伦理绝对主义和伦理相对主义的问题。而到了稍后修改《论语今读》时，如后面将看到的，他其实是要以此"两德论"来吸收自由主义而非纠正自由主义的。而且，虽然李泽厚在《哲学探寻录》中对道德的定义是对的，但他此后使用的"道德"概念，越来越偏离了他在这里提出的"理性自己给自己立法"的定义。事实上，我们在他约于 1996 年完成的《论语今读》中看到的，却主要是用"两德论"批评中国传统文化，批评儒家伦理，从而其"两德论"所指向的不是关注传统和不同于西方的文化，而是走向现代公共理性。最重要的，他的理论实际上强调的是政治"价值"，而不是个人"道德"。这是由于，1994 年以后李泽厚受到罗尔斯新书《政治自由主义》的影响，他所要解决的其实已经离开了道德问题，而是关注现代社会的价值和制度安排的问题。"公共理性"正是罗尔斯政治哲学的主要概念。这一点我们将在下文慢慢地一步一步地予以指出。

　　《哲学探寻录》出版后，在 1994 年到 1998 年修改《论语今读》的过程中，李泽厚的思想进入第二阶段。[12]在《论语今读》前言中，他提出以"两德论"对儒学原有结构进行解构。他认为儒学的特征之一是"将宗教性道德和社会性道德融为一体，形成中国式政教合一"。他说：

> 因此，解构方面首先应是，将伦理道德作为个体的内心信仰、修养和情感（宗教性私德）与作为社会的外在行为、准则和制度（社会性公德）区分开来。……伦理与政治的混同必须解构，情感信仰、理性思辨、制度设定等等各有不同的层面、位置和意义。[13]

从这一段亦可见李泽厚所使用的概念颇为混乱，他讲的私德包括信仰、修养和情感，其实道德和信仰有所不同，道德与道德修养也不是一回事；特别是他讲的公德包括行为和制度，制度显然不能列属于道德。可见，从一开始，李泽厚使用的私德、公德的概念就是有问题的，这应当是他受到梁启超早年《新民说》中的公德说的误导，因为梁启超把许多现代意识和价值都当成"公德"。把某些价值归为"德"，这在20世纪初梁启超那个时代是可以理解的，因为文化转型开始之时现代哲学词

---

〔12〕　我相信，《论语今读》在1994年写成初稿，至1996年写了"后记一"，1998年出版。中间经历了不断的修改和补充，但已经很难认定书中哪些是1994年以前、哪些是1994年以后所写。事实上，李泽厚到美国后，直到1998年才出版《论语今读》和《世纪新梦》，从他1991年赴美到1998年《论语今读》出版，其思想一直在酝酿之中。

〔13〕　李泽厚：《论语今读》，安徽文艺出版社，1998年，7页。

汇还不丰富。其实梁启超在辛亥革命以后已经放弃此说。李泽厚在《论语今读》中说:"宗教性道德(内圣)可以经由转化性创造,而成为共同对生活意义和人生境界的追求,它可以是宗教、哲学、诗、艺术。社会性道德(外王)可以经由转化性创造,而成为现代政法体系的中国形式,将重视人际关系和谐等特色,融入现代政法的民主体制建构中。"[14] 可见,他所说的私德和公德的分别,是内圣之事与外王之事的分别,并不是两种道德的分别。而中国传统的内圣之学也不宜用"宗教性道德"来概括,因为这就混淆了宗教传统与人文传统的人生价值与道德修身。他所说的公德是现代政法体系与现代政法体系的建构,这与他回忆说"两德论"从"儒法互用"得到启发是一致的。然而,政法体系无论是古代的还是现代的,都不是道德,不是"公德"。这些说法都和他自己本来对道德的定义"自己给自己立法"不相符合。

李泽厚在《论语今读》的前言中谈到该书的主要思想时说:

……第二,孔学极重道德,如前所说,它将政治、伦理、宗教三者交融混合在道德之中,从而在后世使意识形态、宗教激情、专制政体、家族威权、个人修养融合混同,形成中国式的政教合一。虽经近代西学冲击洗刷,却并未真正解体,而成为走进现代化社会的某种障碍。……如何从孔学教义中注意这一点,并进而区分开宗教性私德

---

[14]《论语今读》,8 页。

与社会性公德，使之双水分流，各得其所，从而相反相成，范导建构，似为今日转化性创造一大课题。[15]

不管其主张对或不对，其实，内圣与外王之分与私德和公德之分是不同的，不能说一切属于"内"的都是私德，一切属于"外"的都是公德。如果"内"是指内心，则同属内心的道德和信仰是不同的；如果"外"包括行为、政体，则行为不是道德，政体更不是道德。而李泽厚"两德论"的问题意识，似针对中国古代政教合一的结构，从而，在这里，"两德论"针对的问题就不是伦理学问题了。

在《论语今读》的 2.1 中，李泽厚表示：

> 远古的宗教、伦理、政治三合一，便演进为一种泛道德主义而成为思想主流，延续二千余年，泛道德主义将宗教性的人格追求、心灵完善与政治系统的秩序规范、行为法则混同、融合、统一，组织在一个系统里。……从而，一方面它使中国没有独立的社会、政治、法规体系；另方面它也使中国无独立的宗教心理的追求意识，二者都融合在"伦常道德"之中。这就使一定社会时代的相对法规无法从"普遍必然"的绝对律令中分化、区别出来。[16]

可见李泽厚当时的问题意识主要针对"泛道德主义"，而主张两德相分论。所以，他后来（2003 年）的追述并未真正反映他初

---

[15]《论语今读》，19 页。

[16] 同上书，49 页。

到美国不久、开始提出两种道德时的原初问题意识。李泽厚在很多问题上前后都是有变化的，只是他自己往往不承认这一点，而总是喜欢把后来的发展讲成一开始便如此。这里也可以看到，他所谓的社会性公德指向"政治系统的秩序""社会的政治的法规体系"，这显然是错用了公德的概念。他在另一个地方也说过，"当时的公共法规，即社会性道德"，[17] 而法规并不是道德。

李泽厚还提出：

> 孔子之后，孟子由"性善"讲"四端"，发展了孔学的心理方面；荀子强调"礼乐刑政，其实一也"，他甩开了心理方面，重视建立制度规范。一个发展了宗教性道德而回归神秘主义，一个发展了社会性道德而走入政治——法律。……汉代强调孝，伦理与政治在专制帝国的政治体制下，又以新形态混而不分。到宋明理学，更在理论上被推至顶峰。……"先天下之忧而忧，后天下之乐而乐"等等宗教性道德笼罩了包括政治在内的一切。[18]

李泽厚的批判对象有两个，一个是泛道德主义，这是意识形态；一个是政教合一，这是社会政治结构。这里值得注意的有两点。一是李泽厚讲的社会性道德明显指向或包括政治法律、制度规范，这显然混淆了道德和制度，混淆了"德"与"制"。二是李泽厚也承认儒家内部并不是单一地主张混融，如果说孟子发展了

---

〔17〕《论语今读》，257 页。
〔18〕同上书，51 页。

宗教性道德，荀子发展了社会性道德，那么儒家内部自身也是分化的。而中国历史，照这个逻辑来说，汉至唐以荀学为主，发展了制度规范，宋至清以孟学为主，发展了心理世界。这样来看，也就不能笼统地说中国历史就是政教合一了，而每个历史时代的发展都有其历史理由，也就不能笼统地批评儒家了。另外，把范仲淹表达的儒家的价值观作为"宗教性道德"也是不妥当的。

李泽厚还强调："在哲学上将伦理的绝对主义与相对主义，在实践上将宗教与政治，在道德上将宗教性私德与社会性公德区分开来，使各得其所，各安其分。"[19]他并不否定宗教性道德的意义，这是对的，这也是他与一般启蒙思想家不同的地方。但他主要的锋芒所指是两德不分而混融的政治社会结构，强调要区分开来，各安其分。这种针对泛道德主义和政教合一的讲法不是上世纪 80 年代李泽厚在《中国古代思想史论》中的讲法，应是他赴美任教后受到海外学者的影响所致。甚至可以把这一点看作李泽厚的思想在 90 年代的一种歧出。直到 90 年代末期他找到了"巫史传统"，才使他得以重新接续《中国古代思想史论》，由此顺畅向前发展。至于对政教合一的批判，强调政治与道德的清楚分离，这是西方现代性的主张，是否合理，是否应当加以反思，李泽厚在这里都未涉及。[20]

---

[19] 《论语今读》，53 页。

[20] 对这一问题的反思，可参看万俊人：《政治与美德》，北京师范大学出版社，2017 年。

在西文中，与中文"道德"相对应，或可译为中文"道德"的语词往往有数个，其中有的强调内在的意义，有的包含了外在的意义，造成译解的复杂性。但李泽厚以上的讨论都是使用中文的"德""道德"，这种不必要的混淆也是不应该出现的。

三、罗尔斯的影响

李泽厚在《论语今读》中说：

> 今天的社会性公德，有两大特征，其一是宽容精神，即承认、允许价值多元的世界存在，不干预个体选择的自由和权利，对个体的终极关怀、宗教信仰（或无信仰）的价值观念、生活态度等等应执中性立场。其二是共同准则，为了维系该社会生活的最低必要条件，共同成员应有遵循公共行为准则的道德自觉。……在高的准则上又存在两个不同侧面。一是严格尊重共同的自由、自主的公平竞争，人是目的，而非工具。二是对处境不佳的社会成员如"老弱妇孺"和残疾等弱者甚至动物世界，应有特殊的关注。[21]

宽容即罗尔斯《政治自由主义》的主要观点，就思想来说，李泽厚强调这一点应当受了罗尔斯新书的影响。就概念使用而言，把宽容精神作为公德，把自由、竞争作为公德，从历史渊

---

〔21〕《论语今读》，65 页。

源来说，都是受了梁启超早年思想的误导。其实，宽容、自由、竞争并不是真正的公共道德。对弱势群体的讨论也是受到罗尔斯《正义论》的影响。

李泽厚又说：

> 正因为伦常（孝悌）即政治，而伦常又具有崇高的本体性质，情与理，宗教、伦理与政治混而不分，便根深蒂固了。……应该重视和吸收自由主义的种种优长，这对改造儒学和当前中国特别重要，本读即如此作（如区分公德私德等等）。[22]

"本读"即《论语今读》。虽然李泽厚并没有全面倒向自由主义，但这里讲得很清楚，他的两德区分论的提出，在其开始，是要吸收自由主义观点，即政府对个体的价值选择应持中立性立场。这就是《论语今读》的基本立场。

在 2.23 的记中，李泽厚提出他对中国历史的看法，认为中国新石器时代漫长发达，氏族体制结构完备，历经各个历史阶段，血缘家庭—家族作为社会细胞或支柱，却始终未变，主宰影响了各个方面，这是中国历史特征的关键所在。[23]基于此认识，李泽厚提出"现代生活应把在传统中混融一体的宗教性私德与社会性公德做一定区分"，所以既非古代仁（宗教性）礼（社会性）合一，也非现代的礼仁对立，今日应追求礼仁分途。

---

〔22〕《论语今读》，71 页。

〔23〕同上书，73 页。

这分途当然又非截然斩断，宗教性道德、个人的终极关怀和情感依托对社会性道德仍然有范导的功能和地位。[24] 其实，对社会发生范导作用的并不是个人道德（私德），而是普遍性的社会价值。这也是李泽厚认识不清的主要一点。

通过以上梳理可知，1994 年至 1998 年，李泽厚提出"两德论"的最初阶段是为了解决伦理绝对主义和伦理相对主义的问题，其问题意识还是延续其上世纪 80 年代研究康德和《中国古代思想史论》的思路。在第二个阶段，李泽厚开始把"两德论"作为解构中国古代政教合一、仁礼合一的社会政治结构的工具，其基本思想是接受了罗尔斯《政治自由主义》的观点而用于中国历史文化的改造。

那么，什么是李泽厚所理解的中国式政教合一呢？照他在《论语今读》中的论述，他认为孔子讲"政者，正也"，是"伦理即政治"。[25] 孔子说："不能正其身，如正人何？"李泽厚批评说："还是那个伦理即政治，伦理与政治早已分途，己身正如何会使天下人正呢？"[26] 他认为儒家所说的"自天子以至庶人，一是以修身为本""其身正，不令而行，其身不正，虽令不从"就是伦理与政治的混同，这种混同必须解构。[27] 这个必须是基于政治自由主义的必须，他自己对此并没有给出论证。他

---

〔24〕《论语今读》，75 页。

〔25〕 同上书，292 页。

〔26〕 同上书，310 页。

〔27〕 同上书，7 页。

主要是受到罗尔斯的某种影响，即把政治自由主义与文化、宗教、形而上学加以分隔，李泽厚所说的社会性道德的所指，其实就是罗尔斯《正义论》关注的范围。他说："既是教（宗教性道德），又是政（社会性道德），修身与政治混融一体，其两者并不必然相联。"[28]

在李泽厚看来，中国式政教合一的另一个例子是品评人物偏重个人私德，以为"这也是中国古代'政教合一'的现象，上引朱注将'正身修德'与'王道'联在一起便是如此。……本应由此政治与道德逐渐区别、分开，但一直未能"。[29]他认为，"言行不一是私德（宗教性道德）问题，民主社会中，吹牛皮拉选票的政客，比比皆是。但'私德'可以导引'公德'。尽管一切商业化、广告化，但人们最后仍然更信任诚实的政治家和商业家"。[30]

但李泽厚更重视的，就现代社会来说，是公平正义的原则，他亦称此为公德。他说："今日看来是由于当时宗教、伦理、政治三合一，公私不分，情理纠缠，没法理性化的原故。值得重视的是子贡等人要求的，是这种客观的公平和正义原则，即社会性公德，颇不同于颜回、曾参追求的个人主观修养和人生境界的宗教性私德。"[31]

---

[28]《论语今读》，134页。

[29] 同上书，97页。

[30] 同上书，119页。

[31] 同上书，131页。

《论语今读》明确称引了罗尔斯：

> 我颇为赞同 John Rawls 的《政治自由主义》所提倡的重叠理论，我以为，这实际乃将现代法治的道德学原理与任何一种文化传统脱钩，而建立在现代生活之上。自由、民主、社会正义均可来自平民百姓的现代生活肌体之上，不必溯根源于自由主义、基督教等。这正与"西体中用"论相近：体现现代生活，文化传统只起次要作用。本读重视社会性公德与宗教性私德的分离化，认为后者最多只起范导性而非建构性作用，亦此之谓。[32]

又说：

> 结合现代情况，应将各不同文化渊源、传统暂且撇开，求一合理的（reasonable）的共同公约作为社会政治体制、道德。[33]

由于李泽厚把社会秩序、政治体系称为社会性公德，于是把古代的"礼"视为社会性公德，把仁视为私德，以此来论述仁礼关系。他说："作为外在政治体制的'礼'，只能规范、管辖人的行为，它所要求的是一种公共奉行的社会性道德，如'正义'。在现代便以所谓奉公守法为底线和标志。作为内在心性修养和人生境界的'仁'，涉及的是人性情感和培育塑造，它是一种共同追求的宗教性的道德。……这两者当然关系复杂，联

---

〔32〕《论语今读》，167 页。
〔33〕同上书，253 页。

系甚多，但在今天中国，似首先应予区分。"〔34〕把儒家的"仁"说成宗教性私德，本身就是对仁的错误理解，而且李泽厚这种对"宗教性"的滥用会导致儒家人文主义和宗教道德的严重混淆。"礼"的规范中含有社会性的行为规范，但礼包含着制度，故不能说礼就是社会性公德。他接着说，"分疏区别开来，才能真正去除政教合一、法律与伦理观念混同"。认为这是今日关键所在，还说，"宗教性道德（教、私德），应可通过重教育而广大之，社会性道德（政，公德）则通过法律而明确规范之。使人的内（心理）外（行为）均获得真正理性的成长和约束"。〔35〕然而，教化体系不是德，政制体系也不是德，法律更不是德。李泽厚的这些说法都显示出他的"两德论"中概念的混乱，虽然他所指的问题并不是没有道理，但这些问题多与伦理学问题没有直接关系。

关于孔子所说的"君子义以为质，礼以行之"，李泽厚认为：

此似可以作社会性公德及制度方向解，固不同于一己修养之宗教性私德。今日之政制体系应本诸现代经济发展诸如契约关系、个体自由、公平竞争、社会正义等等原则，莫不为是，均今日生活之公共社会生活法规，而不必一定求诸源自传统。……尽管传统各有不同，而社会之公共法规却日趋一致，所谓可求共识的相互重叠（Overlap）

---

〔34〕《论语今读》，277页。

〔35〕同上书，278页。

之部分（参考 J. Rawls 的 *Political liberalism*）。从而使各传统文化只起某种范导性原则的作用，而使社会性公德和政制规则在共同中又略有差异。孔学儒家之教义同此。如尽量使现代生活中更具人情味、更重协调、和解、合作互助精神等等；而决非"由内圣开外王"，由个体一己修养开出今日之民主自由。我始终认为，今日之民主自由建立在现代化生活基础上，并非源自文化传统，这点似应明确。本读之所以强调区分社会性公德与宗教性私德，亦此之故。[36]

在《论语今读》的最后，李泽厚说：

> 本读强调今日"内圣""外王"应予分开，个体修养（宗教性私德）与政治事务（社会性公德）应分途发展，前者最多起范导作用。[37]

这一总结也明确表现了李泽厚使用概念的混淆，即把政治事务看作一种道德，一种社会性公德。虽然，他主张要区分内圣外王并非没有道理。在《论语今读》中表达的这种"两德论"，并不是真正的两种道德，对于真正的道德问题、伦理学问题并没有提出解决之道，其所力图解决的不是道德问题，而是政治哲学问题。他的关注点不在内圣，而在外王。他要解决的问题实际上不是两种道德的问题，不是私德和公德区分的问题，而是内圣和外王的关系问题。

----

〔36〕《论语今读》，366页。

〔37〕同上书，453页。

四、余　论

到了 2001 年，在《历史本体论》中，以及在 2006 年"关于伦理学的答问"中，李泽厚对"两德论"做了新的说明。

《历史本体论》第二章，他说，"绝对主义伦理学，也就是我所谓的'宗教性道德'"[38]，"而本来源于一定时空内的某种社会性道德，被提升为'普遍必然性'的信仰，成为敬畏崇拜的神圣对象，就变成了'宗教性道德'，所以'宗教性道德'本源于'社会性道德'"[39]。这是讲起源，认为先有社会性道德，社会性道德被提升为普遍必然性就成为宗教性道德，但这个说法是可疑的，宗教并不是起源于社会道德。

一方面，他说："中国圣贤的'修齐治平'的学理却把这种由'社会性道德'（救世济民）上升为'宗教性道德'（个人安身立命、终极关怀），而又由后者主宰前者的真实情况暴露得最为清楚。"既然李泽厚定义道德是人际关系规范，则个人安身立命也不是道德。又说，"在中国'宗教性道德'与'社会性道德'始终没有真正分开"。[40]"数千年中国儒家的礼教强调的是'道在人伦日用之中'，礼制几乎无所不在，贯彻到衣食住行起居饮食各个方面，将社会政治体制与精神信仰体制紧紧捆绑，

---

〔38〕《人类学历史本体论》，94 页。

〔39〕 同上书，98 页。

〔40〕 同上书，99 页。

造成了'宗教、政治、伦理的三合一'。而它们的混同合一，使个体更为集中关注于现实世界和日常经验生活的行为、情感和心境。"〔41〕

另一方面，他又认为，现代工业社会的来临，对社会性道德与宗教性道德相交融的中国传统造成了极大挑战，主要是"建立在现代化的工具—社会本体之上的、以个人为基地，以契约为原则的现代社会性道德，对上述传统的'三合一'、两交融开始形成巨大威胁和破坏"。〔42〕这种口气似带有对现代性的怀疑。李泽厚的这种说法也有问题，传统虽然受到威胁和破坏，但造成这种威胁和破坏的应该是现代体制，而不是真正的现代公德。

从他的论述中可以看到，"现代社会性道德"主要是指在现代社会的人际关系和人群交往中，个人在行为活动中所应遵循的自觉原则和标准。但是他又把政治体制、社会契约、法律、政治都包括其中，而且把个人主义原则、自由主义原则都作为现代性社会道德。〔43〕在他看来，只要是要求人们共同尊奉的原则就是公德，个人主义原则和自由主义原则都是人们共同尊奉的原则，所以认为公共理性也是公德，是现代社会性道德。〔44〕

其实，李泽厚所说的公德，有些是价值，而不是道德。如

〔41〕《人类学历史本体论》，100 页。
〔42〕同上书，101 页。
〔43〕同上书，103 页。
〔44〕同上书，107 页。

他认为,"现代社会性道德以个体为单位、为主体、为基础,个体第一,群体第二,私利第一,公益第二","基于个体利益之上的人际之间的社会契约,是一切现代社会性道德从而是现代法律政治的根本基础"。[45]他把人权、民主、社会正义都叫作社会性道德,表现出他在使用伦理道德概念上的随意。而且李泽厚的"两种道德论"越到后来越显示出并没有真正的针对性和目标,成为罗尔斯政治自由主义的一种回响。而李泽厚对罗尔斯的超越,他所真正涉及的有关伦理学的问题,并不在其"两德论",而是在他论述绝对伦理和相对伦理,以及其晚期著述的其他地方,这一点我们将在另一章加以讨论。

在"伦理学答问"中李泽厚表示,现代社会性道德是公共理性,"人生而平等"以及自由、人权、独立等等都是现代社会的理性观念,它们只是现代社会性道德和法律,在这个意义上,他常常把社会性道德和法律混为一谈,如说"现代社会性道德只是公共理性规范,即以遵守法律为重要特征的一套行为准则和它们在个体心理中的自觉呈现"。[46]

在他最晚近的两本有关中国哲学登场的谈话录中,谈到"两德论"却较少,其第一本未提"两德论",第二本只有一小节提到:

> 礼是公德(公共行为)和私德(重内心修养)的合二

---

[45] 《人类学历史本体论》,103页。

[46] 同上书,304页。

　　而一。法只要求行动表现公德，不问内在私德如何。[47]

　　　　所以我提出社会性公德与宗教性私德的区分和关系，以解构传统礼教的"政治、伦理、宗教三合一"，这三合一其实就是传统的人治。现在首先要做的，就是不允许再出现情理混淆、徇情枉法，不能再让人情破坏法治。[48]

这就是说，"两德论"指向的是建立"独立的法治"，改变"人治"，"我们现在缺乏的是公共理性，缺乏细密制定和严格执行法律的形式正义。社会性道德建立在公共理性之上，公共理性也就是启蒙理性讲的以个人为单位的人权"。[49]也因此，与之对话的刘绪源概括李泽厚的观点说，"法治这和与社会公德相关，这是今日中国社会问题的关键，这也是你'四个顺序'中的'社会正义'问题，也是'儒法互用'中'法'的问题"。[50]

　　通过以上分析评述，我相信，李泽厚的"两德论"思想已经梳理清楚了。

　　1993年夏，罗尔斯的《政治自由主义》出版，这是他在《正义论》出版二十年后的改进之作。如同《正义论》一样，此书对美国哲学界和理论界立即产生了重大影响，其中最重要的观点是把道德和政治分开。他确信他的正义概念是政治的正义，而不是道德正义；公共理性是政治理性，而非道德理

---

〔47〕　李泽厚:《中国哲学如何登场？》，上海译文出版社，2012年，100页。
〔48〕　同上。
〔49〕　同上书，10页。
〔50〕　同上书，102页。

性。[51] 他认为社会政治哲学的正义论，必须与完备的哲学、宗教、道德体系分离，而独立地由重叠共识为基础去形成。他确信正义是公共理性，而非道德。李泽厚身在美国，必然为美国学界极大关注的罗尔斯新书所影响，然而，罗尔斯的思想竟变成了李泽厚的"两德论"，把合理的思想冠之以不合理的概念形式，这是颇有点奇怪的。当然，"宗教性道德"和"社会性道德"两个概念，就其最初涉及的普遍伦理的意义而言是有价值的；这两个概念也可以通过不同的理解和运用，变为有生命力的学术概念，而有其意义。但无论如何，李泽厚的"两德论"的后续发展，其主题思想是受到罗尔斯《政治自由主义》一书的牵动而发展出的一个结果。这就决定了，"两德论"要解决的不再是伦理学和个人道德问题，而是政治哲学和政治价值的问题。如果从公德—私德的形式来看，李泽厚的主张无疑更注重公德，而认为私德"最多"有范导的意义而已，这种重公德轻私德的观念和近代以来的道德论的主导取向是一致的。

---

〔51〕　约翰·罗尔斯：《政治自由主义》，万俊人译，译林出版社，2000年，603页。

第七章　理性支配感性　和谐高于正义

——李泽厚伦理思想的情理论与价值论

我们在分析李泽厚的"两德论"时说过，他的伦理学思想贡献主要不在"两德论"，而在其他地方。现在我们就以《伦理学纲要》为中心，来讨论他的这些思想，其中主要的是人性理论及其有关现代社会的伦理主张。

一、自由意志与理性凝聚

李泽厚提出："总之，近代哲学从康德起，伦理道德被认为是人所以为人（人的本体）之所在。"这就是把"人之所以为人"作为人的本体，认为这是伦理学的根本问题。

他还指出："在康德那里，优先于思辨理性的实践理性是道德实践。它以绝对命令的先验形式主宰人的行为、活动，使人成为人。即是说，人之所以为人，有赖于它，所以它高于认识的理论理性，是'本体'（numenn）所在。……康德做了最为准确的把握。他所把握的是伦理道德的人类心理特征，即人之所以为人在于行动实践中的自觉意志。"[1] 这是说，人之所以为人在于实践理性，在于"自觉意志"，并认为自觉的自由意志是伦理道德的人类心理特征。

对于自由意志，李泽厚的理解如下：

> 我以为，作为人类伦理行为的主要形式的"自由意志"，其基本特征在于：人意识到自己个体性的感性生存与群体社会性的理性要求处在尖锐的矛盾冲突之中，个体最终自觉牺牲一己的利益、权利、幸福以至生存和生命，以服从某种群体（家庭、氏族、国家、民族、阶级、集团、宗教、文化等等）的要求、义务、指令或利益。[2]

简言之，自由意志就是感性服从于理性的指令。感性是个体性生存的欲望、利益，理性是反映群体社会性的要求、义务。因为从康德的角度，摆脱感性的、外在的原因性的束缚，就是自由。这也是伦理道德的本质：

> 社会对个体行为的伦理要求，是从小起便培育用理性的自觉意识来主宰、控制、支配自己，这就是中国人讲的"学做人"（learn to be human）。从孔老夫子讲"克己复礼"、"立于礼"，直到今天许多中国人教训儿女，都是这

---

[1]《哲学纲要》，41 页。

[2] 同上书，4 页。

个意思，都是指出：人（human being）并不只是一个生物体而已；要成为一个人，必须有内在的自觉的理性品德。概括到哲学上，这也就是塑造作为"伦理本体"的"人性"心理，也就是我所讲的"内在自然的人化"中的"自由意志"。[3]

人之所以为人，就在于有自由意志，能用理性的自觉克制、主宰感性的欲望。但是人并非天生自然地具备这一点，所以需要"学做人"。真正成为人，要塑造人内在的自觉的理性品德，塑造自由意志。这也意味着，人性作为心理需要塑造。

以上这些说法是李泽厚对康德的继承，同时，李泽厚提出"理性的凝聚"来把握自由意志的心理特征。他说：

在各种即使不同的道德要求和伦理规范中，都同样是要求个体自用理性来主宰、支配自己的感性行为，直至牺牲自己的感性存在（生命）。在这"理"、"欲"的剧烈冲突中，"理"占上风，从而完成伦理行为、道德品格。所以我称之为"理性的凝聚"。[4]

道德是个体内在的强制，即理性对各种个体欲求从饮食男女到各种"私利"的自觉地压倒或战胜，使行为自觉或不自觉地符合规范。理性对感性的这种自觉的、有意识的主宰、支配，构成了道德行为的个体心理特征，我曾称

---

[3]　《哲学纲要》，5页。

[4]　同上书，8页。

之为"理性的凝聚"。[5]

理性对感性的自觉主宰,他称之为"理性的凝聚"。这种理性的
凝聚,在他看来,在不同的伦理学思想体系中有不同的表达,如
康德称之为绝对律令,朱熹称之为天理,王阳明称之为良知:

> 人是经过理性的长期培育、训练而成为群体中的一分
> 子的。道德在心理上是人类所特有的理性凝聚的成果,这
> 种"理性凝聚"对个体感性存在所起主宰、支配力量之强
> 大,使康德称之为绝对律令(categorical imperative),中国
> 宋明理学则冠之曰"天理"(朱熹)、"良知"(王阳明)。[6]

他强调,"理性凝聚"是人类特有的心理形式,也是人的道德行
为的个体心理特征。他在早期使用"凝聚"一词时,与内化、
积淀往往并列,表明当时他还没有后来强调理性凝聚时分化了
的那种自觉。

问题在于,只说理性的凝聚,并未能很好地指明理性作用
的对象,理性的力量凝聚起来施于何处,从理性凝聚这个概念
中并不能一览无余,必须加以解释,因此这个概念并不比"理
性的命令"更为清楚。但不管怎么说,这种理性主宰论在伦理
道德领域确实应当坚持,李泽厚在这方面的强调是很重要的。

> 问:再明确一次,你认为是道德精神的特征就在于此
> 理性凝聚,由理性绝对主宰感性?

---

〔5〕 《哲学纲要》,14页。
〔6〕 同上。

答：然也。我之所以要大讲康德，就是要强调道德行为的特质并非情感，不是什么"恻隐之心"，而是服从理性命令。所以才有违背个人一己之私（包括情感、欲望、利益以至生命本身）即自我牺牲的道德行为，成为人们敬重、赞叹、仰慕、学习的崇高对象。它之所以崇高，正在于常常不是以经验苦乐为生存基础的生物个体的大多数人所能做到。由于"理性凝聚"主宰情感和行为从而选择违抗生物生存避苦求乐的自然因果律，这才是"自由意志"。这是康德伦理学要点，也是儒学伦理的要点。[7]

李泽厚强调理性凝聚是人类特有的道德心理形式，这就与把道德归结为生物自然本性的观点明确区别开来：

Munro 从社会生物学立论，认为儒家伦理具备大有前途的人类普遍性，这也是我所讲的。差别在于，Munro 将道德根源基本归结为生物族类的自然本性（或动物本能，二词等同使用，下同），在一定程度上轻视或贬低了人类"立意"（to will）心理的理性特征，与我强调人类作为超生物存在的"自然人化"基本观点相当不同。[8]

---

〔7〕　《哲学纲要》，106 页。

〔8〕　同上书，102 页。李泽厚说："将生物的自然本性提升为一整套观念体系和制度秩序，以之定出是非观念、善恶标准，这也就是'缘人情而制礼'（司马迁：《史记·礼书》），并将培育三者（情感、能力、善恶观念）合为一体……这是中国文化伟大的'转换性创造'即自然人化：人由自然人变为社会人。"（《哲学纲要》，110 页。）

二、理性凝聚与理性内构、理性融化

按照李泽厚所说，理性凝聚属于人的文化心理结构，但是人的文化心理结构中不仅有理性凝聚：

> "理性的凝聚"并不能取代和控制一切。……完全无视和贬低作为理性凝聚的自由意志这一人所特有的文化心理结构，是片面的。另一方面，如康德或牟宗三，认为这种理性凝聚的道德自觉便是人的最高目的和最高境地，以之为"本体"，忽视和贬低人的动物感性情欲的正当和重要，也是片面的。〔9〕

李泽厚本来很赞许康德把自由意志视为本体的思想，但这里又认为，理性虽然重要，过分强调理性则是片面的。他主张：

> 历史本体论认为这里的关键是"情理结构"问题。即情（欲）与理是以何种方式、比例、关系、韵律而相关联、渗透、交叉、重叠着。从而，如何使这"情理结构"取得一最好的比例形式和结构秩序，成了乐感文化注意的焦点。〔10〕

晚期李泽厚把情理结构的问题视为最重要的问题。情理结构就是确立情和理的关系、比例。在李泽厚这里，这种结构还是比较复杂的，不仅包含了理性凝聚之中的理性主宰情感的关系地

---

〔9〕　《哲学纲要》，50页。
〔10〕　同上书，51页。

位和比例，也包括在理性内构，特别是理性融化之中理性与情感的那种与理性凝聚不同的关系地位。李泽厚自己承认，他对情理结构非独特安排，而是和他持有的"乐感文化"即一种美学立场有关。

在文化心理方面，他认为，除了理性凝聚之外，还有理性内构等：

> 从历史本体论来看，这个所谓道德特征、自觉意志和心理形式是人类经长期历史由文化积淀而成的"理性凝聚"。"理性凝聚"不同于"理性内构"，它不是理解、知性、逻辑、思想，而是一种由理知渗入的确认，即执着于某种观念或规则。它与知性认识的理性内构同属于人的文化心理结构即人性能力，而具有独立的自身价值。康德形式主义伦理学的伟大意义就在于，它深刻而准确地揭示了这个作为人性能力的心理形式所具有的超功利、超历史的"先验"独立性格。康德所高扬的不计利害、超越因果（现象界）的伦理道德的绝对性，其实质正是高扬这个"理性凝聚"的人性能力。这种能力对人类生存延续具有根本的价值，它不依附更不低于任何外在的功过利害、成败荣辱，而可以与宇宙自然对峙并美，"直与日月争光可也"。[11]

理性内构指向理解、知性、逻辑、思想，理性凝聚指向

---

〔11〕《哲学纲要》，43页。

道德、伦理、价值。理性内构指向认识论，理性凝聚指向伦理学，二者都属于文化心理结构，而文化心理结构又被称之为"人性能力"。李泽厚对作为人性能力的理性凝聚，对康德所表达的伦理道德的绝对性，给予了最高的肯定。

文化心理结构不仅包括理性凝聚和理性内构，还包括理性融化，李泽厚说：

> 由于历史本体论不以道德—宗教作为归宿点……从而它便不止步于"理性凝聚"的伦理道德，而认为包容它又超越它的"理性融化"或称"理性积淀"（狭义），才是人的本体所在。即是说人的"本体"不是理性，而是情理交融的感性。[12]

与理性凝聚不同，理性内构是认识，理性融化是审美，这三者一体使得文化心理结构更为完整。正如他说过的：

> 所以我把康德哲学说成是"先验心理学"，即认为康德是从人性角度即"人之所以为人"的内在心理角度来研究"人是什么"这个大问题，这包括他的认识论、伦理学和美学。核心又仍然是理性与感性的关系、结构、形式，即我所谓的"自然人化"问题。[13]

人的文化心理的核心是理性和感性的关系，就其内容而言，包含着从认识论上处理理性和感性的关系，从伦理学上处理理性和

---

〔12〕《哲学纲要》，50页。
〔13〕同上书，103页。

感性的关系，从美学上处理理性和感性的关系。所以文化心理结构也好，人性能力也好，最核心的都是理性与感性的关系。

　　按照理性凝聚的思想，理性的主宰本应是文化心理之最关键和最重要的，而这样一来，就应该走向理性本体，而不是李泽厚实际走向的情本体。即使把理性凝聚与理性内构、理性融化三者都考虑到，那么不仅三者都以"理性"开头，而且其结果应该是情理交融的理性成为人的本体，何以由于理性融化的出现，"情理交融的感性"便成为本体，理性就不再成为本体了呢？理性凝聚优位的这种"沉沦"在理论上是不可思议的。正如李泽厚所说，儒家伦理的要点是理性主宰感性，也是儒家美德的根本精神，这是儒家所必须坚持的。而不能像李泽厚自己一样，由于审美的出现，就把理性的优位自动让位于感性。既然李泽厚认为理性凝聚"是康德伦理学要点，也是儒学伦理的要点"，那他的情本体不是从根本上与康德和儒家背道而驰了吗？

三、人性能力

李泽厚对"道德"与"伦理"的区分如下：

　　我将"伦理"界定为外在社会对人的行为的规范和要求，从而通常指社会的秩序、制度、法制等等。……与伦理的外在规范不同，我将"道德"界定为人的内在规范，即个体的行为、态度及其心理状态。我曾说过康德哲学是先验心理学的哲学，因为我以为康德哲学提出了人之所以

为人的"心理形式"问题，我称之为"人性能力"或"心
理形式"，或"文化心理结构"，其中便包括"道德"。[14]
对伦理和道德的区分是必要的，但他对伦理和道德的定义并不
严谨，如以伦理包括法制，而道德既指行为又指心理。他认为
康德哲学中不仅把道德看作人之所以为人者，实际是提出了把
道德看作一种心理形式。"心理形式"即"人性能力"，也是
"文化心理结构"。道德只是其中之一。

　　"人性能力"、"心理形式"或"文化心理结构"包含
认识、道德和审美三者。……康德称之为先验实践理性。
我称之为以"理性凝聚"为特征的"人性能力"，它区别
于理性内构（认识）和理性融化（审美）。[15]
在李泽厚的哲学中，人性能力包括理性凝聚（道德）、理性内构
（认识）和理性融化（审美）三者，这一结构打着康德哲学的
印记。如果从中国传统哲学来看，人性能力是性，心理形式是
心，文化心理结构即心性论，故李泽厚讨论的问题归根结底也
可以说是心性论的问题。[16]

　　所以，当问者说："你的伦理学更重视人的内在的道德心
理，而不是外在的伦理秩序，一开始你就区分伦理与道德。"
他回答："是这样。伦理学可以从多方面去研究。我重视的是

---

〔14〕《哲学纲要》，65 页。

〔15〕同上。

〔16〕杨国荣认为李泽厚的人性能力概念偏于狭义的理解，只注重理性，见氏著
　　　《成己与成物》，人民出版社，2010 年，79 页注。

'人之所以为人'的内在文化心理结构各层面。"

李泽厚肯定人性能力的先验性，他说：

> 对于一时一地的经验来说，这心理形式或人性能力是先验的。所以它才能不顾任何经验环境、功利愿欲、生死恐惧而"立意"如此这般的行为活动，"富贵不能淫，贫贱不能移，威武不能屈"。这种人性能力、心理形式的形成对人类的生存、延续具有极其重大的独立价值，而超乎一时一地的时空和因果。……它之所以如此重要和崇高，就在于它在不断树立人之所以为人的本体实在。[17]

李泽厚充分肯定人性能力的先验性，更肯定了理性凝聚作为人性能力的超功利的重大价值。这都是我们所赞成的。

> "人性能力"看来似是形式，其实却是人们心理中情理关系的某种具体结构，所以并不空洞。它虽然必须由历史上不断演变的相对伦理制度和规范所不断塑建，但这"形式"本身却超出这些伦理制度、规范的相对性和一时一地的历史性，而对人类具有绝对的价值和意义。这是由历史建成的理性，由经验变成的先验，由心理形成的本体。它超越任何个体或群体，代表的是人类总体（过去、现在和未来），从而具有神圣性或宗教性、绝对性。[18]

人性能力是一种心理形式，又是一种心理结构，一种情理

---

〔17〕《哲学纲要》，66页。

〔18〕同上书，69页。

关系的结构。所谓形式，是说它超越规范的具体性，代表普遍的价值。可是，心理形式又有其具体内容（如社会性道德）。李泽厚的这些说法也是合理的。

> 我所说的人性能力等等都是"先验"心理学，不是经验的实证科学，而只是一种哲学视角。人性能力包括"理性内构"（认识能力，如只有人有数学和逻辑等等）、"理性凝聚"（意志能力）、"理性融化"（审美能力）。也如以前多次强调，审美能力由于理性与情感的关系不同，不是前者排斥、控制后者而是参与、交融，使之不同于认识能力和意志能力而更为复杂多样，在审美这里，"能力"与"情感"经常混而为一。而自我克制自我牺牲等意志能力习而久之，进入某种特定情感状态即美学—宗教的"圣贤"境地，就是美德，这也就是"以美储善"。[19]

这就是李泽厚的情理结构论。在此种结构中，理性与感性的关系在三个领域中各有不同，理性凝聚的道德实践领域，理性控制感性；而在审美领域，理性不是控制感性，而是和感性参与交融在一起，甚至混而为一。可是，凭什么交融混一的感性就成为人性的本体，而理性就不能成为其本体？

在《批判哲学的批判》时期，李泽厚认为人性即人类的主体性，是人类的主体力量结构，是主体性的内在方面。[20]看来，

---

〔19〕《哲学纲要》，104 页。

〔20〕 李泽厚：《批判哲学的批判》（修订版），人民出版社，1984 年，424 页。

后期李泽厚的人性论还是继承了他前期的基本立场。此外，他在《康德哲学与建立主体性论纲》中提出，道德继承性不是具体内容的继承，具体内容随时代、社会而不同；也不是语言形式和道德名词的继承，他认为继承的"应是这种人类心理结构（理性凝聚）的内形式"。[21] 和这里讲的也是一致的。李泽厚的意思应该是指要继承绝对伦理，但在表达上受到其所接受的康德哲学影响的限制。如果人类心理形式就是人性，我们总不能说道德的继承是要继承人性、继承人类的主体性。继承是人类主动的文化活动，必然是以文化为对象的，是一种文化的继承，所以我们至多只能说要继承那些真正反映了人性的绝对伦理及其文化形态，而不能说只继承心理结构。

四、人性"一体三分"

李泽厚自然很重视"人性能力"，但又指出，人性能力虽为主要核心，但仍非人性全体。[22] 前面说过，人性能力包含三方面，理性凝聚、理性内构、理性融化。其实，对于李泽厚来说，人性能力也只是"人性"的三要素之一。人性全体是"一体"，三个部分是"三分"，这叫作"一体三分"。所谓三分，即人性可分为三个要素，这就是人性能力、人性情感、善恶观

---

〔21〕《批判哲学的批判》（修订版），432 页。

〔22〕《哲学纲要》，86 页。

念。他说：

> "人性"一词古今中外用得最多，但最不清楚，最为含混模糊。我这里把它在伦理学方面做出人性能力、人性情感、善恶观念的区分，也只是初步研讨。[23]

> 如我以前所说，作为人性能力，理性凝聚的自由意志只是一种心理结构形式。它本身并非原始动力，相反，常常（虽然并不一定或必然）是某种原始力量推动这人性能力而实现道德。[24]

> 总之，人性能力与人性情感都属人性。人性能力是人之所以为人的骨干主体，人有动物无。情绪、情感，人（动）物俱有，但性质不同，它是血肉。人要生存，血肉和骨骼不可离异。[25]

这就是说，仅有理性凝聚这一人性能力还不够，理性凝聚提供的是形式，人性还必须提供原始动力，来推动人性能力的实现。李泽厚主张，这个动力就是人类情感。

在人性能力、人性情感外，还有"善恶观念"。他说：

> 所谓"善恶观念"也就是各种"宗教性道德"和"社会性道德"所设立、培育的社会（群体）的规范、准则和秩序，它一方面具体指挥着人的自觉意志即人性能力；另

---

〔23〕《哲学纲要》，100页。

〔24〕同上书，88页。

〔25〕同上书，96页。

一方面又深入渗透人的情感，内在的道德与外在的伦理在这里便合为一体。

如果说人类情感扮演原始动力的角色，那么，善恶观念就扮演着具体指挥的角色，李泽厚这里所说的"观念"实际上是认知及其结果。李泽厚承认人性能力、人性情感与善恶观念的区别及其相互交错的复杂性，他进一步提出：

> 答：因为 Hume 正可补足康德，有重要的教育学意义。即重视"同情心"作为实现人性能力的肯定性的"自然天性"而加以培育。如对儿童的爱心培育，这样便可尽量避免理性凝聚的人性能力为邪恶观念或否定性情感所左右或支配。因为在某些否定性情感（如仇恨）或邪恶观念的支配或冲力下，也可以"义不顾身"地滥杀无辜，酿成大错，尽管它也可以展现出人的勇敢、顽强等等理性凝聚的意志力量即人性能力。[26]

情感是动力，但否定性情感推动的人性能力的实现就不是善的了；善恶观念是指挥，可是若邪恶观念指挥了人性能力，其结果也不是善的了。这样看来，儒家哲学中王阳明所说的良知，既能知是知非，又能好善恶恶，既是动力，又是指挥，才能扮演好人性需要的角色。李泽厚所说的观念，就是对何为善何为恶的认知结论。[27]所以，一体三分，就是知、情、意的三

---

〔26〕《哲学纲要》，89 页。
〔27〕李泽厚：《伦理学纲要续篇》，生活·读书·新知三联书店，2017 年，396 页。

分，这个基本框架还是来自康德哲学。

问：那么，你所提出的人性情感、人性能力与善恶观念是一种什么关系？请简单说说。

答：由人性情感作为动力，经由善恶观念的知性裁定，而由人性能力（即意志能力）执行之，构成了人类的伦理道德行为。这是一个十分复杂的过程。尽管有时呈现得非常迅速，似乎是一种"良知"、"天性"的道德"直觉"或本能，实际仍然是长期历史—教育的积淀成果。所以有时也呈现为较长时间的明确思索，如文天祥（不投降）、洪承畴（投降）。前者之所以受人尊敬钦仰，不仅在于他所选择的善恶标准，而更在于他不管如何困苦艰难却坚决顽强地执行这个道德律令的人性能力。可见，人性（意志）能力仍然是三者之中占据核心地位而最为重要的骨干、枢纽。这也就是为什么我在上次答问中突出康德的原因。[28]

李泽厚的这一套人性论，言之成理，自成一家。但其中也有不协调处，如照此说，情感作动力，知性定善恶，意志能力就变成只是被决定、被鼓动的执行者。这与李泽厚论意志能力作为自由意志的重大价值，就不一致了，也与他有时说以意为主，知、情为助力的说法有矛盾。李泽厚的人性论与康德不同，康德主张的是人性恶的观点，而李泽厚的人性论近于性善

––––––––––––––––––

[28]《哲学纲要》，99页。

论，这从理性凝聚的思想可见。这里所说的人性意志能力即是理性凝聚。[29]

而且，如果从中国传统理学的心性论来看，则会提出李泽厚所说的人性，其中包含的三个要素，人性能力、人性情感、善恶观念，都是心或情，而不是性。知、情、意都不是性的层次的概念，心理也不是性的层次的概念，只有他所讲的心理结构，才可能具有性的意义。但结构可以是深层的，如性一样；也可以是平列的，非深层的，这就不一定具有性的意义了。

五、宗教性道德与社会性道德

这里又涉及宗教性道德与社会性道德问题了。

问：你区分人性能力作为道德行为的理性主宰，人性情感作为道德行为的感性动力，善恶观念则是这主宰和动力的具体内容。看来，这"一体三分"是你的道德哲学的要点。而"宗教性道德"与"现代社会性道德"的"两种道德论"则是你的伦理学—政治哲学的要点。这"三分"和"两分"又是什么关系？

---

[29] 李泽厚自己没有说他是性善论："我是自然人性论者。人生下来如同动物生下来一样，其本性无所谓善恶；但由于成长在人类的历史环境中，在动物本能基础上，才培育和积淀出人所特有的人性能力、人性情感和某些共同的善恶观念而区别于动物，即中国古人所谓的礼义乃人禽之别。"（《哲学纲要》，116 页。）

答：所谓"善恶观念"也就是各种"宗教性道德"和"社会性道德"所设立、培育的社会（群体）的规范、准则和秩序，它一方面具体指挥着人的自觉意志即人性能力；另一方面又深入渗透人的情感，内在的道德与外在的伦理在这里便合为一体。[30]

应该说，李泽厚的理论在这里是不够严格的。本来"善恶观念"和"人性能力""人性情感"都属于人性，现在，照这里所说，善恶观念就是道德规范、准则，这就把人性和道德两个层次混为一谈了。而且，人性能力中的理性凝聚是自由意志的绝对伦理，社会道德则是具体伦理，这两个层面也不应混同。

作为现代社会性道德最高准则，即为康德所概括出的"人（个人）是目的"，乃公共理性，与情感无干，很有必要。前次答问说过，我对康德的解释有两个层面，即人性能力的心理形式层面和现代社会性道德的时代内容层面。虽然两者都被认为具有普遍必然的绝对性，实际上只有前者如此，后者仍然只是特定（即现代社会）时空条件下的产物。[31]

按照李泽厚的看法，康德所谓"人是目的"，意指个人是目的，反映了启蒙时代以来的社会内容。这与人类生存整体要求的普遍必然的绝对性并不相同。应该说，这一观察是非常重

---

[30]《哲学纲要》，96页。
[31] 同上书，111页。

要的。

现代社会性道德只是公共的理性规范，即以遵守法律为重要特征的一整套行为准则和它们在个体心理中的自觉呈现。[32]

现代社会性道德并不以"原子个人"、"社会契约"等自由主义理念为真实根基，而是以现代人的生存、生活（"人活着"的现代经济—生活存在）为根基。而这种"公共理性""政治自由主义"，当作为理性凝聚和心理形式的具体内容，成为人的自觉意识和自由意志时，它本身即是道德，即现代社会性道德（公德）。[33]

在他看来，绝对伦理或理性凝聚的根基是人类整体的生存延续，每一时代的社会性道德则以该时代人的生活存在为根基。现代人的社会性道德就是以现代经济生活的存在为根基，并作为这个时代人的理性凝聚的具体内容，也成为这个时代社会的公共理性。这就是所谓现代社会性道德。至于他把现代社会性道德叫作公德，看上去似乎可以，但是具体而言，他所说的"原子个人""政治自由主义"等都不是道德，是难以作为"公德"的。这个问题我们在讨论李泽厚"两德论"的一章中已经分析过，就不赘述了。

"人是目的"的现代人权要求，尽管其理论基础的

---

[32]《哲学纲要》, 113 页。

[33] 同上书, 72 页。

"原子个人"是非历史的，却仍然是趋向于这个最高的善的重要的历史步骤，从而，"对错"与"善恶"在这里可以结合起来。[34]

这再一次指明，"人是目的"的理论基础是原子个人的主张。李泽厚虽然承认这一主张是非历史的，但他并没有给出证明，这样的非历史的主张如何能够成为走向人类生存整体的历史性环节，便轻易地宣称这一主张是走向最高善的主要历史步骤。原子个人和人类整体显然是对立的两者。而且，很难把原子个人和自由主义作为"理性凝聚"在现代的具体内容，因为理性凝聚的概念本身就是指向"个体最终自觉牺牲一己的利益"。

在现代社会，我主张由现代经济生活所决定的权利优先，也就是社会性道德优先。正因为此，我主张政教分离，反对由各种宗教和传统文化来构建现代政治和现代伦理道德。但同时清醒意识到，各种宗教和文化传统仍将以各种方式作用于社会性道德，这不可避免而且可以予以适当认同。[35]

这里李泽厚明确赞成"权利优先"，认为这是现代经济生活所决定的社会性道德。换言之，李泽厚主张经济生活决定论，在现代社会，经济生活所决定的社会性道德优先。虽然他

---

[34] 《哲学纲要》，73页。

[35] 同上书，72页。

也认为对传统宗教和道德传统可以给予"适当认同"。这种适当认同说表明，李泽厚对于他大力称颂的绝对伦理、大写的人、理性凝聚只要求给予"适当认同"，而主张必须优先让位于以个人权利为中心的现代自由主义价值观。这样的立场当然并不是儒家的立场。他在这里所说的"适当认同"也就是他常常说的范导。

> 所谓"现代社会性道德"，主要是指在现代社会的人际关系和人群交往中，个人在行为活动中所应遵循的自觉原则和标准。……现代社会性道德以个体（经验性的生存、利益、幸福）为单位，为主体，为基础。个体第一，群体（社会）第二。私利（个人权利，human rights）第一，公益第二。[36]

> 现代社会性道德的"普遍必然性"乃来自现代经济政治生活，并非先验或超验的原理，也不是圣人的英明或上帝的旨意。其所谓"普遍必然性"正是"客观社会性"。因此这种道德不是宗教性道德，即它不是宗教，不是信仰的对象，只是行为的理性法规。[37]

李泽厚主张，现代社会性道德如个体第一、群体第二，如果说这是普遍必然的，则此种普遍必然来自现代社会生活，就这一点来说有合理性，也是他反复强调的。但这只是现代社会

---

〔36〕《哲学纲要》，22 页。

〔37〕同上书，23 页。

生活的一个方面，现代社会生活仍然有人类总体生存延续的一面，而他始终未能处理好现代社会性道德和反映人类生存整体延续的绝对伦理那一方面的关系。

就整体世界进程来说，现代社会性道德毕竟逐渐占据统治地位，而且取得了法律形式的确认和支持。随着形式正义、程序第一、个人利益基础上的理性化的社会秩序在发达国家中历史性地建立和稳定，这些现代社会性道德的基本命题，随着历史经济的进程日益广泛地在全世界传布开来。尽管有各种曲折困难，以及与各种传统道德或宗教的严重冲突，但它似乎总能最终冲破各地区、种族、文化、宗教的传统框架和限定而"普遍必然"，成为"现代性"的重要标记之一。今日中国也在逐渐脱去"祖宗成法"和革命神雾的各种束缚，理性作为人们追求物质生活、衣食住行等的必要工具使社会生活许多方面日益程序化、规范化和形式化。形式正义、程序第一优先于实质正义、内容第一，将成为中国走向现代化的必经之路。理论的任务是自觉明确这一点。[38]

在李泽厚思想中明显有一种向现代性的妥协，即只承认那些他所谓现代社会性道德的普遍必然，而不关注理会绝对伦理的普遍必然。其实，人类生活中，无论哪个时代或社会，总是同时存在普遍伦理和相对伦理，在流行适合当时社会的各种道

---

〔38〕《哲学纲要》，24页。

德的同时，也存在更高更普遍的道德价值，前者是随着时代变化而变化的，后者则是不随时代变化而变化的。

他认为，绝对伦理即他所谓"宗教性道德"：

> 此道德律则的理性命令，此"天理"、"良心"的普遍性、绝对性，如"人是目的"、"三纲五常"，便经常被称之为"神意"、"天道"、"真理"或"历史必然性"，即以绝对形式出现，要求"放之四海而皆准，历时古今而不变"，而为亿万人群所遵守和履行。这就是所谓绝对主义伦理学，也就是我所谓的"宗教性道德"。它把个人的"灵魂拯救"、"安身立命"即人生意义、个体价值均放置在这个绝对律令之下，取得安息、安顿、依存、寄托。[39]

> "宗教性道德"本来源于一定时空内的某种社会性道德，被提升为"普遍必然性"的信仰、情感的最终依托，成为敬畏崇拜的神圣对象。[40]

在这种说法中，宗教性道德所代表的绝对伦理来源于一定时空内的某种社会性道德，而一定时空内的某种社会性道德的根基则是该时代的经济生活。这种说法是可疑的，也与李泽厚自己曾经对二者做出的分析不合。依照李泽厚对绝对伦理与相对伦理的分析，绝对伦理根源于人类生存整体的需要，而相对伦理才根源于该时代社会生活的需要。根据这一分析，绝对伦

---

[39]《哲学纲要》，15页。

[40] 同上书，16页。

理并不是来源于相对伦理，相对伦理自身无论如何也不能变为普遍必然的绝对伦理。

李泽厚最反对的，是中国历史上宗教性道德和社会性道德的渗透与合一，而谋求打破这种合一：

> 中国由于历史传统没有形成真正具有人格神的"上帝"，两种道德的全面渗透合一更是一大特征。数千年中国的儒家礼教强调的是"道在伦常日用之中"，礼制几乎无所不在，贯彻到衣食住行起居饮食各个方面，将社会统治体制与精神信仰体制紧相捆绑造成了"宗教、政治、伦理三合一"。[41]

> 建立在现代化的工具—社会本体之上的、以个人为基地、以契约为原则的现代社会性道德，对上述传统的"三合一"、两交融开始形成巨大的威胁和破坏。[42]

现代社会性道德当然对传统道德形成冲击和威胁，但是难道我们不应该坚守传统道德，坚守反映人类生活总体需要的绝对伦理？

六、对错与善恶

从 20 世纪 70 年代罗尔斯发表《正义论》以后，在美国，

---

〔41〕《哲学纲要》，20 页。
〔42〕同上书，21 页。

政治—伦理学成为最受关注的学术思想领域。如李泽厚所说：

> 从康德算起，哲学重心已经转移到伦理学。但伦理学
> 今天实际也已一分为二，即以"公正"（justice）、"权利"
> （human rights）为主题的政治哲学—伦理学，和以"善"
> （goodness）为主题的宗教哲学—伦理学。[43]

以美国为例，李泽厚的观察，即今天的伦理学已经一分为
二，是合乎事实的。美国学界流行的认识是，政治哲学关注的
是"对错"的问题，而真正的伦理学关心的是"善"的问题：

> 今天区分"宗教、政治、伦理三合一"，不仅必要，
> 而且艰难。即使在理论上也如此。这里，我非常愿意引用
> J. Raws《政治自由主义》一书中的"重叠共识"（overlap
> consensus）理论作为支援，将"对错"与"善恶"、将政
> 治哲学与伦理学分别开来。[44]

如李泽厚自己承认的，把对错的问题和善恶的问题区分开，把
思考更多向政治哲学打开，是受到罗尔斯《政治自由主义》的
影响。

> 例如不必将现代社会所要求的自由、人权、民主一
> 定推溯或归功于基督教或希腊文化之类，而明确认为它们
> 只是现代人际关系中共同遵行的政治、法律原则（政治哲
> 学）。它们要解决的是"对错"问题，权利、义务诸问题，

---

[43]《哲学纲要》，4 页。

[44] 同上书，30 页。

实际乃是现代经济生活（西体）的产物，所以才有世界性的客观社会性。其普遍性"必然性"来自我所谓的工具本体，而并非来自"天赋人权"或基督教义。至于各民族各地区各文化所讲求的传统伦理学，实乃宗教性道德。宗教性道德要求普世性，却恰恰没有普世性，因为它涉及"善恶"问题，各宗教各文化对善、恶有不同的教义和观念。[45]

他认为，自由、人权、民主要解决的是对错问题，是现代经济生活的要求，也是政治哲学要解决的问题。这些是现代社会性道德，与宗教传统或道德传统无关，不必把这些观念和文化—宗教传统联系起来。而传统伦理学关注的是涉及"善恶"的问题，才是与宗教和道德传统有关联的问题。

> 自由主义和"现代社会性道德"所要求的只是个人履行现代生活的最低限度的义务、遵行最低限度的公共规范和准则，如履行契约、爱护公物、遵守秩序、遵循各种职业道德、服义务兵役、不侵犯他人等等。违反它们，可以涉及也可以不涉及法律，但由于破坏共同生活秩序，有损他人权益，从而是"不道德的"。这里基本上是个"对错"问题，不是"善恶"问题。[46]

但在李泽厚看来，"对错"的问题不等于不是道德问题，这是社会性道德，是公德问题。"善恶"的问题也是道德问题，

---

〔45〕《哲学纲要》，30 页。
〔46〕同上。

但属于宗教性道德。问题在于，自由主义反对社会对以善恶为焦点的道德有所要求，认为这完全是个人的选择，社会所能要求的只是"最低限度的义务、遵行最低限度的公共规范和准则"。如果李泽厚赞成这种自由主义，那么，他所给予肯定的根源于人类整体生存延续的普遍伦理和理性凝聚，社会要不要提出要求呢？从这个角度看，自由主义在伦理道德方面的主张难道不是片面的吗？

　　今天，在发达国家，公共理性和自由主义为基础的现代社会性道德在其原则基本实现后，早已不能满足人们对人生价值、生活理想、生命意义等等安身立命、终极关怀的追求，于是便激起了人们对各种非理性、反理性的宗教教义、信仰和情感的向往、追求或复归。"善优先于权利"响彻一时，便以此故。但我以为至少这对当前中国并不适用并不合宜。[47]

　　其实，自由主义在伦理学上的局限并不是后现代社会才有或才体现出来，而是从一开始就脱离了普遍伦理和理性凝聚的人类整体需要。只是人们在现代社会意识形态的鼓吹下，真正对此加以认识，需要一个过程。学理的澄清和当下适不适用，是两个不同的问题。在这一点上，李泽厚与上世纪80年代的思想家一样，总是把学理的澄清放置一边，把适不适用置于首位。事实上，对适不适用的判断本身就常常是错误的。80年

---

〔47〕《哲学纲要》，75页。

代对传统的强烈反叛就是以这种理由实行开来的。李泽厚选择
"权利优先于善",显然是出于这种只看当下的立场。

这两种道德的一个重要不同点,也可以说与"情—
理"问题有关。现代社会性道德主要是一种理性规定,宗
教性道德则无论中外,都与有一定情感紧相联系的信仰、
观念相关。如基督教的圣爱、原罪感、对上帝的无比敬畏
崇拜、赎救的追求等等,中国则与亲子情、家族情、乡土
情等等伦常感情相关。现代社会性道德以理性的、有条件
的、相互报偿的个人权利为基础,传统的宗教性道德则经
常以情感的、无条件的、非互相报偿的责任义务为特征。
人不是机器,在现实中即使循理而行,按社会性道德的公
共理性规范而生存和生活,但毕竟有各种情感渗透、影响
于其中,人和人际关系不可能纯理性,而总具有情感的方
面。两种道德的纠缠渗透,于群体、于个人,都是非常自
然甚至必然的事情。把它们相区分,是为了对实践有利所
做的"理想型"的理论分类,特别是针对今日中国处在传
统社会向现代社会的转型期而言。但区分之后的联系、关
系,又仍然是理论和实践中特别重要的事情。我所强调的
是,只有先区分,而后才好讲联系。这种联系,也就是我
已提出过的"宗教性道德"(私德)对"现代社会性道德"
(公德)可以有"范导"而非"建构"的作用。[48]

---

〔48〕《哲学纲要》,32页。

其实，把社会性道德说成是理，把宗教性道德说成是情，这对李泽厚自己而言肯定是不周全的，也不能反映两种道德区分的本质。因为，所谓宗教性道德在本质上就是绝对伦理，这是李泽厚早就说过的，而绝对伦理体现为理性凝聚，理性主宰感性，这当然不是建立在情感基础上。"传统的宗教性道德则经常以情感的、无条件的、非互相报偿的责任义务为特征"，这没有错，但传统的普遍伦理道德，并不仅仅作为情感渗透于现代社会，而更是作为超越信仰、道德信念、个人德性作用于社会。李泽厚并没有完全否定宗教性道德在现代社会的意义，但他明确主张，宗教性道德在现代社会，应该发挥其"范导"而非"建构"的作用。建构就是从根本上确立其基础，范导就是予以适当的调节，而不能决定、管辖之，二者的地位和作用差别还是很大的。作为启蒙主义者，李泽厚的立场算是对传统有同情的了解，但这终归不是我们从儒家的角度看待道德传统的立场，"善优先于权利"不仅是当代社群主义哲学家的反思结果，也是儒家的一贯立场。

但是，中国这一传统和宗教性道德却可以在与现代社会性道德作出区分之后，对后者起某种"范导"作用。由于与重生命本身的根本观念直接攸关，亲子情（父慈子孝）不仅具有巩固社会结构（由家及国）的作用，而且在文化心理上也培育了人情至上（非圣爱至上）的特征。我认为它就可以在现代社会性道德中起某种润滑、引导作用。将个人基础上的理性原则予以适度"软化"，即以

"情"来润"理"。"亲"如此,"天"、"地"、"国"、"师"亦然。"天"、"地"既可以是自然界,也可以是一切神灵的代称;"国"是故土、乡里、"祖国",它是亲情的扩展、伸延和放大。"天"、"地"作为超越有限的个体(以及人群、人类)而又生长、培育、养息个体、人群和人类的根由,对其培育感恩、崇敬、崇拜和亲近、亲密的情感。这正是一种中国的宗教性的道德感情,而与西方有所不同。西方因为由圣爱和理性而来,从"耶教"到康德,"敬畏"成了道德的主要情感。中国因为由亲子、乡土自然感情的提升而来,合理性的人间情爱,如"仁义"、"合情合理"便成了中国传统的道德感情。今天如除去其产生时代的各种具体内容,这种传统的"仁义"感情和"天、地、国、亲、师"的信仰,对今日现代生活仍然可以有引导、示范但非规定、建构的作用。……它不应该建构或规定现代经济生活(如家族用人)、政治生活(如论资排辈),即它不能规定个体独立的契约基础上的社会性道德,却可以作为个体心安理得甚至安身立命的私人道德。它是与情感紧相联系的宗教性道德,也只是凭由个人选择的私德,而不是必须共同奉行的公德。[49]

当然,李泽厚这里所说的以情润理,还是含有深刻意义的,他对中国社会注重"仁义""合情合理"的揭示,对中

---

[49]《哲学纲要》,36页。

国文化重视人情的肯定，也是重要的。但是，宗教性道德是私人道德吗？还是只是凭由个人选择的私德？如果普遍的绝对伦理是根源于人类总体的生存延续，它不是宗教信仰，怎么能是由个人随意选择的私德？它必须是普遍必然的道德价值。儒家本不是宗教，把儒家伦理视为宗教性道德本来就不妥当。其实李泽厚后来自己也说过："从人类学历史本体论来看，既然'至善'是人类的生存延续，道德作为本体价值无需与神意、天命或上帝有关，也有其绝对性。"〔50〕如此，宗教性道德这个概念就失去意义，应该改为普遍道德或绝对道德。

七、和谐高于正义

"和谐高于正义"应该是李泽厚对照"权利高于善"提出的，这是李泽厚后期伦理学提出的最重要、最有价值的命题和口号，具有重大的意义。可惜的是，李泽厚的伦理学体系并没有真正支持这一口号，这从我们前面所有的讨论都可以看出来。其原因不言自明，只有完全奠基于儒家伦理，这个口号才能找到其坚实基础，彰显其伟大作用。

而"和谐"（人际关系的和谐、人与自然关系的和谐、人的身心和谐）则成为最高准则。我以为，这可以为中国

---

〔50〕李泽厚：《回应桑德尔及其他》，生活·读书·新知三联书店，2014年，96页。

现代社会性道德、为中国的现代性创造出某种既具民族资源也有人类普遍性的新东西。这是我所讲的中国传统的宗教性道德对现代社会性道德的某种范导和适当建构,这也就是"西体中用"和"转换性创造"。[51]

那么,作为最高准则,和谐是什么道德?是社会性道德还是宗教性道德?李泽厚自己也没有讲清楚。用李泽厚的语言,如果说这是为中国现代社会性道德创造出新东西,那和谐似当属于社会性道德。如果说这就是中国传统对现代社会性道德的范导,则和谐应属宗教性道德。很显然,中国文化重视的"和谐"不是一般所说的现代性价值,而更接近传统的价值。这也是李泽厚最后不得不回到肯定"善本身"的原因。

> "和谐高于正义"仍然是这一传统的理论承续。但承续的却不只是经典文本,它仍然以现实中国人的生存特征为依托为基础。[52]

这里李泽厚承认和谐是承续了传统理论,但又说以现代生活为基础,说明他在理论上还没有梳理清晰。和谐应当是人类的普遍价值,"宗教性道德"与"社会性道德"的框架在这里都没有真正的意义。

按照李泽厚对"正义"的理解,当代自由主义的正义观念

---

〔51〕《哲学纲要》,114 页。

〔52〕同上书,115 页。

是现代社会性道德，[53]那么，"和谐高于正义"这一命题，应该得出的平行结论是"宗教性道德高于社会性道德"，或者"普遍伦理高于相对伦理"。

然而，李泽厚自己往往是矛盾的，如他一方面讲和谐高于正义，一方面又反对和谐论：

> 我一直认为，目前首先要重视的，还是公共理性、正义、现代社会性道德在中国政治和社会生活中的严重缺位，所以仍然要强调"权利优先于善"（指优先于各宗教、文化、哲学所宣讲的善恶观念），尤其要警惕各种"性善论"、"和谐论"来掩盖、贬低和阻挠以"正义"为基本准则的现代社会性道德特别是其制度的真正建立。[54]

可见，和谐的确不是公共理性，不是现代社会性道德，那么和谐只能是普遍的绝对道德价值。

> 我虽然赞赏历史主义，认为今天的善恶主要是公德的对错，但也认同不同文化、不同宗教所追求的道德"至善"或"最高的善"、"自足的善"、"绝对的善"等等，我称之为"善本身"或"善的本源"。正是这种宗教性道德对"善本身"的追求，显现了伦理在历史相对性、时代性中积淀出的人性能力、人性情感以及某些善恶观念的绝对

---

[53]《回应桑德尔及其他》，33 页。

[54]《哲学纲要》，124 页。

价值和独立意义。[55]

李泽厚终于承认并肯定了"善本身"！"善本身"不是所谓公德，不是所谓社会性道德，它是人性的根本善，是人类社会的绝对价值。和谐正是属于这种"至善"或"最高的善"。它根于并反映了人类生存总体的需要。

> 任何群体或个体的实践都不是人类总体，"总体"还不同于"整体"，因为它不只是当下人类全体或整体，而且还包括过去与未来在内的整体和个体。[56]

> 问：那么你这个"人类总体"和"人类主体实践活动"不就是空概念吗？

> 答：不空。但它作为目的性的范导理念，与经验性的知识概念不处在一个层面；因之，不能把善本身、善的本源与由社会时代决定的善恶观念混为一谈。[57]

可惜，李泽厚刚刚提到"和谐高于正义"，又马上用"权利优先于善"打了一个大折扣。他说：

> 但所谓"和谐高于正义"，是就人类未来远景、是就中国对未来世界的贡献来说的。作为它的哲学基础的"情本体"是我上世纪就提出的。但从当时至今，我一直认

---

〔55〕《哲学纲要》，117页。

〔56〕同上书，118页。

〔57〕同上。

为，目前首先要重视的，还是公共理性、正义、现代社会性道德在中国政治和社会生活中的严重缺位，所以仍然要强调"权利优先于善"（指优先于各宗教、文化、哲学所宣讲的善恶观念），尤其要警惕各种"性善论"、"和谐论"来掩盖、贬低和阻挠以"正义"为基本准则的现代社会性道德特别是其制度的真正建立。〔58〕

这就是李泽厚，每当他提出一个重要深刻的伟大思想，立即又用一个当下的目光对冲了它，他更想做一个指导当下的精神导师。

"和谐高于正义"在李泽厚属于"范导"或"范导和适当构建"：

> 在内圣方面，我以"未知生，焉知死"来渗入海德格尔，在外王方面，我以"新一轮儒法互用"来化解自由主义。我以为，从上述庆生、厚生、乐生和天地人共存的珍惜、爱恋的情本体出发，以维护血缘家庭并扩而充之为基础，它所产生的己群和谐以及身心和谐、天人和谐，将高于主要以理性裁决为特征的"正义"。这就是上面讲的中国传统宗教性道德（天、地、国、亲、师）对现代社会性道德（自由、平等、人权、民主）的"范导和适当构建"。〔59〕

---

〔58〕《哲学纲要》，124 页。

〔59〕同上书，121 页。

内圣的问题这里略去不论。[60] 于是，和谐高于正义，是在范导的意义下，而不是在建构的意义下，来发挥它的作用，这当然就减低了这一"高于"的高度，而成为对它的限制。

　　问：你这个"儒法互用"并不突出宋明儒学和现代新儒家的道德主义，也未突出主张私人美德的精英主义或人治德治。

　　答：我坚持法治，辅以人情，而不是相反。但又重视传统德治人治中的情本体精神如何能注入到现代法治中。

---

[60] 他说："在'哲学'上，海德格尔的'未知死，焉知生'与孔老夫子的'未知生，焉知死'便可做一个对照。……'未知生，焉知死'强调的是，以普通日常生活为本根实在，以细致、丰富、多样的人世冷暖为'本真本己'，以'活在世上'的个体与他人的你、我、他（她）的'共在'关系，来代替个体与Bin或上帝的单向却孤独的'圣洁'关系。'未知生，焉知死'将'神圣'建立在这个平凡、世俗、具体的现实生活之中。这就是'道在伦常日用之中'，就是'布帛菽粟之中，自有许多滋味，咀嚼不尽'。……在中国传统，'死'的意义和价值由'生'来敲定，'将死放在生的历史系列中去考察、诠释'。不是死，而是生（人活着），是唯一的衡量标准。……在日常世俗、平凡生活本身中去建立或追求人生目标和生命价值。"又说："将最高最大的'乐'的宗教情怀置于这个世界的生存、生活、生命、生意之中，以构建情感本体。这也就是前面讲的由'理性的凝聚'而最终转化为'理性的融化和积淀'，由'立于礼'而'成于乐'，由'知之好之'而'乐之'。在这里，生命与事物、灵与肉并不两分，它们同在一个现实的世间人际中。中国的'彼苍者天'不是 heavn，它超自然又仍是自然（sky）。地亦然。它是那'厚德载物'可崇奉托付的'坤德'，又是那非常具体的山水花鸟、乡土草木。从而，中国哲人总强调与自然天地、与山水花鸟、与故土家园相处在浓厚的人世情、人情味的流连依恋之中。就在这里而不必在超自然超人世中去追寻道路、生命和真理。这也即是中国人的'天、地、国、亲、师'的情感—信仰。"（《哲学纲要》，63 页。）

我也重视作为"治人者"的各级官员们的道德，但首先仍
然是公德，即遵循法律、按章办事、尽忠为国、献身职
守，包括救火队员、战场官兵的奋勇牺牲，这都是公德。
至于这些公德如何与他们的个人信仰和对人生价值、生活
意义的追求（私德）相衔接或不衔接，那就属于宗教—美
学范围了。[61]

所谓李泽厚的儒法互用，是指以儒家为价值范导，以法家
为制度构建，他认为这是汉代开始的中国文化基本结构。而他
自己主张的新一轮儒法互用，是指以包括儒家价值在内的宗教
性道德为范导，以现代自由人权等社会性道德为构建。他只从
"人情"来理解儒家伦理道德，有很大的局限，他对私人美德的
轻视和对公德的强调，与20世纪初以来中国人的道德偏向是一
致的。

八、关于美德伦理

由于"美德伦理"是本书的关注焦点之一，因此我们最后
来简单讨论一下李泽厚对儒家伦理和美德伦理的看法，作为本
章的结束。

李泽厚在晚近提出"关系主义"以说明中国文化的特质，
这个主张也影响到他对美德伦理的认识。他说：

---

[61]《哲学纲要》，124 页。

　　　　许多社群主义者如麦金太尔和桑德尔都赞赏和倡导
　　　亚里士多德的美德伦理，这个传统当然也是美德伦理，
　　　但二者便很不相同。关键也仍在这个"关系"与"个体"
　　　的不同。[62]

他还认为，中国的美德伦理从关系中体认价值和意义，"它与
亚里士多德以自由个体在平等友谊为基础的美德伦理相当不
同"。[63]因此他认为中国传统的美德伦理"完全不同于希腊以
个体为单位的平等而同质的美德伦理学"。[64]所以，他把儒家
的美德伦理看作"关系主义的美德伦理"，而把亚里士多德的美
德伦理看作"平等成员的美德伦理"。但他用这个关系主义的说
法似非只是对中国文化加以批判，所以他也主张关系主义的宗
教性道德可以对现代社会性道德的个人主义有"范导"作用，
但是范导并不是否定。[65]

　　李泽厚对亚里士多德的解读肯定要受到麦金太尔的批评。
针对有的学者强调儒家美德是基于人伦关系和政治关系，而亚
里士多德的美德是基于独立个体，麦金太尔早在 2002 年即指
出，其实亚里士多德和儒家接近。在亚里士多德看来，个人如
果放弃了参与政治关系和社会关系，就不再是一个人；而脱离
了政治共同体，就意味着丧失了培养出只为人所拥有的高尚性

〔62〕《回应桑德尔及其他》，25 页。

〔63〕 同上书，51 页。

〔64〕 同上书，52 页。

〔65〕 同上书，55 页。

的可能性；只有在家庭和政治共同体的关系中，并且是借助这些关系，人才有可能之为人来发展；所以，亚里士多德认为，作为独立个人的个体正是由其社会关系和纽带建构而成的。[66]可见，李泽厚的比较并不能成立。

那么，儒家美德伦理是不是只是关系主义的呢？同样是麦金太尔，他认为，自我和关系不是不可相容的，在关系的背景下，儒家深刻地将个体解释为一种具有实质性的存在，因此真正的独立性的自我概念和有关自我的关系概念并非不可相容。所以，儒家文献中自我受到重视，个人的完善也受到重视。[67]这就是说，儒家的美德既是自我的，也是关系的，二者不是有我没你的关系。中国的传统美德既有个人自我的美德，又有人伦关系的美德，这是我们早在《古代宗教与伦理》的研究中已经做过细致的展示了。

李泽厚在最近的课堂讨论中表示，"我和桑德尔都不满意功利主义或者自由主义，但我不完全否定他们。我和桑德尔都追求一种更高的美德。他追求的是亚里士多德的美德，我追求的是中国传统美德"。[68]如果真的是这样，那当然很好，也就和我们的思想一致。但是说实话，从前面演述的李泽厚思想中，我们是看不出这一点的。在李泽厚的思想中，中国传统美

---

[66] 麦金太尔：《孔子与亚里士多德的美德概念的再讨论》，《中国学术》，2002年第1期，252页。

[67] 同上。

[68] 《伦理学纲要续篇》，162页。

德属于宗教性道德，是私德，而他真正强调和重视的是现代社
会性道德，即公德。

　　本章的题目"理性支配感性　和谐高于正义"虽然都取
自李泽厚的原话，但也反映了笔者之所取。因为，全面地讲，
"理性支配感性"，只能代表他所讲的理性凝聚的一面，而不能
代表理性融化等方面；"和谐高于正义"是我最欣赏的口号，但
不是李泽厚的终极主张。但这两句话，在我看来，是李泽厚伦
理思想体系中最值得重视的两句话。至于我们的主张，如我们
在《仁学本体论》中说过的，和谐作为价值，是仁的表达和延
伸，以仁为体，以和为用，从而和谐高于正义，归根结底，是
仁爱高于正义。

第八章　桑德尔与共和主义德行

　　我阅读了桑德尔教授《民主的不满》一书之后，从中获得了很多有关美国政治历史的知识，也从儒学的角度产生了一些想法。以下我谈几点：

　　第一，有关政府的道德中立性。桑德尔此书开篇即坦承："从家庭到邻里到国家，我们周遭共同体的道德根基正在瓦解。"[1]这种情形的出现，在他看来，应归根于在当代盛行并居于主导地位的自由主义政治理论，特别是中立性政府的理论，"它的核心观念是，对于公民拥有的道德观和宗教观，国家应持守中立"。重要的是，他指出，这看起来似乎是美国政治与宪政

---

〔1〕　迈克尔·桑德尔：《民主的不满》，曾纪茂译，江苏人民出版社，2012年，4页，以下只随文注页码。

传统的一贯特征，其实这种自由主义是最近五十年才发展起来的，而美国立国以来一直是共和主义传统占重要地位。

自由主义主张政府是中立的，在公共生活中不应表达任何道德信念，政府应放弃道德指导，不必关心公民德性的培养，它所要求的只是保障个人的权利，而个人权利不能为普遍利益而牺牲。（12页）与自由主义相反，桑德尔赞成共和主义理论，这种共和主义以自治观念为核心，强调公民间就共同善（common good）展开协商，致力塑造共同体的命运，要求公民拥有某些品质或公民德性、重要的归属感、对集体的关心，重视公民和共同体的道德联系。（6页）因此，在哲学上，共和主义主张的自我不是分离的、个体的人，不是无负荷的自我（the unencumbered self），而是注重个人的义务，如团结的义务、宗教的义务。（15页）他认为，自由主义的义务立场过于狭小，因为据罗尔斯的观点，"除了不行不义这一普遍的自然义务之外，普通公民对其同胞没有任何特殊的义务"（16页），不仅对其同胞，对其共同体也没有义务。因此这样的自由主义很难说明公民责任，比如忠诚的责任。照桑德尔看来，我们乃是我们所是的具体的人，我们对家庭的忠诚，对城市、国家、民族的忠诚，这些关联共同体的道德责任非常重要，而这些是自由主义无法说明的。我们作为家庭的成员，作为城市、国家的成员，对于所生活其中的共同体负有团结的责任，负有由这些成员身份所决定的、先于个人的道德责任，故基于这种成员身份而来的道德责任要远超过"自然义务"。桑德尔因此认为自由主义的人的观念太稀薄了，甚至无法支持福利国家对其公民所要求的公民责任。

共和主义以美好社会（the good society）观念为优先，肯定共同善的政治，主张在公民中培养自治的共同善所必需的那些品质和德性，如归属感、承诺，这些对于自治的实现都非常重要。共和主义把这些道德德性作为关注的对象，不认为这些只是个人的事情。（28 页）如 1940 年在有关国旗宣誓是否违反宗教信仰的案件中，大法官法兰克·福特的判决词便体现了这样的观念："自由社会的最终基础是团结感带来的黏合纽带，所有那些培养心灵与精神的机构可能有助于聚拢民族的传统，一代一代地传递下去，并由此创造那构成一个文明的宝贵的共同生活的延续性，正是这种机构培养了这种团结感。"（61 页）

桑德尔对自由主义中立性立场的批评，对共和主义维护共同体的主张，都是我们所赞同的，儒家的立场与共和主义的德行主张有亲和性。

第二，关于公民德行。政府要不要支持培养"公民品质"（147 页），公共生活要不要保持道德声音的在场，共和主义对此的回答是肯定的。桑德尔此书并非只是提出一种共和主义的立场，而是把这种立场在美国政治史中作为一条主线展现出来，从而具有历史的说服力。桑德尔梳理了美国自 18 世纪以来的政治话语，使我们看到重视"德行""公民德行"一直是美国重要的政治思考方式。如梅森说"如果德行是共和国至关重要

的原则，那么没有节俭、正直、严格的道德，共和国就不可能
长期存在"，本杰明·富兰克林更说"只有有德行的民族，才
能获得自由"（148 页）。从而，对丧失公民德行的担忧成为共
和主义经久不衰的主题。共和主义的政治理想是革新公民的道
德品质，强化公民对共同善的归附，如亚当斯说"造就人民的
品质，正是伟大政治家的分内之事"（149 页）。这种理解至少
在形式上很像从早期儒家（《大学》）到梁启超的《新民说》之
一贯主张。共和主义理解的美国革命的目标，内在地植根于一
种价值观，如伍德所说，是"为了整体更大的善而牺牲个人利
益构成了共和主义的本质，并且包含了美国革命的理想主义目
标"。对他们来说，公共利益不仅是个人利益的综合，政治的关
键不在于追求竞争的利益，而在于超越它们，"寻找作为一个整
体的共同体的善"（150 页）。共和主义反对把汲汲谋利作为核
心价值观，相信普通公民德行能够胜于自利心（152 页），主张
以公民德行来维护自由，相信政府应由有德者统治，政府应以
超越私人利益总和之上的共同善为目标，不放弃以共和政治塑
造公民的主张（154 页）。这些与儒家的立场都有相通之处。共
和主义特别从自治的角度来看待这一点，他们主张"自由需要
自治，自治有赖于公民德行"（148 页）。

　　当然，不同的共和主义者强调的德行重点不同。汉密尔顿
更强调爱国主义对公民的塑造，他对一般的无私德行能否激发
对国家的忠诚表示怀疑（158 页）。他希望培养的公民品质不
是传统的公民德行，而是对民族、国家的归附，认为"公民越

是习惯于日常的政治生活中接触到全国性政府，公民的视线与感情越是熟悉它，它获得社会尊重和皈依的可能性也就越大"（156页）。当然，共和主义主要不是把政府作为国民道德提升的工具，更寄希望于教育、宗教和小共同体。而联邦党人重视的德行是保守主义的德行，如秩序、服从、克制，相信民主政府的秩序与稳定有赖于宗教与道德。早期共和主义偏爱农业和农民，认为农民的劳动生活是德行的基础，如杰斐逊所表达的"耕种土地的人是最有价值的公民，他们是最有活力、最独立、最有德行的人"（170页）。看起来，美式自耕农社会是早期共和主义的基础，古典共和主义的德行是19世纪美国自耕农的德行，故强调公民德行有赖于单纯的农业经济，与城市无关。与此相联系，他们认为商业与德行对立，是腐败、奢侈和分离公共善的根源（189页）。

　　共和主义对公共生活的认同自20世纪初开始越来越与城市有关，1914年圣路易斯的庆典，"在城市居民中激发起共同的公民感和共享的目的感"，"随之涌现的完全是神圣的公民感，对其他公民的信任与关爱，生活在这座城市的自豪感"。（246页）改革家的目标是在城市塑造"有教养的、有道德的、有社会责任心的公民"（244页）。西奥多·罗斯福强调扩展美国公民的自我理解，灌输"广阔而深远的爱国精神"，认为"我们民族的主要问题是获得恰当类型的好公民"，"民主政府不能对人民的品质漠不关心"，要激发那些公民品德，"对义务的积极奉献"，"诚实、勇敢、共同感"的美德，强调必须超越一心只考虑物质利益的生活（255 页）。关于民主和公民德行，克罗利甚至提出"民主把人民的道德与公民能力的提升作为最高目的"，"民主的关键不是迎合人民的欲求，而是提升他们的品质，拓宽他们的同情心，以及扩展他们的公民精神。……民主的原则就是德行"（257 页）。于是，不仅"自由"有赖于德行，"民主"也是以德行为目的，这种对民主的理解特别容易使儒家找到政治的共鸣。

值得注意的还有较近时期的里根时代，既主张市场发挥巨大作用，又重视道德在公共生活中的地位，后者召唤公民的、集体的伦理，召唤共同体的价值、家庭、邻里、爱国，这也是强调与个人主义不同的国民共同体的理想。这一政策得到了文化保守主义的支持，这一时期的文化保守主义以"共同体的保守派"（communal conservative）为代表，强调政府要关注公民的品质。法维尔提倡以复兴基督教道德来拯救美国，而威尔主张"治理国家就是塑造灵魂"，强调培养自由政府所依靠的公民品德、气质、习惯、风俗，威尔所说的品德即"好公民，基本要素是谦和、社会同情，以及愿为公共目的牺牲私人欲求"（362 页）。1984 年，里根争取连任时宣称"我们已经开始恢复伟大的美国价值——工作的尊严、家庭的温暖、邻里的力量"（364 页），以及宗教的力量，这就不仅涉及个人德行，更涉及美国社会文化的价值观，因为，"家庭的温暖"已经不是公民德行，而是价值。里根所说的三条似乎就是美国社会的核心价值。而共和主义明显主张共同体对个人的价值优先性。

如此书所说，共和主义关注的德行是以"自治"为核心，其所说的"共同善"也多以自治为基础，这样的德行不能不有其限制，因为自治似乎是一种政治的概念，这个意义上的德行如政治参与也是政治的，而不纯粹是道德的。另一方面，自治的传统应是以美国乡村农业或郊外社区的共同体为模式的，这一模式对大城市生活能否适用？共和主义如何看待那些不以自治观念为基础的品质、德行？如果共和主义的好公民是以自治为基础，那么可否有一种不以自治为核心的共和主义？

第三，关于公民德行的进一步讨论。该书经常出现的一个关键词是公民德行（civic virtue），不过在我看来，公民德行究竟是只指公德，还是兼指私德和公德，该书中这个概念对读者而言并不是很清楚。公民德行是人作为"公民"而产生的德行要求，而私德则是指人作为"人"的道德要求。在亚里士多德的《政治学》中区别了"公民的品德"和"善人的品德"。公民的品德是指作为政治团体的公民身份所应有的道德，亚里士多德说："好公民不必统归于一种至善的品德，但善人却是统归于一种至善的品德的。于是，很明显，作为一个好公民，不必人人具备一个善人所应有的品德。"他还说："好公民的品德不能全都符合善人的品德。"[2] 可知善人的教育不同于一般公民的教育，善人的品德即儒家所提倡的君子德行，比公民的品德要求

---

〔2〕《政治学》，124 页。

更高、范围更广，而公民的德行要求相对而言则较低。因此，桑德尔所说的共和主义德行究竟是亚里士多德所说的公民的德行，还是善人的德行？政府又是否应该倡导善人的德行？

近代西方思想对个人和社会之道德的区分，始见于边沁对"私人伦理"与"公共伦理"的区分，此后密尔在其《论自由》中特别区分"个人道德"和"社会道德"。[3]日本受此影响，在明治二三十年代关注过关于公德的讨论。中国近代思想家梁启超在戊戌变法后东渡日本，受到这一影响。梁启超区分公德和私德，认为私德是个人的品德、修养，而公德是指有益于国家、社会的德行。公德是有益于社群团体的德行，私德是个人完善的德行。梁启超从爱国的民族主义出发，把个人对群体的自觉义务看成公德的核心，这是和中国近代民族国家受压迫而欲自强的时代要求——救亡图存密切相关的。[4]共和主义也有类似的例子，像汉密尔顿，强调对国家的忠诚，而忽略"一般无私的德行"的意义，把政治生活和社会生活似乎太割裂了。而博耶所说的"有教养的、有道德的、有社会责任心的公民"便具有较宽的包容性。罗斯福、克罗利、威尔主张培养的德行中都含有比自治的公民更广的方面，如诚实、勇敢、谦和。如果共和主义的德行仅仅是公德，那么如何认识私德、培养私德，如何确定私德与公德的关系，现代社会的政府是否应

---

〔3〕　《论自由》，90页。

〔4〕　参看陈来：《梁启超的私德说》，《清华大学学报》，2013年第1期。

该推进培养私德，共和主义应有明确回答。从桑德尔此书所述可见，一些自由主义者也承认我们可能为一些义务所约束，但他们坚持这些义务只适用于私人生活，而对政治没有意义。其实，即使对政治生活没有明显意义，也不见得只是对私人生活有意义，而是也可以对社会、文化生活有意义。桑德尔指出，为什么要坚持把作为公民的我们和作为人的我们分开呢？我们要问，为什么要把公民德行和人的德行分开，只关注培养公民德行呢？除了个人的德行，共和主义赞同的价值是什么？

托马斯·潘高从桑德尔此书中抽取了美国共和主义一直强调的公民德行，共23条（421页），这使我想起富兰克林的13条德行，[5]这些德行似乎都是以新教伦理或清教德行为主，那么，二百年来美国共和主义主张的德行，是否与一定的宗教背景相关联？富兰克林的13条德行曾得到马克斯·韦伯的特别关注，认为这是新教伦理的集中代表。[6]如果美国共和主义的德行主要是新教的德行，或者像富兰克林提倡的——适合在近代社会获得个人成功的德行，属于"资本主义精神"，而不能涵盖天主教、犹太教即整个基督宗教的善人德行传统，这样的共和主义德行有没有局限？从桑德尔此书来看，美国历史上的共和主义强调的德行主要是勤奋、节俭和忠诚、团结，前两者是新教的工作伦理，

---

〔5〕　富兰克林:《富兰克林自传》，姚善友译，北京十月文艺出版社，2005年，109—111页。

〔6〕　马克斯·韦伯:《新教伦理与资本主义精神》，于晓、陈维纲等译，生活·读书·新知三联书店，1987年，35页。

后两者是自治共同体或社群主义的德行，这四项德行应该说都是适合现代社会的德行，但从德行伦理（virtue ethics）来看还是有局限的，即未能广泛涉及个人完善的德行。儒家的德行论是更深厚的德行论，从儒家的角度看，共和主义的德行还不够厚。

对比中国，如果从儒家德行论的角度来看，当代中国个人生活主要需要三组德行：

仁爱、道义、诚实、守信、孝顺、和睦；

自强、勤奋、勇敢、正直、忠实、廉耻；

爱国、利群、尊礼、守法、奉公、敬业。[7]

前两组属于"私德"即个人基本道德，古代儒家称为君子德行；后一组属于"公德"，即个人基本公德。而自由、公平是社会价值，不是个人道德。比较而言，儒家所倡导的德行比较厚。培养个人基本道德，在世界其他国家，多由各个宗教根据其经典确定，政府不需要参与其中。但在中国文化的历史上，儒家的价值观是两千多年来传统中国社会文化的主流价值观，是中国文明自身的传统，儒家士大夫则是历史上承担了传承固有文明、从事道德教化的主体，而儒学并不是宗教。《大学》开首说"大学之道，在明明德，在亲民，在止于至善"，故中国文化传统始终认为政府作为共同体的代表负有风俗教化的责任，负有塑造价值观，提升成员道德品质、精神面貌、文化素质、

---

〔7〕　参看拙著《仁学本体论》十二章第五节"儒家美德的现代传承和转化"，467页。

礼仪素养的责任。这仍然影响着当代中国政府对政治的理解，也是当代中国国情与世界其他国家不同的重要之处。

第四，关于德行与权利。如果西方政治思想的中心原则是个人权利优先和个人自由优先，如果认为用一种共同的善的观念要求所有的公民将违背基本的个人自由，那么，儒家永远不可能认可此种权利优先的态度。儒家与西方各宗教伦理都强调社会共同的善、社会责任、有益公益的美德。因此，儒家的精神立场可以接受《经济、社会、文化权利国际盟约》和《公民和政治权利国际盟约》的所有内容，但却是在责任、义务、共同善的背景和框架中来肯定其内容。从而，公民、政治、经济、社会各种权利在逻辑层位上，在与历史情境密切关联的实现次序上，更在责任与权利的根本关系上，儒家的安排会与西方文化不同，其立场肯定是非权利优先、非个人优先的。

权利观念的最高体现是人权。人权已经成为世界范围内被普遍接受的价值和理想。但是人权的观念在不同的文化中地位不同。在现代西方特别是美国的教育中，人权已成为首要的内容。中国没有逃避宗教迫害的背景，没有与殖民者进行斗争求得独立的历史，没有市民阶级与贵族斗争的历史，而中国自古以来，特别是儒家传统，始终不是把个人对国家的要求和权利放在首要地位。儒家思想中规定了统治者和政府所应承担的保障人民的义务，但其重点是在经济社会权利方面。儒家思想在几千年中更是士大夫的思想，士大夫则是知识分子和官员，这使得儒家思想始终内在地把对社会承担的责任和美德以及对公共事务的关切作为首要的要求，而儒家民本主义又要求士大夫始终对民生有高度的关注。于是"忧国忧民"成了儒家知识分子的精神传统和内在关怀。19世纪中叶以来的中国历史，面对外来的冲击与压迫，使知识分子的这种精神更为强化。因此，身处发展中的社会并受儒家传统影响的中国知识分子会乐于认同人权思想，但这种接受和认同不会超越他固有的忧国忧民的社会意识和责任观念优先的伦理态度，也因此人权观念不会无条件地成为他的第一原则，而始终会与他对传统文化价值的取向产生复杂的互动。事实上，这对世界各大宗教传统都是如此，不独儒家为然。这种多元文化是当今推动全球伦理和文明对话的过程中应当受到注意和尊重的前提与背景。

儒家理想的政治是以美德为基础的政治，强调政治事务不能脱离美德。从政治与道德的关系来看，孔子认为政治是不能脱离道德的，故在这里不存在政治的中立：政治必须以伦理原则为其自身的基础，脱离了伦理，脱离了道德概念，政治将不复为政治，政治必须放在价值的善恶中予以掌握。现代政治哲学主张，政治独立于道德，即政治主张、制度、原则可以脱离社会的道德文化，政府不应当主张任何一种道德伦理原则。[8] 其实这是虚伪的，政治的去道德化，在现实中是很危险的，它只会把政治变成一人一票的选举游戏，使政治对社会、秩序、伦理、道德都无所承诺，导致社会政治生活道德缺席，若再没有传统道德力量作为

---

〔8〕　参看万俊人：《政治哲学的视野》，郑州大学出版社，2008年，152—153页。

砥柱，政治便可能把社会引向道德混乱。一个政府也许不必同特定的某一学派、流派、教派捆绑在一起，但对社会生活基本规范和做人美德、对传统的基本价值必须明确加以认同和发扬，离开了这些，就不仅谈不上政治的正当，连政治本身都会成为问题。

中国文明是世界历史上唯一连续存在的文明，在这个意义上，中国与其说是一个西方意义上的"民族—国家"，不如说是一个"文明—国家"。经历了百年的困顿与曲折，今天的中国正在谋求中华文明的复兴，中国政府正在推动保存中国传统价值观、弘扬中华传统美德，这不仅具有一种可与美国共和主义相比的特点，而且更体现出作为一个文明的自觉意识。因此它所倡导的德行不限于公民德行和政治参与，而是全面指向儒家美德，并谋求这些美德的实践在时代的变化中进行创新性发展。共和主义重视的共同体，在经验性上可以是家庭、社区、民族、国家，在当代中国，中华民族包含几十个族裔族群，中华民族政治共同体的建构正是伴随着 1840 年鸦片战争以后反抗帝国主义的压迫而发展起来的，因此，当代中国所强调的共同体必然首先是超越族裔族群的政治共同体，即政治国家。当然，正如查尔斯·泰勒所说，在革命后文化认同重构的过程中，若"国家"太强，导致"社会"式微，则不利于认同的重建，[9]这是需要加以注意的。这些对全面理解当代中国的政治文化都是很重要的。

---

〔9〕　参看韩升：《生活于共同体之中——查尔斯·泰勒的政治哲学》，中国社会科学出版社，2010 年，248 页。

下 篇

第九章　儒学研究与美德伦理
——德性伦理及其应用的限制

　　正如赫斯特豪斯在其《美德伦理学》开宗明义指出的，美德伦理学被赋予两个特质，一是以美德伦理为一种强调的美德品质的规范伦理学；一是与强调义务、规则的义务论伦理学和强调行为结果的功利主义伦理学不同，而成为一种与二者构成对比的伦理学。

　　一般认为，美德伦理学立场多被描述为：1. 以行为者为中心，而非以行为为中心；2. 更关心"是什么"，而非"做什么"；3. 关注"我应当成为什么样的人"，而非"我应当做出什么样的行为"；4. 以一定的德行概念和清单为基础。推崇、褒扬好人或有美德的人，这正是以美德为中心的古典伦理学与现代伦理学的分别。不过，在我看来，以"行为者"为中心的提法，是以行为主体人相对于行为而言，但行为者既是一个身体的存在，也是一个心灵的存在，而一般美德伦理决不会主张身体要素与行为的对比。因此，真正与行为相对的是心灵、内心。正如中国古代明确辨析的，"在心为德"，"施之为行"。所以心德与行为之对比，才是有意义的。儒家伦理学的美德思想就是突出以心德为主要特色的美德伦理。一个人是好人或恶人，主要是就其内心、心灵而言的。儒家在看重行动的同时，更看重行动者的心德。

正是在上述意义上，在现代哲学中，美德伦理学作为一种当代道德理论，被认为给西方道德哲学提供了独特思路，以追求和产生道德真理。同时，在美德伦理学者看来，重视美德伦理的现代哲学家，如安斯科姆、富特、默多克、威廉斯、麦金太尔、麦克道威尔、纳斯鲍姆、斯洛特，全都是通过汲取古希腊思想而开启了他们对"现代道德哲学"的批判。

赫氏把自己的学说归为"新亚里士多德主义"，"新"是指抛弃了亚里士多德思想中的部分内容如关于妇女和奴隶的主张，同时补充了亚里士多德的美德清单。而其所以是"亚里士多德主义"，乃是因为坚持了亚里士多德伦理学的宗旨。如赫氏自己从亚里士多德的《尼各马可伦理学》中汲取了其美德概念并予以坚持，即美德不是特定行为的倾向，而是一种品质特征，是一个人的品质状态。如一个人可以在行为方式中表现出慷慨，但他在本质上并不是一个慷慨的人。诚实、正义亦然。但坚持并不意味着没有发展，在亚里士多德没有谈到或所说极少的地方，新亚里士多德主义的美德学者都按照自己所理解的亚里士多德发展出来的线索去加以开拓了。

面对罗尔斯以来政治哲学的流行，"正义"与"权利"概念占据了大块道德领域，美德伦理学者认为，规范伦理学的写作与政治哲学不同，不必以正义为重点和核心（尽管正义在历史上也是一种个人美德，又是政治哲学的一种核心概念），而应当通过另一些道德概念来更好地处理道德领域的问题，以摆脱正义论的跨界影响。正义不过是政治道德中的一种。如人们反对撒谎，从美德伦理来看，不是因为它侵犯了人们知道真相的权利，而是因为它不诚实；杀人不对，不在于它不公正地侵犯了生命权，而是它的残忍无情和缺乏仁慈美德。赫氏的这个主张是合理的。

赫氏《美德伦理学》一书的主要意义是在指出美德伦理学以好人或有美德的人为中心的同时，强调美德伦理能够提供一种关于正确行为的说明，以反击批评者认为美德伦理学不能提供行为规则的断言。赫氏处理的更多是把美德伦理学作为当代道德哲学体系进行捍卫，回应来自美德伦理学之外的各种疑难，但这不是我们要做的工作，我们也没有兴趣在与义务论、功利论的对话中捍卫或完善美德伦理学这一体系。

一

virtue ethics 中文译作美德伦理或德性伦理，亦有译为德行伦理。书中三者往往通用，而以美德伦理为主。无疑，美德伦理这一观念和运动，比起任何其他西方哲学或伦理学来说，对认识中国文化带来的积极效应，即它带来的对儒家伦理的可能的肯定，都是很突出的。[1]

　　然而，我自己也有一个经验，我认识的一些研究西方道德哲学和伦理学的学者颇主张儒家伦理即是德性伦理，而我了解的研究儒家哲学与儒家思想的学者却一般都不对这一点做直接肯定。有一位与牟宗三先生关系密切的西方伦理学与道德哲学的研究者，曾经写过一篇论儒家伦理即德性伦理的文章，送给牟宗三先生看，牟先生看过说，要那么说也不是不可以，但并未直接予以肯定。特别是，这位学者潜隐的意思是不应该用康德伦理学来比论儒家伦理，而应该用亚里士多德德性伦理学来比论儒家伦理，这肯定不是牟宗三所能接受的。其实，不论是牟宗三还是其他研究儒家思想的学者，一般都不会排斥与西方哲学伦理学的比较研究，但为什么这些研究者都不肯定儒家伦理就是德性伦理呢？这必定是有理由的。甚至，美国汉学家中研究先秦儒学甚久的安乐哲也不赞成说儒家伦理即是德性伦理。

　　其实，1958 年英国哲学家安斯卡姆的文章已经奠定了美德伦理之讨论的地位，此后的伦理学界开始重视德性伦理。但美德伦理真正受到哲学界的重视并成为一种运动，应是在麦金太尔的《追寻美德》（又译《德性之后》）出版之后开始的。因为，麦金太尔不只是一般地肯定美德伦理，甚至把对美德伦理

---

〔1〕　当代美德伦理运动的发生发展，已有很多文献做了综合叙述，也有美德伦理学家论文的汇编，中文译本和编著可参看赫斯特豪斯：《美德伦理学》；斯洛特：《从道德到美德》；徐向东：《美德伦理与道德要求》；徐向东：《道德哲学与实践理性》；李义天：《美德伦理学与道德多样性》等。

的放弃看作启蒙运动以来的根本失败，尤其是他此后连续几本书都是以罗尔斯的《正义论》为辩论对象，这就不仅使他本人被视作社群主义哲学家，也使得美德伦理因其对"正义"的主张而流行一时。[2]

在美德伦理运动的推动下，关于亚里士多德伦理学与儒家伦理的比较开始被学者所注意。麦金太尔本人在 1989 年"东西方哲学家会议"上提交的论文正是以此为主题。[3] 据我所知，在这次会议上，麦金太尔与杜维明也就儒家美德伦理问题交换过意见，特别是，2002 年麦金太尔还专门写了有关儒家美德伦理的文章。2009 年，斯洛特与北京的中国哲学家合作举办了儒家美德伦理的研讨会，进一步推进了儒家美德伦理的研究。

不过，麦金太尔 1989 年的论文只是强调亚里士多德伦理学与儒家伦理学这两种德性理论是不可公度的，它们各自具有一套不同的伦理立场和体系结构，没有一种中立的方法可以对这两种不同的体系进行裁决。[4] 当然，他也指出，"不可公度性"不排斥理性的对话和相遇，所以这篇论文只是将科学哲学的不可公度性观念引入了德性伦理的比较哲学研究而已。

2002 年麦金太尔发表的关于孔子与亚里士多德美德概念的再讨论，较其 1989 年的论文要深入很多。其中需要注意的是关于

〔2〕　麦金太尔的著作主要有：《追寻美德》《伦理学简史》《谁之正义？何种合理性？》。

〔3〕　他的这一论文也是我从会议上带回北京，后由我安排译为中文发表。

〔4〕　麦金太尔：《不可公度性、真理和儒家及亚里士多德主义者关于德性的对话》，彭国翔译，《孔子研究》，1998 年第 4 期。

"礼"的讨论。由于"礼"的概念对西方美德伦理来说相当陌生，所以麦金太尔就重新演绎了他的关于不同美德体系不可公度的理论。他说，儒家认为不通过礼的训练就不能获得高尚的品质，如果这一理论是正确的，那么没有提到礼的亚里士多德伦理学就不能获得高尚品质了。如果亚里士多德是对的，礼是不需要的，则儒家的美德体系就有严重缺限。[5]但麦金太尔也承认，这两种美德伦理是否像表面上看起来的那样尖锐对立，还是值得研究的。另外，各种不同文化体系的德目表之间是否存在一种共同性的东西，麦金太尔对此持怀疑态度，这就有可能走向相对主义。

麦金太尔的问题是，对礼的强调，究竟是因为礼的实践在普遍意义上是高尚德性所必需，还是只是一种特殊历史时空下的社会实践形式，只是西周礼乐文化宗法结构的历史印记？如果是后者，那么这种对礼的关注就只是一种地方性的历史文化现象，是特殊的文化实践，是"纯粹的地方性历史性的东西"，而非"具有普遍意义、要求普遍遵循的东西"。他认为，儒家做了这种区分，把由西周传习下来的宗法制度及礼仪要求与作为人之所以为人的"礼"的美德区分开来。孔子与其弟子正是从地方性文化现象中发展出一种普遍性的美德伦理，虽然它的表现形式即语汇仍带有那些文化社会的特殊性色彩。现代儒家则使自己与历史上的皇权和宗法结构彻底脱离了联系。他还指

---

〔5〕　麦金太尔:《孔子与亚里士多德的美德概念的再讨论》,《中国学术》, 2002 年第 1 期。

出，马克思主义的一个问题是，"无力将在道德方面仅仅是地方性的东西，与那些不仅要求得到而且也应当得到理性行为者普遍遵从的东西区分开来"。他甚至认为这是马克思主义主导的国家中"不断出现道德滑坡的一个原因"。这就是说，在他看来，马克思主义者的常见问题是，在儒家美德伦理中只看到地方性和历史性的东西，而没有看到普遍性的东西。最后，他指出，"儒家的美德伦理之所以形成自己的目的论特征，就在于每一个人都有一个目标，也就是养成自身的道德品格，从人伦关系的道义承担中确证自己的道德人格"。[6]

当然，麦金太尔的"地方性"概念并不完全科学，他所有指陈的现象的局限性，不仅是地方性的，而且是历史性的。

其次，他肯定了儒家重视人伦关系的立场，而不是追求独立的个体自我，这也是与亚里士多德相当接近的。

再次，以礼为例，把亚里士多德与儒家互相对立、否定，这种方法显然是一种一元论的文化观。世界上的不同文化必然有所差异，不同文明的道德理论亦然。要想象不同文化的美德完全一致，那不仅是不可能的，也是不合理的。设想一个极端的例子，如果两个美德伦理系统，各有十个德目，其中有九个是各自都肯定的，只有一个德目，一方是肯定的，一方未加肯定。那么，这两个体系就是完全对立和相互否定的吗？

---

[6] 《孔子与亚里士多德的美德概念的再讨论》。

最后，以亚里士多德和儒家而言，究竟哪一方更肯定地方性和普遍性的区别，而高度承认普遍性，这需要加以全面比较。如果如麦金太尔所说，雅典社会的德性都是雅典社会特性的表达，那么孔子与早期儒家则应当是越来越多地肯定其中普遍性的东西——正如麦金太尔自己认为的那样。

二

回到美德伦理的主题。这一问题的核心其实应当是，儒家伦理是否是一种美德伦理呢？肯定儒家伦理是美德伦理的理论意义和实践意义是什么？就后者而言，如果如麦金太尔所说，启蒙以来的道德规划已经失败，只有德性伦理才可能摆脱目前的困境，那么说儒家伦理是德性伦理就肯定了儒家伦理对救治启蒙以来的道德困境的现代意义。然而在理论上看，儒家到底是否是一种德性伦理，具有其本身的意义，并不依赖其是否具有实践意义而转移。

其实，儒家伦理思想有自己的德目体系，有自己的德性理论，所有美德伦理的优点儒家伦理都具备，这是不成问题的。美德伦理是儒家伦理的重要部分。问题的症结在于，一方面，儒家伦理能不能全部或整体归结为德性伦理？儒家的德性理论在其思想中占有何等地位？另一方面，儒家的德性理论与西方如亚里士多德的德性伦理相比有何特点？儒家的德性理论对当代美德伦理研究有何意义？前一个问题主要属于中国哲学史的问题，后一个问题则关联当代美德伦理的哲学研究。此外，当代美德伦理运动对中国古代伦理思想研究可能的推动是什么？应该注意的是，不能把西方的问题当作中国的问题，不能以西方的问题意识掩盖中国问题本身。具体到美德伦理而言，西方美德伦理运动对德性和规则两分对立的框架加以反省，这是上世纪 80 年代以来美德伦理运动中兴起并刻意凸显的模式，并非亚里士多德伦理学和儒家伦理的事实。

就"应该成为什么样的人"而言，这的确对把握古代儒家道德思想有意义。这在古典儒家虽然未被明确提炼为一问题形式，但其中包括的核心主题可以说就是"应该成为什么样的人"和"如何成为这样的人"。古典儒家一致认为，"应该成为君子（这样的人）"，君子的最高体现就是"圣贤"，君子与圣贤都是道德楷模的概念。而如何成为君子或圣贤，就是中国哲学的工夫论问题。工夫论占了宋明理学的大部分。美德伦理在从孔孟到程朱的过程中一贯传承，但在宋明理学中已不占主要部分。这也是美德伦理的主题并不适合宋代以后儒学研究的主要原因。牟宗三之所以用康德而不是用亚里士多德，也正是主要基于这个原因。当然，即使是先秦儒学，其中的人性论、人生论也不是亚里士多德的美德伦理所能涵盖的。所以一个明显的现象是，如果用亚里士多德的伦理比较先秦儒学的理论、人生思想，我们会发现，只能覆盖其中一部分，儒学的大部分伦理思想和人生哲学都不是"美德伦理"的概念能覆盖的。事实上，亚里士多德的思想也超出了道德理论，而孔子伦理超出了亚里士多德的伦理学。比如，古代儒学不仅有德性伦理，更有"君子伦理"或君子伦理学，儒家伦理中不仅有德，而且有道；不仅有行，而且有气（气象与态度）；不仅有知，还有乐。宋代以后，圣人的观念更加深入人心。在德性与人性的关系上，孟子提出的性善论是德性伦理的根基，这在西方伦理学中是没有的，与亚里士多德伦理学中以幸福为目的的目的论思想是不同的。荀子与亚里士多德有可比之处，但其化礼义为德性的思想仍有其自己的特色，不是像亚里士多德那样从习惯着眼。早期儒家不明确区分德性与德行，这也是在比较德性伦理学研究中应当注意的。心与行不分，心与身不分，做人和做事不可分，西方文化中那种尖锐对立的东西，在中国古代儒家中却并非如此，而是在统一体中包含的，品质和行为是一致的，并没有离开行为去专注品质，如《礼记》的"儒行篇"，《周易》的"象传"，都是如此。故君子的德行是其品质的实现和发显，而君子的品质必然表现在其行为里。而且，由孟子学派代表的儒家很注重从德性展开为德行的身心过程，包含了道德心理学的生成和延展，这是一种由内而外的"形于外"的过程。关注心发于行的内在机制，这也是亚里士多德的伦理学所没有的。最后，亚里士多德说"如果你不能拥有全部的德性，就不能完全拥有一个德性"，与亚里士多德德性的统一性结构不同，儒家有一套自己的德性结构，以仁为基础，以智和礼为平衡机制，从教育、修养入手来解决这个问题。尤其是就德目而言，亚里士多德比起儒家不仅缺少礼，更缺少仁，至于忠信之德都不见于亚里士多德德目表，这不能不归因于文明、文化、社会以及对人的理解的差异。

所以，在先秦儒学，以主体为中心（agent-centered）与以行为为中心（act-centered）是相结合的，不是截然分裂对立的，也没有品质与行为的对立或品质与原则的对立。其实亚里士多德思想中也不见得是那样对立。这都是在当代美德伦理运动中被抽象地尖锐化的对立，古代并非如此，"心行不二"是古典儒家的基本立场。

美德伦理运动开始时为了表达与规则伦理的不同，故特别突出美德伦理对品质的重视，但也容易被理解为美德伦理专讲内在品质，不关注行为及行为原则。其实如果不就理想模式而言，现实的传统美德伦理既讲美德品质，也讲行为和原则，中国古代思想就很少脱离了行为而只讲内在品质。亚里士多德亦然。同时，儒家通过对行为德行的描述，阐明一种人格即君子人格、圣贤人格，人格就不再是孤立的德行，而是整体的人格，即"是什么样的人"。所以儒家伦理不仅讲内在品质，亦用德行彰显品质，集品质以呈现人格。所以在儒家传统中，特别是先秦儒学中，应该做什么与应该成为什么样的人，是合而不分的。同时，成为什么样的人不是着眼于个别道德行为与原则，而是通过叙述指明整体的人。因此这个整体的人格也就不只是道德的人格，而是完满的理想人格。

如果确定我们的目的是成为君子，那就不仅说明君子有何德性，还要说明君子有何德行，所以强调君子的"是"决不会忽视"做",即行为的特性。因此包括孔子在内的古代儒家不只是列述德性之目,而且要详细叙述有此德性的人如何行动、行为,与西方近代注重 right action 不同,孔子注重的是 good action。在 good action 中不仅包括道德行为的对错,而且包括非道德行为,和超道德的高尚行为,以及修身行为等。故行为的善好而非行为之道德更成为儒家关注的焦点。

如果把"应该成为什么样的人"作为德性伦理的定义,孔子乃至儒学可以归入这样一种广义的德性伦理。但德性伦理之称为德性伦理,乃是以德性/德行为根本纲目和中心观念,即在内容和形式上都是以德性/德行为中心。所谓的广义的德性伦理已成为人生哲学的同义词,而狭义的德性伦理指定以德目为其形态,故在狭义的德性伦理概念上,孔子与儒学就不能归结为德性伦理,而是超越了德性伦理。德性理论是儒学的一个部分。

苏格拉底的"人应该怎样生活",据威廉斯认为,并不意味着问"我应该怎样道德地生活",它可以包括关于良好生活、值得去过的社会这些思考,但本身不包括明确的道德要求。[7] 包括"成为什么样的人"这一问题,其内涵的问答方向不可能是成为一个恶人。这也说明,苏格拉底的问题不仅仅是道德哲学的问题,而是人生哲学的问题。但是无论如何,"人应该怎样生活"不是中国哲学的明确问题,倒不如说"成为什么样的人"更接近中国哲学的问题。对儒家来讲,"成为君子"

---

〔7〕《伦理学与哲学的限度》,10 页。

和"成为具有完美德行的人"是明确的意识，君子德行既包括"成为什么样的人"，也包括"如何去行为、去做"的内容。

三

现在大家已经习以为常地把安斯科姆 1958 年的论文作为美德伦理运动的开端，其实可能并非如此，至少我们在 1958 年出版的伯纳德·梅欧的书《伦理学与道德生活》中已经看到对这一问题的清楚论析。他在书中指出，对于柏拉图来说，正义并不意味着按法律行动，正义是一种品质，正义的行为就是正义的人所履行的行为。对亚里士多德来说，讲真话并不是履行责任，讲真话是一种品质，更确切地说是整体的品质与性质的一个方面。如果要探讨亚里士多德的道德思想，我们根本用不着去寻找一系列的原则，当然，我们能发现某些"原则"，但是我们可以看到的更多的是一系列的品质特性。对亚里士多德来说，道德的基本问题不是"我应该做什么"，而是"我应当成为什么样的人"。梅欧认为，约翰·密尔对于"做"和"是"，以及对于反古希腊的近代道德观做了说明。他指出，"是"的伦理学中必须包括这样一个明显的事实，即"是"包含着"做"。然而"做"的伦理学却轻易地忽视了这一点。[8]

---

〔8〕　彼彻姆：《哲学的伦理学》，雷克勤等译，中国社会科学出版社，1990 年，225—226 页。

密尔在《论自由》中所说的你不该（做）和你应该（是）被彼彻姆解说为"做"和"是"的比较。所以，美德理论所关注的不是做了什么，而是把做此行为的人归入哪一个类别，是高尚的还是卑鄙的。而"我应当是什么样的人"指向的品质是德，即一个人的品质不仅是一些美德的罗列，而且是大于其各部分总和的一个有机的统一体。可见，梅欧的书中已经产生了关于现代德性伦理运动的基本结论，所以彼彻姆在其《哲学的伦理学》中已清楚说明：

> 在第二章和第四章中，我们考察了以原则为基础或者以义务为基础来判断正确行为和错误行为的两种理论。这两种理论在讨论道德的善恶时把注意力集中在行为或原则的善恶上。而不重视那些履行行为的具有动机的，遵循原则的行为者或行动者。然而，我们通常总是要对一个人是好人还是坏人作出判断，对一个人的品质特性，对他履行行为的"意愿性"作出判断。[9]

意愿性即行为之动机。他接着叙述道：

> 我们这里所说的"美德伦理学"，向义务论理论和功利主义理论提出了挑战，因为后两种理论虽然都各自提出一种观点，以解决"我们应该做什么"的问题，但都没有解决"我们应该成为什么样品质的人"的问题。

引号是我们加的。彼彻姆又指出，

---

[9]《哲学的伦理学》，221 页。

　　道德中一般有两种类型的判断，一是义务中心的，一是品质中心的。义务中心是判断一个行为是正确的还是错误的。品质中心即美德中心，是判断一个人是好的还是坏的。他同时指出了，义务论与功利主义是以原则和理性的形式为行为提供普遍指导。如义务论者看来，"正确的选择来自于一个人对义务的正确理解，这种正确的选择不能必然地表明他是具有美德的，因为尽义务的人有时是蔑视这个义务的，并且只是很不情愿地履行他的道德责任"。也正是因为这个原因，引起了人们对美德的更密切的关注。在功利主义看来，如他引用穆勒的说法，"道德上正确的行为独立于并区别于道德上正确的动机"。"要知道行为是正确与否并不需要知道行为者的动机，或者行为者的品质。"〔10〕

因此对于我们，美德伦理学和规则伦理学，何者更重要，并不是我们所关心的。事实上西方当代伦理学论辩中很大一部分是关乎此类的讨论。我们倾向于把三者同时看作考察人类道德生活的基本方式，并认为儒家即兼具此两种面向的古代伦理学。如对孔子而言，原则、义务、美德是一致的，儒家所注重的不是判断原则，而是实践原则，礼是判断原则，仁和君子不是，古代德行的概念表示人的道德性质和行为的道德性质是合一的。

----

〔10〕《哲学的伦理学》，222—223 页。

不仅如此，我们更注重的是在有关美德理论的讨论中，非道德的美德和超道德的美德，这是儒家美德理论体系中的重要部分。

西方伦理学认为圣人和英雄的美德与行为超越了一般所规定的道德义务，而成为"责任外的行为"和"义务召唤之外"的道德生活。[11]如彼彻姆所说，有两种人，一种属于履行义务的人，一种属于履行义务以外的、值得赞扬的人。前者履行的是"普遍的道德"，即一般人追求都能达到的普通道德；后者履行的是"非凡的道德"，即具有非凡天资、能力的人才能达到的非凡的道德。非凡即非普通的道德，是大多数人无法实行的。

美德伦理学特别适合说明"超越道德义务的道德理想"，因为实现了这些理想的人，我们不需要说明他们应该做的是什么，他们对自己的要求超越了一般的道德义务，他们代表的不是道德义务的最低要求，而是最高的理想境界。彼彻姆指出，现代许多道德著作进行了这方面的研究，"在绝大多数人产生欲望或个人利益的地方，圣人都能坚持克制；英雄所能克服的恐惧，几乎所有的常人都只能屈服……因此，圣人和英雄能够抵抗的力量，是其他人所不可能抵抗的。并且正是这种不可能性，成为不把圣人式的、英雄式的行为归属于义务要求所应当做的行为"。[12]

---

〔11〕《哲学的伦理学》，225 页。
〔12〕 同上书，257—258 页。

所以，圣人的生活是道德的，但他们的行为几乎总是超越道德的义务。但是只注意圣人的所作所为，离开了圣人之心，这又不是美德伦理学的方法。对圣人之心的体察就逼出了境界的问题和"应当成为圣人"的目标。那么，古代儒家对圣人人格的追求会不会由于超道德而过于高不可攀，反而使得多数人忽略了道德的基本要求呢？在儒家看来不会，因为儒家的人格理想两方面都包括，而不是只倡导最高的超越道德的境界。

关于"伦理学"的概念和道德的概念，现代的运用一般认为可以互换。康德关于伦理学的概念等于道德哲学，黑格尔关于伦理与道德的区分是其体系的应有之义，当代哲学社群主义的代表查尔斯·泰勒仍注重这一区分，从而阐发黑格尔关于伦理的理解的意义。另一方面，古典哲学中亚里士多德的伦理概念也在当代被重新强调。亚里士多德的非道德的伦理概念在当代被认为使得以幸福和人格为目标的伦理学范围大于康德以后的道德学理论。这两点对理解儒家思想都有意义。许多英美学者认为，"道德的理论"特指那些以规则或法则来讨论伦理问题的学说，[13]而亚里士多德与广义的美德伦理学重视的不是这些东西，而是人的整个生活，这才是 ethics。也因为这样，有的人认为，美德伦理学是一种"非道德的理论"。同样，儒家的伦

---

〔13〕 李义天：《当代美德伦理学的国内研究综述》，《南京政治学院学报》，2006 年第 2 期，122 页。

理学，明显地不限于道德行为，而关注德行、人格和实践的功夫。本书所说的儒家伦理学也是在这个意义上使用的，其生活不是以"正当""正确"为焦点，而是以"高尚""君子"人格为整体的伦理学形态。所以达沃尔也认为，美德伦理学所关心的主要是品质而不是行为，是我们应当如何而不是我们应当做什么。美德伦理学可以完全不作为一个道德理论而作为对人生其他方面的深刻的伦理解释来发展。[14]也有人认为《尼可马可伦理学》即是代表，对亚里士多德来说，根本问题不是如霍布斯、康德、密尔关注的诸如道德正确、道德义务等，而是何为人生目的？何种生活才是人的最好生活？亚里士多德的回答是：幸福。[15]这就是广义的伦理学构想。达沃尔对此做了详细的说明，强调亚里士多德关注的不是道德法则，而是美好、高贵的内心，最重视的情感是羞耻、尊重、骄傲、鄙视、敬重、自在等，故实际上是非道德的美德伦理学。[16]他还认为，任何这样的人类理想都可以是一种非道德的美德伦理学。我们的看法不同，亚里士多德虽然超出了道德的范围，但道德被包括在内，故不宜称作非道德的美德伦理学。只有冯友兰的《新世训》一类著作才是真正的非道德的美德伦理学。

---

〔14〕 斯蒂芬·达沃尔：《美德伦理学导论》，《江海学刊》，2006年第5期，23页。
〔15〕 同上。
〔16〕 同上，24页。

美德伦理与冯友兰的境界说有相通之处，如谢勒认为，"一个人可以不违反任何道德规则，但却自私自利。这样，从规则义务论的角度，我们对他不可能有任何谴责。但从美德义务论的角度，我们则可以说他缺少仁爱之心，而他有义务培养仁爱之心"。[17]（自尊应该是孟子思想中重要的品德品质。）这就区分了行为和内心，一个不违反道德规则行动的人，其内心却可能是自利的。因此，规则是评断行为的，但在此之外，还需要评断人，评断人的内心，评断人的品质，并将人归之于一种境界，故境界是比品质更高一个层次的概念。一个境界可以包含许多不同的品质，可以使对整体的人的精神的判断和分类更加容易。与规则伦理和功利主义都注重行为不同，境界伦理学即人生哲学之一种。它与德行伦理一样关注行动者的内心，此内心包括品质德性而不限于品质。可以说境界伦理学与德行伦理学共同属于"存心伦理学"，境界伦理是通过区分境界的高低来实现对人整体的评价。但境界是相对精神而言，故不关注行为，与古代的君子德行论还有所不同，应是道家和理学结合而产生的。所以，伦理学应该有一个概念，即心性伦理学，以包括美德伦理、境界伦理、动机伦理、存心伦理，也需要一个整合的人格概念，即君子，从而把这些主体的伦理人格化。

---

〔17〕 陈真：《当代西方规范美德伦理学研究近况》，《国外社会科学》，2006 年第 7
期，10 页。

四

当代儒学研究者对德性伦理问题的回应，可见于黄慧英、李明辉、刘余莉等。其实，美德伦理最符合教育的实践。教育一个孩子不应该说谎，既不用说这是违反道德原则的，也不可能说这不能使人类福祉最大化，很明显，最适合的说法就是"这是不诚实的"。

黄慧英在其《儒家伦理与德性伦理》中，经过谨慎的评论后认为："由前面两节的讨论可以看出，儒家伦理具有德性伦理的两个特征，因此可以断定，它属于德性伦理。"[18] 黄慧英的独到之处是对于非道德德性的重视，"在道德的领域，美德确定是道德的；在这个领域之外，即在非道德的领域，美德是令人欣羡的人格特征，它们对自我和他人同样有益。"[19] 她最后提出："是否对非道德的价值给予一定程度的重视，从而促使人们去发扬这些价值。如果这些价值的重要性得到承认，那么许多相关的原则都可以建立起来，渐渐便会形成一种学问。"[20]

黄慧英特别回应了斯洛特的两种德性说。斯洛特在《从道德到德性》一书中把德性分为"关乎自己的德性"与"关乎他人的德性"，前者是有利于拥有者自己的品质，如深谋远虑、

---

〔18〕《儒家伦理：体与用》，57 页。
〔19〕同上书，61 页。
〔20〕同上。

坚忍、谨慎、明智、沉着等；后者是有利于他人的品质，如公正、仁慈、诚实、慷慨等。但也有同时关乎自己和他人的，如自利、勇敢、智慧。他认为一般的道德理论中关乎他人比关乎自己重要，形成一种不对称。黄慧英则加以辨明，以说明这种不对称在儒家伦理中并不存在。[21] 其实在此以前，非利帕·弗特也提出过关于自己和关于他人的德性，他认为智慧、勇敢、节制的德性关乎行为者本人，能增进其自身的福祉；而仁慈是关乎他者的德性。

　　李明辉对把德性伦理学和康德伦理学对立起来特别地表达了不满。他认为，就康德而言，康德伦理学并不属于以亚里士多德为代表的"德行伦理学"（virtue ethics），但是却包含一套"关于德行的伦理学"（ethics of virtue），即康德伦理学本来就包含有德性的理论，故德性伦理与康德并非对立。就儒家而言，他认为，根据牟宗三的分析，康德伦理学是一套义务论伦理学，故儒家伦理基本上也是一套义务论伦理学；在台湾，士林哲学学者才试图将儒家伦理学诠释为一种德性伦理学，以与新儒家的诠释进路相抗衡。他认为德性伦理学的概念如此含混，故借德性伦理学来诠释儒家思想只是治丝益棼。[22] 后来他再写文申论，认为儒家的义利之辨及孔子回答宰我三年之丧，存心伦理的立场明显地表现出儒家伦理学具

---

[21]《儒家伦理：体与用》，64 页。
[22] 李明辉：《儒家、康德与德行伦理学》，《哲学研究》，2012 年第 10 期。

有明显的义务论特征。[23]

较为详细的讨论还见于刘余莉的《儒家伦理学—规则与美德的统一》。她指出：

> 在过去的几十年，当代西方哲学家和伦理学家对美德伦理表现了极大的兴趣。在美德伦理复兴的背景下，一些西方儒学家认为，儒家伦理在其发展的漫长历史中，一直强调品格的塑造和个体美德的培养，因此把儒家伦理视为美德伦理似乎是恰当的。笔者认为，尽管儒家伦理有强调品格修养和重视人格的特点，与当代西方美德伦理有某些相似点。但是儒家伦理不是严格意义上的美德伦理学，把儒家伦理视为美德伦理并不能揭示其独特性。相反，如果把儒家伦理视为一种美德与规则的统一的伦理学类型，则不仅有助于我们保有理解儒家对道德理解的独特角度，而且有助于我们理解儒家伦理对当代美德伦理与规则伦理之间的争论所作出的贡献。[24]

刘余莉的基本立场是对的，不足在于她只把礼作为儒家对原则的强调的例证，其实这既不充分也有偏差。礼在古代更多地是作为宗法社会的礼仪和具体规范，而不是行为的一般道德原则。

---

[23] 李明辉：《再论儒家、康德伦理学与德行伦理学》，《台湾东亚文明研究学刊》，第 12 卷第 2 期，台北：台湾大学人文社会高等研究院，2015 年 12 月。

[24] 刘余莉：《儒家伦理学——规则与美德的统一》，中国社会科学出版社，2011年，1 页。

其实，基于 2000 年我的《先秦儒学讲稿》(此书在 2017 年由生活·读书·新知三联书店以《孔子·孟子·荀子》为名出版)，早在 2002 年我曾发表过《古代德行伦理与早期儒家伦理学的特点——兼论孔子与亚里士多德伦理学的异同》。我指出，春秋时代德行伦理已有相当发展，孔子在礼乐文化的德行论体系中加入了新的道德精神，使得儒家的德行体系对西周春秋的德行论既有继承也有发展。我还特别指出，孔子的伦理学虽然包含了承继传统而来的德行论面向，但其整个思想已经超越了德行伦理的形态。在孔子思想中，仁不只是德，仁也是道。仁不仅是德性，而且是原则，是道德行为的根本原则。从孔子论忠恕一贯之道可知，孔子的全部伦理思想是不能归结为德性伦理的，因为孔子更多地谈到准则、法则、规则、原理。一贯之道的道不是单方面的德性，而是社会道德生活的根本原则。同时，孔子的思想已超出个别的德行，进入整全的人格——君子。哲学都不是德性伦理所能包含的。在这个意义上，德性伦理只是孔子思想的一部分。如果人的行为可以分为道德的、不道德的、非道德的、超道德的，则《论语》中大量的语句都体现着比基本道德要求更高的人生理想，包含着超道德的性质，"孔子提供了对德性、嘉行、原则进行综合研究而非把三者割裂对立的典范"。[25]

上面的叙述意在说明，1999—2000 年我在香港中文大学

_____

〔25〕　陈来：《从思想世界到历史世界》，北京大学出版社，2015 年，41—45 页。

教书和写作时，已经做出了结论：儒家伦理不能归结为德性伦理，但我仍保持着以德性伦理的视角对中国古代伦理进行研究的空间。我现在的思想与2002年的那篇文章相比变化不大。相对于刘余莉所说的原则与美德的统一，我认为儒家伦理还是德性与德行的统一，道德与非道德的统一，公德与私德的统一，道德境界与超道德境界的统一。把握了这五个统一，才全面掌握了儒家伦理及其与美德伦理的关系。如果我们不用统一这个词，则可以说，儒家伦理思想，既重视美德也重视原则，既重视德性也重视德行，既重视道德也重视非道德，既重视私德也重视公德，既重视道德境界也重视超道德境界。当然，儒家伦理思想总的说是在古代文化环境中发展起来的，故其具体内容需要随时代变化而发展调整。而整合地讲，君子人格或君子伦理代表了儒家伦理的形态。

五

就儒学研究而言，我的初步结论是，春秋时代的中国文化已经进入德行的时代，而到孔子已经进入后德行时代，故孔子思想虽然包含德行部分，但已经在整体上不属于德行伦理，而进入一个"君子人格"的新形态，是与君子人格结成一体的。就德行论而言，与亚里士多德相比，孔子的德目表与之不同，其核心主德亦与亚里士多德不同，但这不是哲学思考的不同，而应是文明与文化的不同造成的。与春秋的德行论不同的另一点是，在孔子思想中德与道相通，德通向道，道化成德，从而把单纯的德行论提升为更普遍的伦理学。孔子及其门徒的德行论不仅讲德行，而且关注道德心理，关注德行如何从内在心性发形于外在行为，并且以"仁内义外"为代表，关注德行发生的不同内外根源。因此孔子的后学，一派如"德行可象"所代表的，注重呈现，如行为、气度、气象、态度，注重在已发的方面；另一派则注重未发的德性、品质，注重德行的内在根源。后一派也就直接导致了孔门向人性论的发展，以说明德行的人性基础。

儒家不能说只是"为己之学"，而更是"君子之学"。前者是指向心性，后者是指向德行。君子伦理是德性与行为的统一，德性与规则的统一，公德与私德的统一，圣人与境界的统一，并透过中国哲学的心性身行合一而表达出来。而价值的问题，从先秦到两汉，儒家美德伦理就已经确定并完整建立，此后也未曾改变，只是在经典研究和哲学研究中加以论证和深入。这一德性伦理问题在中国近代以来的表现，不是规则和美德的冲突，而是在美德内部的公德和私德的严重失衡，同时也隐含了现代社会的普遍困境。所以，只是一般的重视德性伦理并不能针对和解决中国道德困境的问题。

道德与道德意识或道德品格是不同的。道德是社会行为的规范要求，道德意识是社会规范要求反映或内化于人心的意识状态，前者是理，后者是心。当然，充分完善的道德意识可以达到心即理，这从内涵上讲是可以的，但二者在存在上还是不同的。如果说伦理学是研究道德问题的科学，则是狭义的伦理概念。在历史上，道德和伦理二者常常混用，而不论是道德的概念还是伦理的概念，在使用中都有两个含义，或指个人品格，或指社会规范。在中国文化的使用中，伦理更多地指社会规范，道德更多地指个人品格。而威廉斯认为在西方伦理偏重于个人品格，道德偏重于社会期待，可见这两个概念的使用在不同文化不同时代也是不同的。如近代黑格尔为了区别道德和伦理，便减缩了道德的含义，把道德限定为"主观意志的内部规定"，是内在的主观性，而伦理则具有客观性。事实上，道德和伦理这两个概念的用法都兼有两种含义，都有主观的一面和客观的一面。

那么能不能说美德的概念主要指伦理或道德的主观方面？这要看历史，不能一概而论。在中国古代，孔子以前，德兼指德性和德行，孟子的德便明显向内在的德性发展，并区分了"由仁义"和"行仁义"。汉代始明确"在心为德，施之为行"，此后，尤其是到了宋明时期，注重德的内在和主观意义成为主导。在西方，亚里士多德也还是兼重品性和行动，而在基督教流行以后，德行的内在主观方面才越来越成为主要的意义。中国文化在宋代以后，虽然在工夫上仍然重行，注重实践，但道德评价的重点在心，在心之德；以致形成为习惯，必须把人的所有行为归结为心的某一状态，要在心灵的层面来认识人、评价人，陆九渊所说"某看人直是雕出心肝"，即是此意。

生活中常常见到一种人，他们可以做合乎道德的行为，但不是为道德而道德，而是出于其他的动机。他们更多的行为是不违反道德，但其动机完全是为了个人自己的利益。这种人冯友兰把他们的精神境界归结为"功利境界"。在功利境界之上则是道德境界，在道德境界之上是天地境界。这些功利境界者，他们的行为从不违反社会规范，但从德性论来说，他们的行为虽不是道德的，也不是不道德的，达不到超道德，但似乎也不属于非道德的。从这点来看，我们提倡的有德之人，确实是以"心"为主而论之的。君子之德，君子之心，不仅仅应该是道德的，更是比道德为高的。它虽然未及于圣人，但此种高尚君子，才真正代表了儒家人格，因为圣人几乎是绝无仅有的。君子人格当然以道德人格为基础，但又不止于道德人格，比道德还高。君子境界不一定达到圣人的境界，也不一定达到佛老的境界，但就其高尚来说，是得到人们一致推崇的。

上面所说的那一种功利境界的人，自利而不害人，故并不是人生中最低的境界。但是中国文化中对这种人评价甚低，看不起这样的人，绝不推崇这样的人。中国文化所推崇的人是孔子《论语》中所赞美的人，他们不仅是道德君子，而且是全面提升了自己精神境界的人。他们不是上帝佛祖，不是超世间的，但君子所代表的人生观和境界，比道德人格和境界更广泛、更丰富、更完美高尚。他们极高明而道中庸，他们的人格和境界，而不是道德境界，才是儒家的真正精神标志。君子坦荡荡，那种高贵又高尚的内在精神和心灵，是君子人格，而不是德性伦理。冯先生认为在道德境界之上还有超道德的境界，这是很正确的,只是冯先生所理解的超道德境界主要是神秘主义的境界,这就不符合孔子和孟子的人格精神了。中国文化所赞美的好人如同亚里士多德所说的善人,不是就其行为而言,而是就其内心而言,是对这个人美善之心的一种断定。道德反映了社会的要求,而超道德的高尚是人类文明的结晶,已经超出一般的社会规范的要求了。

其实西方思想家亦然。这里只举出一般被认为是自由主义的理论家密尔对这些品质和美德的肯定。他在《论自由》中谈到基督教的道德时,批评基督教"与其说是崇高毋宁说是但求无罪",这证明他是主张"崇高"的。他说:"在私人生活道德方面,若还存有任何所谓恢宏气度、高尚心胸、个人尊严,甚至荣誉感等品质,那也是得自我们教育中纯人事的部分,而不是得自其宗教的部分。在一个宣称只承认服从唯一价值与伦理标准下不可能生长出那些品质来。"[26]这所谓私人生活道德,应即是梁启超等近代中国人所说的私德。可见,密尔赞成并主张"崇高""高尚""恢宏""个人尊严""荣誉感"这些美德,并认为它们是私人生活道德"品质";它们不是来自基督教,而是来自古希腊罗马的人文教育。他在这里所说的诸种品质显然也不是狭义的道德品质,而是比道德品质更高的人格品质。他相信,只有这些品质才可能升高到"最高善"的概念。其实这些也应该是亚里士多德所说的arite,而不是现代美德伦理学所说

---

〔26〕《论自由》,58页。

的道德德性。

同样，他在批评了不道德的行为之外，也指出了恶德的情性、操守、品质，从反面看出他对个人道德情操、品质的正面推崇。如他说：横加他人以损失和损害，以虚伪或两面的手段对待他人，不公平地或不厚道地以优势凌人，以致自私地不肯保护他人免于损害。……不仅这些行动是如此，就是导向这些行动的性情也是不道德的，也应当是人们不表赞同或表示憎恶的东西：性情的残忍、狠毒、乖张（这些是所有各种情绪中最反社会性的和最惹人憎恶的东西），嫉妒，作伪和不诚实，无理而易暴怒，不称于刺激的愤慨，好压在他人头上，多占分外便宜的欲望，借压低他人来满足的自傲，以"我"及与"我"所关的东西为重于一切，专从对己有利的打算来对待一切的唯我主义。所有这些乃在道德上是邪恶，构成了一个恶劣而令人憎恶的道德性格。[27]

〔27〕《论自由》，93 页。

第十章　儒学的人论与仁论

儒学是仁学，也是人学，亦可说人论是儒学的主要内容。儒学的人论是关于人的思想，包括人的地位、人的价值、人的本质、人的理想、个人的人格、人与人的关系等许多面向，以下我们择其主要的观点做一论述。

一、儒学的人论

（一）人的地位与价值

人在宇宙中的地位，人在自然中的地位，是一切人论的基本问题，因此在早期思想中已经将人的存在纳入自然和宇宙中加以认识。至少自轴心时代以来，以人为本的思想在中国哲学特别是儒家哲学中已经成了人论的基本立场。固然，天地是宇宙之中最重要的存在物，但在轴心时代，天地并不是神，从轴心时代开始，中国慢慢发展出一种思想，即人与天地并立为三。从而，从天地并立的二元世界观，变为天地人并立的三元世界观，无疑表示在这个时代"人"的地位得到了很大提高，这从《周易》看得很清楚。从西周春秋的乾坤二元论到战国时期三才说的三元论，中间经过《中庸》、孟子思想的形塑，儒家认为人在宇宙中可以积极参与宇宙的变化，赞助天地之化，从而确立了自己作为三才之一的地位。换言之，参赞化育是三才说的实质。经历了公元前 1000 年到公元前 400 年之间的思想变化，儒家关于天的观念已经逐步去宗教化，天不再是最高的神，变为宇宙最大的自然实体，而三才说的人文主义面向肯定了人与天地相同或接近的地位。

人在宇宙中的地位不仅与天地相关，也与万物相关。早在孔子之前中国思想已经出现了"人受天地之中以生"[1]，而贵于万物的思想。战国时的《孝经》引孔子说"天地之性人为贵"[2]，战国后期荀子也说"人有气、有生、有知，亦且有义，故最为天下贵也"[3]，这些都是指人与万物相比是最宝贵的存在。西汉董仲舒提出"人受命于天，固超然异于群生，此人之所以为贵也"。[4]董仲舒也明确表达了一种"人贵论"，即把人看得

---

[1]《左传·成公十三年》。
[2]《孝经》圣治章，颜师古曰："孝经载孔子之言也。性，生也。"
[3]《荀子·王制》。
[4]《汉书》卷五十六，《董仲舒传》。

高于万物，突出人相对于万物的尊贵性。这些说法不仅反映了人对自己在力量和文化上高于万物的自觉意识，而且包含了人对"理性""道德""精神"特别推崇的自觉性。

　　回到天地人关系的问题，早期儒家还提出一种思想"人者天地之心"[5]，强调人之所以贵于万物，是因为人是宇宙的精神和意识，是天地间最精华的灵性存在。另一方面，从参赞的意义上看，儒家的存在论也具有一种"天生之，地养之，人成之"的整体过程的观念，即一切存在物都是天生、地养、人成的共同作用下实现其存在，没有人的参赞活动，万物的生命就不能完全实现。此外，早期儒家已经有了"天人合一"的思想，表现在人论上，就是认为人能够"与天地合其德，与日月合其明，与鬼神合其吉凶，先天而天弗违，后天而奉天时"。[6]也就是说，人在德性上可与天地相合，在精神的光明方面可与日月相同，与鬼神的吉凶活动一致，所以先于天时活动不会与天时相违背，后于天时活动则会自然合乎天时，总之人的德性和活动总是与天地、日月、鬼神相合一致。这就使人具有了其他万物所不能具有的地位，因为它与宇宙的特性、自然的运行、鬼神的活动总是一致的。这一种宇宙论的人论，应当是在古代文化中对人的地位和价值所做的最高肯定。

---

〔5〕《礼记·礼运》。

〔6〕《礼记·中庸》。

（二）人性与社会

前述可以说主要是有关人的存在面向的讨论，未涉及有关人的社会面向的讨论，而人论在根本上是与社会相关一体的论域，离开社会的人论或论人肯定是不充分的。

我们先来讨论儒家的人性论。人性论是讨论人的共同属性、人的本性的实现、人对本性的自觉。以孟子性善论为儒家人性论的典型代表，儒家人性论的首要特征，是宣称每个人与其他人一样，在人性上没有差别。因此，人性对每个个体是普遍同一的。从比较思想的角度看，与古希腊相比，这种人性论理论蕴含的社会含义是它不会为奴隶制度论证，它在人性上不假设任何人一出生就应被他人所奴役，换言之，人性是自然平等的（natural equality）。[7] 其次，人性皆善，每个人的本性都是善而非恶，人的所有价值根源于人性。从这种人性论来看，人的本性都是相同的善，人的现实的善恶差别是由环境造成的，人的恶尤其是由后天的教育社会环境所造成。换言之，就本体的人而言，都是善而非恶的，但就现象的人而言，会受到各种社会制度和文化习俗风气的影响而偏离其良善的本性。认为所有人的本性是同等的善，这本身就是对人之价值的充分肯定。那种认为所有人的本性是同等的恶的看法就不能看作对人的价

---

[7] 参看孟旦：《早期中国"人"的观念》，丁栋、张兴东译，北京大学出版社，2009年，2页。

值的肯定。再次，这种普遍一致的人性论还伴随一个重要的观点，即人的基本性情、心理是互通一致的，即所谓"人同此心，心同此理"。故每个人都可以以自己的性情心理为道德推理的根据、依据，而引出合理的道德规则。这里"人同此心"的心包括情感、欲求和心理。这些规则的最集中体现便是孔子倡导的"己所不欲，勿施于人"[8]。这种人同此心的人性论使推己及人成为可能，因为它先验地肯定了人心的互通性、一致性。这种互通性伦理在经验上有其说服力，因而在各大文明中都得到推崇。可见哲学的说服力不必皆来自精密的逻辑证明，而可以来自对人性经验的多数肯定。人与人的感情、欲求、心理的基本一致是儒家伦理的一个重要基点。

　　人的本性的一致和现实的人的千差万别成为对照。这正反映了人性论的指向，要使人的现实差别及其发展在人性论层面得到说明、支持或平衡，人性论应当是对人本身的最重要的论述、洞见、信念。不过，在儒家思想中，人性论并不能单独负责回答"人是什么"的问题。"礼"的观念对这一问题提供了答案。从儒家对礼的看法"礼义者，人之大端也"[9]可知儒家对"人是什么"这一问题的回答是，人是文化的动物，人是道德的动物，人是知识的动物；人的本质就是创造文化，传承知识，实践道德。

---

[8]　《论语·卫灵公》。
[9]　《礼记·礼运》。

　　儒家人性论的着眼点与善恶有关。儒家以前的中国人性论以生论性，以生之自然者为性，与孟子同时的告子将其概括为"生之谓性"[10]，认为性就是生命本身具有或带来的特质，与善恶无关（"性无善无不善"）。这种人性论除了对欲望情欲做了根源性的肯定外，对善恶与社会价值的思考没有建设性的功能。孟子开始的儒家人性论主流，则与之对立，用人性论来论证社会主流价值，坚持与善恶相关的普遍人性论论述，反对把人性看成各人不同的（"有性善有性不善"），反对认为人性没有内在根据而全由社会政治所决定（"性可以为善，可以为不善，文武兴则民好善，幽厉兴则民好暴"）。

　　孟子的人性善观念到宋代以后成为最有影响的人性论，这种人性论认为，人的本性不论其社会等级、职业差别、教育程度，都是本善的。善代表人与动物的根本不同，也是人能自我教育和自我发展的内在根据。一个人为不善，并不是他的本性所决定的，而是社会环境和习惯造成的。人性光辉的信念使得儒家教育思想对于人不是抱着不信任的态度，而是最大限度地相信人的自我教育和发展的能力，因此，引导人的行为向善，不是依靠严刑酷法，而是依靠人的本性的自觉，去冲破社会污染的迷失。这是最根本地肯定人的尊严的思想。

　　孔子与孟子进一步把人的本质称为仁，认为仁是人的道德本质。"仁"又是人的道德自觉，在儒家看来，道德本质是道德

────────────

〔10〕《孟子·告子上》。

自觉的根据、根源，道德自觉是道德本质的发显、表现，在本体上二者是一致的，但在现实中，社会文化与人的修身努力，造成了二者的分离。因此，改善教育和努力修身是两项根本方法。而不论如何，儒家注重人是可以自身完善的，完善的力量来自人自身，来自人性，来自人的道德自觉和道德努力。实现了人的本性的人才是使自己真正成为人，才达到了人的真正自觉。

（三）人格与人伦

近代以来，儒家人论遇到的主要挑战来自个人主义以及个人主义的独立人格说。在儒家哲学中，这个问题涉及人的独立意志与人格尊严、人格与人伦、个人意志与共同体利益的关系，是近代以来思想领域一直关注的问题。在这个问题上，张岱年先生在 20 世纪 80 至 90 年代提出了一系列观点，申明了儒家哲学的基本立场。[11]

从儒学史来看，儒家是坚持独立人格的。儒家的观点认为，个人的独立人格或独立意志首先是相对于政治权势的外在压力而言，如孔子所说"匹夫不可夺志也"[12]，就是这样的自主意志。其次是相对于一切财富、地位的外在诱惑而言。孟子早就提出，所谓独立意志是指"富贵不能淫""威武不能屈""贫

---

〔11〕　见《张岱年全集》第七卷，河北人民出版社，1996 年，16、24、94 页。

〔12〕《论语·子罕》。

贱不能移"〔13〕，这是针对三种动摇人的内在意志的主要考验，所以孟子特别"尚志"〔14〕，即推崇独立意志。儒家所理解的独立人格，也总是针对那些能影响意志的外在因素。因此，儒家所理解的独立意志、自由意志，是指独立、自由于"威武""富贵"这些因素，不受其影响，而不是主张绝对的个人主义。也因此，儒家提倡独立人格，但不是独立于道德原则、独立于社会价值、独立于社群利益的绝对个人意志，反而，在儒家看来，人格是与社群利益统一的，是与道德法则统一的，人伦与人格是统一的；儒家认为人格尊严与道德德性密切关联，人伦实践是完成独立人格的条件。另一方面，儒学强调"自作主宰"〔15〕，但这是强调修身的主体性和自主性，这与儒家注重社会取向的价值观是不同角度的主张，因此，这种修身的自主性不是价值上对于社会人伦的独立性。独立于社群、疏离于德性的人不可能拥有真正的独立人格，也不能体现人格尊严。所以，儒家的独立人格与其社群主义立场是统一的，儒家的人格尊严与其道德实践也是统一的。

　　人伦是儒家人论的一个重要观念，人伦是人的伦理关系及其规范，《孟子》最早界定了这一点："教以人伦，父子有亲，君臣有义，夫妇有别，长幼有序，朋友有信。"〔16〕儒家一

---

〔13〕《孟子·滕文公下》。

〔14〕《孟子·尽心上》。

〔15〕《宋元学案·象山学案》。

〔16〕《孟子·滕文公上》。

方面强调为仁由己，突出个人的价值自觉；另一方面又强调
人伦秩序，注重社会伦理。儒家所理解的个人，是人伦关系中
的个人，离开了人伦关系就无所谓个人，个人的价值要在人伦
关系中才能实现。在中国文化中，个人不是原子，是社会关系
连续体中的关联性存在一方，因此，注重关系的立场必然不是
个人本位的立场。它主张在个人与其他对象结成的关系中，人
不是以权利之心与对象结成关系，而是以责任之心与对象结成
关系。个人与他方构成关系时，不是以自我为中心，而是以自
我为出发点，以对方为重，个人的利益要服从责任的要求。人
在世界上的生存不是个体的独立生存，一定是在群体之中的生
存，人的道德的实现也一定要在社群生活中实现。中国文化的
主流思想不强调个人的权利或利益，认为个人价值不能高于社
群价值，社会远比个人重要，而强调个人与群体的交融，个人
对群体的义务，强调社群整体的利益的重要性。这些都明确体
现了社群安宁、和谐与繁荣的重要性，强调了个人对社群团体
和社会的义务，也强调了社群和社会对个人的优先性和重要
性，这些也都是儒家人论的主要内容。

（四）人的理想：成人与成圣

从人论的角度，"成为什么人"以及"如何成就理想的
人"是儒家的根本问题。中国古代的教育理念是"做人"，学
做君子，学至圣人，体现了"做什么样人格的人"是儒家教
育观的根本问题。孔子和孔子以后的儒家都把教育的最高理

想界定为使学习者成为圣贤。古代的教育与学习，最重要的是设立道德的榜样，而这在人文主义文化中只有圣人的形象能达到。儒家的"学"就是学一种高尚的人格，完整的人格，具有多方面优秀品质的人格，这样的人才是真正的人。培养追求高尚人格的人，以德性教育为中心对整全人格进行塑造，这是儒家的教育目标和理想，也是两千多年来儒家教育的历史实践。

在《论语》中，"成为什么样人格的人"变成了教育最重要的核心意识，这在孔子以前的春秋时代是没有过的。孔子和儒家的教育理念注重培养全德的人。古礼中的"成人"是指成年人，而孔子则将"成人"的观念转变为完备人格的概念：具有知、不欲、勇、礼乐、艺多方面德性的人是"成人"，"见利思义，见危授命"的人是"成人"。[17]《管子》中的"既仁且智，是谓成人"[18]也明白地说明了这一点。后来荀子也说有德操的人是成人，德性完美的人是"成人"，而君子就要成为具有完备人格的人，"君子贵其全也"[19]。宋代新儒家邵雍则把全德之人称为"全人"[20]。这样的教育，其基点是服务于一个人的全体的精神成长，服务于他的全部的德行生活，它不是一个专一的技能所能体现的，当然也不是为了把一个人教育为专业的人士。

---

〔17〕《论语·宪问》。

〔18〕《管子·枢言》。

〔19〕《荀子·劝学》。

〔20〕《宋元学案·百源学案》。

以德性为中心对整全人格的塑造，是教育的目标和理想，这是孔子开创的儒家教育的实践始终强调的。中国古代的教育，始终强调学习"做人"。朱熹说："道二，仁与不仁而已。圣人千言万语，只是教人做人而已。"[21] 陆九渊说："学者所以为学，学为人而已。"要培养出把品格的操守看得最重要的人，追求人格高尚而鄙薄低俗、不屑功利的人，培养这样的人是儒家教育的根本目标。

二、"仁者人也"的诠释

在儒家哲学中，"人"与"仁"可互为定义，其最典型的表现，便是《孟子》所说的"仁也者人也"。《礼记》作"仁者人也"，与《孟子》一致。"仁也者人也"是古代儒学中的重要论题，也是先秦儒学对"仁"的唯一定义式的表达。从秦汉到宋明，儒家学者对之做了各种解释，在现代儒学中仍然受到重视。本章就此命题及其意义进行一些讨论，以扩大分析这一问题的哲学视野。

关于"仁也者人也"这一命题，古代文献中出现了三次，并且在历史上有两种主要的解释，本章则突出第三种解释的可能和意义，并在比较哲学的视野中予以强调。

---

〔21〕《朱子语类》卷一三；下条见《陆九渊集》语录。

（一）人能亲爱施恩说

"仁也者人也"最早见于《孟子·尽心下》，此后又两见于《礼记》。以下我们先举出这三个材料，以供读者参考。

1.《孟子·尽心下》

> 孟子曰"仁也者，人也；合而言之，道也。"[22]

《孟子》一书的注释，最早为汉代的赵岐，赵岐对此的注释是：

> 能行仁恩者，人也。人与仁合而言之，可以谓之有道也。[23]

仁的本义虽然可以解释为仁恩，即对他人实行恩惠，但"能行仁恩"并不能很好地解释这里的"人也"，因为不仅能行仁恩者是人，能行其他德行者也是人。

正如与这个命题的形式相同者，"义也者宜也，礼也者履也，智也者知也，信也者实也"[24]，其解释方法，都是要用后面的字训解前面的字，即用宜训解义，用履训解礼，用知训解智，用实训解信。按此思路，"仁者人也"应是用人来训解仁，换言之，是强调仁与人的关联，而这在赵注中却无法体现。赵

---

[22] 陈荣捷先生的英译如下：Mencius said, "Humanity is (the distinguishing characteristic of) man. When embodied in man's conduct, it is the Way." 见 Wing-Tsit Chan, *A Source Book in Chinese Philosophy*, Princeton University Press, 1973, p.81。

[23] 《孟子正义·下》，中华书局，1987年，977页。

[24] 见《朱子语类》卷六一，朱子因尤延之语而述高丽本《孟子》语："尝闻尤延之云:《孟子》仁也者人也章下，高丽本云: 义也者，宜也；礼也者，履也；智也者，知也；信也者，实也: 合而言之，道也.'此说近是。"

注只有在《孟子》原文是"仁者恩也"的条件下，他的解释才能与之相合。可见赵注的注释在说明仁和人的关联上并不能令人信服。

2.《礼记》第三十一卷《中庸》20章

> 哀公问政。子曰："文、武之政，布在方策。其人存，则其政举；其人亡，则其政息。人道敏政，地道敏树。夫政也者，蒲卢也。故为政在人，取人以身，修身以道，修道以仁。仁者人也，亲亲为大；义者宜也，尊贤为大。亲亲之杀，尊贤之等，礼所生也。在下位不获乎上，民不可得而治矣！故君子不可以不修身；思修身，不可以不事亲；思事亲，不可以不知人；思知人，不可以不知天。""天下之达道五，所以行之者三。曰：君臣也，父子也，夫妇也，昆弟也，朋友之交也，五者天下之达道也。知仁勇三者，天下之达德也，所以行之者一也。或生而知之，或学而知之，或困而知之，及其知之，一也；或安而行之，或利而行之，或勉强而行之，及其成功，一也。"〔25〕

对此，《礼记正义》引述了郑玄的解释及孔颖达疏的发挥：

---

〔25〕 陈荣捷先生对"修身以道，修道以仁，仁者仁也，亲亲为大"的英译为：
The cultivation of the person is to be done through the Way, and the cultivation of the Way is to be done of humanity. Humanity is (the distinguishing characteristic of) man, and the greatest application of it in being affectionate toward relatives (parents). 见 Wing-Tsit Chan, *A Source Book in Chinese Philosophy*, p.104。

郑注：人也，读如相人偶之"人"。疏云：以人意相
存问之言。"仁者人也，亲亲为大"者，仁谓仁爱，相亲
偶也。言行仁之法，在于亲偶。欲亲偶疏人，先亲己亲，
然后比亲及疏，故云"亲亲为大"。〇"义者宜也，尊贤
为大"，宜，谓于事得宜，即是其义，故云"义者宜也"。
若欲于事得宜，莫过尊贤，故云"尊贤为大"。[26]

这里是用"亲偶"解释仁，用相人偶解释"人也"，相亲偶也
就是人与人相互亲爱。仁就是去亲爱你亲爱的人。这种用
亲偶解释仁、人，在先秦是没有的，也是不清楚的。可见
汉儒及其影响下的解释，其实都是以仁的相亲爱的意义延
伸解释的。

3.《礼记》第三十二卷《表记》

子曰："仁有三，与仁同功而异情。与仁同功，其仁
未可知也；与仁同过，然后其仁可知也。仁者安仁，知者
利仁，畏罪者强仁。仁者右也，道者左也。仁者人也，道
者义也。厚于仁者薄于义，亲而不尊；厚于义者薄于仁，
尊而不亲。道有至，义有考。至道以王，义道以霸，考道
以为无失。"

《礼记正义》引郑注：人也，谓施以人恩也。疏云：
"仁者人也"，言仁恩之道，以人情相爱偶也。〇"道者义
也"，义，宜也。凡可履蹈而行者，必断割得宜，然后可

---

[26]《礼记正义》，十三经注疏本。

履蹈，故云"道者义也"。

　　正义："人也，谓施以人恩也"，解经中"仁者人也"。仁，谓施以人恩，言施人以恩，正谓意相爱偶人也。云"义也，谓断以事宜也"，谓裁断其理，使合事宜，故可履蹈而行，是"道者义也"。[27]

这种解释在方向上与赵岐的《孟子注》是一致的，用施以人恩来解释"仁者人也"，所不同的是把仁恩与"相爱偶"结合一起，与郑玄接近。但这里对"仁者人也"的解释仍不能令人满意。

　　无论如何，从以上已经可以看出，"仁者人也"的命题，其实并不是给"仁"下的定义，而是要强调仁与人的关联性，而如何阐明此种关联性，成为儒学史的一个课题。

（二）人之所以为人说

　　宋代理学兴起，理学注重的是经典的思想诠释，与汉儒注重字义训诂不同。对"仁者人也"的义理解释先见于张载。《宋元学案》卷十八：

　　学者当须立人之性。仁者人也，当辨其人之所谓人。学者，学所以为人。[28]

这里初步提出了"仁者人也"的"人"应解释为"所以为人"，

---

〔27〕《礼记正义》，十三经注疏本。
〔28〕《宋元学案》卷十八，《横渠学案》（下）。

即仁是所以为人者，这种对仁与人的关联性的说明，较汉儒更为合理。

"所以为人"即是人的本质。最著名的理学大师朱熹完整提出了仁是人之所以为人说。朱子《孟子集注·尽心章句下》：

> 仁者，人之所以为人之理也。然仁，理也；人，物也。以仁之理，合于人之身而言之，乃所谓道者也。程子曰："中庸所谓率性之谓道是也。"[29]

> 或曰"外国本，'人也'之下，有'义也者宜也，礼也者履也，智也者知也，信也者实也'，凡二十字"。今按，如此则理极分明，然未详其是否也。[30]

按照朱子的解释，"仁者人也"，其中的"仁"指人之所以为人之理，其中的"人"是指人身而言。整句是说仁作为人之理具于人之身上。其中既体现了朱子的道德意识，也体现了朱子的身体意识。

朱子《中庸章句》：

> 故为政在人，取人以身，修身以道，修道以仁。此承上文人道敏政而言也。为政在人，家语作"为政在于得人"，语意尤备。人，谓贤臣。身，指君身。道者，天下之达道。仁者，天地生物之心，而人得以生者，所谓元者善之长也。言人君为政在于得人，而取人之则又在修身。

---

〔29〕 朱熹：《四书章句集注》，中华书局，1983 年，367 页。

〔30〕 同上。

能修其身，则有君有臣，而政无不举矣。仁者人也，亲亲
为大；义者宜也，尊贤为大；亲亲之杀，尊贤之等，礼所
生也。杀，去声。人，指人身而言。具此生理，自然便有
恻怛慈爱之意，深体味之可见。宜者，分别事理，各有所
宜也。礼，则节文斯二者而已。[31]

这里提出"仁"是天地之心，也是人得以生的生理；"人"是人
身，人身是具此生理的主体。

《朱子语类》中记载的朱子与学生有关孟子"仁也者人也"
的讨论有不少，这些语录进一步发挥了朱子在《孟子集注》和
《中庸章句》的思想：

"仁者，人也。"人之所以为人者，以其有此而已。一
心之间，浑然天理，动容周旋，造次颠沛，不可违也。一
违，则私欲间乎其间，为不仁矣。虽曰二物，其实一理。
盖仁即心也，不是心外别有仁也。[32]

这是说"仁者人也"是讲仁是人之所以为人者，也就是说，仁
是人的本质。

"仁者，人也。合而言之，道也。"此是说此仁是人底
道理，就人身上体认出来。又就人身上说，合而言之便是
道也。[33]

---

[31]《四书章句集注》，28 页。

[32]《朱子语类》卷六一。

[33] 同上。

这是说仁是人之理，又在人身上体现出来，所以说"仁者人也"。人之理就是人的本质、本性。

> "仁者，人也。合而言之，道也。"只仁与人，合而言之，便是道。犹言"公而以人体之便是仁"也。[34]

总之，"仁"与"人"要互相定义，彼此不能离开，"仁"不能离开"人"去理解，"人"也不能离开"仁"去理解，必须合而言之。人是仁所依存的主体，仁是人之所以为人的本质。

> "仁者，人也"，非是以人训仁。且如君臣之义，君臣便是人，义便是仁；尽君臣之义即是道，所谓"合而言之"者也。[35]

照朱子这个说法，"仁者人也"并不是声训之法，与"义者宜也"不同，是讲人和理义的关系。人是伦理关系的主体，理义是伦理关系的规范，仁则是理义的代表。

> 人之所以得名，以其仁也。言仁而不言人，则不见理之所寓；言人而不言仁，则人不过是一块血肉耳。必合而言之，方见得道理出来。[36]

> 问"合而言之，道也"。曰："只说仁不说人，则此道理安顿何处？只说人不说仁，则人者特一块血肉耳。必合将来说，乃是道也。"[37]

---

〔34〕《朱子语类》卷六一。

〔35〕同上。

〔36〕同上。

〔37〕同上。

这两段也是说，为什么要说仁者人也，因为讲到仁而不涉及
人，则作为人之理的仁就无处寄寓了。反过来也一样，如果讲
人而不涉及仁，人与仁、理都无关系，这样的人没有道德本性
而只是血肉而已。这是朱子发挥其"理在物中"的思想来解说
《孟子》的文句。

> 问："先生谓外国本下更有云云者，何所据？"曰：
> "向见尤延之说，高丽本如此。"〔38〕

这是对《孟子集注》中"外国本"的询问，朱子的友人尤延之
看到的高丽本《孟子》，"仁也者人也"下还有对义、礼、智、
信的训解，比较全面，可惜此本未传。

> 问"仁也者人也"。曰："此'仁'字不是别物，即是
> 这人底道理。将这仁与人合，便是道。程子谓此犹'率性
> 之谓道'也。如中庸'仁者人也'，是对'义者宜也'，意
> 又不同。'人'字是以人身言之。'仁'字有生意，是言人
> 之生道也。中庸说'仁'字又密。止言'修身以道，修道
> 以仁'，便说'仁者人也'，是切己言之。孟子是统而言
> 之。"淳〔39〕

这是说，《中庸》的"仁者人也"，人是人身，仁是生意，强
调在人身上的生生之意。这显然不是训诂的解释，而是哲学
的解释。

---

〔38〕《朱子语类》卷六一。
〔39〕 同上。

综上来看，朱子的解释是，"仁者人也"首先是说"仁"是人之所以为人，亦即人之所以为人之理。这一解释与汉儒解释不同，突出了仁与人的关系；但需要把"人"解释为"人之所以为人"，略为曲折。其次，"人也"是强调仁具于人身，体现于人身，人身是主体。可以说朱子注《孟子》是哲学的诠释，不是训诂的解释，强调"仁者人也"是指仁是人的本质、人的标准。换言之，朱子认为，仁必须关联着人来定义，因为仁就是人的本质，人之理，所以《孟子》强调"仁者人也"。

不过，朱子这个解释实际上是强调"人者仁也"，用仁去定义人的本质。这与"仁者人也"有所不同，因为"仁"是定名，"人之所以为人"则是不定之名，用不定之名解说仁，其意涵并没有确定。

在明代的学者中也仍有用生意发挥"仁者人也"的意旨，如《明儒学案·南中王门学案二》：

> 仁，生机也，己者形骸，即耳目口鼻四肢也，礼则物之则也。《中庸》曰："仁者人也。"孟子曰："仁也者人也。"则人之形骸，耳目口鼻四肢，何莫非此生机？而生我者，即是生天、生地、生人、生物者也，何以不相流通，必待于克己复礼也？人惟形骸，耳目口鼻四肢之失其则，斯有所间隔，非特人我天地不相流通，虽其一身生机，亦不贯彻矣，故曰："罔之生也幸而免。"苟能非礼勿视，目得其则矣；非礼勿听，耳得其则矣；非礼勿言，口

得其则矣；非礼勿动，四肢得其则矣。耳目口鼻四肢各得
其则，则吾一身无往非生机之所贯彻，其有不与天地万物
相流通者乎？生机与天地万物相流通，则天地万物皆吾之
所生生者矣，故曰"天下归仁"。[40]

这是说仁是生机，所谓"仁者人也"是说人身处处体现仁的生
机，与上引朱子之说相近。很明显，宋代以后对"人也"的解
释都不离开身体的意识，都把身体意识与仁结合起来。

（三）人指他人说

《孟子》引孔子曰："道二，仁与不仁而已矣。"[41]《孟子》
说："仁也者，人也；合而言之，道也。"[42]宋以来一般认为，
这是强调仁作为人道的根本原理，仁是人之所以为人的根本规
定。其实还有一种解释的可能性，即我们也可以说，"仁者人
也"是指"仁"包含了他人优先的伦理原理，以下我们就来说
明这一点。

《中庸》中对仁的理解，与《孟子》的"仁者人也""仁之
实，事亲是也"一致，强调仁作为人道的根本原理，而仁的原
理的实践，以亲亲为根本。如果说，"仁者人也，亲亲为大；
义者宜也，尊贤为大"，还不能简明地概括仁和义的要义，《礼

---

[40]《明儒学案·南中王门学案二》，609 页。

[41]《孟子·离娄上》。

[42]《孟子·尽心下》。

记》的另一个说法，"仁以爱之，义以正之"^[43]，则清楚地把仁和义的要义阐明了。仁的要义是慈爱，义的要义是规范。《表记》："仁者人也，道者义也。厚于仁者薄于义，亲而不尊；厚于义者薄于仁，尊而不亲。"^[44]这也是继续强调仁所具有的"亲而不尊"的特点，也点明了义"尊而不亲"的特点。亲亲本来是子女对父母的亲爱，孔门后学则把亲进一步扩大，如《礼记·经解》"上下相亲，谓之仁"^[45]，也就是发展了仁的相亲的含义，从伦理的亲爱推及于政治社会的人际关系。

仁者人也，可以说是采取一种声训的形式，即用声音相同或相近的字来解释词义。但《孟子》《中庸》的"仁者人也"的说法，并不完全是训诂，而是将之作为一种表达一定哲学思想的形式。其实，从训诂学的角度看，《说文解字》的解释"仁，亲也"和郑玄的《礼记注》在方向上是一致的，但毕竟不能解释"人也"二字。宋儒把"人也"解释为"人之所以为人"，也还是曲折了，不太可能是先秦儒的本义。现代训诂学也接受了宋儒的说法，其实，并不一定要采取这种过分哲学化的诠释。

若分析起来，有一个简易的训诂意义被宋以来的儒学忽略了，即"人也"的"人"是"人我"之人，即指"他人"。最早指出这一点的是汉代大儒董仲舒。汉代儒学的仁学如果说有

〔43〕《礼记·乐记》。
〔44〕《礼记·表记》。
〔45〕《礼记·经解》。

何贡献的话，应该说主要表达在董仲舒的《春秋繁露》中。在《礼记·乐记》中曾提出"仁以爱之，义以正之"，但并没有说明爱和正的对象。而《春秋繁露》最集中地表达的是，"仁者爱人，义者正我"，在仁义的不同对象的对比中阐释它们各自的意义。董仲舒提出：

> 春秋之所治，人与我也；所以治人与我者，仁与义也；以仁安人，以义正我；故仁之为言人也，义之为言我也，言名以别矣。仁之于人，义之于我者，不可不察也。众人不察，乃反以仁自裕，而以义设人，诡其处而逆其理，鲜不乱矣。是故人莫欲乱，而大抵常乱，凡以暗于人我之分，而不省仁义之所在也。是故春秋为仁义法，仁之法在爱人，不在爱我；义之法在正我，不在正人；我不自正，虽能正人，弗予为义；人不被其爱，虽厚自爱，不予为仁。[46]

与《荀子·子道》"仁者自爱"说不同，董仲舒明确主张，"仁之法在爱人，不在爱我；义之法在正我，不在正人"。他认为一切道德无非是对他人或对自我而言的，"仁者人也"的意思，就是着眼于他人，仁是仁爱他人的德行；相对于"仁者人也"，则是"义者我也"，表示义是纠正自己的德行。仁作为"爱"是爱他人，不是爱自己；义作为"正"是正自我，不是正他人。这个对比的说法是先秦儒学其他各派中所没有的。他认为，自爱而不爱人，这不是仁。仁的实践必须是他者取向

---

〔46〕《春秋繁露·仁义法第二十九》。

的，义的实践则必须是自我取向的。可见，董仲舒对仁义的讨论，重点不是价值上的定义，而是实践的对象，是密切联系着仁的实践的。董仲舒对"仁"与"人"的关联诠释有其重要的理论意义和伦理意义，此即他者的人道主义，这一点以前都被忽略了。近人梁启超也说："仁者，人也，我利人，人亦利我，是所重者常在人也。义者，我也，我不害人，而亦不许人之害我，是所重常在我也。"[47]也是把"仁者人也"的人理解为人我之人。按现代新儒家梁漱溟的解释，儒家的伦理是尊重对方的为他之学，而非为己，为他具有伦理上的优先性。在梁漱溟表述的意义上，可以说儒家伦理正是列维纳斯所谓的"他者的人道主义"而不是"自我的人道主义"。

从某一个方面来看，仁正是如此。在伦理上，仁不是自我中心的。宋明儒学喜欢讲儒学就是为己之学，这仅就儒学强调个人修身的方面来说是不错的。儒家讲"克己"，讲"古之学者为己"，都是这方面的表现。但是儒学并不能完全归结为为己之学。仁的伦理意义和修身意义是不同的，伦理的仁指向他人，修身的仁指向自我，这是要分别清楚的。孔子仁学中总是有两方面，克己和爱人是这样，修己和治人也是这样。"内圣外王"的说法虽然最早出于《庄子》，宋明理学家也不常用这个概念，但孔子讲的修己治人与内圣外王相通。故孔子以来儒学本来内在地包含着两个方面。而仁学不仅仅是克己，更是爱

---

〔47〕 梁启超：《新民说》第八节。

人，不仅是为己，也是为他，这在汉儒对仁的伦理界定中看得最为清楚，也是汉儒的贡献。所以，直到唐代的韩愈仍然以汉儒为出发点，以博爱论仁，而博爱指向的正是他者。在这个意义上，按照我们的诠释，《孟子》所说"仁者人也"中的"人"字亦即是"他人"之意，是人己之人，是人我之人。董仲舒是最先肯定这一点的儒学家，"仁之为言人也"这一思想虽然并不是在对《孟子》或《中庸》"仁者人也"的注解或诠释中提出来的，但实可以作为"仁者人也"的一种理解和解释。在事实的层面，我们看到很多能克己的人却不一定能尊重他者、亲爱他者。因此，做人与为仁，既要克己修身，又要爱人亲民；做人与求仁不仅要去除私欲，严谨修身，还要克服自我中心，以他者为优先；做人与践仁不仅体现在控制欲望的自我修养，也体现在如何对待他者、他性，如何体现恕道，这是以往较受忽视的地方。今天我们重提"做人"的重要性，就必须对"仁者人也"这一问题有较全面深入的理解。

按照哲学诠释学的立场，一个文本根据不同理解可有不同意义，文本的意义可以随着不同时代不同人群的视界融合而有不同的意义，所以就"仁者人也"的三种理解而言，无须以其中一种去彻底否定其余两种，而应该承认这些理解反映了不同历史时代的哲学思维，从不同的方面丰富了人们对儒学仁论或人论的理解。

第十一章 儒家的实践智慧

中国哲学的传统非常重视实践智慧，可以说，实践智慧一直是中国哲学的主体和核心。儒家自孔子以来，更是强调哲学作为实践智慧的意义。儒家哲学思想的特点是：突出人的实践智慧，而不突出思辨的理论智慧；儒家的实践智慧始终强调以道德为基础，从不脱离德性；同时，儒家的实践智慧又突出体现在重视修身成己的向度，亦即个人内心的全面自我转化；最后，儒家哲学思想总是强调实践智慧必须化为实践的行动，达到知行合一的境界。

一、道德德性

众所周知，现代哲学越来越关注的"实践智慧"，与其字面意义的直接性不同，乃是根源于古希腊哲学，特别是亚里士多德的哲学。亚里士多德哲学中的*phronesis*，英译曾为 prudence，中文译本以往亦多译为"明智"。而现在更多的学者从哲学诠释上接受把这个词译为"实践智慧"。在亚里士多德的《尼各马可伦理学》第6卷中它是人类认识真理的五种方式之一，这五种方式即技术、科学、实践智慧、智慧和理智。当然，自从海德格尔和伽达默尔以来，当代哲学中有关实践智慧的讨论已经超出亚里士多德的意义，但仍以亚里士多德的讨论为出发点。[1]现代西方哲学对亚里士多德这一概念的关注主要针对科技理性对生活世界的宰制，以寻找出一种既非技术制作又非理论智慧的合理性实践概念。

在亚里士多德哲学中，"智慧"的地位本来高于"实践智慧"。但他也指出，"人们称阿那克萨戈拉和泰利士为智慧的人，而不称为实践智慧的人。人们看到他们对自身有益之事并无所知，而他们所知的东西都是深奥的、困难的、非常人能及的，但却没有使用价值。因为他们所追求的不是对人有益的东西。实践智慧是针对人的事情"。[2]很明显，智慧所追求的东西深奥难懂，对人没有实际益处；而"实践智慧"（*phronesis*）追求的则是对人有益的东西，这种有益主要是指人事的善，所以实践智慧紧密联系着善的实践。而"智慧"（*sophia*）则只是

---

〔1〕　参看洪汉鼎：《论实践智慧》，《北京社会科学》，1997年第3期。
〔2〕　《尼各马可伦理学》，1141b，122页。

思辨的、理论的理智，即理论智慧，不是实践性的，没有实践力量，它只有真与假，而不造成善与恶。[3] 在这个意义上，儒学追求的特色就是实践智慧。

实践智慧的本义是强调德性实践中理智考虑、理性慎思的作用，是应对具体情境的理智能力。然而亚里士多德哲学中的"伦理德性"与作为理论德性之一的"实践智慧"之间的关系，往往是不清楚的，实践智慧有时被理解为工具性的方法，这也是近代以来在西方哲学中实践智慧脱离德性而成为聪明算计的一个原因。

由于 phronesis 多被译为"明智"，因此，狭义地看，在古代儒家哲学中，与 phronesis 较相近的概念是"智"。当我们说到哲学作为实践智慧时，也会自然想到约公元前 3 世纪成书的中国最古老的词典《尔雅》的解释，《尔雅·释言》曰："哲，智也。"近一百多年以来，中文用来翻译 philosophy 的"哲学"之"哲"，古代即以"智"为释义，认为哲就是智，二者为同义词。在这个意义上，也可以说，古代中国早已经把哲学理解为智慧之学，虽然中国古代并没有独立的一门"哲学"。[4]

"智"字从知，在春秋时代又通用于"知"，公元 2 世纪的词典《释名》说"智，知也，无所不知也"，可见"智"是

---

〔3〕《尼各马可伦理学》，1139a，116 页。

〔4〕 章太炎也认为，哲训知，但若把哲学看作求知的学问，则未免太狭窄了，可见此知乃是智慧。章说见其《国学概论》，中华书局，2008 年，34 页。

智慧，"知"是知识，"智"不是普通的知识，而是高级的知识
和能力。"智"又以"见"为前提，"见"是经验，《晏子》说
"见足以知之者，智也"，《五行》篇也说"见而知之，智也"，
这些都表示智慧需要经验为基础，而不是脱离经验的理性活
动。另一方面，在公元前 4 世纪以前，中国哲学中的"智"多
是就知人而言，指与人的事物、人的世界相关的实践性能力和
知识，是有益于人的事物，而不是对宇宙世界普遍事物的知
识。如《尚书》说"知人则哲"〔5〕，《论语》中记载，孔子学生问
"知"，"子曰知人"。《孟子》也说："智所以知圣人。"〔6〕这些都
表示哲学是认识人的智慧，从而与人的生活、人的本性、人的
生命活动以及人道的法则有关，可见这里讲的"哲""智"即
是实践智慧。《周易》特别注重行动的实践智慧，把智慧表达
为："知进退存亡而不失其正者，其唯圣人乎！"〔7〕"知"进退
存亡的具体节度而不离于善，此即是行动的实践智慧。因此，
哲、明、智在中国古代皆有智之义。

孔子谈仁很多，谈智较少，他说"知（智）者不惑"，这
里的智即是明智。《中庸》讲三达德，智甚至排在首位，居于仁
之前，可见《中庸》对智的重视。中庸之道是理性对实践情境
的一种把握，由经验而来，因此《中庸》对智的强调和亚里士

〔5〕　《尚书·皋陶谟》。
〔6〕　见《论语·颜渊》与《孟子·公孙丑上》。
〔7〕　《周易·乾·文言》。

多德论实践智慧是一致的。《中庸》里还有一个重要的观点，就是主张"好学近乎智"。我们知道孔子虽然较少谈智，但孔子非常重视"好学"，而按照《中庸》"好学近乎智"的看法，孔门提倡的"好学"和"智"是一致的，这就提示了一个重要的通向实践智慧的诠释方向。

"好学"与智的关联性，在孔子关于"六言六蔽"的论述中最突出地表达出来：

> 子曰："由也，汝闻六言六蔽矣乎？"对曰："未也。""居，吾语汝。好仁不好学，其蔽也愚；好知不好学，其蔽也荡；好信不好学，其蔽也贼；好直不好学，其蔽也绞；好勇不好学，其蔽也乱；好刚不好学，其蔽也狂。"[8]

这一段话很重要，从德性论来说，它表示每一个别德性对人的意义，不是独立的，而是与其他德性相辅相成地发挥其作用的，诸德性的相辅相成才能造就君子或圣人中和不偏的人格，而在德性的相辅相成的结构里，"好学"占有突出的地位。仁、知、信、直、勇、刚这六种德性都是伦理德性，但是孔子强调，对伦理德性的追求不能离开好学，所有的伦理德性若要中和地发挥其积极的作用，就不能离开好学的德性，也不能离开好学的实践，否则这些伦理德性发生的作用就会偏而不正。[9]

---

[8] 《论语·阳货》。

[9] 这也正如亚里士多德所说，苏格拉底说德性离不开明智时，他就是完全正确的，见《尼各马可伦理学》，1144b，132页。

由此可见，好学不仅是一种优秀的能力和特长，也是一种心智的取向，而这种能力和取向明显指向知识的学习与教育过程，指向明智的能力。这样就把伦理德性和理智德性结合起来了。在这个意义上，"好学"扮演的角色和"好学"所积累的能力也正是亚里士多德所说的"实践智慧"。这和亚里士多德主张的实践智慧的作用以及主张所谓整体的德性中不能缺少理性的观点一致。在这个对比中我们才能深入理解"好学近乎智"的意义。

不过，在古典儒家思想对"智"的理解中，最重要的还是孟子的"是非之心，智也"。孟子的这个思想就把"知"与"明"引向了对是非的道德辨识。"是非"是道德的概念，于是"智"在孟子哲学中成为主要的道德德性。这个意义下的实践智慧是辨别善恶、判断是非的智慧。汉代的儒学继承了孟子这一思想，并确立了智和仁义并立的地位，而宋代以后，"智"在儒学中一直是四项道德主德（仁、义、礼、智）之一。这便与亚里士多德有所不同，因为在亚里士多德那里，作为一种理智状态，实践智慧不是德性，而是能力；但比起技术来说，实践智慧又是德性。亚里士多德把德性分为伦理德性和理智德性，又把他所说的理智德性分为五类，实践智慧即是此五类之一，他也说，"这就清楚地表明实践智慧是一种德性而不是一种技术"。[10]但他始终认为实践智慧不是伦理德性。现代哲学中海

---

[10]《尼各马可伦理学》，1140b，120页。

德格尔对亚里士多德实践智慧概念的诠释也完全忽视其德性的意义。

　　而在孟子哲学中，智既是理智，也是伦理德性。后来明代的哲学家王阳明也明确肯定良知就是是非之心，是最根本的德性。[11] 还有一点，亚里士多德主张由实践智慧增进人的幸福，亚里士多德说实践智慧针对对人有益的事情，其所谓有益也包含着幸福，而亚里士多德的幸福包括外在的善。但孟子的德性论并不包含任何生活幸福或外在善的观念，完全集中于道德的完满。可见儒家的实践智慧明确是道德德性。儒家关注的幸福是康德所谓的道德幸福，而外在的善或身体的幸福在中国哲学中尤其是儒家哲学中则不受重视。

二、修身工夫

　　不过，儒家的实践智慧不限于对智德的提倡与实践，而是包含了丰富的内容。首先，在思辨与实践之间，孔子已经明白表现出了偏重，即重视实践而不重视思辨。孔子的学生认为孔子很少谈及性与天道，是孔子重视实践的明显例证。孔子对名的重视也只是重视名的政治实践功能，而不是名言概念自身

---

〔11〕　西塞罗认为智德是善恶与不善不恶之事的知识，阿奎那也认为实践智慧是智德，既是伦理德性，也是理智德性。参看潘小慧：《德行与伦理》，闻道出版社，2009 年，91、87 页。

的抽象意义。早期儒家就已经确立了这种性格，即在理论与实践之间，更注重发展实践智慧，而不是理论智慧，其原因正是在于儒家始终关注个人的善、社群的善、有益于人类事务的善。退一步说，孔子即使关心宇宙天道，也决不用"理论化的态度"（海德格尔把脱离生活实践的哲学态度叫作非理论化态度）去谈论天道，而是以实践智慧的态度关注如何在人的生活世界与天道保持一致。整个儒学包括宋以后的新儒学都始终把首要的关注点置于实践的智慧而不是理论的智慧。当然，在儒家的体系中理论的智慧也是重要的，如《周易》代表的对宇宙的理解是儒家世界观的重要基础。宇宙的实体与变化是儒家哲学应当关心的，但站在儒家的立场上并在天人合一的框架下，对宇宙的关心不会完全独立于实践智慧，而且可以服务于实践智慧。

　　另一方面儒家的实践智慧始终坚持智慧与德性、智慧与善的一致，而不是分离。亚里士多德所说的实践智慧是理性在道德实践中的作用，这种理性作用体现于在善的方向上采取恰当的、具体的行为，这是实践智慧作为理性具体运用的特性。在亚里士多德那里，伦理德性要成为行动，离不开实践智慧，故所有行为都是二者结合的产物。儒家所理解的实践智慧既不是技术思维，也不是聪明算计，更不是一种工具性的手段，不属于功利性的原则。明智不是古希腊所说的只顾自己、照顾自己的生活，[12] 而是一种道德实践的智慧。亚里士多德关于实践智慧的说法往往含混不清，如他既说实践智慧必须是对人的善，[13] 又说善于考虑是实践智慧的最大功用。[14] 他说道德德性使活动的目的正确，实践智慧使我们采取能够实现目的的正确手段，这里所说的正确手段不是道德意义的，而是理性意义的。在这个意义上，实践智慧既不是道德德性，也不能提供善的目的，只是实践的具体方法。当然，亚里士多德也强调离开了实践智慧道德德性的实践就不能掌握中道，只有合乎实践智慧，伦理德性才能把事情做好。伦理德性必须有实践智慧的具体指导，从而实践智慧一定是做好事的。然而，无论如何，一个完整的道德实践必须有实践智慧作为理智的参与，由伦理德性完成，故可看出亚里士多德的实践智慧是强调实践中理性的具体作用，而不是强调伦理德性的导向作用。

还可以看出，在亚里士多德哲学中，实践智慧的指向是"做事"（doing），[15] 把握恰当的时机做出行动的决断，而无关于"做人"（being），这就与儒家不同。儒家所展开的实践智慧主要的指向是修身、"做人"（learning to be a person）。或者换另一个说法，希腊的实践智慧重在"成物"，而儒家的实践智慧重

〔12〕《尼各马可伦理学》，1142a，124 页。

〔13〕 同上书，1140b，120 页。

〔14〕 同上书，1141b，122 页。

〔15〕 实践智慧是涉及行为的，1141b–15；实践智慧是关于行动的原理，1144b–25。分别见《尼各马科伦理学》123、132 页。

在"成人"（to be a true person）。所以在儒家看来，亚里士多德的德性论是不完整的，他的实践智慧虽然与科学、技术、制作不同，但仍然是一种外向的理智理性，指向做事的行为（doing right things），而不包含自身德性的修养（being a good person），故不包含任何内在的觉解。所以，亚里士多德的实践智慧是做事的理性，此理性应有价值的理性来为之向导，而不能说伦理德性由实践智慧指导，因为伦理德性才能真正求善，而实践智慧是工具性的。当然，亚里士多德的另一句话是对的，"伦理德性使目的正确，实践智慧使手段正确"，[16]可惜他自己的说法往往不一致，按这个说法，在实践上，道德德性提供大的善的方向、目的，而实践智慧的作用应当是提供精细的行为指导。儒家哲学的实践智慧在这方面更为清楚而有其优越之处。

中国当代哲学家冯友兰指出，从中国哲学的观点看哲学，哲学的功能在于改变或提高人的精神境界，获得一种看待世界的全新的方式，因此提高心灵境界是中国哲学实践智慧的一个目的。精神的提升，内心的和谐、自由、宁静，这种心灵的自我转化是实践的根本目标。

实践智慧不仅表现为把精神的提升作为哲学的目的，而且表现为为了实现这一目的所探索的各种工夫手段和方法。儒家所说的心灵转化的方法不是古希腊的对话或沉思，而是以道德

─────────────

〔16〕《尼各马可伦理学》，1144a，139页。

修身为根本的精神修炼。哲学的智慧必须为人的自我超越、自我提升、自我实现提供方向的指引和修持的方法。自我的转化即是内在的改造，是气质的根本变化，超越自己现有的状态，使生命的存在达到一个更高的层次。

因此，一个重要的区别是，儒家哲学对哲学的了解是实践性的，而这种对实践的了解，不限于认识外在世界、改变外在世界，而更突出认识主观世界，改造主观世界。所以儒家的实践智慧包含着人的自我转化与修养工夫，追求养成健全的人格，《大学》就是这一实践智慧的纲领。《大学》以"止于至善"为目的，即是确立实践活动的根本目的是至善（如亚氏之最高善），确立了儒家实践智慧的求善特性，而求善的具体修养工夫有慎独、正心、诚意、致知、格物。其中的致知就是扩充和发展实践智慧，而扩充实践智慧有赖于在具体事物和行为上为善去恶，如止于仁、止于敬等，此即是格物。诚意是追求好善，如好好色，达到自慊的内心境界，而诚意的工夫又称为慎独的精神修养，诚于中而行于外。总之内心的修养是儒家实践智慧的重点。当然，儒家的实践智慧在全部上包含治国平天下，即对现实政治世界的改造和整理，但这种整理以"己所不欲，勿施于人"为中心，而且《大学》讲得很清楚，自天子以至庶人，一切人、一切事都必须以修身为本。

修身是累积、扩大实践智慧的根本途径，人格的锻炼是儒家最看重的实践方面。《中庸》把慎独作为主要的独立的工夫，由内在的中去建立行为的和，"修身以道""修身则道立"。

同时,《中庸》强调君子的实践不离人的生活世界,愚夫愚妇可以与知,因为"道不远人,人之为道而远人,不可以为道",实践智慧要求理性的运用不可离开人伦日用常行的世界。《中庸》又提出"时中",而"时中"是"在事之中",是"随时而中""做得恰好",是针对个别事物、特殊境况的,这正是实践智慧在做事时恰当运用的状态。《中庸》最后要达到的是诚者不勉而中、不思而得、从容中道的圣人境界。

《中庸》主张的实践智慧还展现为"慎思明辨",与亚里士多德的不同在于,亚里士多德的慎思就是善于正确考虑具体的情境,作为实践智慧的主要成分之一,主要是关于行为的考察,而不是关于自我的反省。《中庸》的慎思则首先要求的是对自我内心的考察与反省。

儒家关于修身的实践智慧又被概括为"为己之学","为己"的意义就是"己"的发展、转化,而美德的培养和精神修炼都是以"成己"为宗旨的。这些致力发展美德的精神修炼也即基督宗教所谓的精神性。《中庸》说:"诚者非自成己而已也,所以成物也。成己,仁也;成物,知也。性之德也,合外内之道也,故时措之宜也。"这里的知即狭义的智,指向成物,这与古希腊是一致的。但广义的实践智慧是成己与成物的合一,既包含着以诚成己,也包含着成物之智,而成物之智联系着时措之宜,后者正是亚里士多德做事的实践智慧,即做事的中庸之道,恰到好处。但在儒家,这一切成物的时措之宜是以修身成己为基础和根据的。

三、知行合一

儒家实践智慧的一个特色是关注实践主体。因此从儒家的立场，广义的实践智慧应当包含修身的向度，重视德性的修养是儒家德性伦理学与亚里士多德的德性伦理的一个根本不同。这种立场包含着把哲学作为一种生活方式的理解，从而实践的智慧不仅仅是做事恰当合宜的智慧，而是面对人生整体的智慧。此外，亚里士多德的实践智慧只说了理性对行为的具体指导，而真正的生活实践需要处理知与行的关系。因为实践智慧的作用可以说正是要把"德性所知"与具体境遇连接到一起而成为完整的行动，把价值承诺落实在行动上。在儒家看来，不仅是德性所知，经典世界中的一切叙述若要通向现实世界，都必须由实践来完成，实践的智慧必须化为实践的行动。实践智慧作为"知"本身就要求把自己展开为"行"。

在儒家思想中，"实践"本身就常常意味着道德修身的践行活动。《中庸》提出了"博学慎思明辨笃行"，其中就包括了"笃行"，这也是《中庸》实践智慧的重要方面。《中庸》表明，作者认为"中庸"与知（智）关联较多，智既是道德德性，也是实践智慧。而实践智慧必须包括对已知美德的践行、实行。

宋代以后，儒学中的"实践"概念被广为运用，而实践和躬行连用甚多。后世的历史编纂学家认为，北宋新儒家以"实践之学"为宗旨,[17]南宋儒学的特征被称为"默然实践",朱子哲学被概括为"其学以求诚为本,躬行实践为事",[18]这些历史编纂学家都认为宋明理学就是"以实践为宗旨",[19]理学家强调"圣贤所重在实践",[20]"穷理以致知,反躬以实践"[21]成为理学对实践重视的明证。

当代新儒家梁漱溟尤以"实践"针对理智智慧,在他看来,认识真理的方式有四种,即科技、哲学、文艺和修养。修养即修持涵养,他说:"孔子与实践中自有思考在内,亦自有哲学在内,但只为生活实践的副产物,最好不从思想理论来看待之。为学生讲论时当指示各自反躬体认实践,默而识之。"[22]他认为:"把儒家孔孟切己修养之学当作哲学空谈来讲而不去实践,真乃一大嘲弄。""儒家之为学也,要在亲切体认人类生命之极高可能性而精思力践之,以求践形尽性。""儒家期于成己,亦以成物,亦即后世俗语所谓做人。"[23]所以,他所了解的哲学的实践便是"反躬内向"。这也涉及儒家对哲学的理解。按照梁漱溟的理解,哲学并非如西洋古代所说的爱智,而是"生命上自己向内用功进修提高的一种学问",是一种强调修身和变

───────────────

〔17〕《宋元学案》卷三十一。

〔18〕《宋元学案》卷五十九。

〔19〕《宋元学案》卷七十三。

〔20〕《宋元学案》卷八十六。

〔21〕《宋元学案》卷九十。

〔22〕《梁漱溟全集》第七卷,山东人民出版社,1993年,498页。

〔23〕同上书,159页。

化、提升自己生命的实践智慧。他认为"古书中被看做哲学的那些说话，正是古人从其反躬内向的一种实践活动而来"。[24]所以他又说，儒家的哲学可称为人生实践之学，是一种生命的学问，哲学必须是一种自我的实践和活动，这就强调了儒家哲学作为人生实践活动的重要方面。

明代哲学家王阳明指出："凡谓之行者，只是着实去做这件事。若着实做学问思辩的工夫，则学问思辩亦便是行矣。学是学做这件事，问是问做这件事，思辩是思辩做这件事，则行亦便是学问思辩矣。若谓学问思辩之，然后去行，却如何悬空先去学问思辩得？行时又如何去得做学问思辩的事？行之明觉精察处，便是知；知之真切笃实处，便是行。"[25]亚里士多德的实践智慧是指向行动的慎思明辨，而王阳明所说的"思辩是思辩做这件事"，意思与之相近。其所说的"行之明觉精察处便是知"，"知之真切笃实处，便是行"，既是强调实践智慧是对行动的明觉精察，也同时强调实践智慧作为知必须和行结合一起。

在古代中国思想中，孔子以前都使用"德行"的观念，有时简称为德。古代"德行"的观念不区分内在和外在，笼统地兼指道德品质和道德行为，重点在道德行为。其实，早期儒家便在德的问题上与亚里士多德有差别，即，虽然孟子集中关注"德性"的问题，但孔子和其他早期儒家重视"德行"的观念，

---

[24]《梁漱溟全集》第七卷，756 页。
[25]《阳明全书》卷六，《文录三·答友人》。

主张德行合一，知行合一，而不主张把德仅仅看作内在的品质，强调要同时注重外在的行为，可见儒家的实践智慧必须强调践行的意义。同时，智不仅仅是做选择，做判断，或进行推理。知必须关注行，联结到行，落实到行。如果知而不行，那不是意志的（软弱）问题，而是实践智慧本身发展得不够，扩充得不够，还没有达到真正的实践智慧"真知"。

如前所说，"致知"即是扩充实践智慧，明代的王阳明指出智或知应当是良知，而良知必须知行合一。因此，在儒家的立场上，实践智慧是伦理德性，也是道德知识，故实践智慧必须包含着知行合一的方面。这和现代哲学的海德格尔有些类似。海德格尔以实践智慧为良知，以召唤自己实际的生存做出决断，从而回到本真的生存。因此儒学对哲学的理解，不是关注超感性领域，更不重视理论构造、抽象推理和逻辑演绎，儒家的哲学观显然不是海德格尔所批评的"理论化态度"。儒家强调的是在生命世界中的生命体验、生命实践，而这个生命实践是以人和道德实践为中心的。

四、成物之道

最后略谈一下儒家实践智慧思想中的成物之道。自孔子以来，儒家的实践智慧强调以道德为基础而不脱离道德德性。然而，由于前孔子时代产生的《周易》是儒家尊奉的经典，于是，在儒家尽力把对《周易》的诠释向德行方面转化的同时，

《周易》自身带有的吉凶意识和世俗智慧也影响到儒家的思想，从而使得儒家的实践智慧也一直包含了这个涉及做事的"成物"部分。

古希腊乃至亚里士多德的实践智慧思想中，包含了工具性的审慎计度，在后来的伦理思想史上，也可以看到把审慎、精明等作为重要德性的思想，注重做事的成功之道、聪明和机巧。其实在古希腊如伊索克拉底的思想中，明智就是审时度势、随机应变的行动能力，反映了实践智慧日常性、世俗性的一面。这与实践智慧是针对具体事物的特性有关，古希腊的明智是实现具体目的之手段的一种智性能力，也是把握实践情境具体尺度的智慧。

亚里士多德在《尼各马可伦理学》第六卷中说道，"甚至人们善于计较以得到某种益处，我们也称之为一种明智"，"总的说来，一个明智的人就是一个善于考虑的人"，"明智是善于照顾自己"。他甚至还表达出这样的思想，即明智是有经验"怎么照料自己的生活"，他说"顾自己是明智的一类"，"明智不等于聪明，但却包含着聪明"。[26] 这些地方提到的明智也就是实践智慧。《孟子》论智时提到："所恶于智者，为其凿也。如智者若禹之行水也，则无恶于智矣。禹之行水也，行其所无事也。如智者行其所无事，则智亦大矣。"（《孟子·离娄下》）。可见孟子认为明智不能是聪明谋划，他甚至吸收道家思想以反

---

〔26〕《尼各马可伦理学》，1140b、1142a、1144b，120、124、131 页。

对这种聪明谋划。

与古希腊传统的世俗性实践智慧相比，除了《孟子》以外，儒家思想中也包含类似的方面。对于儒家来说，这一类的实践智慧包括三个方面，一个是《周易》的变化智慧，一个是《中庸》的节度智慧，一个是世俗的成功之道（也就是韦伯所说的非伦理的世俗智慧）。这三者共同构成了儒家的成物之道。限于篇幅，这里只就《周易》系统的实践智慧略谈一点。

就儒家智德的广义内涵而言，其重要内容是明辨是非，不受迷惑；而其另外的内容则包括识利害、通变化、正确决断、趋利避害、求得成功。这些内容主要是由《周易》的系统所带来的。《周易》的基本思想是吉凶利害，而非德性修身，但关注吉凶利害是人的实践领域所需要的，故儒家也予以重视。这一类是"非道德"的实践智慧，而"非道德"（non-moral）不是"反道德"（immoral），故这种道德中立的实用理性在中国文化中也受到道家等各家的推重，反映了中国的智慧的重要方面。在亚里士多德那里，实践智慧不是道德德性，只是一种非道德的理智状态，实践智慧针对人的幸福，这些都与《周易》对吉凶智慧的追求相通，故可以说《周易》的智慧更接近于亚里士多德的明智。但《周易》有两个层面，卜筮的操作针对具体事项，而《周易》的通变智慧并不针对具体的事项，这是与亚里士多德不同的。

如《周易·系辞传》说："是故吉凶者，失得之象也，悔吝者忧虞之象也，变化者进退之象也。""知变化之道者其知神之所为乎？"《周易》追求的是在变化中"吉无不利"。吉凶亦即是祸福，知祸福就是明智。贾谊说："深知祸福谓之智，反智为愚。极见兆察谓之慧，反慧为童。"（《新书》之道术）董仲舒说："智者见祸福远，其知利害蚤。物动而知其化，事兴而知其归，见始而知其终……如是者谓之智。"（《春秋繁露》之必仁且智）而总体上说，经过十翼的发挥诠释，在儒家思想中，《周易》的智慧已主要不是处理个别具体事务的成败、利害、吉凶，而是着眼在掌握和理解重大的变化之道，以开物成务，如《系辞传》所说"知变化之道者其为神之所为乎"，"通天下之志"，"成天下之务"。

　　总之，从现代哲学的讨论所针对的问题如技术理性的统治而言，儒家的实践智慧比起亚里士多德的实践智慧有其特色，也有其优越之处，即毫不犹豫地强调道德的善是人类实践的根本目标，重视人的精神修养和工夫实践。当然，儒学的实践智慧虽然重视向内的工夫，但不离事事物物，且能发展为积极的社会政治态度与实践，促进社会改造和政治改良。然而，这就是《大学》八条目中"治国平天下"的范围了，正如亚里士多德的实践智慧广义上也包括政治学一样，[27] 这就不在本章讨论的范围之内了。

---

〔27〕《尼各马可伦理学》，1141b，123 页。

第十二章　德性伦理与儒家伦理

　　德性伦理学晚近颇为活跃，涉论甚广，以下所论，第一，仅讨论德性伦理学对古代儒家伦理研究的可能推进，从德性伦理学的视角来观察儒家的德行伦理体系及其早期发展；第二，仅限于以《论语》与《尼各马可伦理学》为对照。如果说西方古代哲学的德性伦理学以亚里士多德的《尼各马可伦理学》为代表和典型的话，那么与之相对应，古代儒家的美德论当以《论语》为代表和典型形态。

一、德　行

　　子曰："中庸之为德也，其至矣乎！民鲜久矣。"（《论语·庸也》）

　　这里的"德"字兼有德性和德行之义。德行即道德的行为，德性则是道德的品质。但古代中国文化中，"德"字兼具德行与德性之义，而其具体所指需根据文本的上下文来确定。大体上说，在西周和春秋时代的文献中"德"多指德行。此在《论语》中有直接表现：

> 子曰："从我于陈、蔡者，皆不及门也。德行：颜渊、闵子骞、冉伯牛、仲弓；言语：宰我、子贡；政事：冉有、季路；文学：子游、子夏。"（《论语·先进》）

这是《论语》明确出现"德行"概念的地方，"德行"二字在《诗经》中已经出现，春秋时已为常用，广义指行为及其状态，包含善恶；狭义则指道德的行为及其状态。无论如何，古代的德行是指行为（conduct），而非专指品质、品格（character）。如《左传·襄公三十一年》："故君子在位可畏，施舍可爱，进退可度，周旋可则，容止可观，作事可法，德行可象，声气可乐；动作有文，言语有章，以临其下，谓之有威仪也。"其德行即是指容止行为，是可观可见的，故说"可象"。《孝经》说"非先王之德行不敢行"，其德行也是指行为行事。[1] 总之，"德行"是古代常见的概念，"德性"反而是后来较晚（战国）才出现的，且唯见于《中庸》。当然，"德性"概念虽然晚出，但以某些德目为德性的使用，在孔子

---

[1] 但战国以后，也有个别文献以德行兼指德性者，如《周易·系辞下》，"夫乾，天下之至健也，德行恒易以知险；夫坤，天下之至顺也，德行恒简以知阻"。又言"利贞者，性情也"，此德行便兼指性情而言。

以前就已经出现。但能够代表春秋至孔子的古代德论的概念是"德行"，而不是"德性"，"德行"更多的是行为的一个范畴，这是要特别加以注意的。

这里可以提及《礼记》的《儒行》篇，该篇列举了十七类德行，其中每一类往往不是单一的一种德行，而是复合的，包含了几种德行。因此《儒行》篇的德行体系内容是比较丰富的，既有小八德，即温良、敬慎、宽裕、孙接、礼节、言谈、歌乐、分散，又有由十六类组成的大体系。因此，与一般所说的仁义礼智信五德不同，《儒行》篇涵盖的方面相对较广。晚近批评美德伦理学的学者认为，美德伦理学无法具体指导行为。但我们看儒家的德行体系，从儒家的示范伦理学来说，由于德行可象，于是《儒行》篇的体系可以更为具体地呈现为可学习的行为样态，从而拒绝那种批评。当然，德性作为内心品质，能在本质上说明德行持久的内在依据和可能。故在儒家伦理学中，德行和德性两方面是结合的。"在心为德，施之为行"，这是汉代才有的说法，就古代而言，是以德行为主，自孟子以后，二者结合发展。故儒家的美德伦理对行为的指导可以较为具体，而非仅仅是仁义礼智信而已。

二、知　礼

　　孟懿子问孝。子曰："无违。"樊迟御，子告之曰："孟孙问孝于我，我对曰：'无违。'"樊迟曰："何谓也？"子曰：

"生，事之以礼；死，葬之以礼，祭之以礼。"（《论语·为政》）

礼不下庶人，孟氏是大贵族，孔子对孟懿子的问孝，便特别强调礼，所谓无违即无违于礼。这种对礼的无违是全面的，由始至终的，生，事之以礼；死，葬之以礼，祭之以礼。就是说，父母生时，要依照礼去侍奉他们；父母死去，要依照礼的规定去埋葬他们，在他们死后要依照礼去定时祭祀他们。这显然是由于当时是礼乐社会和礼乐文化所致。《论语》中孔子的回答往往针对提问者的特定德性境况，如孟氏的行为在礼乐文化解体的春秋末期可能有很多失礼之处，故孔子答之如此。孔子强调，虽然礼属于外在的仪式行为，如果不能遵从礼并逾越礼的规定去侍奉父母和葬祭父母，将破坏礼制并引致批评，使父母和整个宗族蒙羞，这实际是不孝。孔子的这个回答，看起来和其许多论孝之言重视内心德性的强调重点不一致，体现出孔子同时重视德行和社会礼俗的关系，重视孝行和社会礼制规范的符合，强调孝的履行要受到礼制规定的约束，这是西周春秋"礼"的社会结构和文化制约所造成的。同时，孔子的这种态度还可以从政治上加以理解，孔子要维护周的礼乐制度，纠正春秋末期当时礼崩乐坏的状况，这种政治的主张和立场也体现在他对孝和其他德行的阐发上，即德行必须不违背礼的政治等级规定。

由此也可以看出，孔子所阐发的德注重两个方面，一是其基本或普遍的德性意义，这属于美德真理；一是其在当时特定社会体系（即封建宗法社会之礼制）中的应用和衍展。

前者主要是道德的意义，后者包含政治、社会的意义。这种
二重性在孔子那里比较突出，到孟子则渐渐消减，在礼的问
题上尤其明显。

麦金太尔曾强调，英雄社会的德性和其所属的社会结构
是同一回事，[2] 这显然过分突出了一个时代的德性和这个时
代社会结构的联系，使得这些德性完全成为其社会结构的附
属物，而失去了对于人类而言的任何普遍性。幸好他在对雅
典古典社会的分析上肯定了"德性概念这时已明显地与任何
具体的社会角色概念分离开了"，承认希腊悲剧的主角和其
所在的共同体及其社会角色的关系，既不同于英雄社会也不
同于现代社会，"他或她既属于社会秩序中的某个位置，又
超越这一位置"。[3] 事实上我们仍然应当坚持后来被麦金太
尔自己所抛弃的立场："区分亚里士多德具有恒久价值的德
性理论与我认为只是反映了亚氏及其时代意识形态和文化偏
见的东西。"[4] 正是这样的立场才能使我们"通过传统来继承

---

〔2〕 《德性之后》，155 页。本书除了会引述亚里士多德的《尼各马可伦理学》作
　　 为对比外，还会在许多地方以麦金太尔《德性之后》的论述和判断为对比，
　　 以求在比较的视野下分析早期儒家的德行理论。这并不表示我以为麦金太尔
　　 对英雄社会或希腊城邦的德性论的论述无可商榷，事实上在专门的希腊文献
　　 学意义上，可能有许多仍可讨论的问题，但我们的立场是在宏观的方面对东
　　 西方思想加以对照，在这个意义上麦金太尔的著作自然有其代表性。

〔3〕 《德性之后》，181 页。

〔4〕 《不可公度性、真理和儒家及亚里士多德主义者关于德性的对话》。

德性"。[5]

《论语》中大部分时候所用的"知礼",属于道德的判断,这与《左传》《公羊传》大量使用"礼也""非礼也""有礼""知礼"作为价值判断是一致的。[6]

　　"管氏而知礼,孰不知礼?"(《论语·八佾》)

这里的"知礼"主要不是指对礼的知识的了解,而是指行为上合于礼和不违反礼。"知礼"便是德行的范畴,对礼的"知"必须体现在实践上合乎礼的原则及规定,故这里所说的"知礼"就不是一个知识的判断,而是一个德行的判断。

因此,我们认为,在孔子思想里,"礼"不是一个德行,更不是德性,与礼相关的德行是"知礼",与礼相关的德性是"好礼"。

在《论语》中,除了忠信,孔子对恭、敬特别重视,这是很容易看出来的。那么,恭、敬与礼是什么关系呢?恭敬属于礼吗?

　　子曰:"恭而无礼则劳;慎而无礼则葸;勇而无礼则乱;直而无礼则绞。君子笃于亲,则民兴于仁。故旧不

---

[5]　《德性之后》,160 页。

[6]　林义正《春秋公羊传伦理思维与特质》(台湾大学出版中心,2003 年)认为《公羊传》的礼都是社会仪文等,故属于规则伦理思维,不是德行伦理思维,但《公羊传》总体是德行伦理。与规则伦理的融合,以礼为始,以仁为终。见其书 113、123 页。不过,伦理学的规则与社会学的规则概念应有分别。另外,"礼也"和"非礼也"在《左传》其实都是合于礼或不合于礼之意,应当说还不是德行和德性。

遗，则民不偷。"(《论语·泰伯》)[7]

照这个说法，礼是恭、慎、勇、直各种德行的补充、范导及限制，有许多德行都需要礼的这种范导。(前面指出孝不可违礼，其中所说的"违礼"和这里所说的"无礼"，二者略有不同。)礼在一般意义上包含很广，而在这里所指的是社会最基本的规范，故不可违背，这是"违礼"的意义。这里的"无礼"是说没有礼的制约，而不是无礼的行为，因为恭敬和无礼的行为是不可能同时并存的。在这些地方，恭、敬并不是礼，反而需要礼来加以规范。这与后来子思、孟子以恭敬释礼的主旨是不同的。

孔子这种把德行、德性和社会规范联系在一起进行考察的立场是可以理解的，但我们可能会问，美德的实践如何会违背礼？哪些美德的实践可能违背礼？从孔子所说来看，在实践上是会有这类问题的，如奉养和葬祭双亲如果不遵照礼制的规定，便不是孝。行为的大胆若破坏了礼制的规定，便不是勇敢。在这个问题上，亚里士多德是用中道的观念来解决，如勇敢是惧怕和鲁莽之间的中道。这在理论上是没有问题的，但在礼制社会里，因为礼的规范无所不在，所以以礼为标准，对行为的指导更为具

----

[7] 司马牛忧曰："人皆有兄弟，我独亡！"子夏曰："商闻之矣：死生有命，富贵在天。君子敬而无失，与人恭而有礼。四海之内，皆兄弟也。君子何患乎无兄弟也？"(《论语·颜渊》)子夏所说敬而无失、恭而有礼正是对孔子的继承。

体，在实践上也更容易把握，这就是所谓"礼所以制中"。[8]

最后谈一下礼和正义的问题。麦金太尔认为，礼是中国儒家独有的德性，在西方古代没有以礼为德性的例子，并不重视举止合宜的美德。其实，古希腊以来的德目表中虽然没有礼的条目，但春秋时代的礼的内涵，也在古希腊有所体现。从二者各自的地位来看，我曾经指出，如果以古希腊对"正义"的重视为对照，我们可以说春秋时代的政治思考以突出"礼"为特色；春秋时期以"礼也"和"非礼也"作为判断政治的原则，"合于礼"成为政治追求的目标，"知礼"是首要的政治美德，因此礼的地位与正义在古希腊的地位很相像。希腊的正义观念并非单一，亦经历变化发展，亚里士多德以前的希腊早期的正义观念，是指宇宙的秩序，或每个事物恰当地得到自己应得的部分，后来才成为德性。礼的概念当然不是正义，但礼的精神与亚里士多德以前的古代希腊早期的正义观念相当接近，而且也经历了一个从秩序到德性的演变。

不过麦金太尔也有些误解，如他认为，儒家假设一个人不通过礼仪的训练就不能拥有高尚品质。其实，礼的意义远超

---

[8]《礼记·仲尼燕居》："仲尼燕居，子张、子贡、言游侍，纵言至于礼。子曰：'居！女三人者，吾语女礼，使女以礼周流无不遍也。'子贡越席而对曰：'敢问何如？'子曰：'敬而不中礼，谓之野；恭而不中礼，谓之给；勇而不中礼，谓之逆。'子曰：'给夺慈仁。'子曰：'师，尔过；而商也不及。子产犹众人之母也，能食之不能教也。'子贡越席而对曰：'敢问将何以为此中者也？'子曰：'礼乎礼！夫礼所以制中也。'"

过礼仪训练和举止合宜，一个君子固然应精于礼乐的知识和实践，但礼同时也包含基本社会规范的面向。如"勇而无礼则乱"，是指德行必须不违反社会基本规范，而不是说一切德行必须结合礼仪的训练。孔子的这些论述体现的是对当时社会文化的规范体系（礼制）的执着和尊重。这其中还包含了一个重要的问题，即孔子所提倡的德行多是君子德行，是高于普通道德的德行，所以需要把高于普通道德的德行和社会基本规范结合，这是其德行论中所含有的普遍性的理论课题。其实，亚里士多德也认识到德性论要有某种别的论述来补充，这种补充就是关于那些完全禁止的各种行为的论述。

三、好　学

与希腊"爱智"的取向相比，孔子本人的思想中另有一个观念更值得注意，那就是"好学"。"好学"绝不是孔子思想中的一个普通概念，我们可以肯定地说，"好学"是孔子思想中具有核心意义的一个基础性观念，不仅在他的教育思想中，即使在他的整个思想中也占有特别重要的地位。

> 十室之邑，必有忠信如丘者，不如丘之好学也。(《论语·公冶长》)

这就是说有"忠信之德"者并不罕见，但"好学"之人则非常罕见。"忠信"是春秋时代最基本的德性，而从这句话可以看出，孔子把"好学"看作是比"忠信"更为难能可贵的一种品质。虽然我不能说在孔子的道德德性的系谱中"好学"的级位比仁、忠更高,但对孔子来说好学的品质显然是朝向另一个实践的重要面向。

现在要问的是,"好学"是否为一种德性或美德呢?表面上看,好学与一般孔子所说的德性如仁、智、勇不同,似乎不属于德性,不过,这如何解释孔子既称颜回为唯一的"好学"者,又把颜回归在弟子中的"德行"一类?〔9〕在古希腊有理智德性和实践德性的区分,比照此说,我们能不能说仁、智、勇是实践德性,而好学近于理智德性呢?我想应当是可以的,事实上《中庸》也明确说"好学近乎知"。亚里士多德在《尼各马可伦理学》中认为:

> 德性分为两类,一类是理智的,一类是伦理的。理智德性大多数由教导而生成培养起来的,所以需要经验和时间。伦理德性则是由风俗习惯熏陶出来的。……我们的伦理德性没有一种是自然生成的,因为没有一种自然存在的东西能够被习惯改变。

这样看来,理智德性的养成和教育有关,孔子的"好学"也应当属于教育的范畴,所以"好学"似可以称为"教育德性"。从与教育的关联来说,好学与理智德性是有一致之处的。当然,理智德性是恰当运用理性的德性,与好学作为一种优秀

---

〔9〕《论语·先进》载:"德行:颜渊,闵子骞,冉牛,仲弓;言语:宰我,子贡;政事:冉有,季路;文学:子游,子夏。"

的能力有所不同，同时孔子也不认为伦理德性与教育无关。但无论如何，孔子是把"好学"看成与"伦理德性"有别的品质和活动。

"好学"在孔子思想中的重要性，在他关于"六言六蔽"的论述中最突出地表达出来：

> 子曰："由也，汝闻六言六蔽矣乎？"对曰："未也。""居，吾语汝。好仁不好学，其蔽也愚；好知不好学，其蔽也荡；好信不好学，其蔽也贼；好直不好学，其蔽也绞；好勇不好学，其蔽也乱；好刚不好学，其蔽也狂。"（《论语·阳货》）

这一段话很重要，好仁、好知、好信、好直、好勇、好刚都是兼指德性和德行而言。从德性论来说，广义地看，它表示每一个别德性对人的意义不是独立的，而是与其他德性相辅相成地发挥其作用，诸德性的相辅相成才能造就君子或圣人中和不偏的人格。而在诸德性的相辅相成的结构里，"好学"无疑占有突出的地位。好学不仅是一种优秀的能力和特长，也是一种心智的取向，而这种能力和取向明显指向于知识的学习与教育过程。[10]

四、基础德性

仁、智、信、直、勇、刚这六种德性都是伦理德性，但是

---

[10]　古希腊语中今天被翻译成德性的 *arete*，其原意即指特长和能力。

孔子强调，对伦理德性的追求不能离开好学，所有的伦理德性若要中和地发挥其积极的作用，就不能离开好学的德行；离开了好学的实践，这些伦理德性发生的作用就会偏而不正。这样就把伦理德性和教育德性（理智德性）结合起来了。这很像亚里士多德对智慧的强调或奥斯汀对坚贞的强调。这种思想认为，各种德性需要互相配合、互相制约、互相补充，因为每一单独的德性在其实践中都可能有其弊病。如果说这里涉及德性统一性的问题，那么可以说，孔子认为，德性并非总是统一的，有好仁而不好学者，有好勇而不好学者，有好信不好学者，等等。这是和亚里士多德不同的。而孔子强调的是，当德性不能统一时，人的实践就会有缺陷和弊病，不能达到德行实践的完满。

上面是我们从广义的理解来阐发孔子诸德性的相互依赖关系。但实际上，孔子自己并没有提出说，每一个德性都对其他诸德性有这种制约性的作用，他真正提到的唯有强调"好学"的"六言六蔽"这一段，以及在另一处强调不是作为德性的"礼"的"恭而无礼则劳；慎而无礼则葸；勇而无礼则乱；直而无礼则绞"的一段。[11] 其他德性之间，可以有某两个德性的互补关系，但一个德性可以对诸多重要德性起基础作用的，只有"好学"。这很值得注意，这当然不是说"好学"和"知礼"是

---

[11] 值得注意的是，"好直不好学其蔽也绞；好勇不好学其蔽也乱"与"勇而无礼则乱；直而无礼则绞"。直和勇，在不学和无礼的情形下，弊病是完全一样的，都是乱与绞。

孔子德性论中最重要的德性，但可以说这两个德性是最具基础意义的德性，这是因为，好学是修身的基础，知礼是行为的基础。这种"基础德性"的思想，与仁的"核心德性"的地位及其在整个德性体系的作用，是有所不同的。[12]

五、仁德与仁道

孔子是春秋时代德行论的综合者和总结者，也是儒家德行体系的创立者，而儒家的德行体系继承了西周春秋的德行概念而加以发展。孔子在礼乐文化的德行论体系中加入了新的道德精神，使得儒家德行体系对于西周春秋的德行论既有继承，也有发展。

《论语》记载的孔子思想，除了两次提到仁、智、勇外，很少以列举美德节目表的形式来讨论。这意味着孔子并不想提出与以前不同的德目表。就德行而言，《论语》中最突出的，也是孔子与春秋以及前人最大的不同之处，在于孔子特别突出"仁"这一德。《吕氏春秋》说"孔子贵仁"，正是突出了孔子思

---

〔12〕 亚里士多德论理智德性时提出自然德性和主要德性，但没有清楚给出定义，不过下面这段话值得注意："在他认为全部德性是明智时，他是错误的，在他说德性离不开明智时，他就是完全正确的。……在对德性作规定时，除了说它是某种品质外，总还要加上一句：它是合乎正确原理的品质。……德性这种品质不仅要合乎正确原理，还要与他相伴随。而明智则是关于行动的正确原理。"（《尼各马科伦理学》，132 页。）在这个意义上，可以说，在孔子那里，德性离不开好学，而礼则被认为是关于行动的正确原理。

想中德性论的特征，以及其整个思想的主导特征。孔子对仁的讨论，与春秋以前的不同，首先是他以一个人反复地讨论仁德（仁在《论语》出现超过一百次）；其次他把仁德分为几个不同的层次，最高层次的仁是超越个别具体德性的全体德性；最后，春秋时代以前的人们是以"礼"或"非礼"作为行为评价的最高原则，而在孔子思想当中，显然"仁"的地位已经高于"礼"。

同样值得注意的是，"仁"不只是"德"，仁也是"道"，就是说，仁不仅是德性，而且是原则。如：

> 子曰："富与贵，是人之所欲也，不以其道得之，不处也。贫与贱，是人之所恶也，不以其道得之，不去也。君子去仁，恶乎成名？君子无终食之间违仁，造次必于是，颠沛必于是。"（《论语·里仁》）

这里的不以"其道"，其道即是仁道，君子造次颠沛必不违的"仁"即是这个仁道。这个仁道就是道德原则。

仁不仅是对待富贵和贫贱的原则，更是道德行为的根本原则。孔子的弟子仲弓曾向孔子问仁，孔子的回答是"己所不欲，勿施于人"（《论语·颜渊》）。这样，仁就是一个根本的人己关系原则，这也是当今世界伦理运动宣告的、为全世界各宗教所共同肯定的基本道德原则金律。

六、君　子

从西季威克（Henry Sidgwick）以降，特别是当代伦理学，用 good/right（好 / 对）的优先性来定义某一伦理思想的特质和形态。在这个框架中来看孔子，孔子的思想无疑是从"好"出发的。

通观孔子的思想，可以说孔子所关心的是一个整体人生的问题。他所关心的不是某一个具体的行为，而是什么是美好的人格，什么是理想的人格？美好的人格如何体现？什么是美善的行为？什么是理想的人生？人生的准则是什么？人生的理想境界是什么？这和美德伦理学是一致的。

另一方面，如果仔细考察记录孔子言论的《论语》，我们会发现，《论语》中多数对人的德行的论述，多不是对德目的阐发。相比于春秋时代，孔子可以说较少以德性条目的形式论述。更引人注目的是，与春秋时代不同，孔子是以"君子……"的大量论述来讨论道德问题，论述士君子的人格、行为、准则、理想。这才是孔子道德思想的根本特征。这些论述不是以德目的形式来表达，而是以人生教导的形式，以"君子"为其根本的整全人格概念，说明什么是好的行为，好的境界，好的理想，好的人格。在这个意义上，孔子伦理学虽然包含了承继传统而来的德行论面向，但其整个思想已经超越了至少是狭义的德性伦理的形态。

上一节的君子论述，也明显地呈现出与一般道德教训不同的特色，这就是，其中所说，绝大部分是属于圣贤君子的德行和人格，即超越一般道德的德性与德行，指向高尚，指向道德义务以外、更高水平的行为和德性。因此，孔子所关注的并不是人的行为的最起码的准则和道德义务。比如，"学而时习之，不亦乐乎"，这在《论语》中并不是一个描述性的语句，而是表示，孔子把"学而时习"看成一种美好的人生活动，一种值得倡导的人生态度。然而，"学而不时习"，却不是一个不道德的行为。所以，如果人的行为可以分为道德、不道德、非道德、超道德的话，则《论语》中大量的语句都体现着比基本道德要求更高的人生理想，包含着"超道德"（超义务）的性质。超道德的语式是肯定性、倡导性的语式，但其境界已经超越"道德"的基本要求。这充分体现了"好"与"对"的不同。现代道德已经被看作是维护社会生活的最低要求，自然就抛弃了古代君子的超义务的生活理想。

在《论语》中，"君子之道"及"君子之德"是最主要的论题。在这个意义上，孔子已经不再注重对某一个别德行的解说，如哪一德行好，哪一德行不好；而是统合地讨论那些属于"君子"的德行。孔子对具体德行的讨论也是在"君子"的整体框架中进行的。所以，孔子的讨论已经超出个别的德行，进入整合的人格，其中有关君子的讨论也不是德性论（virtue theory）所能包含的了。如："君子谋道不谋食……忧道不忧贫。"（《论语·卫灵公》）"士志于道，而耻恶衣恶食者，未足与议也。"（《论语·里仁》）"士志于道"表明士是有崇高理想的人，即君子是以"谋道""忧道"为终极关怀的。一个士君子，他的心志和追求不是物质性的生活，他所一心追求的是社会理想和道德理想。这样一种士君子人格，已经不是狭义的德性伦理所能包容的了。更重要的是，孔子的君子论，所论述的是"高尚"的德性和德行，而不是最基本的行为是"正确"还是"错误"。君子不是个别的品格，而是人的品格的整体代表。

七、仁智之思：德行与心理

孔子之后德行论的内向化发展，首先是子思的《五行》篇的"仁形于内，谓之德之行"，而仁形于内，表现在仁之思：

> 仁之思也精，精则察，察则安，安则温，温则悦，悦则戚，戚则亲，亲则爱。爱则玉色，玉色则形，形则仁。（5章）

> 智之思也长，长则得，得则不忘，不忘则明，明则见贤人，见贤人则玉色，玉色则形，形则智。（6章）

> 圣之思也轻，轻则形，形则不忘，不忘则聪。聪则闻君子之道。闻君子之道则玉音，玉音则形，形则圣。（7章）

这里所说形则仁、形则智、形则圣的"形"应当指"形于外"的形，而不是"形于内"的形。在作者看来，仁、智、圣各自代表一种思的类型或属性，这里的思并不是单纯的思考，而是包括内心的种种活动状态和活动趋向。而每一种思，用《中庸》未发到已发的说法，都经历了一个包含许多阶段的发作的过程，经历了一个从德到行的心理展开和外化的过程。

就仁之思来说，其最原初的意向状态是精察，这应当是指一种细微的体察对方的意识活动趋向。这种最原初的精察在"发"的过程中，经历了一系列的阶段，如安、温、悦、戚、亲、爱。这个过程的关键是达到"悦"，[13]而最后达到"爱"的意识状态时，仁的意识就从内在的德性心发作完全了。爱的意识感情发作出来，就会同时表现于外在的容貌颜色，形成所谓玉色，"玉色则形，形则仁"，表示"仁之思"形而为仁之容色。从"仁之思也精"到"形则仁"，这是内在德性外发的整个过程。作者显然是强调，只有从内在的德性出发，才能发出玉色，外化为行为表现，这表现了作者对内在性的重视。如果我们从最后的"形则仁"往前推，那么就可以说，"仁之思也精"是仁的德行在内心的最初发端。这种发端不是用情的观念来表达，而是用思的观念来表达，这是竹简《五行》与孟子的不同，但也可以说启发了孟子。

上述这一套讲法，我们称之为"三思三形"。在作者对三思三形的表达中，其所着重的是，一个德行得以实现的心理展开过程及其外在体现，它所强调的是内在道德意识的发端对德行实现的根本性和原初性作用。可以说这套讲法提出了一套有关德行的道德心理学，也提出了德性行之于外与行之于色，表现出容色气象是古代德行论的重要面向。

---

[13] 因为后文说"不变不悦，不悦不戚，不戚不亲，不亲不爱"。

八、性善：德行的人性论基础

孟子的贡献是为儒家的德行论提供了一套性善论的基础，以至于孟子的仁义礼智说已经不是从前的"五行说"的德行说，而发展为德性论。孟子在谈论性善时说：

> 则可以为善矣，乃所谓善也。若夫为不善，非才之罪也。恻隐之心，人皆有之，羞恶之心，人皆有之，恭敬之心，人皆有之，是非之心，人皆有之。恻隐之心，仁也；羞恶之心，义也；恭敬之心，礼也；是非之心，智也。仁义礼智，非由外铄我也，我固有之也，弗思耳矣。(《孟子·告子上》)

这表示，行为的善，根源于本性的善，仁义礼智都是内在的，不是外在经验所赋予的，这样的仁义礼智即是德性，而仁义礼智的内在论表示仁义礼智就是人性的内容本身。道德意识都是德性与人性的表现：

> 恻隐之心，仁之端也，羞恶之心，义之端也，恭敬之心，礼之端也，是非之心，智之端也。恻隐之心，仁也；羞恶之心，义也；恭敬之心，礼也；是非之心，智也。
> (《孟子·公孙丑上》)

端即表现，恻隐之心等道德的意识，都是作为人性的仁义礼智的表达和表现。所以他又说："君子所性，仁义礼智根于心。"

从德性伦理的角度看，孟子思想提出了德性与人性的问题，首先，在孟子的立场，德性论有其人性论的基础和根源，孟子以前的儒家德目，在孟子这儿不仅成为明确的德性，而且是人性。其次，孟子的思想涉及德性与人性的关系，德性作为品质和人性作为本质，二者在人的内心结构中所处的相互地位如何，成为可以探讨的问题。孟子曰："广土众民，君子欲之，所乐不存焉。中天下而立，定四海之民，君子乐之，所性不存焉。君子所性，虽大行不加焉，虽穷居不损焉，分定故也。君子所性，仁义礼智根于心。其生色也，睟然见于面、盎于背。施于四体，四体不言而喻。"按照这里所说，人性以仁义礼智为内容，故人性本善，这种人性不是外在环境所造成的，而是先验的、本有的。这种固有的道德人性，不随人的行为而转移，道德行为不会增加其存在，不道德的行为也不会减损其存在，德行不会影响人的本性的存在。当然，这绝不是说德行不重要，事实上孟子所注重的正是在人性的基础上扩大、发展人的道德德行。

第十三章　孔子的德行论

这里所要讲的道德论，现在伦理学中一般是指德性伦理（virtue ethics），古希腊时代亚里士多德的《尼各马可伦理学》是一个典型的希腊哲学的德性论体系。当代哲学家麦金太尔极为注重亚里士多德德性伦理这一传统，认为丢弃这一传统是近代西方文化的一大失败。而中国古代的德行论体系，比起亚里士多德来说，虽然理论上的辨析不多，但德行条目之多，体系之大，受重视之突出，则又非亚里士多德所可相比。

德性伦理又称美德伦理学，主张伦理学不应以原则和义务为中心，而应以德性或美德为中心；不仅要关注人的行为及其原则，更应该关注人的品质、动机；不仅要解决应该做什么的问题，也要解决应该成为什么样的人的问题。初看起来，儒家伦理的主导特性与德性伦理学很接近，但深入的研究表明，两者也有一些差异，值得重视。春秋 280 年间，德行伦理已相当发展，但因时代与地域的原因，这些德行条目和语言较为分散而不易统一。尽管如此，在春秋后期，我们已经可以看到德行条目和道德语汇的集中化趋势。孔子乃是春秋时代德行论的综合、总结者，又是儒家德行体系的创立者。儒家德行体系自然是承继了西周春秋的德行观念而发展的，但因孔子在礼乐文化的德行论传承中，加入了新的道德精神，使得儒家德行体系对西周春秋既有继承，也有发展。

比如，"中庸"并非西周春秋礼乐文化体系中的重要德行，中庸只是乐德，但在《论语·雍也》中有："子曰：中庸之为德也，其至矣乎！民鲜久矣。"这就把中庸作为"至德"了。《礼记·中庸》引"子曰：'中庸其至矣乎，民鲜能久矣！'"可与《论语》互证，证明《中庸》引用的"子曰"即是"孔子曰"，也是有根据的。《中庸》所引子曰认为，颜回能"择乎中庸"，似乎别人不能。又说"天下国家可均也，爵禄可辞也，白刃可踏也，中庸不可能也"，以中庸为极难达至之德，这都是对西周春秋的发展。

另一方面，如果评细考察《论语》，又可以发现，《论语》的多数论述，都不是对德目的阐发。相比于春秋时代，孔子可以说较少地以德性条目的形式论述。更引人注目而与春秋时代不同的是，以"君子……"的大量语句来论述士君子的人格、准则、理想，这才是孔子道德思想的根本特征，这些论述不以德性条目的形式表达，而是以人生教导的形式表达什么是好的行为，好的境界，好的理想，好的人格。这是好（good）的问题，而不仅仅是德性，德性伦理只是美善，是人生哲学的一种表达。在这个意义上，孔子伦理学虽然包含了承继传统而来的德行论面向，但其整个思想已经超越了至少是狭义的德性伦理的形态。[1]

我们说，孔子在《论语》中注目的德行，约为四种：

一、"夫子温、良、恭、俭、让以得之。"（《论语·学而》）这一类我们称之为性格德性。

二、"弟子入则孝，出则弟，谨而信。"（《论语·学而》）谨是少言。第二类我们称为人伦德性。

三、"主忠信。"（《论语·学而》）恭宽信敏惠。恭是敬。第三类我们称为政治德性。

四、仁、智、勇、义。"知者不惑，仁者不忧，勇者不惧。"（《论语·子罕》）第四类可称之为综合德性。

春秋时代提出过许多德行体系，如"九德"的提法就有四五种，最多者为单襄公提出的十一德：敬、忠、信、仁、义、智、勇、教、孝、惠、让。总观春秋各种德性表，可以说渐渐发现有八种德性为最多采用：忠信、仁义、孝让、勇智。而这八种德行孔子在《论语》中都有论及。

---

〔1〕　在我的定义中，狭义的德性伦理学即以德性条目为主体的体系。这里的分析可参考拙文《古代德行伦理与早期儒家伦理学的特点——兼论孔子与亚里士多德伦理学的异同》，《河北学刊》，2002 年第 6 期。

本章着重论述《论语》的德行论体系，这里所说的《论语》德行体系，不是专指孔子个人的思想，由于《论语》中包括不少孔子弟子的言论，故这里是指整个《论语》所代表的、以孔子为主的早期儒家的德行体系。另外，这里所说的德行体系，是狭义的德行体系，即《论语》中专以德目形式出现的讨论，如孝、忠信、仁、智、勇等。在对《论语》的德行体系论述之后，我们再对其广义的德行伦理进行讨论，包括乐、好学、主德、诸德关系、君子人格等。

一、德的概念

古代的德字，意义包含较广，有道德、德行、德性、德目等意义，《论语》中的德字亦是如此。如：

子曰："泰伯其可谓至德也已矣。三以天下让，民无得而称焉。"（《论语·泰伯》）

子曰："已矣乎！吾未见好德如好色者也！"（《论语·卫灵公》）

子曰："由，知德者鲜矣！"（《论语·卫灵公》）

子曰："乡原，德之贼也！"（《论语·阳货》）

子曰："道听而涂说，德之弃也！"（《论语·阳货》）

以上几条中所说的德字，都是道德之义。

子曰："中庸之为德也，其至矣乎！民鲜久矣。"（《论语·雍也》）

这里的"德"字兼有德性和德行之义。德行即道德的行为，德性则是道德的品质。所谓德性伦理学，就是以品质为关注核心的伦理学，但古代中国文化中，德字的使用，德目的列表，常常兼德行与德性而言。这是我们在引入德性伦理学的方法时要加以注意的。可以说，在西周春秋时代"德"多指德行，在后来的发展中，以"德"指德性的意义渐渐增多。

> 子曰："从我于陈、蔡者，皆不及门也。"德行：颜渊、闵子骞、冉伯牛、仲弓；言语：宰我、子贡；政事：冉有、季路；文学：子游、子夏。(《论语·先进》)

在《论语》的这一段里明确出现"德行"的概念。其实"德行"二字在《诗经》中已经出现，春秋时已为常用。广义的德行是指行为及其状态，包含善的行为与恶的行为；狭义的德行则专指道德的行为及其状态。无论如何，古代的"德行"是指行为 (conduct)，而非专指品质、品格 (character)，这与一般德性伦理学的"德性" (virtue) 概念主要指内在品质是有所区别的。[2] 如《左传·襄公三十一年》："故君子在位可畏，施舍可爱，进退可度，周旋可则，容止可观，作事可法，德行可象，声气可乐；动作有文，言语有章，以临其下，谓之有威仪

––––––––––––––––

[2]　事实上，亚里士多德的《尼各马可伦理学》中也表达了对行为 (活动) 而不仅仅是德性的重视，只是一般研究亚里士多德的学者较少注意这一点。

也。"其德行即是指容止行为，是可观可见的，故说"可象"。[3]
《孝经》说"非先王之德行不敢行"，[4]其德行也是指行为行事。

总之，"德行"是古代常见的概念，"德性"反而是后来较
晚（战国）才出现的，且唯见于《中庸》。[5]当然，"德性"概
念虽然晚出，但以某些德目为德性（内在品质）的使用，或包
含了德性的使用，在孔子以前已经出现。而我们要强调的是，
能够代表春秋至孔子这一时期古代德论的概念是"德行"，而不
是"德性"；而德行更多的是一个行为的范畴，这是要特别加
以注意的，这也是本章题目用孔子的"德行论"而不用孔子的
"德性论"的理由。

二、孝

商代晚期和西周，"孝"已经成为一个非常重要的德行，
这和封建社会宗法世袭制及其文化应有关联。在商代和西周的
封建社会，"孝"不仅是个人品质，而且是维护其所属的宗法共
同体的品质，由是成为和一个人的亲属关系、家族结构连接成
一体的荣誉。但因"孝"在直接性质上是对父母的德行，所以
即使在封建社会解体后，它仍能在以家庭为基础的社会中产生

---

〔3〕　引文见杨伯峻：《春秋左传注》（修订本）三，中华书局，1995年，1194页。

〔4〕　引文见汪受宽：《孝经译注》，上海古籍出版社，1998年，18页。

〔5〕　《中庸》文有"尊德性而道问学"。

影响，成为与社会结构性质没有直接关联的家庭德行。

> 子曰："弟子入则孝，出则弟，谨而信，泛爱众，而
> 亲仁。行有余力，则以学文。"（《论语·学而》）

在这个论述里，孝属于"入"的部分，与"出"划为两个不同
的生活空间，在这种对比里面，"入"代表家庭之内的生活场
域，"出"代表家庭之外的社会生活，家庭的内部生活以父母为
中心，而孝是对待父母的德行。

> 子游问孝。子曰："今之孝者，是谓能养。至于犬马，
> 皆能有养；不敬，何以别乎？"（《论语·为政》）

这证明在孔子以前的时代，孝的德行主要是"能养"，即能奉
养父母双亲，这种"能养"当然是指物质生活，即衣食无忧，
居住有处。这是当时对"孝"的一般了解。而在孔子看来，物
质的供养并不是孝的要义，人对家用的犬马及宠物也能养活它
们，但决不能说人对犬马宠物行孝。因此孔子提出，人对父母
的孝，重要的在于"敬"，即对于父母尊敬的态度。[6] 态度成了
孔子所理解的孝的本质，这可见于另一则对话：

> 子夏问孝。子曰："色难。有事，弟子服其劳；有酒
> 食，先生馔，曾是以为孝乎？"（《论语·为政》）

---

[6]　古代希腊也有孝的概念，也提倡对父母的奉养和尊敬，如亚里士多德也说过，
　　"对双亲最重要的是奉养，因为这好像是债务，他们是我们存在的原因。和养
　　活我们自己相比，这种奉养是高尚的。对双亲还要像对诸神那样尊敬。但不
　　是不加区别地尊敬，因为对父亲的尊敬和对母亲的就不一样"（《尼各马科伦
　　理学》，191 页）。

色是面色，是态度的直接表达。所以孔子认为，供养父母其实不是最难的，有事身服其劳也不是最难的，难在对父母的态度总能容色和愉、言辞温恭。由此可见，孔子所理解的孝，已经不仅是传统所说的侍奉父母的行为，而且同时是一种内心的表达，体现在面对父母的面色和态度上，因为脸色既是呈现给父母的直接交流，也是内心真实态度的直接体现。[7]

《论语》中的孔子论"孝"，更是对父母的一种发自内心的关心，故有多方面的体现，如：

> 孟武伯问孝。子曰："父母唯其疾之忧。"（《论语·为政》）

> 子曰："父母在，不远游，游必有方。"（《论语·里仁》）

> 子曰："父母之年，不可不知也。一则以喜，一则以惧。"（《论语·里仁》）

这些都从具体的不同方面显示一个孝的人在内心对父母的关切。可见，出入之分不是绝对的，孝不仅仅限于家庭的空间，在家外的任何空间，只要一个人满怀对父母的关心与爱，便是孝。"父母之年"的一条尤能表现出，这里强调的孝不仅是行孝，更是人的内心状态，是其德性的表现，体现了孔子的德行论开始向着注重内心德性的方向发展。

上面所说是孝的一般意义。实际上，孝的意义可以扩展，

---

〔7〕　当然孔子所说的孝并不是所谓愚孝，如："子曰：'事父母几谏，见志不从，又敬不违，劳而不怨。'"（《论语·里仁》）

如上面所说"弟子入则孝"，是把孝界定为家庭生活的德行，这主要是对弟子这样的青少年而言。而"孝"在贵族社会中的意义往往更广，如：

> 子曰："父在，观其志；父没，观其行；三年无改于父之道，可谓孝矣。"（《论语·学而》）

这应是对于继承了父亲地位的贵族继承者而言的。这里强调的孝，与前面有所不同，重在父亲活着的时候这个人有没有学习父亲的志向，父亲死后能不能继承父亲处事管理的原则，不改变父亲制定的政策政令。从政治上讲，就是能不能在政治上继承父亲的遗志，这在古代是关系到父系宗法贵族发展生存的大事。后来《中庸》以武王、周公为达孝，"夫孝者，善继人之志，善述人之事者也"，即承此说而来。

因此，对于高等贵族而言，孔子认为孝的要求在某些方面会更强：

> 孟懿子问孝。子曰："无违。"樊迟御，子告之曰："孟孙问孝于我，我对曰：'无违。'"樊迟曰："何谓也？"子曰："生，事之以礼；死，葬之以礼，祭之以礼。"（《论语·为政》）

春秋时代"礼不下庶人"，而孟氏是大贵族，故孔子对孟懿子的问孝，便特别强调礼，所谓无违即行为不可违背于礼。这种对礼的无违是全面的，由始至终的：生，事之以礼；死，葬之以礼，祭之以礼。就是说，父母生时，要依照礼去侍奉他们；父母死去，要依照礼的规定去埋葬他们，在他们死后要依照礼去定时祭祀他们。这显然是由于当时是礼乐社会和礼乐文化所致。《论语》中孔子的回答往往针对对象的特定德性境况，如孟氏的行为在礼乐文化解体的春秋末期可能有很多失礼之处，故孔子答之如此。孔子强调，虽然礼属于外在的仪式行为，但如果不能遵从礼而逾越礼的规定去侍奉父母和葬祭父母，则将破坏礼制并引致批评，使父母和整个宗族蒙羞，这实际是不孝。孔子的这个回答，看起来和前面重视内心德性的强调重点不一致，体现出孔子同时重视德行和社会礼俗的关系，重视孝行和社会礼制规范的符合，强调孝的履行要受到礼制规定的约束，这是西周春秋"礼"的社会结构和文化制约所造成的。同时，孔子的这种态度还可以从政治上加以理解，孔子要维护周的礼乐制度，纠正春秋末期当时礼崩乐坏的状况，这种政治的主张和立场也体现在他对孝和其他德行的阐发上，即德行必须不违背礼的政治等级规定。

由此也可以看出，孔子所阐发的德注重两个方面，一是其基本或普遍的美德意义，这属于美德真理；一是其在当时特定社会体系（即封建宗法社会之礼制）中的应用和衍展。前者主要是道德的意义，后者包含政治、社会的意义。这种二重性在孔子那里比较突出，到孟子则渐渐消减，在"礼"的问题上尤其明显，孟子已不再像孔子那样突出强调"礼"。麦金太尔曾强调，英雄社会的德性和其所属的社会结构是同一回事，[8]这

---

〔8〕《德性之后》，155页。

显然过分突出了一个时代的德性和这个时代社会结构的联系，使得这些德性完全成为其社会结构的附属物，而失去了任何对于人类而言的普遍性。幸好他在对雅典古典社会的分析上肯定了"德性概念这时已明显地与任何具体的社会角色概念分离开了"，承认希腊悲剧的主角和其所在的共同体及其社会角色的关系，既不同于英雄社会也不同于现代社会，"他或她既属于社会秩序中的某个位置，又超越这一位置"。[9]事实上我们仍然应当坚持后来被麦金太尔自己抛弃的立场："区分亚里士多德具有恒久价值的德性理论与我认为只是反映了亚氏及其时代意识形态和文化偏见的东西。"[10]正是这样的立场才能使我们"通过传统来继承德性"。[11]

三、忠　信

在孔子的时代，忠信是社会通行的重要德行，我们甚至可以说忠信是春秋时代的基本德性。在《论语》中多次强调忠信的重要性：

> 子曰："十室之邑，必有忠信如丘者焉，不如丘之好学也。"（《论语·公冶长》）

---

〔9〕《德性之后》，181 页。

〔10〕《不可公度性、真理和儒家及亚里士多德主义者关于德性的对话》。

〔11〕《德性之后》，160 页。

　　　　子以四教：文，行，忠，信。(《论语·述而》)

这表示，忠信是当时社会的一般道德原则、评价原则，也是社
会肯定的一般德行。而且在孔子的教育活动中，也把忠信作为
主要的教育科目以指导学生的言和行。如：

　　　　子张问行。子曰："言忠信，行笃敬，虽蛮貊之邦，
　　行矣。言不忠信，行不笃敬，虽州里，行乎哉？立则见
　　其参于前也，在舆则见期倚于衡也；夫然后行！"(《论
　　语·卫灵公》)

这当然不表示忠信只是规范"言"的德行，绝不是说言必忠
信，而行不必忠信。这里其实是把忠信和笃敬都作为言行的规
范。但这种规范与礼制规定的规范不同，不是具体的节文，而
是一种德行的表述。同时，孔子也强调，忠信笃敬的德行是基
本的道德，不是超道德的德行，其适用性不分远近，参前倚
衡，在生活中处处需要。

　　所以，孔子多次提出"主忠信"：

　　　　子曰："君子不重，则不威；学则不固。主忠信。无
　　友不如己者。过，则勿惮改。"(《论语·学而》)

　　　　子张问崇德辨惑。子曰："主忠信，徙义，崇德也。
　　爱之欲其生，恶之欲其死。既欲其生又欲其死，是惑
　　也！"(《论语·颜渊》)

主忠信是"崇德"之事，这个德既是道德，也是德行。

　　那么什么是忠信之德？是"忠信"还是"忠、信"？连
用的"忠信"，与单独使用的"忠"和"信"，在意义上有没

有分别？应该说，在《论语》里，孔子有关"忠信"的连用很多，但都没有给连用的"忠信"的意义做出明白说明，这可能是因为"忠信"是春秋时代久已有之的德行，以至于没有必要细加说明。倒是孔子的学生曾子对何为忠、信有一处表述，值得参考：

> 曾子曰："吾日三省吾身：为人谋而不忠乎？与朋友交而不信乎？传不习乎？"（《论语·学而》）

这是说，忠的德行是充分地替人考虑、为人着想，信的德行是交朋友一定要讲求信用，说到一定做到，朱子所谓"信者，言之有实也"。[12]《论语》中记载子夏也说"与朋友交言而有信"。所以，子夏对忠信的解说应是阐发孔子的思想。又如：

> 樊迟问仁。子曰："居处恭，执事敬，与人忠；虽之夷狄，不可弃也。"（《论语·子路》）

这里的"与人忠"，即"为人谋而不忠乎"的忠，意义是一样的，都不是限于上下级关系伦理而言。恭敬忠信是放之四海而皆准的普遍德行，但与忠不同，恭是居处的态度，敬是做事的态度。

比较起来，信的意义较为确定，信是和言有关的德行。信应不限于交友，交友之信是信德之一端，但交友之信是在当时特别被重视的一端。

而忠的意义则含有几个方面：

---

〔12〕《四书章句集注》，49 页。

> 子张问曰："令尹子文三仕为令尹，无喜色；三已之，无愠色。旧令尹之政，必以告新令尹。何如？"子曰："忠矣。"曰："仁矣乎？"曰："未知，焉得仁？"（《论语·公冶长》）

所谓"旧令尹之政，必以告新令尹"，这里的忠一方面是尽其职守之意，一方面也有为他人着想之意。

> 子贡问友。子曰："忠告而善道之，不可则止，毋自辱焉。"（《论语·颜渊》）

这里的忠告之忠，既是对朋友的忠诚，也是为他人、为对方着想的意思。在这两条中，忠的意义都与"为人谋而不忠乎"是一致的。

但忠的意义也被引申到更普遍的程度，如被后世特别推崇和重视的曾参的说法和理解：

> 子曰："参乎！吾道一以贯之。"曾子曰："唯。"子出。门人问曰："何谓也？"曾子曰："夫子之道，忠恕而已矣。"（《论语·里仁》）

《论语》并没有在这里解释忠恕的意义，但比照《中庸》"忠恕违道不远"的铺陈，这里的"忠"已经被理解为"仁"的一个方面的意义，我们在下面讨论仁的时候会再谈到这一点。

> 子张问政。子曰："居之无倦，行之以忠。"（《论语·颜渊》）

这里的忠乃是答其"问政"而来，其意义自然与政治有关，但这里的忠仍然是尽其职责和义务之意，并非忠君之忠。后世常用的"忠君"之忠，在逻辑上可谓从上述忠的含义所引申出来的，但在时间上，此种用法也可推至于春秋时代。如：

> 定公问："君使臣，臣事君，如之何？"孔子对曰："君使臣以礼，臣事君以忠。"(《论语·八佾》)

这里的忠便是对君主的忠诚了。鲁定公所谓"君使臣，臣事君"，是从君主的立场把君臣关系仅仅理解为"命令—服从"的关系，这是孔子所不赞成的。他强调君对于臣，臣对于君，都有确定的规范，君主应当以礼使令臣，臣下应当以忠服事君。君主使臣以礼表示对臣的尊重，臣下事君以忠包含着可以批评君主，只要他的批评是为君主的根本利益着想。因此忠并不是简单的服从，忠是臣事君的规范，也是臣之为臣的德行。

> 子夏曰："贤贤易色；事父母，能竭其力；事君，能致其身；与朋友交，言而有信。虽曰未学，吾必谓之学矣。"(《论语·学而》)

"事君，能致其身"，便是忠；"与朋友交，言而有信"，便是信。虽然忠不排斥对君主的批评，但是"事君，能致其身"，说明忠主要包含全力地为之服务、为之献身的意思。这个为之的"之"，可以是国家、君主、主人、职责等。在西周春秋的封建社会里，存在着无数的君臣关系，周天子与诸侯国君是君臣关系，诸侯国君主与卿大夫是君臣关系，卿大夫与家臣是君臣关系，每一级封君都有其受封的民人土地，每一级封君和他的下属都是君臣的关系。所以忠信是特别适合这种社会结构需要的德行，每一级封君对其君上应当忠，对其臣民则应当信。

一个具备了忠信德行的人才能在封建社会中完成自己的社会角色。[13] 所以，如前面论孝时所说，一方面，忠信之德有其基本的和一般的意义；而另一方面，忠信在分封制社会的应用是它们在当时社会的主要意义。而当秦汉以后，分封制封建社会转变之后，忠信的意义便向着其更一般的方面发展，如宋儒就以"尽己之谓忠"[14] 来演绎这一德性，而并不把它限制在对待君主。

四、仁与智勇

仁的概念在春秋时代已经出现，但在孔子以前，仁并不是一个重要的道德概念。而古往今来，人们无不认为，仁是在孔子思想中第一次成为最重要的道德概念，仁也是孔子最为重视的德行。

回忆一下春秋时代仁的用法，《国语》有"爱亲之谓仁"，出于晋文公时。又有"仁，文之爱也"，出自单襄公，又有"爱人能仁"，以及"明慈爱以导之仁"，见于楚申叔时。"仁所以保民也"，出自周大夫富辰。"樊迟问仁。子曰：'爱人。'"（《论语·颜渊》）《礼记·表记》："中心憯怛，爱人之仁也。"就

仁爱所包含的各种特殊表现而言，仁包括爱护、同情、怜悯、体谅、厚道、亲情、忍让、慈爱、友善、报恩、善良等。相比而言，仁是对人的态度，义是对原则的态度。孔子突出仁爱作为德之首、德之全，这是与春秋时代不同的。

> 颜渊问仁。子曰："克己复礼为仁。一日克己复礼，天下归仁焉。为仁由己，而由人乎哉？"颜渊曰："请问其目？"子曰："非礼勿视，非礼勿听，非礼勿言，非礼勿动。"颜渊曰："回虽不敏，请事斯语矣！"（《论语·颜渊》）

正如孔子以"无违"答孟懿子问孝一样，孔子在这里对颜渊问仁的回答，是继承前人"克己复礼为仁"的固有说法。[15]"四勿"强调对礼的践行是仁的基础，强调仁不能违背于礼的规范仪节。所以这是延承了礼乐文化传统中对仁的旧有理解，还不是孔子正面论述其新的对仁的理解。[16]当然，孔子的这一说法，并不仅仅出于对传统的沿袭，也应当有其道德实践的针对性，即遵从社会规范是"仁"德的基础。

> 仲弓问仁。子曰："出门如见大宾，使民如承大祭。

---

[15] 仲尼曰："古也有志：'克己复礼，仁也'，信善哉。"（《春秋左传注·昭公十二年》，1341页。）

[16] 所以，"宪问耻。子曰：'邦有道，谷；邦无道，谷，耻也。''克、伐、怨、欲，不行焉，可以为仁矣？'子曰：'可以为难矣，仁则吾不知也。'"（《论语·宪问》）在这里，孔子就不认为仅仅克制私欲便是仁，究其原因，可能是孔子认为这既没有提及复礼，更没有提出如何对待人。

己所不欲，勿施于人。在邦无怨，在家无怨。"仲弓曰：
"雍虽不敏，请事斯语矣！"(《论语·颜渊》)

这里的第一句"出门如见大宾，使民如承大祭"同样是继承了
前人在礼乐文化中对仁的理解。[17] 而第二句"己所不欲，勿施
与人"则是对仁的直接定义，体现了孔子对仁德的新的理解。
"己所不欲，勿施与人"阐明了仁作为对待他人的伦理原则，这
一对仁的理解使得"仁"获得了普适的伦理意义。在这个意义
上仁既是一个德行，也已经是一普遍的道德原则。[18] 仁既是
对待他人的，也是对待自己的，这和亚里士多德伦理学中"公
正"的性质近似。[19]

同时，仁仍然是一个政治德行：

> 子贡曰："如有博施于民而能济众，何如？可谓仁
> 乎？"子曰："何事于仁！必也圣乎！尧舜其犹病诸！夫
> 仁者，己欲立而立人，己欲达而达人。能近取譬，可谓仁
> 之方也已。"(《论语·雍也》)

---

[17] 《左传》载："臣闻之：'出门如宾，承事如祭，仁之则也。'"(《春秋左传
注·僖公三十三年》，502页。)

[18] 至于第三句"在邦无怨，在家无怨"，其意可参见"子曰：躬自厚而薄责于
人，则远怨矣"。实际上，这一条可以作为仁处理人己关系的第三个定义。

[19] 亚里士多德说："公正自身是一种完全的德性，它是未加分化的，而且是对待
他人的。正因为如此，在各种德性中，人们认为公正是最主要的，它比星辰
更加令人惊奇，正如谚语所说：公正是一切德性的总汇。……在各种德性之
中，唯有公正是关心他人的善。……公正不是德性的一个部分，而是整个德
性。"(《尼各马可伦理学》，90页。)

博施济众是子贡理解的仁，也应当是当时不少人对仁的理解，而孔子的回答，并不是对子贡的否定，而是对子贡理解的深化。换言之，博施济众属于仁之行，而且是较高程度的仁行，因为博施济众的对象是人民和大众，所以这不是小仁，而是大仁的德行。从这里，孔子再次给出了一个仁的定义："夫仁者，己欲立而立人，己欲达而达人。"这里的立和达，颇近于古希腊伦理学所谓幸福，这是说，仁不仅是自我的丰富和实现，而且仁必然因着自己的如此追求而力求他人的丰富和幸福（eudaimonia）。正如后世所理解的，这与"己所不欲，勿施与人"构成了对仁的双重定义，前者代表着对仁的积极的理解，后者代表着对仁的消极的理解。

正是有这种积极的对仁的理解，才有以下的问答：

> 樊迟问仁。子曰："爱人。"问知。子曰："知人。"樊迟未达。子曰："举直错诸枉，能使枉者直。"（《论语·颜渊》）

当然，用爱来解释仁字，在孔子以前已有其人，[20] 所以也可以说，正是由于孔子以前已经有用"爱"来解释仁字的例子，故孔子能够在此基础上提出"夫仁者，己欲立而立人，己欲达而达人"的积极定义。但是，孔子与他之前的以爱释仁者不同，不是把"仁"同化于一般的"爱"，而是明确提出"爱人"为仁。于是，仁慈的德行在孔子的德行思想中居于中心的地位，

---

[20]《国语·周语》载单襄公有"爱人能仁"之说。

仁的伦理意义也就更加彰显其人文主义和人道主义的特色了。仁和孝相比，孝也是发于爱，如王弼《论语释疑》言"自然亲爱为孝，推爱及物为仁"[21]，他即指出孝发于爱，这是正确的，但不宜说推爱及物为仁，而应当说推爱及人为仁。可见，孝是基于血缘亲属间的自然的爱，而仁是推己及人的普遍的爱。重要的是，爱人已经不仅仅是行为意义上的德行，爱是一个诉诸心理的情感，所以"爱人"是德行的同时也成为一种德性。

所谓积极或消极意义的仁的提法，绝不是说消极的仁的意义不及于积极意义的仁，两者的区别只是从不同的方向对仁德进行了阐发。至于所谓消极意义的仁的重要性，可见于：

> 子贡问曰："有一言而可以终身行之者乎？"子曰："其恕乎！己所不欲，勿施于人。"（《论语·卫灵公》）

在前面举出过的例子里，"己所不欲，勿施与人"，是作为仁的含义，这里则作为恕的说明，但这二者并没有分歧。合理的解释是，恕（己所不欲，勿施于人）是仁的一个方面，即消极的方面；与此相对，忠（己欲立而立人，己欲达而达人）是仁的另一个方面，即积极的方面。这是《中庸》强调"忠恕之道"的根本理由，而忠恕之道即是仁道。[22]至于称恕道，不称恕德，则是因为这里作为"己所不欲，勿施于人"的恕具有更高的普遍性。

---

〔21〕《王弼集校释》下册，中华书局，1980年，621页。

〔22〕 恕可能接近于亚里士多德所说的体谅，《尼各马可伦理学》，128页。

相比于其他的德行，仁居于更普遍的地位：

> 子张问仁于孔子。孔子曰："能行五者于天下为仁
> 矣。""请问之？"曰："恭、宽、信、敏、惠。恭则不
> 侮，宽则得众，信则人任焉，敏则有功，惠则足以使人。"
> （《论语·阳货》）

如果在政治领导中能奉行这五种德行，便是仁。这里主要是就
政治和行政领域而言，所以也可谓是孔子理解的仁政。孔子理
解的仁政主要着眼在领导者的德行，而不及于政策措施。同时
也表达出，仁可以散化为一组更具体的德行，反过来说，一些
更具体的德行共同构成了仁的体现。从而，仁既代表了诸德行
的统一性，又是诸德行的总和，可以是整个德行的代表。后世
儒学认为仁不仅是所有德行中最重要的德，而且是几个主德之
首，更是能够代表各种德性的唯一德性，这是合于《论语》本
身对仁的强调的。

> 樊迟问仁。子曰："居处恭，执事敬，与人忠；虽之
> 夷狄，不可弃也。"（《论语·子路》）

这里的回答当然可以被认为与问者的特定状况有关，同时，与
子张问仁孔子答恭、宽、信、敏、惠，也是类似的，盖仁是全
德，故可以散为几个不同的其他德行。

仁又是一种精神的境界，仁者就是拥有这种境界的人，这
种仁的境界指向自我的满足：

> 子曰："不仁者，不可以久处约，不可以长处乐。仁
> 者安仁，知者利仁。"（《论语·里仁》）

> 子曰："知者乐水，仁者乐山。知者动，仁者静。知
> 者乐，仁者寿。"(《论语·雍也》)

> 子曰："知者不惑；仁者不忧；勇者不惧。"(《论
> 语·子罕》)

> 子曰："君子道者三，我无能焉：仁者不忧，知
> 者不惑，勇者不惧。"子贡曰："夫子自道也！"(《论
> 语·宪问》)

"仁者"能安于贫困，也能安于悦乐，这种精神上的稳定是
"不仁者"永远达不到的。孔子常常把仁者和知（智）者对比，
以彰显他们各自的特色，如仁者总是沉静，知者总是活动；仁
者喜欢大山，知者喜欢流水；等等。最重要的，是仁者没有
私己的忧愁，总是坦荡，而知者总是通晓事情，不会疑惑。这
里的仁、知显然不是指德行而言，而是德性、气质、境界。总
之，仁既是对待他人的社会原则，也是安顿自我的精神原则。

> 樊迟问知。子曰："务民之义，敬鬼神而远之，可谓
> 知矣。"问仁。曰："仁者先难而后获，可谓仁矣。"(《论
> 语·雍也》)

朱子曰："先其事之所难，而后其效之所得，仁者之心也。此必
因樊迟之失而告之。程子曰：人多信鬼神，惑也。而不信者又
不能敬，能敬能远，可谓知矣。……先难，克己也。以所难为
先，而不计所获，仁也。"[23] 知是明智；仁是奉献，不计所获。

---

[23]《四书章句集注》，90页。

仁者的特点是吃苦在前，享受在后。

> 司马牛问仁。子曰："仁者，其言也讱。"曰："其言也讱，斯谓之仁矣乎？"子曰："为之难，言之得无讱乎？"（《论语·颜渊》）

朱子曰："讱，忍也，难也。仁者心存而不放，故其言若有所忍而不易发，盖其德之一端也。夫子以牛多言而躁，故告之以此。"[24]知者言之也易，仁者言之也难，这也是两者德性的不同体现。

> 子曰："有德者必有言，有言者不必有德。仁者必有勇，勇者不必有仁。"（《论语·宪问》）

朱子云："有德者，和顺积中，英华发外。能言者，或便佞口给而已。仁者，心无私累，见义必为。勇者，或血气之强而已。"[25]此有德者即有德性于中者，这个德就不是德行，而是作为内在品质的德性。由于仁是全德，故仁者必有勇，其他的各个德性则不见得同时具备。如勇是德性，有勇者即有勇的德性者，有勇者不必有仁，即有勇的德性的人不一定同时具有仁的德性，但有仁的德性的人必定同时具有勇的德性。当然，有仁者同时所有的勇，与单纯有勇者的勇（血气之勇），两者是否相同（朱注即认为不同），孔子此处并没有进一步说明，后来《礼记》对此进行了发挥（参看注〔25〕）。

---

〔24〕《四书章句集注》，124 页。
〔25〕 同上书，146 页。

　　　　子曰："刚毅、木讷近仁。"(《论语·子路》)

木讷近于讱，刚毅即仁者之勇，故曰近仁。刚毅木讷，其实不是德行，也不是德性，这是讲仁者的气象。

　　　　子贡问为仁。子曰："工欲善其事，必先利其器。居是邦也，事其大夫之贤者，友其士之仁者。"(《论语·卫灵公》)

一个人如何使自己成为仁人，这是为仁的问题，照孔子这里说，主要是要有意识地创造仁的环境，使自己在仁的环境中习惯化。但仁不仅靠环境学习，而且靠自我的修养，于是"躬自厚而薄责于人"(《论语·卫灵公》)的反己精神便成了为仁之方。

　　由上面可见，孔子时已经几次并提仁知勇三德，似有以之为三主德的意思，但亦不尽然。春秋时期，"勇"被视为重要的德行，这对孔子有相当的影响。而孔子并不尚勇，在一个秩序解体的时代，孔子更多的是对"勇而无礼"造成的社会混乱的担忧：

　　　　子曰："道不行，乘桴浮于海。从我者其由与！"子路闻之喜。子曰："由也好勇过我，无所取材。"(《论语·公冶长》)

好勇在孔子并不是一个正面的德行，所以这里孔子用好勇批评子路。

　　　　子曰："好勇疾贫，乱也。人而不仁，疾之已甚，乱也。"(《论语·泰伯》)

孔子认为好勇和疾贫，会引发混乱，好勇便敢于破坏秩序和律法，疾贫则耐不住长期的贫穷生活。

> 子路曰："君子尚勇乎？"子曰："君子义以为上。君子有勇而无义为乱，小人有勇而无义为盗。"（《论语·阳货》）

> 子曰："非其鬼而祭之，谄也。见义不为，无勇也。"（《论语·为政》）

所以孔子并不单独倡导勇，而是用义来指导勇，君主有勇无义就导致混乱，小人有勇无义便成为强盗，所以勇必须由义来范导。孔子对勇这一德行做了创造性的转化。

> 子贡曰："君子亦有恶乎？"子曰："有恶：恶称人之恶者，恶居下流而讪上者，恶勇而无礼者，恶果敢而窒者。"曰："赐也亦有恶乎？""恶徼以为知者，恶不孙以为勇者，恶讦以为直者。"（《论语·阳货》）

勇而无礼的问题我们后面谈礼时再讨论，总之，勇不是孔子单独称用的德行，很少被单独加以倡导，[26]体现出孔子对勇的保留。在这个意义上，勇并不是孔子德行体系的核心德行。而孔子所赞许的勇，是君子的刚毅，和勇于为大义而献身。后来《中庸》提出知耻近乎勇，更减消了勇敢的原意，使武士之勇完

---

〔26〕　柏拉图认为快乐很少因其单独自身为人所选择。（《尼各马可伦理学》，312页。）亚里士多德则以中道来处理这类问题，认为勇敢是恐惧与鲁莽的中道，有些事情是应当惧怕的，惧怕是高尚的，不惧怕是卑劣的。参看《尼各马可伦理学》，53页。

全从属于文士德行，变成道德的勇气。《穀梁传》也说："是以知古之贵仁义，而贱勇力也。"[27]

总之，仁在《论语》中既是德行，也是德性，在不同的语境中意义有所区别。

五、关于礼的德行

从西周到春秋，"礼"是作为形式化的行为规范体系而发挥其道德的功能，到春秋末期，开始出现把礼作为政治原则来强调的趋向：

> （晏子）对曰："礼之可以为国也久矣，与天地并。君令臣共，父慈子孝，兄爱弟敬，夫和妻柔，姑慈妇听，礼也。君令而不违，臣共而不贰；父慈而教，子孝而箴；兄爱而友，弟敬而顺；夫和而义，妻柔而正；姑慈而从，妇听而婉：礼之善物也。"[28]

> 简子曰："敢问，何谓礼？"对曰："吉也闻诸先大夫子产曰：'夫礼，天之经也，地之义也，民之行也。'天地

---

[27] 见《穀梁传·昭公八年》。《礼记·聘义》："而君子行之，故谓之有行；有行之谓有义，有义之谓勇敢。故所贵于勇敢者，贵其能以立义也；所贵于立义者，贵其有行也；所贵于有行者，贵其行礼也。故所贵于勇敢者，贵其敢行礼义也。故勇敢强有力者，天下无事，则用之于礼义；天下有事，则用之于战胜。用之于战胜则无敌，用之于礼义则顺治；外无敌，内顺治，此之谓盛德。"

[28]《春秋左传注·昭公二十六年》，1480 页。

之经，而民实则之。则天之明，因地之性，生其六气，用
其五行。"〔29〕

在这里，"礼"被理解为模仿天地之道的行为秩序和原则。

不过，大体上说，直至孔子的时代，礼和德是明显区分
的。也就是说，在《论语》里，礼不是德行概念，更不是德性
概念。从伦理学看，在比较的意义上说，礼近于亚里士多德所
说的社会习惯。

孔子非常重视礼，他强烈抨击各种失礼的现象，以恢复周
礼为自己的政治文化理想。如：

　　子曰："居上不宽，为礼不敬，临丧不哀，吾何以观
之哉？"（《论语·八佾》）

从个人的行为来说，孔子教导人们在日常生活和政治领域都必
须依照礼而行事，而且必须以虔敬的态度行礼之事。

　　子曰："知及之，仁不能守之；虽得之，必失之。知及
之，仁能守之。不庄以莅之，则民不敬。知及之，仁能守之，
庄以莅之，动之不以礼，未善也。"（《论语·卫灵公》）

这就是说，有知、仁、敬，还不够，如果"知"是理解，"仁"
是操守，"敬"是态度，那么在落实到行为时还必须以"礼"进
行规范，才能实现善。礼是保证行为为善的重要环节，从德性
的善到现实行动的善，都必须遵行礼的规则。

　　有子曰："礼之用，和为贵。先王之道斯为美，小大

〔29〕《春秋左传注·昭公二十五年》，1457页。

由之。有所不行，知和而和，不以礼节之，亦不可行也。"
(《论语·学而》)

有子曰："信近于义，言可复也；恭近于礼，远耻辱
也；因不失其亲，亦可宗也。"(《论语·学而》)

这两段都是孔子学生有子的话，但都在《论语》第一篇中，说
明这些讲法是继承孔子而来，都强调和重视礼的作用。

子曰："人而不仁，如礼何？人而不仁，如乐何？"
(《论语·八佾》)

林放问礼之本。子曰："大哉问！礼，与其奢也，宁
俭；丧，与其易也，宁戚。"(《论语·八佾》)

子曰："礼云礼云，玉帛云乎哉？乐云乐云，钟鼓云
乎哉？"(《论语·阳货》)

正如学者所一致肯定的，与西周春秋礼乐的观念不同，孔子要
求把仁与礼结合起来，在他看来，没有仁的精神贯于其中的礼
乐，只是空洞的形式，不能发挥真正的功能；而礼绝不能只是
流于华美的形式，真实的感情远比复杂的形式更重要。从另一
个角度说，"人而不仁，如礼何"，是说"有礼而无仁"是不可
取的，正如"勇而无礼"是不可取的一样。

现在来看礼和德行的问题。

子曰："君子义以为质，礼以行之，孙以出之，信以
成之。君子哉！"(《论语·卫灵公》)

这里把礼、孙、信并列，作为实践"义"的方法，很像以礼为
德行，其实不然，礼在这里仍然是行为规范。

子入大庙，每事问。或曰："孰谓鄹人之子知礼乎？
入大庙，每事问。"子闻之，曰："是礼也。"(《论语·八
佾》)

这里的"知礼"是指对礼文知识的了解。

但《论语》中大部分所用的"知礼"，属于道德的判
断，这与《左传》《公羊传》大量使用"礼也""非礼也""有
礼""知礼"作为价值判断是一致的。

子曰："管仲之器小哉！"或曰："管仲俭乎？"曰：
"管氏有三归，官事不摄，焉得俭？""然则管仲知礼
乎？"曰："邦君树塞门，管氏亦树塞门；邦君为两君之
好，有反坫，管氏亦有反坫。管氏而知礼，孰不知礼？"
(《论语·八佾》)

这里的"知礼"主要不是指对礼的知识的了解，而是指行为上
合于礼和不违反礼，这个"知礼"便是德行的范畴。

陈司败问：昭公知礼乎？孔子曰："知礼。"孔子退，
揖巫马期而进之，曰："吾闻君子不党，君子亦党乎？君
取于吴为同姓，谓之吴孟子。君而知礼，孰不知礼？"巫
马期以告。子曰："丘也幸，苟有过，人必知之。"(《论
语·述而》)

子曰："不知命，无以为君子也。不知礼，无以立也。
不知言，无以知人也。"(《论语·尧曰》)

对礼的知必须体现在实践上合乎礼的原则及节文规定，故这里所
说的"知礼"就不是一个知识的判断，而是一个德行的判断。

孔子不仅有知礼之说，也有好礼之说：

> 樊迟请学稼，子曰："吾不如老农。"请学为圃。曰："吾不如老圃。"樊迟出。子曰："小人哉，樊须也！上好礼，则民莫敢不敬；上好义，则民莫敢不服；上好信，则民莫敢不用情。夫如是，则四方之民襁负其子而至矣，焉用稼？"（《论语·子路》）

> 子曰："上好礼，则民易使也。"（《论语·宪问》）

因此，我们认为，在孔子思想里，礼不是一个德行，更不是德性，与礼相关的德行是"知礼"，与礼相关的德性是"好礼"。好礼是内在的、心灵的属性，所以是德性。

在《论语》中，除了忠信，孔子对恭、敬特别重视，这是很容易看得出来的。那么，恭、敬与礼是什么关系呢？恭敬属于礼吗？

> 子曰："恭而无礼则劳；慎而无礼则葸；勇而无礼则乱；直而无礼则绞。君子笃于亲，则民兴于仁。故旧不遗，则民不偷。"（《论语·泰伯》）

照这个说法，礼是恭、慎、勇、直各种德行的补充、范导及限制，许多德行都需要礼的这种范导。前面指出孝不可违礼，其中所说的违礼和这里所说的无礼，二者略有不同。礼在一般意义上包含很广，而在这里所指的是社会最基本的规范，故不可违背，这是违礼之礼的意义。这里的"无礼"则是说没有礼的制约，而不是无礼的行为，因为恭敬和无礼的行为是不可能同时并存的。在这些地方，恭、敬并不是礼，反而需要以礼来加以规范。这与后来孟子以恭敬释礼的主旨是不同的。

孔子这种把德行、德性和社会规范联系在一起进行考察的立场是可以理解的，但我们可能会问，美德的实践如何会违背礼？哪些美德的实践可能违背礼？从孔子所说来看，在实践上确实是会产生这类问题的，如奉养和葬祭双亲如果不遵照礼制的规定，便不是孝；行为的大胆若破坏了礼制的规定，便不是勇敢。在这个问题上，亚里士多德是用中道的观念来解决，如勇敢是惧怕和鲁莽之间的中道，这在理论上是没有问题的，但中道的实践并不容易把握。而在中国古代的礼制社会里，由于礼的规范无所不在，所以以礼为标准，对行为的指导更为具体，在实践上也更容易把握，所谓"礼所以制中"。

最后谈一下礼和正义的问题。麦金太尔以为，礼是中国儒家独有的德性，在西方古代没有以礼为德性的例子，西方不重视举止合宜的美德。[30] 由上面的叙述可见，礼绝不仅仅是"举止合宜的美德"。其实，古希腊以来的德目表中虽然没有礼的条目，但春秋时代的"礼"的内涵，也在古希腊有所体现。从二者各自的地位来看，我曾经指出，如果以古代希腊对"正义"的重视为对照，我们可以说春秋时代的政治思考以突出"礼"为特色；春秋时期以"礼也"和"非礼也"作为判断政治的原则，合于礼成了政治追求的目标，知礼是

---

〔30〕《孔子与亚里士多德的美德概念的再讨论》。

首要的政治美德，礼的地位与"正义"在古希腊的地位很相像。[31] 希腊的正义观念并非单一，亦经历变化发展，亚里士多德以前的希腊早期的正义观念，是指每个事物恰当地得到自己应得的部分，这就很接近西周春秋"礼"的意义。礼的概念当然不是正义，但礼的精神与亚里士多德以前的古代希腊早期正义的观念相当接近。

麦金太尔还有些误解，如他认为，儒家假设一个人不通过礼仪的训练就不能获得高尚品质。其实，礼的意义远超过礼仪训练和举止合宜，一个君子固然应精于礼乐的知识和实践，但礼同时也包含基本社会规范的面向。如"勇而无礼则乱"，是指德行必须不违反社会基本规范，而不是说一切德行必须结合礼仪的训练。孔子的这些论述体现的是对当时社会文化规范体系（礼制）的执着和尊重。这其中还包含了一个重要的问题，即孔子所提倡的德行多是君子德行，是高于普通道德的德行，所以需要注意把高于普通道德的德行和社会基本规范结合，这是其德行论中所含有的普遍性的理论课题。其实，亚里士多德也认识到德性论要有某种别的论述来补充，这种补充就是那些有关完全禁止的各种行为的论述。[32]

---

[31]　参看陈来：《中国早期政治哲学的三个主题》，《天津社会科学》，2007 年第2 期。

[32]　《德性之后》，192 页。

六、学习的德行

在西方，古代希腊以"爱智"（the love of wisdom）为哲学（philosophy）的精神特色，对后来的西方文化起到了相当大的塑造作用。古代中国哲学当然不以爱智为特色，曾有许多学者以"明德"（或"成德"）为中国哲学的特色，以与"爱智"对比，这对儒家哲学思想而言，也言之成理。

爱如果是爱好、喜爱，智如果与教育或学习有关，则与希腊"爱智"的取向相比，孔子本人的思想中另有一个观念更值得注意，这就是"好学"。"好学"绝不是孔子思想中的一个普通概念，我们可以肯定地说，"好学"是孔子思想中一个具有核心意义的基础性观念，不仅在他的教育思想，在他的整个思想中也占有特别重要的地位。这一点在以往似未受到应有的重视。

比如孔子说过：

> 十室之邑，必有忠信如丘者，不如丘之好学也。（《论语·公冶长》）

这就是说有"忠信之德"者并不罕见，但"好学"之人则非常罕见。"忠信"是春秋时代最基本的德性，而从这句话可以看出，孔子把"好学"看作比"忠信"更为难能可贵的一种品质。虽然我不能说在孔子的道德德性的系谱中"好学"的级位比仁、忠更高，但对孔子来说好学的品质显然是朝向另一个实践的重要面向。

另一个例子是，鲁哀公与孔子谈话，问及孔门弟子，孔子说：

> 有颜回者好学，不迁怒，不贰过，不幸短命死矣。今
> 也则亡，未闻好学者也。(《论语·雍也》)

孔门贤人七十，弟子众多，可是孔子却唯独赞许颜回"好学"，颜回以外，则"未闻好学者也"。这再次证明，孔子确实把"好学"看成非常重要而且难得的品质德性。

还有一则《论语》的记述：

> 季康子问弟子孰为好学，孔子对曰：有颜回者好学，
> 不幸短命死矣，今也则亡。(《论语·先进》)

此段与上例相同，不论哀公问和季康子问是否为同一事，孔子对好学的重视是一贯的。

仔细体会和回味《论语》中的上述三段话，我们应可知，整部《论语》把"学而时习之，不亦说乎"置于全书之首，并非偶然。因为，孔子对"学""好学"的重视，确实非同一般。

这样，我们也就知道，孔子讲"吾十有五而志于学，三十而立……"这一段话中的"志于学"的意义亦非普通。"志于学"的志亦即"好学"之志，所以"学"与"好学"既是孔子思想的发生学的起点，也是他的思想生命的逻辑起点，是孔子思想的重要基石。

那么，什么是好学呢？无疑，《论语》开卷首篇第一句具有标志的意义：

> 子曰：学而时习之，不亦乐乎！(《论语·学而》)

此即是好学者的自道，好学首先是把学习当作一种乐事。反过

来说，从学习中得不到乐趣，就不是孔子所说的好学，从教育的观点来说也就不是孔子理想的教育。在这个意义上，乐与不乐，不仅是学习者，也是教育者的责任。后来明代理学中提出"乐学"的思想，这在孔子思想中是有根据的。

《论语》还记载孔子弟子子夏说的话：

> 日知其所亡，月无忘其所能，可谓好学也已矣。(《论语·子张》)

时时知道自己所缺少的，时时不忘记已经学到的，这是好学。"无忘其所能"自然要"时习之"，这是好学的表现，可见《论语》的第一句话已包含了好学的意义。

让我们来进一步看看孔子关于好学的思想：

> 子曰：默而识之，学而不厌，诲人不倦，何有于我哉？(《论语·述而》)

这里虽然讲了几个方面，如默而识之属"思"，诲人不倦属"教"，但"学而不厌"与"学而时习之，不亦乐乎"的确是一致的，体现了一种对学习活动无功利的喜爱。这里正体现了"好学"与"爱智"的有趣对比。

当然，孔子在世时的好学者并非颜回一人，孔子自己就是好学之士。在孔门之外，孔文子也被孔子肯定为好学者：

> 子贡问曰：孔文子何以谓之文也？子曰：敏而好学，不耻下问，是以谓之文也。(《论语·公冶长》)

孔文子是卫臣孔圉，孔子说，孔圉所以称为文子，是因为他敏而好学，不耻下问。这表示，好学不仅是个人独享的乐事，也是在"问""闻"的交往活动中展开的。这也意味着，"学"不仅是在学校里向老师学，也包含着一切有关知识的"问""闻"交往。在这个意义上说，孔子对教育的理解是很广泛的。

现在要问，"好学"是否为一种德性或美德呢？表面上看，好学与一般孔子所说的德性如仁、智、勇不同，似乎不属于德性，不过，这如何解释孔子既称颜回为唯一的"好学"者，又把颜回归在弟子中的"德行"一类？[33] 在古希腊有理智德性和实践德性的区分，比照此说，我们能不能说仁智勇是实践德性，而好学近于理智德性呢？我想应当是可以的，事实上《中庸》也明确说"好学近乎知"。亚里士多德在《尼各马可伦理学》中认为：

> 德性分为两类，一类是理智的，一类是伦理的。理智德性大多数由教导而生成培养起来的，所以需要经验和时间。伦理德性则是由风俗习惯熏陶出来的。……我们的伦理德性没有一种是自然生成的，因为没有一种自然存在的东西能够被习惯改变。[34]

这样看来，理智德性的养成和教育有关，孔子的"好学"也应当属于教育的范畴，所以"好学"似可以称为"教育德性"。从

---

〔33〕《论语·先进》载："德行：颜渊，闵子骞，冉牛，仲弓；言语：宰我，子贡；政事：冉有，季路；文学：子游，子夏。"

〔34〕《尼各马可伦理学》，25 页。

与教育的关联来说，好学与理智德性是有一致之处的。当然，理智德性是恰当运用理性的德性，与好学作为一种优秀的能力有所不同，同时孔子也不认为伦理德性与教育无关。但无论如何，孔子是把"好学"看成与"伦理德性"有别的品质和活动。[35]

"好学"在孔子思想中的重要性，在他关于"六言六蔽"的论述中最突出地表达出来：

> 子曰："由也，汝闻六言六蔽矣乎？"对曰："未也。""居，吾语汝。好仁不好学，其蔽也愚；好知不好学，其蔽也荡；好信不好学，其蔽也贼；好直不好学，其蔽也绞；好勇不好学，其蔽也乱；好刚不好学，其蔽也狂。"（《论语·阳货》）

这一段话很重要，好仁、好知、好信、好直、好勇、好刚都是兼指德性和德行而言。从德性论来说，广义地看，它表示每一个别德性对人的意义，不是独立的，而是与其他德性相辅相成地发挥其作用，诸德性的相辅相成才能造就君子或圣人的中和不偏的人格。而在诸德性的相辅相成的结构里，"好学"无疑占有突出的地位。好学不仅是一种优秀的能力和特长，也是一种心智的取向，而这种能力和取向明显指向于知识的学习与教育

---

[35]　本小节的部分提法可参看拙文《论儒家教育思想的基本理念》,《北京大学学报》(哲学社会科学版), 2005 年第 5 期。

过程。[36] 仁、智、信、直、勇、刚这六种德性都是伦理德性，但是孔子强调，对伦理德性的追求不能离开好学，所有的伦理德性若要中和地发挥积极的作用，不能离开好学的德行。离开了好学的实践，这些伦理德性发生的作用就会偏而不正。这样就把伦理德性和教育德性（理智德性）结合起来了。这很像亚里士多德对智慧的强调或奥斯汀对坚贞的强调。[37] 孔子的这种思想认为，各种德性需要互相配合、互相制约、互相补充，因为每一单独的德性都可能在实践中有其弊病。如果说这里涉及德行的统一性的问题，那么可以说，孔子认为，德性并不总是统一的，有好仁而不好学者，有好勇而不好学者，有好信不好学者，等等。这和亚里士多德不同。而孔子强调的是，当德性不能统一时，人的实践就会有缺陷和弊病，不能达到德行实践的完满。

不管孔子这里所说是否有其特定的针对性，对照前述孔子一生对"好学"的高度重视，就可以看出"六言六蔽"之说并不是孔子的偶发之见，而是表达了孔子对伦理与理智、德性与学习的整体而平衡的了解。用《中庸》"尊德性而道问学"的话来说，后世宋明儒学如陆王心学特别强调尊德性甚至不惜牺牲道问学的那种讲法，无疑偏离了孔子所致力掌握的价值平衡和学思实践。好仁不好学则会因缺乏智慧

---

〔36〕 古希腊语中今天被翻译成德性的 arete，其原意即指特长和能力。

〔37〕《德性之后》，231 页。

而容易受骗，好智不好学，心智散荡而不得其中，好信不好学，好勇不好学，好刚不好学，都有仅凭刚勇而失去方向之蔽。有仁有智有勇有刚，但不好学，则德性仍不圆满而易产生偏差。因此，每一伦理德性（这里的仁是具体德性，非全德之仁）都必须与好学这一理智德性联系起来，相互补充，用好学的实践成果去补益它，否则这一德性在实践中就会导致偏差。

上面是我们从广义的理解来阐发孔子诸德性的相互依赖关系。但实际上，孔子自己并没有提出说，任何一个德性都对其他诸德性有这种制约性的作用，他真正提到的唯有强调"好学"的"六言六蔽"这一段，以及在另一处强调不是作为德性的"礼"的"恭而无礼则劳；慎而无礼则葸；勇而无礼则乱；直而无礼则绞"的一段。[38] 其他可以有某两个德性之间的互补关系，但一个德性可以对诸多重要德性起基础作用的，只有"好学"。这很值得注意，这当然不是说"好学"和"知礼"是孔子德性论中最重要的德性，但可以说它们是最具有基础意义的德性，这是因为，好学是修身的基础，知礼是行为的基础。这种"基础德性"的思想，与仁的"核心德性"的地位及其在整个德性体系的作用，是有所不

---

[38] 值得注意的是，"好直不好学其蔽也绞；好勇不好学其蔽也乱"与"勇而无礼则乱；直而无礼则绞"，直和勇，在不学和无礼的情形下，弊病是完全一样的，都是乱与绞。

同的。[39]

　　自然，"好学"在这个结构中也并非独立自足，我们也可以提出"好学不好仁，其蔽……""好学不好礼，其蔽……"等主张，孔子可能也会赞成。但是，如果没有"好学"，而只有好仁好信，孔子就不成其为孔子，不成其为教育家的孔子，不成其为"学而不厌"的孔子。在孔子留给后世的形象中，"好学"始终是一个非常重要的侧面，这在唐代以前的儒学中是不曾有过疑问的。而"好学"对于中国文化之传续、发达，也有不可低估的作用，对中华民族的性格亦有极其重要的塑造作用。

七、君子之道

　　"君子"在西周和春秋前期主要指贵族，张恒寿说："君子一词，古代本来是指统治阶级的贵族士大夫而言，不论在《尚书》《诗经》等书中，没有例外。到了《论语》写作时，君子一词就有不同用法了。"[40]他指出，君子一词的用法，一方面沿用

---

〔39〕　亚里士多德论理智德性时提出自然德性和主要德性，但没有清楚给出定义，不过下面这段话值得注意："在他认为全部德性是明智时，他是错误的，在他说德性离不开明智时，他就是完全正确的。……在对德性作规定时，除了说它是某种品质外，总还要加上一句：它是合乎正确原理的品质。……德性这种品质不仅要合乎正确原理，还要与他相伴随。而明智则是关于行动的正确原理。"（《尼各马可伦理学》，132 页。）在这个意义上，可以说，在孔子那里，德性离不开好学，而礼则被认为是关于行动的正确原理。

〔40〕　《近四十年来孔子研究论文选编》，齐鲁书社，1989 年，298 页。

以前专指有管理地位的贵族，另一方面，则发展出专指有高尚道德品质的人的用法。这是孔子的贡献，他用"君子"论把理想人格的形态综合地呈现和陈述出来，汉以后中国文化中君子的用法就是指有较高道德品质的人格而言。

在《论语》中，"君子之道"及"君子之德"是最主要的话题，由于孔子所说的君子有时指统治者，有时是指道德人格，这里仅就后者来讨论。

《论语》开篇"子曰：'学而时习之，不亦说乎？有朋自远方来，不亦乐乎？人不知而不愠，不亦君子乎？'"其实孔子正是把乐于"学而时习"，以"远方有朋来"为乐，及"人不知而不愠"作为君子的德行。"子曰：君子食无求饱，居无求安，敏于事而慎于言，就有道而正焉，可谓好学也已。"这种表达并非仅可看作对某君子行为的描述，而是说"君子应……"，正如前面所说，"应"表示倡导，做不到固然未是君子，但做不到不必是小人，不必是不道德的，因为君子之道、君子之德是较基本道德为高的人格。

"曾子曰：士不可以不弘毅，任重而道远，仁以为己任，不亦重乎？死而后已，不亦远乎？"（《论语·泰伯》）弘毅是刚毅。"士见危致命，见得思义，祭思敬，丧思哀。"（《论语·子张》）致命即献出生命。所以，孔子一个突出的贡献和工作，是把"君子"作为一种较高的道德人格，集中论述士君子的人生准则、人生理想，这使得西周春秋以来的道德意识通过君子的概念和形象大大提升起来。在《论语》中孔子更常常以"君子"与"小人"对举，显示君子道德的崇高。[41]

有关孔子的君子论，我们先举出《论语》中若干关于君子的论述，通过这些论述来了解孔子的道德思想及其与德行论的关系。我们把孔子的君子论述略分为以下几个方面，这些论述一般都以"君子"为起始语，来表彰君子的德行，但并不使用特定的德目。这些有关"君子人格"的意识、胸怀、境界、行为包含甚广，有些表现为"德目"即德性条目，如君子之道四的恭、敬、惠、义，义、礼、孙、信，但大多数并非以德目形式出现。

（一）论知名

> 子曰："学而时习之，不亦说乎？有朋自远方来，不亦乐乎？人不知而不愠，不亦君子乎？"（《论语·学而》）

> 子曰："君子病无能焉，不病人之不己知也。"（《论语·卫灵公》）

---

[41] 君子和而不同，小人同而不和。（《论语·子路》）君子周而不比，小人比而不周。（《论语·为政》）周是团结，比是勾结。君子怀德，小人怀土。（《论语·里仁》）君子喻于义，小人喻于利。（同上）君子坦荡荡，小人长戚戚。（《论语·述而》）这里指的是人生态度，不是具体的道德原则。君子成人之美，不成人之恶，小人反是。（《论语·颜渊》）君子泰而不骄，小人骄而不泰。（《论语·子路》）君子上达，小人下达。（《论语·宪问》）君子固穷，小人穷斯滥矣。（《论语·卫灵公》）君子求诸己，小人求诸人。（《论语·卫灵公》）君子学道则爱人，小人学道则易使。（《论语·阳货》）其中三条最重要有代表性，"君子喻于义，小人喻于利"，这是明确说明君子行为的道德原则，以义为行动的指针，而不以利为行动的驱动。"君子坦荡荡，小人长戚戚"，明确说明君子的内心境界。"君子求诸己，小人求诸人"，君子的修身原则要求自己，小人要求别人。

这就是高尚与平俗的不同，俗常之人生怕别人不知道自己的名
字，而君子生怕自己没有本事，从不在意别人知不知道自己的
名字。在意什么，表示其人生的价值观，对名的在意是知识人
的特色，所以孔子此条的意义其实不在于对平常人而言，更是
知识人人格的标尺。

（二）论言行之耻

　　子曰：君子讷于言而敏于行。（《论语·里仁》）

　　古者言之不出，耻躬之不逮也。（《论语·里仁》）

　　子曰："君子耻其言而过其行。"（《论语·宪问》）

高尚必定伴随着不耻和不屑，其行为的界限甚高。对君子而
言，最耻辱的莫过于言行不符，言过于行。这里的言行还不是
信或不信的问题，不是承诺能不能兑现的问题，而是在德行上
说到的能不能做到。如忠，如孝，如仁，君子做不到时绝不会
说自己已经做到，言过其实，是君子最所不耻的。夸耀自己的
能力和德性，是君子所看不起的。

（三）论谋道求义

　　子曰："君子食无求饱，居无求安，敏于事而慎于言，
就有道而正焉，可谓好学也已。"（《论语·学而》）

　　子曰："君子谋道不谋食。耕也，馁在其中矣；学也，
禄在其中矣。君子忧道不忧贫。"（《论语·卫灵公》）

　　子曰"君子喻于义，小人喻于利。"（《论语·里仁》）

子曰："富与贵,是人之所欲也;不以其道得之,不
处也。贫与贱,是人之所恶也;不以其道得之,不去也。
君子去仁,恶乎成名?君子无终食之间违仁,造次必于
是,颠沛必于是。"(《论语·里仁》)

这不是道德不道德的问题,而是人格追求的高下问题,君子不
追求生活的安逸,追求生活安逸的人不能算是君子,君子追求
的是好学、忧道、勤事、践仁。孔子喜欢以君子和小人对比,
小人追求安逸、利益、功利、利禄。我们不能说小人的这些追
求和行为是不道德的,但这样的追求是不高尚的。

(四)论态度面貌

子曰："君子不重则不威,学则不固。主忠信;无友
不如己者;过则勿惮改。"(《论语·学而》)

子谓子产"有君子之道四焉:其行己也恭,其事上也
敬,其养民也惠,其使民也义"。(《论语·公冶长》)

子路问君子。子曰："修己以敬。"曰:"如斯而已乎?"
曰:"修己以安人。"曰:"如斯而已乎?"曰:"修己以安百
姓。修己以安百姓,尧、舜其犹病诸!"(《论语·宪问》)

子曰："君子义以为质,礼以行之,孙以出之,信以
成之。君子哉!"(《论语·卫灵公》)

司马牛忧曰:"人皆有兄弟,我独亡!"子夏曰:"商
闻之矣:死生有命,富贵在天。君子敬而无失,与人恭
而有礼;四海之内,皆兄弟也。君子何患乎无兄弟也?"

（《论语·颜渊》）

　　曾子有疾，孟敬子问之。曾子言曰："鸟之将死，其鸣也哀；人之将死，其言也善。君子所贵乎道者三：动容貌，斯远暴慢矣；正颜色，斯近信矣；出辞气，斯远鄙倍矣。笾豆之事，则有司存。"（《论语·泰伯》）

　　子禽问于子贡曰："夫子至于是邦也，必闻其政，求之与？抑与之与？"子贡曰："夫子温、良、恭、俭、让以得之。夫子之求之也，其诸异乎人之求之与？"（《论语·学而》）高尚的人修身甚严，而其态度面貌无非恭敬忠信而已矣，庄重而不轻佻，恭敬而不轻慢，容貌、颜色、辞气端正温良，这些是君子才能够注重和追求的态度，体现了君子以恭敬为中心的对自我态度的要求。

（五）论精神境界

　　子曰："君子坦荡荡，小人长戚戚。"（《论语·述而》）

　　子曰："君子泰而不骄，小人骄而不泰。"（《论语·子路》）

　　子曰："君子道者三，我无能焉：仁者不忧，知者不惑，勇者不惧。"子贡曰："夫子自道也！"（《论语·宪问》）

　　司马牛问君子。子曰："君子不忧不惧。"曰："不忧不惧，斯谓之君子已乎？"子曰："内省不疚，夫何忧何惧？"（《论语·颜渊》）

　　孔子曰："君子有三畏：畏天命，畏大人，畏圣人之言。小人不知天命而不畏也，狎大人，侮圣人之言。"
（《论语·季氏》）

高尚的人精神境界甚高，这里所列举的不是行为，甚至也不是
德性，而是精神状态，是君子的胸怀。

（六）论处事德行

子曰："君子成人之美，不成人之恶；小人反是。"
（《论语·颜渊》）

子曰："君子和而不同，小人同而不和。"（《论语·子
路》）

子曰："君子周而不比，小人比而不周。"（《论语·为
政》）

子曰："君子矜而不争，群而不党。"（《论语·卫灵
公》）

子曰："君子贞而不谅。"（似与"勇而不乱"意同。）
（《论语·卫灵公》）

子曰："君子求诸己，小人求诸人。"（《论语·卫灵公》）

子曰："君子惠而不费，劳而不怨，欲而不贪，泰而
不骄，威而不猛。"子张曰："何谓惠而不费？"子曰："因
民之所利而利之，斯不亦惠而不费乎？择可劳而劳之，又
谁怨？欲仁而得仁，又焉贪？君子无众寡，无小大，无敢
慢，斯不亦泰而不骄乎？君子正其衣冠，尊其瞻视，俨然
人望而畏之，斯不亦威而不猛乎？"（《论语·尧曰》）

这是说如何做统治者，有行为，也有威仪和气象。

（七）论君子的三戒，三畏，九思和三变

　　孔子曰："君子有三戒，少之时血气未定，戒之在色；及其壮也，血气方刚，戒之在斗；及其老也，血气既衰，戒之在得。"（《论语·季氏》）

孔子这里实际上指出人生三个阶段容易出错之处，所以君子必须有所戒。不过，少、壮之戒确与"血气"有关，表示人始终要注意自然禀赋"血气"在道德上可能带来的危害。但老年之病在"得"，"得"与血气之衰应无关系，血气不起作用了，自我了解开始起作用了。

　　孔子曰："君子有三畏，畏天命，畏大人，畏圣人之言。小人不知天命而不畏也，狎大人，侮圣人之言。"（《论语·季氏》）

　　孔子曰："君子有九思，视思明，听思聪，色思温，貌思恭，言思忠，事思敬，疑思问，忿思难，见得思义。"（《论语·季氏》）

　　子贡曰："君子有三变，望之俨然，即之也温，听其言也厉。"（《论语·子张》）

九思之思即是"要""应"的规范，视要明，听要聪，言应忠，事应敬，这是君子修身的要求。三变是君子之容，今天意义不大。而三畏比较有意思，三畏突出一种"敬畏"的心态，而敬畏的对象一是天命，二是圣人之言，天命代表神圣的

宇宙秩序，圣言代表经验和智慧的真理，对天命和圣言的敬畏是非常重要的道德基础。

以上的分类不一定完全恰当，但大体上呈现了《论语》的君子论的特色。这些君子论述，多是就君子德行而论，不离开行为。现在要问，这些君子论述是否可以用《论语》的德目去概括呢？换言之，这些君子论述是否都可以归入《论语》的德目表呢？如果不能，如何加以分析？

八、综　论

孔子是春秋时代德行论的综合者和总结者，也是儒家德行体系的创立者，而儒家的德行体系继承了西周春秋的德行概念而加以发展。孔子在礼乐文化的德行论体系中加入了新的道德精神，使得儒家德行体系对于西周春秋的德行论既有继承，也有发展。

《论语》记载的孔子思想，除了两次提到仁、智、勇外，很少以列举美德节目表的形式来讨论，这意味着孔子并不想提出与以前不同的德目表。就德行而言，《论语》中最突出的，也是孔子与春秋以及前人最大的不同之处，乃在于孔子特别突出"仁"这一德。《吕氏春秋·不二》说"孔子贵仁"，正是突出了孔子思想中德性论的这一特征及其整个思想的主导特征。孔子对仁的讨论，与春秋以前的不同，首先是他以一个人反复地讨论仁德（仁在《论语》出现超过一百次）；其次他把仁德分为几个不同的层次，最高层次的仁是超越个别具体德性的全体德性；最后，春秋时代以前的人们是以"礼"或"非礼"为行为评价的最高原则，而在孔子思想当中，显然"仁"的地位已经高于"礼"。

同样值得注意的是，"仁"不只是"德"，仁也是"道"，就是说，仁不仅是德行之目，而且是道德原则。如：

> 子曰："富与贵，是人之所欲也，不以其道得之，不处也。贫与贱，是人之所恶也，不以其道得之，不去也。君子去仁，恶乎成名？君子无终食之间违仁，造次必于是，颠沛必于是。"（《论语·里仁》）

这里的不以"其道"，其道即是仁道，君子造次颠沛必不违的"仁"即是这个仁道。这个仁道就是道德原则。

仁不仅是对待富贵和贫贱的原则，更是道德行为的根本原则。孔子的弟子仲弓曾向孔子问仁，孔子的回答是"己所不欲，勿施于人"，这样，仁就是一个根本的人己关系原则，这也是当今世界伦理运动宣告的、为全世界各宗教所共同肯定的基本道德原则金律。

这个原则也就是"忠恕之道"：

> 子曰："参乎！吾道一以贯之。"曾子曰："唯。"门人问曰："何谓也？"曾子曰："夫子之道，忠恕而已矣。"（《论语·里仁》）

根据曾子的理解，孔子所说的一贯之道就是忠恕之道，而所谓忠恕之道即是"己所不欲，勿施于人"的"仁道"。

> 子贡问曰："有一言而可以终身行之乎？"子曰："其

恕乎！己所不欲，勿施于人。"(《论语·卫灵公》)

孔子在这里明确把"己所不欲，勿施于人"称为"恕"，肯定"己所不欲，勿施于人"是"一言而可以终身行之者"。这个说法与曾子所理解的、以忠恕为一贯之道是一致的。换言之，"己所不欲，勿施于人"即是孔子主张的一贯之"道"。从孔子答仲弓以"己所不欲，勿施于人"释仁来看，证明孔子思想中的仁不仅是"德"，而且是"道"。从而，由金律和忠恕一贯之道来看，孔子的伦理思想不能全部归结为"德性伦理"(virtue ethics)，因为孔子在很多地方说到准则、法则、规则、原理。孔子所说的一以贯之的"道"不是那些单方面的德性，而是社会道德生活的根本原则和定律。

从君子之德到一以贯之的"道"，也可以看出，孔子的道德思想已经超越了宗法社会的限制，"己所不欲，勿施于人"的金律已不能被理解为宗法道德或宗法伦理，孔子的这些思想是超越了特殊社会关系的带有普遍性的对人和社会生活的道德思考。

从西季威克（Sidgwick）以降，特别是当代伦理学，用good/right（好/对）的优先性来定义某一伦理思想的特质和形态。在这个框架中来看孔子，孔子的思想无疑是从"好"出发的。通观孔子的思想，可以说孔子所关心的是一个整体人生的问题。他所关心的不是某一个具体的行为，而是什么是美好的人格？什么是理想的人格？美好的人格如何体现？什么是美善的行为？什么是理想的人生？人生的准则是什么？人生的理想境界是什么？这和美德伦理学是一致的。

上一节关于君子的论述，也明显地呈现出与一般道德教训的不同特色，这就是，其中所说绝大部分是属于圣贤君子的德行和人格，即超越一般道德的德性与德行，指向高尚，指向道德义务以外、更高水平的行为和德性。因此，孔子所关注的并不是人的行为最起码的准则和道德义务。比如，"学而时习之，不亦说乎"，这在《论语》中并不是一个描述性的语句，而是表示孔子把"学而时习"看成一种美好的人生活动，一种值得倡导的人生态度。然而，"学而不时习"，却不是一个不道德的行为。所以，如果人的行为可以分为道德、不道德、非道德、超道德的话，则《论语》中大量的语句都体现着比基本"道德"要求更高的人生理想，包含着"超道德"（超义务）的性质。超道德的语式是肯定性、倡导性的语式，但其境界已经超越"道德"的基本要求，这充分体现了"好"与"对"的不同。现代道德已经被看作是维护社会生活的最低要求，[42] 自然就抛弃了古代君子的超义务的生活理想。

在《论语》中，孔子这些思想最主要的表达方式是"君子……"，偶尔也用"士……"的说法。《论语》中最多表达的是孔子关于士君子的人生理想、人生态度、行为方式与做人准则。虽然孔子的人格论中有成人、善人、圣人，但最典型的还是"君子"。从德性与社会身份的关系来说，荷马作品中人的范

---

〔42〕 参看徐向东编：《美德伦理与道德要求》，江苏人民出版社，2008年，12页。

例是武士，亚里士多德是雅典的绅士，[43]孔子无疑是作为士的君子。

在《论语》中，"君子之道"及"君子之德"是最主要的论题。在这个意义上，孔子已经不再注重对某一个别德行的解说，如哪一德行好，哪一德行不好；而是统合地讨论哪些是属于"君子"的德行。孔子对具体德行的讨论也是在"君子"的整体框架中进行的。所以，孔子的讨论已经超出个别的德行，进入整合的人格，其中有关君子的讨论也不是德性论所能包含的了。如："君子谋道不谋食……忧道不忧贫。"（《论语·卫灵公》）君子亦可代换为士："士志于道，而耻恶衣恶食者，未足与议也。"（《论语·里仁》）"士志于道"表明士是有崇高理想的人，即君子是以"谋道""忧道"为终极关怀的。一个士君子，他的心志和追求不是物质性的生活，他所一心追求的是社会理想和道德理想。这样一种士君子人格，已经不是狭义的德性伦理所能包容的了。这也导致中国人往往以君子要求别人，而不是以对（right）要求人。更重要的是，孔子的君子论，所论述的是"高尚"的德性和德行，而不是最基本的行为"正确"和"错误"。君子不是个别的品格，君子是人的品格的整体的代表。

因此，如果以亚里士多德的伦理学为标准，则我们可以说前孔子的春秋时代的道德思想是属于"德行的时代"，德目表很

---

〔43〕　麦金太尔的说法，见《德性之后》，230 页。

多，德行体系是大家关注的对象。而孔子的思想则强调君子的整体人格。更何况君子不仅是指道德人格，还广泛地包括真善美的多重面向。在这个意义上，德性伦理只是孔子道德思想和人生哲学的一部分。孔子的道德思想多不是以德性节目为形式提出，当然也不是对德性进行分析，而是以比德目更为普遍的方式提出来的，开创了道德思想的"君子的时代"。

自然，孔子这些非以德目为形式的思想与美德伦理一样，是基于"好"与"对"的优先性，即对好的、善的、完满的人生进行追求和探究，他所提供的是综合的人格伦理；在孔子的论述中，强调"君子"人格的整体作为人生追求的目的，为人们呈现"高尚"的人的典范。

孔子提供了对德性、嘉行、原则综合探究而非把三者割裂对立的典范。与罗尔斯以"规则"为伦理学的全部探究任务、麦金太尔只以"美德"为伦理学的首要任务都不同，孔子提供的是结合各种道德探究的方式。更为值得注意的是，孔子与西方哲学家不同，他还从实践的修养方法方面讨论了人格发展的途径。

因此，孔子言论中不仅有"守死善道，笃信好学"的人生准则，更有对道德原则和人生原理的普遍性的表达：第一类是"义利"问题，解决方法是"成仁取义"。"富与贵，是人之所欲也，不以其道得之，不处也。贫与贱，是人之所恶也，不以其道得之，不去也。""志士仁人，无求生以害仁，有杀身以成仁。""君子之于天下也，无适也，无莫也，义之与比。"可以说所有道德问题的核心是如何处理"义与利"的关系，在儒家看来，抓住此一核心，在这一根本问题上确定"义"在人生选择中的优先性地位，一切道德问题都会迎刃而解，这也是"君子"为君子的关键。

第二类是"人己"问题，解决之道是忠恕。孔子说自己是"一以贯之"，这说明孔子思想并非只注重若干德性、美德，罗列众多嘉行，而有一通贯性原则，这一原则他自己是有明确意识的，曾子把这一贯之道说将出来，即是"忠恕之道"。"我不欲人之加诸我也，吾亦欲无加诸人。""己所不欲，勿施于人。""有一言可以终身行之者乎？子曰，其恕乎！己所不欲，勿施于人。""夫仁者，己欲立而立人，己欲达而达人。""人己关系"既包括怎样对待自己，也包括怎样对待人，不只是对待别人的问题，《尚书·大禹谟》已提出"舍己从人"。在原则上，孔子与《新约》一样，都归结到人己的原则，基督教说爱人如己，孔子说己所不爱，勿施于人。

所以在孔子思想中，"己—人"是一个很基本的问题，"己"也是一个很重要的观念，有双重性。基本上，一方面"己"为"修"的对象，是"正"的对象，这个意义上的"己"是个人的利益、欲求、主观立场的综合。另一方面"己"又是实践的主体性，"为仁由己"。最后"己"还是一个自我的观念，古之学者为己，为了图谋发展真正的自我。所以，己首先是道德反省对象，然后是积极实践的意志，最后是总体的精神的自我。在关于仁的论述中我们还看到，己也是道德推理的逻辑起点，"己所不欲，勿施于人"。

这些一以贯之的"道"，可一言而终身行之的，都不是单方面的德性，而是社会道德生活的根本原则和定律。孔子"忠恕之道"的表达，既是对社会伦理生活的原理性概括，又有"切问而近思，仁在其中"的接近道德实践的性悟，既是立法原理，又是实践准则，切近于践履。

不仅如此，孔子还探讨了"好恶"与"善恶"的问题，如：

"唯仁者，能好人，能恶人。"（《论语·里仁》）

"我未见好仁者，恶不仁者，好仁者无以尚之，恶不仁者，其为仁矣。"（《论语·里仁》）

子贡问："乡人皆好之，何如？"子曰："未可也。""乡人皆恶之，何如？"子曰："未可也，不如乡人之善者好之，其不善者恶之。"（《论语·子路》）

人不能追随无所准则的好恶，乡人皆好者未必善，乡人皆恶者未必恶，"众恶之，必察焉，众好之，必察焉"。人之善者则好之，人之不善者则恶之，要有善恶的分辨，故好善而恶恶才是君子，才是仁道。所以主观心理的好恶不能作为行为的准则，必须有善恶观念建立才有道德。确定了善恶观念的君子，才能真正地去好去恶，他的好恶才能立于不偏之地。

好的对象可以包括好仁、好学、好礼，如：

子贡曰："贫而无谄，富而无骄，何如？"子曰："可也，未若贫而乐，富而好礼者也。"（《论语·学而》）

子曰："吾未见好德如好色者也。"（《论语·子罕》）

这都说明血气本能之好，只是好色一类的好，好仁、好德及好学都是在血气本能提升的基础上才有的。所以孔子很提倡"好"，如好仁、好礼、好义、好信、好德，这一个"好"字很能反映孔子的思想。贫而能"乐"，富而"好"礼，这些都不止于德性伦理，而代表着整体的人生态度和人格理想。

如果进一步从道德意识的内在方面来看，孔子已经提出"耻"，这也与春秋以前不同：

> 子贡问曰："何如斯可谓之士矣？"子曰："行己有耻。"（《论语·子路》）

> 子曰："君子耻其言而过其行。"（《论语·宪问》）

> 宪问耻。子曰："邦有道谷，邦无道谷，耻也。"（《论语·宪问》）

> "邦有道，贫且贱焉，耻也。邦无道，富且贵焉，耻也。"（《论语·泰伯》）

孔子认为民有耻心才是社会的基础，羞耻心是道德最基础的防线，没有羞耻就谈不上道德。

李泽厚曾把儒家文化也列为乐感文化，的确，孔子讲到"乐"处很多，这与其他宗教创始人形成鲜明对比；但孔子所讲的乐不是感性愉悦，这是要辨别清楚的。[44] 在这个意义上，孔子讲的乐不是克尔凯郭尔讲的美感境界，如果说这种乐具有美学的意义，也是指其无功利的自由的特质。

---

〔44〕 李泽厚自己已经区分审美的乐感有三种，最后一种为悦志悦神。

孔子《论语》开篇即讲好学之乐，有友之乐，表扬颜回贫而乐，在陋巷，无忧而不改其乐。无忧即仁者无忧，不改其乐即贫而乐。孔子又把"乐之者"放在"好之者"之后，作为更高一个阶段。（与知之者相对的好之者，有仁之意思，如"知及之仁不能守之"。）的确，从中可以看到孔子对人生的态度，是乐观的，通达的，是追求现世的精神充实，是追求最高的精神境界之乐。

最后我们来看孔子对修身工夫的论述。前面的讨论中已经涉及不少有关修身工夫的节目，应当说明，孔子自己在《论语》中并没有提出"修身"的概念，但我们可以说，孔子的整个道德思想都是以修身为主题的，在一定意义上就是一个"修身之学"的体系。在《论语》中，孔子的论述没有提出"修身"的概念，但有与修身类似的观念，如"修己""正身""求诸己"。这些"修己""求己"说强调，要反对自我中心，要批评反省自己，道德实践要从自己做起，求己即要求自己。所以，他的前述讨论中往往都与修身这个中心有密切联系，提出了许多修身之方，如"求己"（君子求诸己），"志道"（士志于道），"好学"，"博文约礼"（博学于文，约之以礼），"复礼"（非礼勿视听言动），"自讼"（吾未见能见其过而内自讼也）"自省"（见不贤而内自省也），"改过"（过而不改斯谓过），学思并重（学而不思则罔，思而不学则殆）。可见，孔子思想有实践的性格，有明显的践履性。

孔子的根本影响，如果不是贡献的话，就是"君子"话语性质的改变，使得此后中国文人也把君子人格理想看成是最重要的价值。今天一个青年可能会问：我为什么要成为君子？孔子造成的影响就是，从孔子到宋明，人们把追求君子理想当作不言自明的真理，根本不会去问这种问题，塑造文化中不言自明的东西，就是孔子的意义。

在规范伦理学中，以原则为基础，判断正确行为和错误行为，这种理论把注意力集中在行为对错的原则上，而不重视那些有动机的行为主体——行动者即人。但是在广义的评价实践中，我们不仅对人的"行为"做判断，也通常对一个人是"什么样的人"做判断，对一个人的品质整体做判断，如说"他是个好人"，即是此类。因此评价一个人的价值，不仅要看他履行了什么具体义务和原则，还要用整体的品德、品质来概括他。[45]古代的德行论认为，即使是行为，我们也常常要注意什么行为是好的，而"好"与"对"，是不一样的。有些学者认为，孔子的伦理学与德性伦理学有很多相似之处。[46]

这就是"美德伦理"在古往今来的道德实践和道德评价中占有重要地位的原因，事实上，在各个文化的古代，美德伦理都是伦理学说的主要形态或重要内容。规则伦理学关注的是"我应该做什么（才是道德的）"这一问题，而美德伦理关注的是"我应该成为什么品质的人"这样的问题。古代思想家不仅

---

〔45〕《哲学的伦理学》，221 页。

〔46〕见余纪元：《德性之境》前言，中国人民大学出版社，2009 年。

关注一个个具体的道德困惑的解决，更关注如何培养一种"整体的生活方式""整体的人格"。一个圣贤，并不是一个一个道德困惑解决后才最后达成，而是圣贤人格的整体养成使他可以自然应付各种具体境遇，因此古代重要的问题常常是如何从小养成一些基本的品质和美德。

孔子与中国哲学一开始就致力于这个方向，建立"君子""圣人"这样一种高尚人格的概念。他们是我们期望成为的人，是我们希望自己去仿效的榜样，我们要成为像他们那样的人，而不只是去做他们曾做过的事，这也是儒家的实践智慧。孔子讲"仁者人也"，说明儒家仁学始终把关注行为者本身——人——放在重要的地位。

孔子对美德思想的重要贡献，并非德目本身的详细建构，而是一方面继承了春秋思想把德目归约到"智仁勇"，而把"仁"特别突出为最高的德性和全德的代表。另一方面，以"君子"为理想人格的概念，一改古代的君子是统治者身份概念的用法，使"君子……"成为典型的儒家关于"应该成为什么样的人"的表达方式。

在有关"君子任重而道远""君子……"这一类格言的问题上需要辨明一个问题，就是君子之道和君子之德与一般所说"应当做什么"有所不同。在古代儒家，"我应当做什么"与"我应当是什么样的人"是密切结合在一起的。虽然《论语》里面有关"君子……"的论述，也可以理解为要求我们应该那样去做，但总的说来这是一种倡导，一种对高尚理想

的引导，这种倡导是在"应该成为什么人"的意义上，而非
"应当怎样做才是道德的"意义上，以形成一种人品意识，引
导人的精神发展。

也就是说，一般所谓"应当"表示道德的规范，不按这样
的"应当"去做，就不能构成道德行为，即为不道德。而对孔
子的"君子……"论述而言，人不那样去做并非就是不道德，
只是在境界上未达到君子人格罢了。因为对许多君子论述而
言，这并非道德与不道德的界限，君子论述不是最基本的道德
义务。

我们姑且以"道德德性"和"美德德性"加以分别，或
道德论述与美德论述加以分别。道德德性和道德论述是帮助我
们履行基本的道德义务，而美德伦理和美德论述则帮助我们养
成超义务的行为和德性，如圣人和英雄。这两种德行的分别
可用许多方式表达，如有人称为"普通的道德"和"非普通道
德"[47]，在性质上前者多表现为"约束"，而后者则表现为"提
升"，基督教的"十诫"和《论语》的"君子"鲜明地表达了这
种分别。

约翰·密尔在"做"和"是"、消极和积极之间做了比较，
对古希腊道德观和反古希腊的近代道德观做了比较，他在《论
自由》中说：

（基督教）大部分是对异教精神的一种抗议，它的理

---

[47]《哲学的伦理学》，256 页。

想与其说是积极的，毋宁说是消极的，与其说是主动的，毋宁说是被动的，与其说致力崇高，毋宁说但求无罪，与其说殚精求善，毋宁说竭力戒恶。总之，在他的训条里，"你不该"的字样不适当地盖过了"你应当"的字样。[48]

因此，在一个只宣称"服从"戒律为唯一价值伦理的标准下，我们很难获得所谓的恢宏气度、高尚胸怀、个人尊严甚至荣誉之感等。

因此，美德伦理要求的是超越义务的人格理想，这些美德伦理倡导的生活和德行高于作为最低要求的道德义务，如圣人和英雄能够克服、抵抗的恐惧，是其他人所难克服和抵抗的，"正是这种不可能性，使得我们不能把圣人和英雄的行为归属为义务"。但圣人与英雄永远是激励我们的一种巨大的提升力量。

　　一个人不履行基本的道德义务，是应当受到谴责的，但圣人或英雄没有实现他们的理想，或我们追求圣人境界而未达，则不受谴责，最多对我们或他们希望的未达成而表失望。因为这些理想是超越了义务和责任之外的。因为一个人不明美德行为并非即是道德上的错误。[49]

需要注意的是，圣人和英雄的行为通常是超越义务的，这是他们被称为圣人或英雄的原因所在。但他们的行为并非永远是超越义务的，有时也是义务的，因为我们有时把某些人看作

---

〔48〕《哲学的伦理学》，226页。
〔49〕同上书，267页。

人格的榜样，正是由于他们能在某种情况下履行自己的道德义务，而其他人在这种情况下，可能不愿履行，《论语》中的君子论述也有不少这样的情形。这是中国儒学也会无形中把达不到君子境界看成没有履行基本义务的原因，因为缺乏这种分辨。

因此，有价值的行为不能等于履行"义务"，一切有价值意涵的格言不能等同于禁令所理解的"应当"，正如费因伯格指出的，在普遍化的劝告陈述中，有的是关于不准、禁止的责任和义务的规则，而有些则最好叫作格言、箴言、智慧、告诫，后者仍指导人生和行为，但是属于超责任的道德。[50]

为什么孔子会把道德生活的重点放在美德理想——君子人格上呢？这与贵族社会有关。因为孔子讲学的对象多是士，即最低的贵族，贵族衣食无虞，有文化教养，因此有可能发展出比较高尚的人格。古代欧洲的贵族人格标准也是如此，正如亚里士多德所认为的，人的卓越范例是雅典的绅士。

所以，在古代文化中，"礼"是"对"的问题，对或者不对；"仁"则是"好"的问题，好的人，好的生活，好的精神境界。礼是"约束""克制""节制"，仁则是"激励""兴起""怀仰"。

麦金太尔区别了"规则的道德"（morality of rules）和"德性的道德"（morality of virtues），前者为现代的道德观，后者为古典的道德观。石元康用亚当·斯密的"文法的规则"和"美

---

〔50〕《哲学的伦理学》，265 页。

文的特征"来说明责任的分别。文法的规则是文学的"正确"的最低要求，而美文的特征则是文学"好"的特质。用这个分别来看麦金太尔的思想，规则的道德是满足维持人类社会存在不可或缺的最低条件，德性的道德则是高尚人格拥有的性质。

的确，在道德—伦理生活中有两种不同的东西，一种道德致力建立最基本的共同规则，这些规则所牵涉的是"对"和"错"的问题。做了不合这些最基本的规则的行为，即是犯了道德的错误。这里的对和错，也就是应当与不应当的问题。但另有一种道德观，是致力培养人优秀高尚的品格，他们所提出的一些标准，合于这些标准是高尚的人，但达不到这些标准，并不就是犯了道德的错误，并不是不道德。现代的道德观就是只致力于建立最基本的道德规则，人对自己的要求只是不违反道德规则。而古代的道德观标杆较高，它致力于美满的人生，美好的人格。不过需要指出的是，古代的这种道德观不一定以德性伦理为唯一表达方式，石元康指出古典式道德观的特点是，"道德问题并非仅限制于人与人之间有利益冲突时才发生，道德的功能是告诉我们怎样的人生才是一个美满的人生，道德实践是追寻美满人生的一种不间断的活动，而道德实践所依赖以及所成就的，就是各种德性"。[51] 故与其说追寻美满人生，不如说追寻成为一个美满的人。

总结起来，德性伦理学的参照可以帮助我们从一个新的角

---

〔51〕 石元康：《二种道德观》，《从中国文化到现代性：典范转移？》，生活·读书·新知三联书店，2000年，107页。

度来观察和分析孔子的伦理学体系，这是确定无疑的。但也要看到，孔子伦理学的体系虽然包含了部分德性的讨论，但却是以"德行"为主导框架的，始终不脱离"行为"来展开。这体现了古代中国哲学的一个特点，即"心行合一"的立场。在德目的讨论中，不离开行而去谈心，不离开行为去谈德性，不离开行为谈做人，总是倾向于把两者联系起来讨论。其次，孔子虽然也非常关注德目的讨论，但在具体德目的讨论之外，更关注整体人格的目标，孔子的伦理学不只是一套德目的体系，而是以"君子"作为理想人格、美善行为的整体体现，从而超越了单纯的德性伦理学。再次，孔子伦理学中最重要的道德概念"仁"，不仅是一个道德德目，而且是一普遍原则，既是德行，又是原则，不存在当代西方德性伦理学与规则伦理学的那种对立。最后，君子人格指向的是超道德的人格，而不仅是行为正当而已，这是古典哲学与现代哲学的重要不同。这些都在一定程度上显示出中国哲学与西方哲学、儒家伦理学与西方伦理学在基本特性上的某种不同，是我们在引入德性伦理学的方法研究中国古代道德思想时，要特别加以注意的。

第十四章　孟子的德性论

一般来说，孟子的思想，比起孔子，更加向政治思想的方面发展，比如仁，孔子主要把仁作为德行的概念，而孟子则注重仁政的概念。另一个特点是，孟子以仁、义并提对举，使仁、义成为最基本的道德概念，这也与孔子以仁与礼相对照明显不同。不过，除了政治思想的意义外，仁义等概念在孟子哲学中仍有德行的意义，这些概念一方面继承了孔子的思想，一方面也有新的发展和深化。从德行和德性的角度看，传统的主要德目在孟子思想中已经从德行渐渐变为德性。本章将从德性伦理学的角度对孟子伦理学思想做进一步的研究和讨论。

一、仁义之实

> 孟子曰："人之所不学而能者，其良能也。所不虑而

知者，其良知也。孩提之童，无不知爱其亲者，及其长
也，无不知敬其兄也。亲亲，仁也。敬长，义也。无他，
达之天下也。"（《孟子·尽心上》）

"亲亲"二字中的后一个亲字，其直接意义是指父母
双亲。"亲亲，仁也。敬长，义也。"就仁义的德目意义而
言，应该是说亲亲属于仁，但仁并不限于亲亲；同理，敬
长属于义，但义不限于敬长。仁和义都是具有更普遍意义的
德行，包含着更广泛的内容。另一方面，这也表明，仁的原
初的、基本的含义是对父母的亲爱亲近，引申发展而成为普
遍的亲爱。

不过，对长上的尊敬属于义，但义的原始意义不一定限于
家庭伦理。从历史上看，义在开始时可能是对亲属以外的长上
的尊敬，义的普遍化后，亦可用于涵盖对待亲属关系内的长辈
的态度。

> 孟子曰："仁之实，事亲是也。义之实，从兄是也。
> 智之实，知斯二者弗去是也。礼之实，节文斯二者是也。
> 乐之实，乐斯二者，乐则生矣。生则恶可已也？恶可已，
> 则不知足之蹈之、手之舞之。"（《孟子·离娄上》）

"事亲"即侍奉双亲之行。这说明，仁义作为德，并非仅
仅是感情，而且是行为；仁不仅是对双亲的亲爱之情，而且是
此种感情的实践。义不仅是对长上的尊敬之情，同时也和仁一
样是此种感情的实践，如"从兄"，即听从兄长之行。可见仁义

既是德性，也是德行。[1]孟子的这个说法还意味着，比较成熟的仁、义思想包含两方面，一方面，强调事亲从兄是仁义的原初或基本含义，标志着仁义的基本实践。而另一方面，事亲是仁的一个实例，从兄是义的一个实例，仁和义本身是普遍性的原则，普遍的原则可以体现为各种具体的实例。

此外，照这里所说，仁义二德是这五种德行的中心，其他三种德行则是围绕仁义开展的，如强调智是对仁义的认识、辨别、了解和坚持，礼是对仁义实践的调节修饰，乐是在仁义的实践里得到悦乐。

> "小弁之怨，亲亲也。亲亲，仁也。固矣夫，高叟之为《诗》也！"曰："《凯风》何以不怨？"曰："《凯风》，亲之过小者也；《小弁》，亲之过大者也。亲之过大而不怨，是愈疏也。亲之过小而怨，是不可矶也。愈疏，不孝也；不可矶，亦不孝也。孔子曰：'舜其至孝矣，五十而慕。'"（《孟子·告子下》）

孟子在这里再次提出亲亲与仁的密切联结，亲人有错而不怨，表示与亲人关系的疏远；亲人有错而怨之，正是亲爱其亲人的表现。这个说法是对《诗经·小弁》《诗经·凯风》的评论，未必有普遍的意义。无论如何，"亲亲，仁也"，在

---

[1] 这里以仁义、智礼、乐并提，且智在礼之前，说明这一篇有可能早于以"仁义礼智"并称的"公孙丑篇""告子篇"。按仁义礼智并提，《孟子》而外，亦见于《礼记·丧服四制》。不过，即使仁义礼智四者并提，其排列次序在《孟子》各篇亦有所差别，如"公孙丑上"仁智与礼义有时分为两组。

这里也是突出仁所包含的亲亲的意义，也意味着亲亲是仁的
基本的意义。

　　"盖上世尝有不葬其亲者。其亲死，则举而委之于
壑。他日过之，狐狸食之，蝇蚋姑嘬之。其颡有泚，睨而
不视。夫泚也，非为人泚，中心达于面目。盖归反虆梩而
掩之，掩之诚是也。则孝子仁人之掩其亲，亦必有道矣。"
（《孟子·滕文公上》）

　　在孟子看来，葬埋其亲，不忍其遗体受损，这也是仁的一
种体现。同时，这也正是儒墨的分别，墨家讲兼爱，但全不顾
及人对自己亲人的爱，违背人之常情；而儒家的仁则以对亲人
之爱的感情为基础，推而广之，及于他人。

　　万章问曰："象日以杀舜为事，立为天子，则放之，
何也？"孟子曰："封之也。或曰放焉。"万章曰："舜
流共工于幽州，放驩兜于崇山，杀三苗于三危，殛鲧于
羽山，四罪而天下咸服。诛不仁也。象至不仁，封之有
庳。有庳之人奚罪焉？仁人固如是乎？在他人则诛之，在
弟则封之。"曰："仁人之于弟也，不藏怒焉，不宿怨焉，
亲爱之而已矣。亲之，欲其贵也；爱之，欲其富也。封
之有庳，富贵之也。身为天子，弟为匹夫，可谓亲爱之
乎？""敢问'或曰放'者何谓也？"曰："象不得有为于
其国，天子使吏治其国，而纳其贡税焉，故谓之放。岂得
暴彼民哉？虽然，欲常常而见之，故源源而来。'不及贡，
以政接于有庳'，此之谓也。"（《孟子·万章上》）

　　《孟子》书中用了很多故事作为论证的材料，这与《论语》很不相同。这里的故事说，舜的弟弟象多次企图杀害舜，是个不仁的人，而舜在做天子之后，并没有诛杀或流放象，而是把象封于有庳这个地方。孟子的学生提出，舜对当时其他四个不仁之人，或诛杀或流放，给以惩罚，于是天下皆服；为什么舜却对最不仁的象不仅不做任何惩罚，还让他去做小国的国君，难道仁人对他人和自己弟弟的原则是不一致的吗，这是偏私性的行为吗？这是不是徇私枉法而不公正？孟子为舜辩护说，仁人不会记恨自己的弟弟，对弟弟只有亲爱的态度。虽然象很不仁，但舜出于亲爱之心，仍然希望他能享受好的生活，所以把他封在有庳，让他享受封君的财富；但不让他管理国事，不使他施害于民。舜处理这个例子的方式，在今天不会受到现代人的赞扬，但在公元前2000年的古代社会，仍显示出舜的仁德，即不计较亲人对自己的伤害，而一心去爱亲人；在爱亲人的同时，又并非不顾及人民的利益。这里对仁人的德行，明确地以"亲爱之"说明"亲亲"的前一个亲字的意义，很有意义。

　　　　未有仁而遗其亲者也，未有义而后其君者也。王亦曰，仁义而已矣，何必曰利？（《孟子·梁惠王上》）

　　"遗其亲"与"亲亲"相反，"后其君"与"义"相反，所以，有仁的德行的人是不会对双亲置之不理的，有义的德行的人是不会把他的君主置于脑后的。这从反面也强调了仁与亲亲、义与尊长的直接关系。

　　　　孟子曰："口之于味也，目之于色也，耳之于声也，

> 鼻之于臭也，四肢之于安佚也；性也，有命焉，君子不谓
> 性也。仁之于父子也，义之于君臣也，礼之于宾主也，知
> 之于贤者也，圣人之于天道也；命也，有性焉，君子不谓
> 命也。"(《孟子·尽心下》)

父子是仁的一个实例，由此而言，仁是对待父子关系的德行，但不必仅仅是处理父子关系的德行。如前面所举的例子，兄长对弟弟也是以仁为德行，子女对父母的亲亲，也以仁为德行，一切亲属关系间的亲爱行为都属于仁。可见，在家内关系中，仁的亲亲，虽然在很多地方与"孝"相同，但仁是更为广泛的道德概念。

至于义，君臣是义的一个实例，这里特别以之为处理君臣关系的德行，进而言之，是臣对于君的德行。其实照前面所说，义是对长上的尊敬，此长上既包括族内亲属的长上，也包括族外非亲属的长上，而社会中一般的长上主要是君，亦即臣下对于君上的态度。这里开始把仁、义、礼、智作为主德，其中礼是处理宾主事务的德性，智是知贤的能力，圣是知道的能力，这三德的特殊之处我们在后面讨论。"有性焉"表示这四德是先验的德性，不是外在而来的，这与孔子的德行理论明显是一种不同的发展。

不过，以义为对长上的尊敬的德行，与孟子的四心四德说有所不同。照四心说，羞恶之心是义的基础，于是，羞恶为义的讲法便与敬长为义的讲法不同了。在礼的方面也有同样的情形，这里将礼作为处理宾主关系的德行，而在四心说中则强调

恭敬之心是礼的基础。如何处理孟子思想中的这些矛盾，仍需要加以仔细研究和分析。

二、仁者无不爱

仁的原始意义应是对双亲的爱、对亲人的爱，在文化的发展中，仁也逐步变为更普遍的爱，所以孔子已经明白肯定"仁"的意义是"爱人"，把爱从对亲人的爱推广为更普遍的爱。孟子也继承了这一点。如果说"亲亲为仁说"是指仁的实例，那么"仁者爱人说"则注重仁的伦理内涵。

> 孟子曰："不仁哉，梁惠王也！仁者，以其所爱及其所不爱；不仁者，以其所不爱及其所爱。"公孙丑问曰："何谓也？""梁惠王以土地之故，糜烂其民而战之，大败；将复之，恐不能胜，故驱其所爱子弟以殉之；是之谓以其所不爱及其所爱也。"（《孟子·尽心下》）

"以其所爱及其所不爱"，是指把对亲人的爱推及于其他的人，把已有的小范围的爱推及于未有的更大范围的对象，这是仁。"以其不爱及其所爱"，是指不能以爱来对待自己的亲人和应当爱的人，这是不仁。如梁惠王不能爱其民而糜烂其民，不能爱其子弟而把他们驱赶到战场去死，这便是不仁。"仁者，以其所爱及其所不爱"的说法，虽然不一定能把它理解为仁的定义，但确在相当的程度上表达了仁的精神和特性，表达了孟子所理解的爱与仁的内在关联。

孟子曰:"君子所以异于人者,以其存心也。君子以仁存心,以礼存心。仁者爱人,有礼者敬人。爱人者,人恒爱之;敬人者,人恒敬之。"(《孟子·离娄下》)

"以仁存心",即存其爱人之心,这是"仁者",故说"仁者爱人"。"以礼存心"的却不能叫礼者,只能叫"有礼者",这里亦可见"礼"非德性,"有礼"为德性。这表现出在孟子这句话里,礼作为德行或德性的意义正在生成,并且把心能存仁和心能存礼作为主德。

在前面我们举的例子中,"敬长,义也",如果敬长属于义的德行,那么比较这里的"有礼者敬人",义与礼都是敬人的德行,它们有何分别?应该说,礼的实践更多地体现为"礼敬"的精神,这种礼敬精神是对对方的尊重,而对方与自己可以是地位平等的,如宾主,故这种礼敬不一定是对对方的敬仰。敬仰是对高于自己地位者而言,义便是对地位高的对方的尊敬。因此,可以说"礼"是一般的敬,而"义"只是特殊的敬。在孟子以前,"礼"不是德性,故尊敬的精神多以义来体现,孟子早期也说"敬长,义也"。而孟子既开始把礼作为德性以体现恭敬,故后来便把义作为体现羞恶的德性,不再以义为敬长的德性。事实上,古代如春秋时期,有许多德行都和敬有关,如顺等。而且古代以爱、敬为重,如《孝经》:"子曰:爱亲者,不敢恶于人,敬亲者,不敢慢于人。爱敬尽于事亲。"可见,孟子的特别之处在于仁义连用、以礼为德,而对义则加以新解。

孟子曰:"知者无不知也,当务之为急;仁者无不爱也，急亲贤之为务。尧舜之知而不遍物，急先务也。尧舜之仁不遍爱人，急亲贤也。不能三年之丧，而缌小功之察；放饭流歠，而问无齿决：是之谓不知务。"（《孟子·尽心上》）

虽然仁的最基本的体现是爱亲事亲，但在孟子的时代，"仁者无不爱"已经成了儒家的共识，仁是爱人的德行，完全超出了家庭成员之间的亲爱之情。但仁在实践上，又以当务为急，孟子时代的当务是亲贤，故论证亲贤对仁的实践具有优先性。知人曰智，知在这里应当是强调知贤为先务，和《五行》篇"见贤人，明也；见而知之，智也"，也和前面所说的"知之于贤者"是一致的。这里是以知（智）与仁为主德。

孟子曰："君子之于物也，爱之而弗仁；于民也，仁之而弗亲。亲亲而仁民，仁民而爱物。"（《孟子·尽心上》）

关于亲、仁、爱三者，虽然它们都是爱，但彼此是否有差别，在前面引用的资料中都未显示出来。而在这里，孟子尝试给出其间的分别，即亲对应于亲人，仁对应于人民，爱对应于物事。其中透露的信息是，仁是专就一般人为对象而言，这意味着，一方面仁不是专属亲属关系的亲情，可以是对待超越亲属的一般人际关系的博爱态度；另一方面仁是对人的博爱、不是对物的喜爱而言的，对人的博爱与对物的喜爱是不同的爱。这里的亲、仁、爱都是已发之情，而不是未发之性，可见，古代儒家并不严格区分德性、德行、感情，它们都是德目之所在。

三、"居"仁"由"义

在第一节里，我们谈到亲亲敬长时重在了解孟子对仁和义两个德目的理解，而本节则着重"义"在德性体系中的地位。我们已经看到，孟子常常仁义并提，我们在此节就这个问题再做一些探讨。

在孟子思想中"仁"当然还是最首要的德行，如：

孟子曰："仁则荣，不仁则辱。今恶辱而居不仁，是犹恶湿而居下也。如恶之，莫如贵德而尊士。贤者在位，能者在职；国家闲暇，及是时明其政刑。虽大国，必畏之矣。"(《孟子·公孙丑上》)

"天子不仁，不保四海；诸侯不仁，不保社稷；卿大夫不仁，不保宗庙；士庶人不仁，不保四体。今恶死亡而乐不仁，是犹恶醉而强酒。"(《孟子·离娄上》)

孟子曰："三代之得天下也以仁，其失天下也以不仁。国之所以废兴存亡者亦然。"(同上)

这三条中所讲的仁和不仁都不是仅指德性，而主要指德行，指天子、诸侯有没有仁的行为。但无论如何，可以看出，仁是孟子最重视的德目，这与孔子是一致的。

但是，孟子思想和孔子思想的一大不同，是孔子以仁礼并重，从不仁义并提；而孟子则经常仁义并提，义的地位比之在孔子思想中大大提高，成为仁以下第二位重要的德行：

孟子曰："自暴者，不可与有言也；自弃者，不可与

有为也。言非礼义，谓之自暴也；吾身不能居仁由义，谓
之自弃也。仁，人之安宅也；义，人之正路也。旷安宅而
弗居，舍正路而不由，哀哉！"(《孟子·离娄上》)

　　仁是精神安居之所，精神的家园，故说居仁。义是行动
的原则，行为必由之路，故说由义。居与由的分别，似乎是
"居"从我自己出发，"由"则循外在的路径而行。在这一点
上，早期儒家的仁内义外说，孟子虽然反对其义外论，但义外
说对他的某些思想也有影响。从德性论来看，这里的仁是内化
的德性，而义仍然是德行之则。

　　　孟子曰："仁，人心也。义，人路也。舍其路而弗
由，放其心而不知求，哀哉！人有鸡犬放，则知求之；有
放心，而不知求。学问之道无他，求其放心而已矣。"(《孟
子·告子上》)

　　孟子反复说义是人路，表明义是行为的原则，带有客观的
意义。而仁是人心之德，是主观的品格（德性）。如此这里的义
便不是指德性，而是指原则。值得注意的是，在前一个例子中
以仁为人之安宅，批评不懂仁的人"旷安宅而弗居"，而在后
一个例子中，以仁为人之本心，批评不懂仁的人"放其心而不
求"，二者提法有所不同。总之，对于仁义的区别，孟子似乎重
视其在"心"与"行"的不同，即"仁"就心而言者多，"义"
就行而言者多。

　　仁义不仅指德性、德行，也指行为的基本原则，仁是仁爱
原则，义是正义原则：

> 王子垫问曰:"士何事?"孟子曰:"尚志。"曰:"何
> 谓尚志?"曰:"仁义而已矣。杀一无罪,非仁也;非其
> 有而取之,非义也。居恶在?仁是也。路恶在?义是也。
> 居仁由义,大人之事备矣。"(《孟子·尽心上》)

杀一无罪即违反仁爱原则,故曰非仁。非己所有而取为己
有,即违反正义原则,故曰非义。在行为原则上讲,居和由便
没有分别。

事实上,在孟子中,仁义连用虽然很多,但对义这一德性
的独立意义,解释却较少,唯下面这段材料的说明,颇可见其
意思:

> 孟子曰:"人皆有所不忍,达之于其所忍,仁也;人
> 皆有所不为,达之于其所为,义也。人能充无欲害人之
> 心,而仁不可胜用也;人能充无穿窬之心,而义不可胜用
> 也。"(《孟子·尽心下》)

人总有不忍伤害一些事物的心,把这种不忍之心加以扩
大、推之于从前所忍的对象,这就是仁。人的行为总有其界
限,总有一些事情是他所不做的,所耻于做或羞于做的,义便
代表着这一界限;在界限之外的事情是他耻于做或羞于做的,
界限之内的事情是他可以做的,容许做的。划在界限外的事情
越多,表示人的羞耻感越强,这就是义。如果仁是不忍,义是
不耻,那么义在这里已经不是就行而言,而是就心而言,与仁
之就心而言,是一样的。这样的义便是德性了。

义是比较复杂的德目,如前面所叙述的就有敬长说、羞恶

说、人路说三种（有所不为可归入羞恶说）。就我们在孟子的亲亲敬长说中所见，从历史上看，义在开始时可能是对亲属以外的长上的尊敬，普遍化后亦可用于亲属关系内的长辈。这种以"敬长"为内涵的义，便不是羞恶之心的义。又如，前面我们指出，"羞恶之心，义也"，所谓羞恶，是指道德感知的界限，即可为与不可为的界限感，故孟子常以"穿窬"作例子，来表示义与不义。在这个意义上，羞恶是耻感，是指内心对不道德行为的排斥。事实上，四端四德四心说之中，以羞恶说义，是最值得重视的，因为孟子自己最重视的是仁义二德。

如前分析，如果"敬长"属于义的德行，"敬人"属于有礼者的德行，这两种敬的德行可能的分别是，"礼"是一般的敬，而"义"只是特殊的敬，义只是对地位高的对方的尊敬。在孟子以前，"礼"不是德性，故尊敬的精神多以"义"来体现。而孟子既把礼作为德性，以体现恭敬，故后来便把义作为体现羞恶的德性。（也许孟子先确定以义为羞恶，而后乃以恭敬说礼。）无论如何，恭敬之心礼也，合于早期儒家礼主恭敬说的精神，如《礼记》。虽然，《礼记》中也有礼主敬让说，但以《论语》观之，孔子很强调恭敬，而除了"以礼让为国"（《论语·里仁》）一句外，再未及乎让，可见以恭敬论礼当是孔子和七十子时代的共识，孟子以恭敬说礼也继承了这一点。但孟子以前的礼主恭敬说都是讲礼的精神，不是讲礼本身是恭敬之心。礼作为行为原则，在春秋是指行为是否合于礼制，孟子则把礼同时作为一种恭敬之心（辞让是让，与恭敬是敬不同），作为一种德性。这在礼的问题上是一大变化。从此，礼开始成为德行的范畴，成为汉以后德论的主要范畴之一。[2]

朱伯崑先生曾经指出，"关于义，《论语》中讲义的地方不少，但没有作出明确的解释。……就人的品德说，义就是服从这种等级关系的意识……义同样指服从等级秩序的情操"。[3]朱先生此说，主要以《论语·卫灵公》中"礼以行义"（原文为"礼以行之"，之指义）和《左传》"义以出礼"而立论，把义作为礼之义来讲的。如果是这样的话，义是礼之体系的精神和原则，未必是主观的服从意识。其实，《论语》中的义也多指道德正义，如"见义不为非勇也""见得思义""不义而富且贵，于我如浮云""君子喻于义"等。有些地方的义还包含有义务的意思。从《论语》看，"子曰：君子义以为质，礼以行之，孙以出之，信以成之。君子哉！""子曰：君子义以为上"。这些地方说明孔子对义还是非常重视的，但这些地方的义并不是指德行的义，而是道义、正义的义。这就不必在德行论中来讨论了。

孟子有时也把仁说成是人道：

> 孟子曰："仁也者，人也；合而言之，道也。"（《孟子·尽心下》）

这就是指仁作为人道的本质的重要性而言了。从德性论来

---

[2]   朱伯崑先生认为《孟子》中讲的礼，更多的是指礼貌，与孔子不同。见氏著《先秦伦理学概论》，北京大学出版社，1984年，49页

[3]   《先秦伦理学概论》，37页。

说，拥有某个单一的德性并不足以使这个人成为善的人，如以忠诚、勇敢、智慧而追随邪恶的领导者，其具有的忠诚、勇敢或明智之德虽并无疑义，但他在总体品质上却不能被肯定为善人。一个邪恶的领导者也可能拥有坚定、沉着、慷慨等德性，但其总体品质不能为善。一个勇敢的人可能是傲慢的人，一个智慧的人可能是懒惰的人，一个忠实的人可能是愚笨的人，等等。那么有没有一个德性，人只要拥有它，即使他在其他的德性方面有所欠缺，也仍然能被肯定为一个善的人呢？这就是仁，仁是人之所以为善的最本质的德性，是人学习"做人"的最重要的道德德性。这应该就是"仁者人也"的德性论含义。

四、仁且智为圣

在孟子思想中，究竟哪些德性是主德？这在《孟子》书中，有不同的表现，除了上面所说的仁义说、四德说（即仁义礼智）之外，还有一种较为多见的是仁智说。

"宰我、子贡善为说辞，冉牛、闵子、颜渊善言德行；孔子兼之，曰：'我于辞命，则不能也。'然则夫子既圣矣乎？"曰："恶！是何言也！昔者子贡问于孔子曰：'夫子圣矣乎？'孔子曰：'圣则吾不能，我学不厌而教不倦也。'子贡曰：'学不厌，智也；教不倦，仁也。仁且智，夫子既圣矣。'夫圣，孔子不居，是何言也！"（《孟子·公孙丑上》）

　　孟子引用子贡的话，肯定"好学"属于"智"的德行，诲人不倦属于"仁"的德行，这虽然是就孔子的说法加以申论，但也显示出，在子贡的理解中，仁和智相加，便是圣，说明仁和智作为主德的重要性。在古代，圣人是知天道的人，故"智"是圣人之所以为圣人的重要品性，所以孔门的求圣之学，特别重视仁和知（智）两种德性。在孟子这里，与《五行》篇似不同，"圣"并非指一德性而言，而是指一综合仁智之人格形象而言。

　　所以在另一例子中孟子便以圣人对仁义而论：

　　　　燕人畔，王曰："吾甚惭于孟子。"陈贾曰："王无患焉，王自以为与周公，孰仁且智？"王曰："恶！是何言也！"曰："周公使管叔监殷，管叔以殷畔。知而使之，是不仁也；不知而使之，是不智也。仁智，周公未之尽也，而况于王乎？贾请见而解之。"见孟子问曰："周公何人也？"曰："古圣人也。"曰："使管叔监殷，管叔以殷畔也，有诸？"曰："然。"曰："周公知其将畔而使之与？"曰："不知也。""然则圣人且有过与？"曰："周公，弟也；管叔，兄也。周公之过，不亦宜乎？且古之君子，过则改之；今之君子，过则顺之。古之君子，其过也，如日月之食，民皆见之；及其更也，民皆仰之。今之君子，岂徒顺之？又从为之辞。"（《孟子·公孙丑下》）

　　这里关于仁与智的问答，是就最重视的价值进行讨论，其中也特别强调，圣人之所以为圣人，主要以仁与智两者而观之，仁与智成为承圣的根本德性与德行。但圣人不等于不会犯错，尤其是圣人之过往往是轻信别人之过，出于好心之过，且过而能改。

> 齐宣王问曰："交邻国有道乎？"孟子对曰："有。惟仁者为能以大事小，是故汤事葛、文王事昆夷。惟智者为能以小事大，故太王事獯鬻、勾践事吴。以大事小者，乐天者也。以小事大者，畏天者也。乐天者保天下，畏天者保其国。《诗》云：'畏天之威，于时保之。'"（《孟子·梁惠王下》）

这也显示出，孟子也常常把仁和智作为主要德行以评论和衡量人物，而乐天、畏天是更高一层的精神境界。

> 孟子曰："矢人岂不仁于函人哉？矢人惟恐不伤人，函人惟恐伤人。巫匠亦然。故术不可不慎也。孔子曰：'里仁为美。择不处仁，焉得智？'夫仁，天之尊爵也，人之安宅也。莫之御而不仁，是不智也。不仁不智，无礼无义，人役也。人役而耻为役，犹弓人而耻为弓，矢人而耻为矢也。如耻之，莫如为仁。"（《孟子·公孙丑上》）

这都是并称仁智的例子。

当然，孟子也有一些其他类似于主德的不同提法，如：

> 孟子曰："有天爵者，有人爵者。仁义忠信，乐善不倦，此天爵也。公卿大夫，此人爵也。古之人，修其天爵而人爵从之。今之人，修其天爵以要人爵。既得人爵而弃其天爵，则惑之甚者也，终亦必亡而已矣。"（《孟子·告子上》）

这里就是以仁义忠信为四项主德，与前面所说的几种都不相同。

如何解释这些不同主德的提法呢？自然，也许《孟子》七篇各篇成立的时间有先后，思想有变化，但也可能出于讨论的不同性质。如仁智的并提，往往与圣有关，受到圣智说的影响，主要讨论的是理想人格的德性构成。而仁义则是作为最重要的道德德性来讨论的。

五、四德与四心

早期儒学如告子等所代表的，主张仁内义外，即仁之行是发自内心的，故仁之德行发自仁之德性；而义之行只是遵从社会原则的，故义是德行，不是德性。孟子则重视德的内在化，故主张仁义礼智信都是德性，都可发为德行。在前面的例子中，孟子已经申明，亲亲敬长是人的良知和良能，故仁与义是人所固有的德性，因而反对告子的仁内义外说。这一思想在四端说中更全面地表达出来了：

> 孟子曰："人皆有不忍人之心。先王有不忍人之心，斯有不忍人之政矣。以不忍人之心，行不忍人之政，治天下可运之掌上。所以谓人皆有不忍人之心者，今人乍见孺子将入于井，皆有怵惕恻隐之心；非所以内交于孺子之父母也，非所以要誉于乡党朋友也，非恶其声而然也。由是观之，无恻隐之心非人也，无羞恶之心非人也，无辞让之

心非人也，无是非之心非人也。恻隐之心，仁之端也；羞恶之心，义之端也；辞让之心，礼之端也；是非之心，智之端也。人之有是四端也，犹其有四体也。有是四端而自谓不能者，自贼者也；谓其君不能者，贼其君者也。凡有四端于我者，知皆扩而充之矣，若火之始然、泉之始达。苟能充之，足以保四海；苟不充之，不足以事父母。"(《孟子·公孙丑上》)

比起孔子，孟子不仅强调了四德说，把仁义礼智作为四主德，而且更重要的，是孟子把仁义礼智德性化、内在化，成为人心，成为人固有的、本有的德性心。恻隐之心是仁的开始和基点，故称端。把恻隐之心加以扩充，便是仁的完成。这也说明，仅仅有恻隐之心，对仁的德行来说还并不充分。

孟子曰："乃若其情，则可以为善矣，乃所谓善也。若夫为不善，非才之罪也。恻隐之心，人皆有之；羞恶之心，人皆有之；恭敬之心，人皆有之；是非之心，人皆有之。恻隐之心，仁也；羞恶之心，义也；恭敬之心，礼也；是非之心，智也。仁义礼智，非由外铄我也，我固有之也，弗思耳矣。故曰：求则得之，舍则失之。或相倍蓰而无算者，不能尽其才者也。《诗》曰：'天生蒸民，有物有则。民之秉彝，好是懿德。'孔子曰：'为此诗者，其知道乎！故有物必有则，民之秉彝也，故好是懿德。'"(《孟子·告子上》)

这里的"恻隐之心，仁也"并不是对上一段"恻隐之心，

仁之端也"的否定，"恻隐之心，仁之端也"在上一段是强调对
孺子的恻隐之心是仁的开始，而不是完成。这里则强调恻隐、
羞恶、辞让、是非之心即是仁义礼智之德性的表现，都是内在
的、本有的，不是得自于外的。固有的德性才是善的根源。

> "君子所性，仁义礼智根于心。其生色也，睟然见
> 于面、盎于背。施于四体，四体不言而喻。"(《孟子·尽
> 心上》)

根于本心的仁义礼智是德性，德性之发，见于面色与四
体，内外相应。这也是早期儒家的普遍看法，如"交错于中，
发形于外"(《礼记·文王世子》)。

在以上的四端四德说中，从德性论来看，仁的说明与前面
几节所述是一致的，而义礼智的说明，都有一些较孟子以前各
家之说更新的说法。如"羞恶之心，义也"，所谓羞恶，是指
道德感知的界限，即可为与不可为的界限感，羞恶是耻感，是
内心对不道德行为的排斥，以羞恶说义，这在以前是没有的。
恭敬之心礼也，合于早期儒家礼主恭敬之说。但古人以礼为规
范，未有以礼为恭敬之心者。当然，以是非说智，比起子思和
七十子其他各家，也是发展。子思思想中的"智"很突出，但
子思的"智"强调对贤与不贤的辨识，[4] 而孟子这里的"智"
更强调道德的是非分辨，更突出了道德德性的特点，使四德具

---

〔4〕　参看陈来：《竹简〈五行篇〉与子思思想研究》，《北京大学学报》(哲学社会
　　　　科学版)，2007 年第 2 期。

有道德德性的统一性，在道德哲学上更为合理。

无论如何，四德固有之说，明确把仁、义、礼、智作为德性，而不是德行，这是儒家德论内在化发展的一个标志性阶段。但这并不等于说《孟子》中的仁义礼智都仅仅是德性，而不再具有德行的意义。

作为四德固有说的一部分，四端的思想提示出一些其他的面向，如恻隐、羞恶，明显地属于情感，从而孟子的四端说不仅与四德说通贯一体，也提出了情感与德性的关系问题。在四德之中，仁无疑是第一位的，所以，四端之中，恻隐是第一位的，恻隐之心又称不忍之心，在孟子思想中扮演了重要的角色。后来法家韩非对仁与不忍之德多有批评。恻隐之心即是同情心，恻隐之情即同情的情感。同情心是人生而所有，其特点是无功利性，不是自私的，是仁的德性的发端和表现，也是人的本质所在。只是，孟子没有深入讨论情感与德性的关系，倒是新出土文献《性自命出》篇进行了讨论。

这种德性论更明确地以一种人性论为其基础，这就是著名的性善论。孟子一方面把仁义礼智归结为恻隐之心、羞恶之心、恭敬之心（辞让之心的问题另论）、是非之心。这是很特殊的，以前的人从未把义归结为羞恶之心，把礼归结为辞让之心，多认为义是外在的原则，礼是外在的规范。另一方面孟子又把人的恻隐之心、羞恶之心、辞让之心、是非之心都认定为先验的道德本心，它们不是得自习惯和经验，而是人生而具有的本性。因此，如果说仁义礼智是德性，则仁义礼智也是本性和本心，这意味着德性是天赋的、先验的，而不是得自经验和习惯，在这种说法中，德性变成了人的本质属性，与生俱来。然而，仍然可以提出的问题是，人性善说是不是认为人天生就有这些德性？假如人并非天生就有这些德性，则德性如何在内心获得或呈现？和本性的关系是什么？当然，如果以稍后的荀子为例来看，则德性论不必然与性善论相联结，因为在荀子哲学中德性论与性恶论并存。这样看来，儒家的德行论本身并不一定要求以一种特定人性论作为基础，至少在先秦时代是如此。

六、德之自反

在孟子思想中，德行论本身也包含了修身的方面，即根据德性的条目及其实践效果而进行反省。前面我们曾引述：

> 孟子曰："君子所以异于人者，以其存心也。君子以仁存心，以礼存心。仁者爱人，有礼者敬人。爱人者，人恒爱之；敬人者，人恒敬之。"（《孟子·离娄下》）

爱人者人恒爱之，敬人者人恒敬之，这是指德行行为效果的对等性。但事实上，德行的结果不一定如此。在这种情形下，人应当如何审视德行？孟子引入了反省说：

> "有人于此，其待我以横逆，则君子必自反也：'我必不仁也，必无礼也，此物奚宜至哉？'其自反而仁矣，自反而有礼矣，其横逆由是也，君子必自反也：'我必不

忠。'自反而忠矣，其横逆尤是也，君子曰：'此亦妄人也
已矣。如此则与禽兽奚择哉？于禽兽又何难焉！'是故君
子有终身之忧，无一朝之患也。乃若所忧则有之。舜人
也，我亦人也；舜为法于天下，可传于后世，我犹未免为
乡人也，是则可忧也。忧之如何？如舜而已矣。若夫君子
所患则亡矣。非仁无为也，非礼无行也。如有一朝之患，
则君子不患矣。"(《孟子·离娄下》)

君子有自反的能力，自反即自省、反省，这里把自反而
仁、自反而有礼、自反而忠作为首要的自反项目，说明对仁、
礼、忠的重视。特别以仁和礼作为行为的主要德行。《孟子》书
中，仁义礼智四德并提，但非处处如此；强调仁义连用，但亦
非处处强调仁义，在许多地方，孟子是把仁和其他德目并提、
并重，何以如此，已有的研究尚未给出有力说明。照我们在前
面的论述，这可能是出于讨论的不同性质，如人与人的关系问
题，往往出于其中一人行为之无礼，故礼成为人己关系反省的
主要方面。

孟子在这里的思想也显示出，儒家的德行论，不只是提
出德行表，还主张人们去实行，而且很强调德行的自反，即根
据他人对自己的态度而反省自己的态度和行为，亦即反省自己
的德行，这对《论语》所谓"吾日三省吾身"是一个补充和发
展，而这个发展是以德行为基点的。

孟子曰："爱人不亲，反其仁；治人不治，反其智；
礼人不答，反其敬。行有不得者，皆反求诸己。其身正

而天下归之。《诗》云：'永言配命，自求多福。'"(《孟
子·离娄上》)

这里把上一点说得更清楚，"反求诸己"包括自反其仁、
自反其智、自反其敬（礼），对自己的德行加以反思、反省。与
上一段反其仁、反其礼、反其忠有所不同，这里是把仁、智、
礼三者加以突出。但"反"的对象既是内心，也是行为，而不
是单单指德性而言。

"仁者如射：射者正己而后发；发而不中，不怨胜己
者，反求诸己而已矣。"(《孟子·公孙丑上》)

不怨他人、反求诸己的德性修养，在孟子的思想之中，就
是仁者待人处事的态度。

孟子的德性观念在后世中国发生的影响较大，除了仁义礼
智或仁义礼智信在汉以后成为中国文化的主德，孝悌忠信礼义
廉耻在宋以后成为中国社会的基本德行，其中"孝悌忠信"的
连用即出自孟子。

第十五章 《五行》与《六德》的德行论

从德行论的角度看，郭店楚简的出土，为研究孔子死后100余年间儒家思想的传承发展提供了新的资料，揭示了从孔子到孟子之间儒家德行论的多样开展。其中最重要的文献，当然是《五行》与《六德》。郭店楚简的《五行》篇是马王堆帛书《五行》篇的经部，而马王堆帛书《五行》篇是说部，对这两部文献我已有专书研究，[1]故本章的重点不放在《五行》而放在《六德》，把《五行》作为讨论《六德》的参照。[2]

---

〔1〕 陈来：《竹帛〈五行〉与简帛研究》，生活·读书·新知三联书店，2009 年。

〔2〕 郭店楚简原文可见荆门市博物馆编：《郭店楚墓竹简》，文物出版社，1998 年。本章引用的竹简《六德》释文亦参考了李零：《郭店楚简校读记》，北京大学出版社，2002 年，以下不再注明。《六德》文本的问题本章不加处理。

一、《五行》篇的德行说

《五行》篇一开始，在第1章就提出了"德之行"和"行"
的区分：

> 仁形于内谓之德之行，不形于内谓之行。义形于内谓
> 之德之行，不形于内谓之行。礼形于内谓之德之行，不形
> 于内谓之行。智形于内谓之德之行，不形于内谓之行。圣
> 形于内谓之德之行，不形于内谓之（德之）行。(1章)[3]

仁形于内，是指"仁"内化为德性；仁不形于内是指"仁"尚
未内化为德性，仅仅作为仁的行为呈现。义、礼、智、圣亦
然。可见，《五行》所提出的"形于内谓之德之行"和"不形
于内谓之行"，实际上是用"德之行"和"行"来区别德性和德
行。德之行指德性（virtue），即人内在的品性、品质，行在这
里则泛指德行（moral conduct），即合乎道德原则的行为。

在古代中国思想中，孔子以前都使用"德行"的观念，有
时简称为德。古代的"德行"观念不区分内在和外在，笼统地
兼指道德品质和道德行为，重点在道德行为。以往认为，到了
汉代才明确把德和行进行区分，如郑玄《周礼注》所谓"在心
为德，施之为行"。但竹简《五行》的作者已经认识到，一个
人做了一件合乎仁的道德行为，却并不等于这个人就是一个具

---

[3]   所引竹简《五行》篇文字及章数，取自李零：《郭店楚简校读记》，错漏字则
据《郭店楚墓竹简》补改。

有仁的德性的人。竹简《五行》所强调的是，人不仅要在行为上符合仁义礼智圣，更要使仁义礼智圣成为自己内在的德性，这样的人才是真正的君子。所以，竹简《五行》的开篇主题是对"德"的内在性的强调，其关注点主要不在道德行为，而在道德德性。行为是外在的，德性是内在的，只有具有了内在的德性，道德行为才有稳定的基础和保障。所以，德一定要和内心有关，否则只是行为而已。按照这个说法，仁义礼智圣形于内，就是五种"德之行"，而如果仁义礼智不形于内，就只是四种"行"。仁义礼智四种"行"当然是善的，而"德之行"是更重要的。所以，这里对"德之行"和"行"的区分，并不表示否定"行"，而是说在肯定"行"为善的基础上，强调"德之行"更为重要。由此可见，所谓"五行"，在直接意义上就是指仁、义、礼、智、圣五种德行。德行的内在化是《五行》篇的主题。〔4〕

《五行》篇中的"行"即是"德行"。把仁、义、礼、智、圣作为德性之目，并非本篇作者的创见，此五种德行已经散见于春秋至孔子的德行论。但若分析起来，亦不简单：首先，此五者在孔子以前并没有连用的例子。其次，仁、义、智三者在春秋至孔子的思想中都作为德行之目出现过，但"礼"在孔子以前并未作为德行的概念。"礼"在春秋时代不是德行，而是

---

〔4〕 按以"形于内"论德，古籍有之，如《淮南子·要略》"德形于内，治之大本"。此段以上的文字亦见于拙著《竹帛〈五行〉与简帛研究》。

社会文化的基本规范；至于"圣"，在春秋时代亦非德行之目，而指卓越的能力，亦指很高的智慧和境界。在竹简《五行》篇中，仁、义、礼、智、圣五者不仅连用，而且都作为德行，这与春秋时代是不同的。还应当指出，在中国古代，"德"有时是指德行，即道德行为；有时是指德性，即道德品质或道德本性，其具体意义要在文本的脉络中确定。

竹简《五行》的第一个特色是把"行"与"德之行"加以区分，"行"即是一般的德行，即道德的行为，侧重于行为的实现；而"德之行"虽然也是德行，但主要是指从内心之德发出的道德行为，故称"德之行"。一个人做一件道德的行为，但不一定是出自道德的动机，不一定出自其内在的品质德性，这只是"行"；只有出自道德动机、出自内在的仁义礼智圣而做出的仁义礼智圣行为才是"德之行"。内在的仁义礼智圣是德性，发形于外的行为是德行，所以竹简《五行》的作者显然很重视德性对行为的内在动力作用，重视区别行为的内心动机。一个行为如果发自于内心之德，才是德之行，用竹简作者的话，即"形于内谓之德之行"。如果一个行为不是发自于内心之德的自觉要求，那就只是一般的行，故说"不形于内谓之行"。

因此，就行为来讲，仁义礼智圣五行是五种行，也是五种德行。可以分别称为仁行、义行、礼行、智行、圣行。但只有发自内心的仁德之行、义德之行、礼德之行、智德之行、圣德之行，才是"德之行"。可见作者建立了两种德行的概念，一种是一般的道德行为，一种是发自德性的道德行为，于是君子之所以为君子，不仅是行德、有德行，而且其德行都是发自于内心的德性，故云"五行皆形于内而时行之谓之君子"。[5]

所以《五行》篇的特色是关注德行的内在面和普遍性，而没有从德行的内涵定义和阐发入手，也说明在仁、义、礼、智、圣的基本定义上此篇并没有与前人不同的理解。

竹简《五行》的第二个特点是，它不仅区分了"行"与"德之行"，不只要求仁义礼智圣五行应当发于内心，而且追溯或力求阐发"德之行"能够"形于内"的心理过程和心理机制。比如一个德之行，仁，是如何从最原初的"仁之思"开始，在内心逐步发展、逐步明朗化、逐步向外在的行为转化的具体过程。竹简《五行》篇对此的描述属于道德新理学的范畴，为此作者建立了诸多从"几"到"发"到"形于外"的心理阶段的概念。

在内在意识的发展过程中，《五行》篇所提出的道德心理学的概念，多属情的范围，虽然不是发作完整的情，但它所说的悦、戚、亲、爱的过程，从不强烈、不显著到强烈、显著，把这些情意范畴作为德性的显发和德行的根据，关注意向性心理状态和意向性心理过程，这在思想史上是少有的。《五行》篇的作者不仅强调德行要发自内心，着力描述了德行发形的内在过程，而且重视从内在的意向性活动发形于外的种种形式，如玉音、玉色。玉色是指内在的意识情感发形为容貌颜色，玉音

_____

[5]　《五行》，《郭店楚墓竹简》，149 页。

是指内在的意识情感发之于声音之容。这也是很有特色的，合乎礼乐文化既重视行为又重视仪容的文化特性。同时也说明早期儒家的德行伦理既有自己的特色，也已经达到了较高的层次。从德性伦理学的角度看，《五行》篇的这种思想表示出，在《五行》篇的作者看来，仅仅关注行为，或仅仅关注品质，都是不够的。儒家的德行论，在《五行》篇的意义上，是主张全面掌握从内在品质发为外在行为的整个过程，是对"德—行"的全面刻画。这与目前西方复兴的德性伦理学专注内在德性的立场有所不同。另一方面，就其对"德—行"的关注点来看，其重点是内在意识与情感，从而也包含了这样的立场：真正重要的不是把"五行"作为外在的规范，而是把"五行"作为内在的意识和感情。

作者不仅提出了较"行"更高的"德之行"，而且还提出了德行之"和"的问题，这里的"和"即协和、配合。如果诸"德之行"未能达到协和配合，那就只完成了善，而没有完成德。

二、《六德》篇的政治德行

《六德》是郭店楚简中另一篇突出"德"的篇章。与《五行》篇倡言"仁义礼智圣"五种德行不同，《六德》篇主张"圣智仁义忠信"六种德行。从德目表来说，《六德》的排列次序中，圣智置于前，与《五行》篇中仁义置于前不同。同时，

《六德》中的圣、智、仁、义,《五行》篇的五行中都有,但无忠信;《五行》中的仁义智圣,《六德》中都有,但没有礼。《五行》篇不以"圣智"对举,而在次序上多为"智圣"。可见,《五行》与《六德》根本是两个不同的德目体系。从一般的知识来看,"忠信"是春秋时代的普遍德行,而"礼"作为德行则不能早于子思、孟子时,故由此观之,《六德》应早于《五行》,是孔子第一代弟子子贡、子游氏所为。

《六德》篇的内容可分为四大段或四节,我们先来看作者对"六德"的说明:"何谓六德? 圣智也,仁义也,忠信也。"可见六德之中圣智为一组,仁义为一组,忠信为一组,接着说:

> 何谓六德? 圣、智也,仁、义也,忠、信也。圣与智就矣。仁与义就矣,忠与信就矣。作礼乐,制刑法,教此民尔,使之有向也,非圣智者莫之能也。亲父子,和大臣,寝四邻之抵牾,非仁义者莫之能也。聚人民,任土地,足此民尔,生死之用,非忠信者莫之能也。[6]

照这个说法,圣智是作礼乐、制刑法、教民有向的德性,故云"非圣智者莫之能也",圣智者就是指具有圣智之德的人。此德当作德性讲。在上面这段话中,不仅圣智是政治德行,"仁义""忠信"亦然,如仁义是"亲父子,和大臣,寝四邻之抵牾"的德性,这里的父子也是君主的父子关系,是指政治德性。又如忠信,是"任土地,足此民尔,生死之用"的德性。

---

[6] 《六德》,《郭店楚墓竹简》, 187 页。

可见，这里所说的圣智仁义忠信六德是政治领导者都应具备的三组德行。德行的主体是君主，而不是其他社会角色。这个立场上的六德，其意义就受到限制，它们不是普遍的德性或德行，而特指君主的政治德行，这就与五行不同了。

三、《六德》篇的角色德行

与上面一段讲政治领导者具备三方面的政治德性不同，《六德》的另一段则讲六职，把六德分别作为夫、妇、君、臣、父、子六种职分的德行，以六德对应六职，即每一德目都对应于一类特定的社会角色。这进一步把六德具体化、特殊化，使得圣智仁义忠信六德成为社会角色的伦理。《六德》篇中论何谓六德的一段，和论六职的一段，二者的德行体系也有所不同：

> 生民斯必有夫、妇、父、子、君、臣此六位也。有率人者，有从人者；有使人者，有事人者；有教者，有学者，此六职也。既有夫六位也，以任此六职也，六职既分，以裕六德。[7]

其实这里的六位是三种基本伦理关系，即夫妇、君臣、父子，但《六德》篇认为，每一伦都包含两种分位或职位，即每一伦都包含两种社会角色，故以六种角色论之。如夫妇一伦中，夫是率人者，妇是从人者；君臣一伦中，君是使人者，臣是事人

---

〔7〕　《六德》，《郭店楚墓竹简》，187 页。

者；父子一伦中，父是教人者，子是受教者。于是在《六德》篇作者看来，人类社会的基本角色就是率人者、从人者、使人者、事人者、教人者、受教者六种。六种分位又称"职"，即社会分工单位。而每一职分都有其道德规范，即德。故六种职分便对应着六德。值得一提的是，《六德》篇在这里把夫妇置于首位陈述，把夫妇、父子置于君臣之前，这与现有经典都以君臣为首不同。

现在来看六职与六德的对应关系：

> 任诸子弟，大材艺者大官，小材艺者小官，因而施禄焉，使之足以生，足以死，谓之君，以义使人多。义者，君德也。

> 非我血气之亲，畜我如其子弟，故曰：苟济夫人之善也，劳其藏腑之力弗敢惮也，危其死弗敢爱也，谓之臣，以忠事人多。忠者，臣德也。

> 知可为者，知不可为者；知行者，知不行者，谓之夫，以智率人多。智也者，夫德也。

> 一与之齐，终身弗改之矣。是故夫死有主，终身不嫁，谓之妇，以信从人多也。信也者，妇德也。

> 既生畜之，又从而教诲之，谓之圣。圣也者，父德也。

> 子也者，会墩长材以事上，谓之义；上共下之义，以睦□□，谓之孝，故人则为人也，谓之仁。仁者，子德也。[8]

---

〔8〕 《六德》，《郭店楚墓竹简》，187 页。

这里的叙述与上一段次序有所不同，上一段是夫、妇、父、子、君、臣六位的次序，这一段则是君、臣、夫、妇、父、子六职的次序。六位与六职的次序本无不同，这在前面开始的一段中也说明了。但在这一段对六职的叙述中，却把君臣提到了前边。这一段的思想是：

义是君之德，君是使人者，对子弟量材录用而施禄，其德为以义使人，要按照义的原则任用人。故义是君主任用使人之德。

忠是臣之德，臣是事人者，对施禄于我的人要竭力服事，不惧危死，臣之德是以忠事人，故忠是臣德。

智是夫之德。夫为率人者，知道什么可为什么不可为，知道什么可行什么不可行，这是统领一家的夫的智慧德性，所以智是夫德。

信是妇之德。妇为从人者，夫死而终身不变，其德是以信从人。故信为妇德。信在春秋后期本是朋友之德，这在《论语》十分明显，但《六德》篇却强调信为妇德，这是少见的。

圣是父之德。父对于子是教人者，既能生育之，又能教诲之，因此圣是做父亲的德性。按孔子到《中庸》，圣本是知天道的智慧，《六德》篇却把圣作为父德，即教人之德，这也是耐人寻味的。

仁是子之德。子是受教者，对父既要以义事上，又要以孝事亲，而从人伦关系讲，仁是子德，用仁来对待父亲。

这一段最后的结论是：

故夫夫、妇妇、父父、子子、君君、臣臣，六者各行
其职，而谗谄无由作也。观诸《诗》、《书》则亦在矣，观
诸《礼》、《乐》则亦在矣，观诸《易》、《春秋》则亦在
矣。[9]

"各行其职"，包含着各按其职分的规范而行之意，故六德的
"德"，实规范之意较重。这就把六德分于六种社会角色以处理
其伦理关系，即特定社会结构中特定角色的规范，这就限制了
德行的普遍性意义，对仁的限制尤其明显。

以上我们分析了《六德》篇中的前面两段。实际上，这两
段分别代表不同的体系，我们引用的第一段讲的是君主的三组
德行，偏重在政治德行。而我们引用的第二段讲的是六种社会
角色的规范，偏重在社会的伦理德行。照我们引用的第二段所
说，圣智为父、夫之德，仁义为子、君之德，忠信为臣、妻之
德，这与早期儒家主流思想的讲法距离甚大，与所引第一段的
讲法亦不能相合。如果暂不理会《六德》篇自身的不同，比照
《五行》篇可以看出，《五行》篇重在从内在化、普遍化、性情
化的方向去理解并处理德行问题，而《六德》篇强调德行的角
色化、社会化，此即麦金太尔所说体现地方性特殊社会关系和
社会秩序的德性。这是两种不同的德行伦理，或者说，《五行》
属于德行伦理，《六德》属于角色伦理，显示出早期儒家伦理内
部包含了不同的发展取向。

---

[9] 《六德》，《郭店楚墓竹简》，188 页。

四、职分与断谗

现在来看《六德》篇中论六德分内外说的一段：

> 仁，内也。义，外也。礼乐，共也。内立父、子、夫
> 也，外立君、臣、妇也。疏斩布绖杖，为父也，为君亦
> 然。疏衰齐牡麻绖，为昆弟也，为妻亦然。袒免，为宗族
> 也，为朋友亦然。为父绝君，不为君绝父。为昆弟绝妻，
> 不为妻绝昆弟。为宗族疾朋友，不为朋友疾宗族。人有六
> 德，三亲不断。门内之治恩掩义，门外之治义斩恩。[10]

这应当是说，仁是内在产生的，义是外在的义务；礼乐则既内
在又外在，故说为"共"。父、子、夫之德是内在的，君、臣、
妇之德是外在的，对照前文，即是说仁圣智是内在的，义忠信
是外在的。以下讲丧服制度的原理，父和君是同一个层次，但
父先于君；昆弟和妻子是同一个层次，但昆弟先于妻子；宗族
和朋友是同一个层次，但宗族先于朋友。宗族内的伦理以恩为
主而不用义来调节，宗族之外的伦理以义为主而不用恩来调
节。恩是血缘亲情，义是分位义务。至于"人有六德，三亲不
断"，应是指六德的功能是维护、密切三种亲属关系伦理（父
子、夫妇、兄弟）。这与第一第二段所讲又有不同。

来看《六德》最后一个大段：

> 男女别生言，父子亲生言，君臣义生言。父圣子仁，

---

[10]《六德》，《郭店楚墓竹简》，188 页。

夫智妇信，君义臣忠。圣生仁，智率信，义使忠。故夫夫、妇妇、父父、子子、君君、臣臣，此六者各行其职，而谗谄蔑由作也。君子言信言尔，言诚言尔，设外内皆得也。其反，夫不夫，妇不妇，父不父，子不子，君不君，臣不臣，昏所由作也。君子不啻明乎民微而已，又以知其一矣。男女不别，父子不亲。父子不亲，君臣无义。是故先王之教民也，始于孝弟。君子于此一体者无所废。是故先王之教民也，不使此民也忧其身，失其体。孝，本也。下修其本，可以断谗。生民斯必有夫妇、父子、君臣。君子明乎此六者，然后可以断谗。道不可体也，能守一曲焉，可以讳其恶，是以其断谗速。凡君子所以立身大法三，其绎之也六，其衍十又二。三者通，言行皆通。三者不通，非言行也。三者皆通，然后是也。三者，君子所生与之立，死与之敝也。[11]

所谓"男女别生言，父子亲生言，君臣义生言"，即是孟子所说的男女有别，父子有亲，君臣有义，这与《孟子·滕文公上》所说一致。父生子、夫率妇，君使臣，这些伦理关系的表达亦见于前段。"夫夫、妇妇、父父、子子、君君、臣臣，此六者各行其职，而谗谄蔑由作也。"这句话在本篇中强调了两次。这与孔子所说的"君君、臣臣、父父、子子"是一致的，即君要像个君，臣要像个臣，父要像个父，子要像个子。孔子是针对春

---

[11]《六德》，《郭店楚墓竹简》，188 页。

秋末期宗法政治伦理严重破坏的情形而发的，而本章此段的问题意识只是"断谗"。

《孟子·滕文公上》有"父子有亲，君臣有义，夫妇有别，长幼有序，朋友有信"之说，而竹简《六德》篇认为，虽然男女有别，但对不同位置的人来说相互的职分和德行不同，夫为智妇为信，夫率妇从，故曰智率信。虽然父子有亲，但相互职分和德行不同，父德为圣，子德为仁，父生子故曰圣生仁。虽然君臣有义，但二者职分与德行不同，君德为义，臣德为忠，君使臣事，故曰义使事。这就是以六德对应六种社会角色以处理其中的伦理关系，三种关系性质有别，父子是血缘亲情，君臣是政治义务，夫妇是家庭分工。《中庸》说"天下之达道者五"，即"君臣也，父子也，夫妇也，昆弟也，朋友也"，但不以职分论德，而以"智、仁、勇，天下之达德也"。本篇则强调"六者各行其职，而谗谄无由作也"，"孝，本也。下修其本，可以断谗"，说明作者如此看重职分，主要目的之一是杜绝为巴结奉承某人而说他人的坏话，维持六者正常合理的关系。这一视角也是较为殊特而又狭窄的。此段最后说，"君子所以立身大法三，其绎之也六，其衍十又二"，三应指三亲，即夫妇、父子、君臣三伦，六应指夫、妇、父、子、君、臣六位，十二应指"夫智妇信、父圣子仁、君义臣忠"。

其实，《周礼》也有六德说，即"知、仁、圣、义、忠、和"，与《六德》"圣、智也，仁、义也，忠、信也"

唯一不同的是，有和而无信。《说苑·建本篇》有四道说，即"父道圣，子道仁，君道义，臣道忠"，这里关于圣和仁的说法与《六德》篇是基本一致的，可见《说苑》所载是有依据的，是战国时代的儒家思想。《六德》除了提倡夫夫、妇妇、父父、子子、君君、臣臣之外，其伦理观可概括为"夫智妇信、父圣子仁、君义臣忠"。《礼记·礼运》有十义之说，即"父慈子孝，兄良弟悌，夫义妇听，长惠幼顺，君义臣忠，十者谓之人义"。除了君义臣忠外，与《六德》篇差别较大。《左传》载晏子语："君令臣共，父慈子孝，兄爱弟敬，夫和妻柔，姑慈妇听，礼也。君令而不违，臣共而不贰；父慈而教，子孝而箴；兄爱而友，弟敬而顺；夫和而义，妻柔而正；姑慈而从，妇听而婉：礼之善物也。"《孟子》书中也有"仁之于父子也，义之于君臣也，礼之于宾主也，知之于贤者也，圣人之于天道也"的说法，虽与《六德》不同，但其仁、义之说与之也有相承之迹。贾谊《新书》则有："君惠臣忠，父慈子孝，兄爱弟敬，夫和妻柔，姑慈妇听，礼之至也。君惠则不厉，臣忠则不贰，父慈则教，子孝则协。兄爱则友，弟敬则顺，夫和则义，妻柔则正，姑慈则从，妇听则婉，礼之质也。"《孟子》以仁、义、礼、智为四主德，后人将它扩展为"五伦十教"，即"君惠臣忠、父慈子孝、兄友弟恭、夫义妇顺、朋友有信"，成为中国伦理学史上的普遍说法，规定了古代中国社会基本伦理关系中双方的德行规范。

五、德行伦理与角色伦理

现在我们来讨论《六德》篇与儒家德性伦理的问题。《中庸》
把五伦称为"达道",《孟子》有"父子有亲,君臣有义,夫妇有
别,长幼有序,朋友有信"之说,讲的是五伦及其伦理要义,但
并没有指出每一伦的双方所应具有的德行,还不能算是德性伦理,
也不是角色伦理。而晏子所说则明确规定了五伦中十方的德行即
"君令臣共,父慈子孝,兄爱弟敬,夫和妻柔,姑慈妇听",《礼
记》的十义"父慈子孝,兄良弟悌,夫义妇听,长惠幼顺,君义
臣忠,十者谓之人义"也是如此。更早如《左传·文公十八年》
"舜臣尧……使布五教于四方,父义、母慈、兄友、弟共(恭)、
子孝",这些既是规范伦理,也是德行伦理,又是角色伦理。

近二十年来,有些学者在西方美德伦理运动兴起的影响
下,提出儒家伦理是德性伦理,特别是研究西方伦理学的学
者。[12] 同时,也有不赞成用美德伦理或德性伦理来描述儒家伦
理的,而主张用"角色伦理"来理解早期儒家伦理,这其中的
代表人物是安乐哲和罗思文。[13]

---

〔12〕 如石元康的《二种道德观》(载《从中国文化到现代性:典范转移?》,东大图书
公司,1998 年),以及余纪元的《德性之镜》(中国人民大学出版社,2009 年)。

〔13〕 已有一些学者对安乐哲、罗思文的"角色伦理"说提出批评,如赵清文:《儒
家伦理是"角色伦理"吗?》(《学术界》,2012 年第 12 期),郭齐勇、李兰
兰:《安乐哲"儒家角色伦理"学说析评》(《哲学研究》,2015 年第 1 期),
金小燕:《〈论语〉中"孝"的德性期许》(《孔子研究》,2016 年第 3 期))。

　　他们认为，最好以"角色伦理学"描绘早期儒家，这种角色伦理学主张把人视为关系中的人，而不是个体的自我。他们认为儒家是以家族为基础的，它不主张抽象的关系之道，而坚持儒家的规范性是具体地表现为履行好家庭角色、集中关注多重互动关系的具体的人。他们认为，古希腊的城邦主张普遍的共同体，而儒家需要的是这个儿子、这个父亲等具体的角色集合，儒家的基本德行是在与有关联的其他人共同适宜地担当其角色的过程中实现的。所以，古希腊亚里士多德指向的是某种共通的德性，而儒家所要求的多是促使特殊关系变得更好的具体的德性。[14]这个看法是值得重视的。

　　其实，德性伦理学与角色伦理学不一定是对立的，角色伦理也可以是某种类型的德性伦理。而整个来说，儒家伦理则既包括了德性伦理，也包括了角色伦理，这在郭店楚简看得很清楚。当然，角色伦理也可以有其他的表达方式，不一定只是以德性德目的语汇来表达。自然，我们也不认为儒家伦理可以全部简单归结为德性伦理，但这个问题不在这里讨论。关于德性伦理与角色伦理的关系，还有学者把德性伦理全部看作角色伦理，这也是我们不赞成的，如《五行》篇强调的就不是角色伦理，而是具有普遍性的德性伦理。普遍性的德性伦理是讲个人作为人的基本德性，而角色伦理是讲个人作为一个角色的德性。

---

〔14〕　参看安乐哲、罗思文：《早期儒家是德性论的吗？》，《国学学刊》，2010年第1期。

　　《中庸》以"智仁勇"为"三达德"，因而智仁勇在《中庸》中被表达为普遍意义的德行，成为早期儒家德行伦理的代表。在这个意义上说，认为早期儒家伦理根本不是或无关于德性伦理是不恰当的。早期儒家伦理从孔子到孟子和荀子的思想中都包括了这种具有普遍意义的德性伦理，这是不能否认的。《五行》篇在形式上更是这种德性伦理的一个代表。因为德性伦理学之所以成为德性伦理学，以亚里士多德为典型，必须以提出德行或德目表为基本思想和中心观念，如勇敢、节制、慷慨、公正等，否则即使是主张关注行为者动机，关注成为什么样的人，而不提出德目表和德性概念，也不能属于德性伦理学。德性伦理学不能泛化而等同于"成为什么样的人"的人生哲学或人生理想，尽管亚里士多德的伦理学观念要比今天的伦理学观念来得广。

　　另一方面，早期儒家思想中也确实包含并重视角色伦理，早期儒家的德性论中也包括了角色德行论，其典型代表即是《六德》。儒家伦理中本来既强调伦理关系中双方各自负有的德行要求和道德规范，又注重普遍意义的德行和德性，这两方面不是对立的，而是相辅相成的。如《六德》篇的思想既属于德性伦理，也属于角色伦理，但儒家伦理思想中的角色不是独立的个体，而是关系中的角色，伦理关系中的角色。[15] 所以，它

---

〔15〕　安乐哲在他的书中也强调这一点，见氏著《儒家角色伦理学》，山东人民出版社，2017年，中文版序言，1页。

一方面强调的不是一般的、普遍意义的德行，而另一方面是把儒家的基本德行诠释为特定伦理关系中特定社会角色的德行。由于伦理关系是双方的，所以儒家伦理总是说到伦理关系双方应负的角色责任和义务，具有互相承担义务的要求（至于这种责任和义务的表达则是多样的）。这是儒家角色伦理的特点，而不是一般的社会角色。当然，也应该承认，《六德》篇的具体诠释在先秦儒学中不是主导思想。同时，《六德》篇也显示出另一变化的方向，即仁义礼智信这些普遍化的德行在提出之后，仍有可能通过特殊化的诠释而满足其社会角色的要求，如《六德》篇中"仁"被说成子之德，等等。这是因为，中国古代的先秦社会是宗法社会，与雅典希腊社会的城邦—公民结构不同，宗法社会的人伦关系对角色伦理有更多的要求。

其实古希腊也有类似的情况。麦金太尔在其《追寻美德》（或《德性之后》）中指出，英雄社会中的美德与社会结构实际上是一回事，既定的规则不仅分派了人们在社会阶层中的位置以及相应的身份，而且也规定了他们应尽的义务和别人对他们应尽的义务。一个人若试图脱离他在英雄社会中的既定位置，那就是试图使自身在这个社会消失。因而，英雄社会的美德践行既要有一种特定的人，也要有一种特定的社会结构。麦金太尔说，这一事实告诉我们，一切道德总在某种程度上缚系于社会的地方性和特殊性。这当然也体现了麦氏自己解构普遍性、不赞成抽象化和普遍化的立场。他还指出，英雄史诗表征了一种社会形式，其中突出了社会角色和使个体去做其角色所要求的事情的品质与美德。很显然，麦氏所刻画的古代希腊英雄社会的德行就是突出角色伦理或角色德性。[16] 而到了雅典社会，他认为"美德概念现在已明显脱离了任何具体的社会角色概念"。[17] 其实在雅典时代的德性论中，也并不是只有普遍性没有地方性的。

所以，在道德史上，早期社会文化的发展中不可能没有关于社会角色的道德规范或德行要求，反而，越是早期，这一类角色的规范和德行可能越是占主要地位。而随着社会文化的发展，普遍性的规范或德行便会日益发展起来，这种从注重特殊到注重普遍的过程合乎人类理性的发展。当然，中国文化注重关系伦理，因此关系中的角色规范和德性会始终是中国文化的重要方面，特别是所谓人伦关系的角色规范与责任；但人伦基本关系和一般所谓社会角色还是有所不同的，这一点也应该注意。《六德》篇虽然是孔门七十子及后学的作品，并不是三代或春秋的作品，但其思想可谓既体现了早期德行论的特点，也体现了早期角色伦理的特点。而由于《六德》篇产生于孔子之后，所以其中的提法，如以仁为子德，就无异于把普遍性德性限定为特定伦理角色的义务，这就具有明显的局限性了。

如果从文化继承的角度说，德性伦理因其普遍化性格，比

〔16〕见麦金太尔：《追寻美德》，宋继杰译，译林出版社，2003年，155、156、159、160、162页。

〔17〕同上书，167页。

较容易处理继承的问题。而角色伦理中与特定时代、特定社会的特殊性相联结的成分，现代人在继承时就必须明确扬弃，如麦金太尔所说，要区别角色伦理中"纯粹是地方性、历史性的东西"和"具有普遍意义、要求普遍遵循的东西"，在此基础上进行创造性的继承。

第十六章　冯友兰的非道德德行论

不同的解读源自于不同时代的历史文化语境所形成的不同的理论视野，而且，不同的阅读个体对同一历史文本也会有不同的解读。从这点来看，在"理解"的问题上，我们必须注意获取可能激活文本理论意义的新视界。因此，认识与理解一个哲学家的某部著作的意义，并不能完全以这个哲学家的自我陈述为限制，这是很显然的。比如，冯友兰先生在世时我曾问他，"贞元六书"中何者最为重要，当时他的回答并没有提及《新事论》和《新世训》，他在《三松堂自序》和《中国哲学史新编》第七册中也明确说过他认为这两部书价值不高。但在上世纪90年代初，当我研究《新事论》的时候，发现该书所讨论的正是20世纪80年代中期以来最受关注的中西文化问题以及文化与现代化问题，这使我对《新事论》与当代的相关性及其重要意义得出了与冯友兰自己很不相同的认识。[1] 本于这样的经验，对于《新世训》的理解，我也期望能找到类似的视角，这就是，本章试图将其对德行的论述纳入现代性的伦理变迁中来重新认识其意义。

一、生活方法与非道德德行

中国社会二十年来从"社会主义计划经济"到"社会主义市场经济"的发展经验，已经使我们切身地体会到，在以市场经济为基础的现代社会中，"成功"成了青年大众最流行的价值取向，而"高尚"已经成了过去的文化符号。古代儒家的圣贤理想和革命时代的道德追求都已渐渐失落和沉沦。[2] 事实上，这是后"文革"时代道德精神生活的大趋势。当然，在后"文革"时代的初期，这种趋势的出现主要源于人们对"文化大革命"的深恶痛绝所引发的对那种高调的革命文化的离弃。但在此后的过程中，这种趋势与市场经济的发展更结下不解之缘。在这种社会文化的发展中，个体自我的张扬与利益的追求日趋升进，呼应了改革开放和社会主义市场经济的建立，成为中国现代性建构的一部分。

---

〔1〕 陈来：《冯友兰文化观述评》，《学人》第四辑，江苏文艺出版社，1993 年。
〔2〕 在意识形态上我把 1949—1976 年的中国内地也算作革命时代。另外，这里的成功是指个人事业与发展的成功。

中国现代性的展开，并非从20世纪80年代开始。中国的现代化进程，早在上世纪的前三十年中已经经历了初期的发展，文化观念上的"脱古入今"，[3]也在新文化启蒙运动中得到了前卫的发展。尽管，从辛亥革命到北伐结束，摆脱政治的分裂和混乱是政治社会的焦点，科学和民主则是文化运动的核心，但在一个近代社会中如何重建道德和人生方向，也渐渐被人们注意。[4]进入30年代，现代化的进程加快，现代化的问题意识也在文化上渐渐凸显，这些都不能不在思想家关于伦理和人生的思考中有所反映。另一方面，中国文化中具有长久的道德思想传统，尽管新文化运动冲击了"礼教"的社会规俗，但在道德伦理领域"传统"与"现代"的问题并未合理解决。新文化运动后期，文化激进主义的声音有所减低，对传统道德在近代社会的意义渐多肯定，这为理性地讨论此问题奠定了基础。[5]

冯友兰在上世纪20年代曾出版过《一种人生观》(1924)和《人生哲学》(1926)，30年代他也就人生问题做过多次讲演。可以说，人生哲学始终是冯友兰关注的一个重点。《人生哲

---

〔3〕　这是我借用日本明治时代所谓"脱亚入欧"的说法，来表示新文化运动中西化派的文化观。

〔4〕　事实上，从民国初年到"五四"，这种道德关切一直持续不断。

〔5〕　"五四"时代的伦理革命在口号上是"打倒孔家店"，但始终围绕的焦点是家庭与男女，即个体对旧式家庭的摆脱，和女性对爱情自由与婚姻自主的追求。故"五四"时期并没有深入现代伦理变迁的其他方面。

学》在当时曾被列为高中教科书，而《新世训》的各章都先在
1939 年末至 1940 年初各期的《中学生》杂志上发表，如果说
前者之作为中学生读物是被动的，那么后者则可以说是有意
地以青年为对象而进行写作。从而，指导青年的人生和修养
成为《新世训》的基调，虽然它在体系上也可以说是《新理
学》哲学的一种应用，是把传统理学的道德教训诠释于现代
生活的一种新论。

　　从 20 世纪最初 10 年到 30 年代中期，以现代化产业为中
心的社会经济变化大规模展开，中国的现代工业部门开始迅速
增长（尽管它只占整个经济很小的部分），城市社会组织和社会
结构剧烈变化，接受了新式教育的新知识青年大量成长，中小
以上城市的社会已经告别了传统的面貌。[6] 这一切，使得"现
代化"或"工业化"已经进入 20 世纪 30 年代学者的问题意
识，1933 年出现的关于中国现代化的论争即是标志。[7] 正如我
们以前分析的，以《新事论》前半部为代表的冯友兰前期的文
化观，完全是一种现代化的文化观，其中传统与民族化的问题
全未出场。[8] 与这种文化观相适应，冯友兰在差不多同一时期
写的《新世训》，也明显地具有此种意义，[9] 即针对后圣贤时代

---

〔6〕　参看罗兹曼编：《中国的现代化》，上海人民出版社，1988 年。

〔7〕　参看罗荣渠主编：《从"西化"到现代化》，北京大学出版社，1990 年，221 页。

〔8〕　见拙著《现代中国哲学的追寻》，人民出版社，2001 年，90—91 页。

〔9〕　《新世训》的大部分篇章先发表于《中学生》杂志（1939 年 10 月至 1940 年 3
　　　月）。1940 年 5 月《新事论》出版，1940 年 7 月《新世训》出版。

而提出的一种通过诠释传统德行以适应现代世俗社会个人生活的伦理教训。借用"德性之后"的说法，我们称此为"圣贤之后"的人生追寻。[10]

这一"现代"人生观的特点是，相对于传统的人生教训，《新世训》一书中最突出的是对"非道德底"生活方法的强调。我们知道，伦理学将"道德"概念一般区分为"道德的（moral）""不道德的（immoral）""非道德的（non-moral）"三种。"道德的"与"不道德的"是相对立的，而"非道德的"是指道德上中性的或在道德领域之外的。不过，"非道德的"并非与人生无关，与传统人生教训相比，《新世训》突出的正是非道德方面的人生劝诫。

冯友兰在《新世训》绪论中指出，此书又可称"生活方法新论"，为什么叫生活方法？新论之新在何处？生活方法的概念，冯友兰并没有做过说明，在我看来，所谓"生活方法"，是着重于人在生活中采取妥当适宜的"行为"或德行，而不是集中在内心的修养。这个出发点和宋明理学家是不同的。所谓新论之新，冯友兰有清楚说明：第一，"生活方法必须是不违反道德底规律底"；[11]第二，"宋明道学家所谓为学之方，完全是道德底，而我们所讲底生活方法，则虽不违反道德底规律，而可

----

[10]　虽然冯友兰在《新理学》《新世训》《新原人》中都没有否定"圣人"的观念，但《新世训》的意义确须从圣贤之后的现代人生追寻来理解。

[11]　冯友兰：《新世训》，《三松堂全集》第四卷，河南人民出版社，1986年，373页。以下凡引《新世训》，仅注明全集卷页。

以是非道德底"。[12] 可见，实际上，第一点虽然是首要重要的，但并不是新论之为新的要点，第二点才是。

他又指出：

> 在以前底人的许多"讲道德，说仁义"底话里，我们可以看出来，他们所讲所说者，大致可以分为三类。一类是：道德底规律，为任何社会所皆需要者，例如仁义礼智信等。一类是：道德底规律，为某种社会所需要者，如忠孝等。另外一类是：不违反道德底规律底生活方法，如勤俭。说这些生活方法是不违反道德底规律底，是说，它虽不必积极地合乎道德底规律，但亦消极地不违反道德底规律。积极地合乎道德底规律者，是道德底；积极地违反道德底规律者，是不道德底；虽不积极地合乎道德底规律，而亦不积极地违反道德底规律者，是非道德底。用这些话说，这些生活方法，虽不违反道德底规律，但不一定是道德底。说它不一定是道德底，并不是说它是不道德底，而是说它是非道德底。[13]

也就是说，从今天的立场来看，以前讲道德仁义的教训中，包含了三类规律：第一类是古往今来一切社会都需要的普遍道德原则，第二类是专属于某些社会所需的特殊道德原则，第三类是一些属于非道德性质的但有益于人事业成功的生活行

---

〔12〕《三松堂全集》第四卷，374 页。

〔13〕 同上。

为方法。[14]

他更指出：

> 宋明道学家以为人的一举一动，以及一思一念，都必须是道德底或不道德底……我们以为人的行为或思念，不一定都可分为是道德底或是不道德底。所以我们所讲底生活方法，在有些方面，亦可以是非道德底。[15]

理学家认为人的思想"不是天理，便是人欲"，极大地凸显道德与不道德的对立紧张，而没有给其他道德中性的思想感情留下空间，实际上是把许多道德中性的思想感情都划入"人欲"之中。现代社会伦理的重要特色就是把大量道德中性的思想、行为从理学的"非此即彼"的框架中解放出来，以减少道德评价对人生的过度介入。冯友兰的这种说法当然包含了对宋明理学的批评，但其意义不止于此——其目的主要不在于解放为理学所严加管束的生命欲望，而在于要突出非道德的人生教训即生活方法的重要意义。

这当然绝不是说《新世训》不讲道德的生活方法，例如忠恕，他一方面仍然"把忠恕作为一种实行道德的方法说"，另一方面则"又把忠恕之道作为一种普通'接人待物'的方法说"。[16]这后一点，即把生活方法不当作实行道德的方法，而

---

[14] 这个说法意味着，"讲道德，说仁义"的教训中可以有一部分是"非道德"的生活原则。所以，这里的"讲道德，说仁义的话"实即是广义的人生教训。

[15] 《三松堂全集》第四卷，375 页。

[16] 同上书，400 页。

作为一般普通的接人待物的方法教训，这正是《新世训》的重点和特色。所以，本章的观点并不是说冯友兰只讲非道德的人生教训，而是说在宣讲道德的人生教训的同时，也重视非道德的人生教训。

这种分别就是"道德底"和"非道德底"的分别，用另一种说法，即"道德底"和"理智底"分别。冯友兰说："我们所讲底生活方法，注重人的道德底活动，亦注重其理智底活动。"[17]所以他认为，"人是理性的动物"这一说法是对的，但还可分析："人之所以异于禽兽者，在其有道德底理性。有理智底理性，有道德底理性。有道德底理性所以他能有道德底活动，有理智底理性所以他能有理智底活动。"[18]应当说，道德理性的对象是道德规则，理智理性的对象是实存的规律，二者确实有所分别。所谓非道德的人生教训大多是基于社会经验而形成的"世俗智慧"，[19]是由理智理性所总结出来的。非道德的人生教训是要引导人过更为明智的生活道路。

"人之所以异于禽兽"本是指人的本质、本性，此种本质、本性的完全实现便是古代作为理想人格的"圣人"。冯友兰指出：

> 宋明道学家说人之所以异于禽兽者时，他们注重在人

---

〔17〕《三松堂全集》第四卷，389页。

〔18〕同上书，387页。

〔19〕"世俗智慧"的说法来自韦伯，以与伦理观念相区别。

的道德方面，而我们说人之所以异于禽兽者时，我们不只注重在人的道德方面，而亦注重在人的理智方面。……宋明道学家所谓人之至者，是在道德方面完全底人，而我们所谓人之至者，是在道德方面及理智方面完全底人。[20]

这样，《新世训》的人性观也打破了单一的从道德本性了解人的传统，同时主张从理智本性来了解人。人的本性不仅体现在其道德的方面，也体现在其理智的方面，即包含两个方面。就"人之所以为人"来说，冯友兰认为："一个人若照着人之所以为人、人之所以异于禽兽者去做，即是'做人'。"[21]"圣人"就是在做人上已完全达到"人之所以为人"的人，"一个人如果对于'做人'已可认为至完全的程度，则可称为人圣，人圣即是圣人"。[22]由于理性有两个方面，道德理性和理智理性，所以人的本性的实现也必须在两方面并进完善。"无论就理性底哪一方面说，人都是理性底，而不完全是理性底。但完全是理性底却是人的最高底标准。所以人必自觉地、努力地向此方面去做。"[23]从而做人不仅要在道德上达到最高标准，也要在理智上达到最高标准。

这种特点也充分表现在他对"规律"的强调。他说："人都生活，其生活必多少依照一种规律，犹之乎人都思想，其思

〔20〕《三松堂全集》第四卷，389页。

〔21〕同上书，384页。

〔22〕同上书，385页。

〔23〕同上书，389页。

想必多少依照一种规律。"[24]他认为，人的思想所依照的规律是"逻辑底规律"，此规律不是人强加于思想的，而是思想本来的规律，即"本然底规律"。人的生活所依照的规律是"生活方法"，人的生活也有其本来的规律，人的社会生活的"本然底规律"需要与之相对应的一门学问，这就是生活方法。从哲学概念的使用来说，"规律"本来是指一种自然的必然性观念，要人遵从现实的自然的必然性。法律和道德律则是人为制定的当然规则，不限于社会生活的实然经验。正如理学把当然之则和所以然之故都概括为理，冯友兰的新理学也把道德规则和生活规律都叫作规律。[25]

由于《新世训》的特点是突出非道德的人生教训，所以命名为生活方法新论，与此相应，他把"生活方法"对应于"生活规律"，即为了符合生活的规律而采取的生活方法。冯友兰强调"规律"而不是使用"规则"，是很有其用意的。[26]规则用于道德生活，故我们习用"道德规则"，而规律则多指道德领域之外的生活经验的总结。所以冯友兰强调"生活规律"，虽然与其新理学形上学有关，但更和其在此书中对非道德生活的

〔24〕《三松堂全集》第四卷，371页。

〔25〕冯友兰早在《人生哲学》的最后部分"一个新人生论"中已经区别了天然之道和当然之道，但认为规范法则也是客观的，不随人之主观而改变，其观点似受新实在论的影响。《三松堂全集》第二卷，2001年版，217页。

〔26〕不管是规律还是规则，冯友兰的这种强调不能不使人联想起不同于"德性的道德"的"规则的道德"之概念。参看石元康：《从中国文化到现代性：典范转移？》，107页。

重视有关。"道德规则"是讲人应该如何做，"生活规律"是讲人如何做才能趋利避害，故此书在态度上是更多地把"道德教训"的规范变成"经验之谈"的规律，或寓道德规则于经验之谈。在中国传统文化中，这一类的内容很多，如《老子》《周易》中很多强调人生成败的经验教训，其中有不少可以说反映了社会生活的规律，是属于非道德的德行。儒家文化中也容纳了不少此类内容。特别是，在世俗儒家文化中，也就是儒家思想和价值在具体应用于家庭、社会、人际交往的实践中所形成的实践形态，如家训、家规等，这些家训、家规都受儒家价值的影响，但同时也以经验教训的面目出现。

二、《新世训》的德目及其应用

现在我们来通过《新世训》的若干具体内容，说明冯友兰在此书中对"道德底"和"非道德底"同时并重的"双焦点"进行透视的论述方法。大体说来，此书的十篇中，一部分是就传统的道德德目（如忠恕、中庸、中和、诚敬）讲出道德与非道德的两种现代应用；另一部分是就传统的非道德德目（如勤俭、无为、冲谦）讲出其现代生活的意义。以下举出几点。

（一）忠恕

此书第二篇为"行忠恕"。对于忠恕，冯友兰的讲法是："照我们的讲法，忠恕一方面是实行道德的方法，一方面是一种

普通'接人待物'的方法。"〔27〕

于是他先论孔孟所讲的忠恕之道，这就是"把忠恕作为一种实行道德的方法说"。〔28〕所谓实行道德的方法，即以忠恕为"行仁"的方法。冯友兰认为，在这个意义上的忠恕，是指"尽己为人"和"推己及人"。"怎样才算是尽己为人呢？为人作事，必须如为自己作事一样，方可算是尽己为人。人为他自己作事，没有不尽心竭力底。他若为人作事，亦如为他自己作事一样底尽心竭力，他愿意把他自己的一种事，作到怎样，他为别人作一种事，亦作到怎样，这便是尽己为人。""所以忠有照己之所欲以待人的意思，我们可以说，己之所欲，亦施于人，是忠。己所不欲，勿施于人，是恕。"〔29〕"一个人因他的自己的欲或不欲，而推知别人的欲或不欲，即是'能近取譬'。"〔30〕"忠恕之道的好处，即行忠恕之道者，其行为的标准，即在一个人的自己的心中，不必外求。"〔31〕推己及人为恕，这是古人已有的讲法，但宋儒解释"忠"，只说"尽己之谓忠"，意有未全。冯友兰对忠恕的解说，特别是对"忠"所做的"尽己为人"的解释，应当说是对传统儒学的很好的发挥。

接着，冯友兰说："以下我们再把忠恕之道作为一种普通

---

〔27〕《三松堂全集》第四卷，394 页。

〔28〕同上书，400 页。

〔29〕同上书，396 页。

〔30〕同上书，398 页。

〔31〕同上书，399 页。

'待人接物'的方法说。"这就不是指道德行为了，而是指非道德的生活方法了。他说："在日常生活中，有许多事情，我们不知应该如何办。此所谓应该，并不是从道德方面说，而是从所谓人情方面说。"[32]人情就是非道德生活方法的忠恕之出发点。在这方面，他举出，"一个人来看我，在普通底情形中，我必须回看他。一个人送礼物给我，在普通底情形中，我必回礼与他，这是人情"。"'来而不往，非礼也。'若专把来往当成一种礼看，则可令人感觉这是虚伪底空洞底仪式。但如我去看一个人，而此人不来看我，或我与他送礼，而他不与我送礼，或我请他吃饭，而他不请我吃饭，此人又不是我的师长，我的上司，在普通底情形中，我心中必感到一种不快。因此我们可知，如我们以此待人，人必亦感觉不快。根据己所不欲，勿施于人的原则，我们不必'读礼'而自然可知，'来而不往'，是不对底。"[33]因此，非道德方面的忠恕，就是行为要合乎人情，"一个人对于别人做了某种事，而不知此事是否合乎人情，他只须问，如果别人对于他做了这种事，他心中感觉如何。如果他心中将感觉快了，则此种事即是合乎人情底，如果他以为他心中将感觉不快，则此种事即是不合乎人情底"。[34]这一类的事情，他还提出说好话的例子："人都喜听好话，这是事实，在

---

〔32〕《三松堂全集》第四卷，400 页。

〔33〕同上书，401 页。

〔34〕同上。

相当范围内，对于人说好话，使其听着顺耳，是行忠恕之道，是合乎人情底……这些话也已使受之者心中快了，而又于他无害，所以说这些好话是行忠恕之道，是合乎人情底。但如说好话超过相当底范围，则听之者或将因此而受害。"[35]这是最明显的"非道德"但不是"不道德"的生活例子，也是教人避害招利以求成功的处世方法。

在"行忠恕"这一章，冯友兰还详细地讨论了面对各种复杂情形如何行忠恕之道及其理据，限于主题，这里就不展开了。

（二）无为

此书第三篇是"为无为"。此篇讨论的"无为"是指"无所为而为"，他指出，有两种"无所为而为"，一种是道德的，如儒家所说者；另一种是非道德的，如道家所说者。

他说："儒家对于'为'底态度，不是'无为'，而是'无所为而为'。如因一事是对于个人有利，或有功，而为之，则此行为是有所为而为。利或功即是此为之所为。如因一事是应该为而为之，则此为是无所为而为。无所为而为与无为不同，但一个人若能无所为而为，则亦可得到一种无为。宋明道学家所说底无为即是属于这一类底无为。"[36]他又指出，从儒家

---

〔35〕《三松堂全集》第四卷，404 页。
〔36〕同上书，413 页。

说，"就一个人说，他作事应该只问其是否应该作，而不计较其个人的利害，亦不必计较其事的可能底成败，此即是无所为而为。……"

"道家所说率性而为底无为，实则亦是无所为底无为，不过道家所说率性而为底无为，注重在兴趣方面。而儒家，如宋明道学家，所说无所为而为底无为，则注重在道德方面。我们以下讲无所为而为底无为，亦从两方面说，一方面从兴趣说，一方面从道德说。"[37]从兴趣做事，即顺其兴趣的自然，没有矫揉造作，没有功利目的，如"棋迷为下棋而下棋，戏迷为唱戏而唱戏，他们对于下棋或唱戏并不预存一位国手或名角的，他们下棋或唱戏，是随着他们的兴趣去作底。他们的下棋或唱戏，是无所为而为。他们对于下棋或唱戏，虽刻苦用功，然亦只觉其乐，不觉其苦，故亦是无为。凡人真能随其兴趣去作者，皆是如此"。[38]

通过以上的讨论冯友兰同时肯定了儒家和道家两种非功利的人生态度和做事态度。

（三）中庸

关于儒家所说的中的本义，冯友兰认为："'中'是无过不及，即是恰好或恰到好处的意思。……作事恰到好处，可就两

---

〔37〕《三松堂全集》第四卷，414 页。
〔38〕 同上书，419 页。

方面说，一方面就道德说，一方面就利害说。就道德方面说，所谓作事恰到好处者，即谓某事必须如此作，作事者方可在道德方面得到最大底完全。就利害方面说，所谓作事恰到好处者，即谓某事必须如此作，作事者才能在事业方面得到最大的利益。"可见，虽然都是"必须"，但这两种必须的意义不同。冯友兰认为，儒家的中是从道德的方面讲，道家的中是从利害的方面讲，"儒家讲用中，作事不可过或不及，是就道德方面说'中'。道家讲'守中'，凡事都要'去甚、去奢、去泰'，是就利害方面说'中'"。[39]

冯友兰不仅区别了道德或非道德的两种讲法，还就这两种讲法中的大路和小路做了区分，如宋儒进一步讨论了中的问题，冯友兰分析说："程子曰：'中者天下之正道'，他所说底这个道字，或许有特别底意义，不过我们可以把这个道字作路字解，对于任何事，都有一条合乎中道底路可走，这条路人人都可走底，所以谓之正路，亦可谓之大路。而好走小路者，中庸谓之'索隐行怪'，'行险徼幸'，小路虽亦可人走，走小路或亦有时有特别底方便，但走小路总亦有特别底不方便。"[40]从道德方面说，天下之正道，就是可普遍化的道德公律，就是己所不欲，勿施于人。

从非道德的方面说也是如此，冯友兰指出："以上是专就

〔39〕《三松堂全集》第四卷，429 页。

〔40〕同上书，437 页。

道德方面说庸，从功利方面说，凡是能使某种事最成功底办法，亦是最平常底办法，例如一个人如想发财，最平常底办法，是竭力去经营工业或商业。……这是大道，亦即上所说的大路。这是人人所都知道底，亦是人人所都能进行底。如有人嫌此大路太迂曲，嫌此办法太拙笨，而求另外直捷底路，巧妙底办法，则即是所谓'行险徼幸'。"可见，冯友兰不仅区分了道德的和非道德的不同讲法，而且在这两方面都充分诠释出其教训人生的意义。

（四）冲谦

冯友兰认为："就中国传统思想说，谦虚是一种人生态度，其背后有很深底哲学底根据。此哲学根据，一部分即是《老子》及《易传》中所讲底道理。"在冯友兰看来，《老子》以及《周易》的很多说法都是从非道德的方面着眼的，关于谦虚的讲法就是其中一种。

他说："老子对于人生，有很深底了解。他观察人生，发现了许多道理或原则。这些道理和原则，他名之曰'常'。他以为人若知道了这些'常'，而遵照之以行，则即可以得利免害。若不知这些常而随便乱作，则将失败受害。他说：'知常曰明，不知常，妄作，凶。'"可见，这种讲法，即不谦虚就会失败受害，是一种"从利害上讲"的角度，而不是从道德上讲。换言之，这种对于谦虚的讲法也是就非道德的意义上强调的教训。

冯友兰认为，这种就事物的利害成败来分析，与科学的讲法很相似，即是道德中立的："在这一点上，老子很有科学精神。……老子所说底话，有许多对于道德是中立底。在这一点，他以为与一般科学家相似。科学家所讲底道理，对于道德是中立底。有些人可以应用科学家所讲底道理作道德底事，有些人亦可以应用科学家所讲底道理作不道德底事。但对于这些，科学家都是不负责任，亦不能负责任底。在有些地方，老子亦只说出他所发见底道理，至于人将应用这些道理作什么事，老子是不负责任，亦不能负责任底。例如老子说'将欲歙之，必固张之'……"〔41〕

守冲谦可以就客观环境说，亦可就主观心理说，冯友兰说："如欲使一某事物的发展，不至乎其极，最好底办法，是使其中先包括些近乎它的反面的成分，例如一个资本主义的社会，如发展至一相当程度，而仍欲使其制度继续存在，最好的办法，是其社会中，先行一些近乎是社会主义底政策。"〔42〕这就是就客观环境说。"就社会说是如此，就个人说亦是如此。如一个人想教他的事业或学问，继续发展进步，他须常有戒慎恐惧之心……人若常存戒慎恐惧的心，则是常存一近乎是志得意满的反面的心。所以他的事业，无论如何成功，如何进展，都不是其极。所以他的事业，可以继续发展进步。……一个人的

---

〔41〕《三松堂全集》第四卷，444 页。
〔42〕同上书，445 页。

这种戒慎恐惧的心理，在态度上表现出来，即是谦虚。"[43]

冲或虚是就一个人的心理状态说，谦是就此种心理之表现于外者说。之所以要表现于外，是因为谦可以调节人与他人的关系。冯友兰说："以上是就一个人及其事业说。就人与人的关系说，谦亦是一种待人自处之道。人都有嫉妒心，我在事业或学问等方面，如有过人之处，别人心中，本已于不知不觉中，有忌妒之意。如我更以此过人之处，表示骄傲，则使别人的忌妒心愈盛，引起他的反感。大之可以招致祸害，小之亦可使他人不愿意承认我的过人之处。"[44]冯友兰承认，"我们以上说谦虚的好处，及骄盈的坏处，亦是就利害方面说。若就另一方面说，一个人可以有一种知识或修养，有此种知识或修养者，可以无意于求谦虚而自然谦虚，无意于戒骄盈而自然不骄盈"。[45]就利害方面说，就是从非道德方面说。

总之，《新世训》教导青年做人要谦虚、要勤俭、要专心、要诚信、要奋发、要有朝气；做事要凭理性判断，做事要合乎人情；己所不欲，勿施于人；做事不要太急功近利、尽可能无所为而为，做事需要细心计划，认真实行；做事要走正道大路，不要侥幸用小聪明；做事能宽容，心中之事，过而不留，情顺万物而无我；对于成功不必过于期望，对于失败不必预为

---

[43]《三松堂全集》第四卷，446 页。

[44] 同上书，447 页。

[45] 同上书，448 页。

忧患；要善于做领导，无为无私、存诚居敬。这些都是对青年
非常重要、有益的指导和教训，而其中不少都属于道德中性的
内容。

　　本章的任务不是全面叙述《新世训》的内容，故不再深入
讨论。我们所要指出的是，表面上看来，《新世训》中所说的
"道德底生活方法"是来自儒家，而"非道德底生活方法"多来
自道家，但不能仅仅把此书仅看成是亦儒亦道或儒道结合的一
种文化混合物。事实上，这些非道德底生活方法在历史上也为
广义的儒家文化所容纳，从《新世训》的读者对象来说，此书
与明清时代的通俗儒家作品类似，如蒙学读物等，所以必然包
含一些道德中性和功利主义的元素。而我们更要看到这种对非
道德生活方法的关注所具有的现代社会生活的背景。正是在此
种生活背景之下冯友兰力图提出一种适应人（尤其是青年人）
在现代社会生活的人生哲学。也可以说，正是他注意到非道德
生活方法在现代生活中的重要性，才注意利用中国文化中广泛
的人生思想资源。

三、《新世训》的思想特质

　　前面我指出，所谓生活方法，是着重指人在生活中的妥当
适宜的行为。这里的妥当适宜，是指这些行为有助于个人在社
会的成功。冯友兰晚年在《三松堂自序》中回顾说：

　　　　在抗战以前，开明书店出了一个刊物，叫《中学生》，

发表关于青年修养这一类文章。我还在南岳的时候，他们
向我约稿，当时没有写。到了昆明以后，写了一些，在
《中学生》中连载。后来把它们编为一部书，题名为《新
世训》。当时我想，这一类的文章，在旧时应该称"家
训"，不过在以社会为本的社会中，读者的范围扩大了，
所以称为"世训"。现在看起来，这部书主要讲了一些处
世术，说不上有什么哲学意义，境界也不高，不过是功利
境界中的人的一种成功之路，也无可值得回忆的了。[46]

从"青年修养"和"家训"的提法可知，撰写《新世训》最初
的起因，应当是教导青年如何"做人做事"。但此书的实际内
容，是偏重在如何做人以获得"人的成功"。换言之，它讨论
的是，一个人要在社会取得成功，他应当如何处事、做人、自
处。关注成功，在古代即属于功利的范畴，正统儒家往往把
"功"和"德"严加区别。而冯友兰此书的特点，照其这里的
说法，则是把"功"和"理"，即把个人的成功和社会生活规律
（规则）结合起来，把个人的"功利"和"行德"结合起来。道
德规则是"无所为而为"的，经验之谈是"有所为而为"的，道
德规则强调人应当这样做，只服从道德规则，即使个人吃亏也要
这样做。而经验之谈是告诉人怎样做才能做事顺利和成功。

比《三松堂自序》更早，他在上世纪 50 年代自我批判的
时期也说过：

---

[46]《三松堂全集》第一卷，221 页。

　　　　《新世训》那本书中，讲修养方法，也是就个人立
　　　论，从个人出发，至于新哲学则无论讲什么，都是就群众
　　　立论，从群众出发这是旧哲学与新哲学中间的一个主要分
　　　歧。[47]

他指出，传统哲学的希圣希贤，虽然不离开社会活动，但目的
是提高自己，完成自己。而新哲学（指新中国成立后提倡的无
产阶级哲学）主张一切为人民服务，出发点不能有丝毫为个
人、为自己的动机。"假使一个人老想着使他自己成为圣人，他
还是老想着自己。老想着自己就是不能忘我。宋明道学家常以
为，佛家底人想叫自己成佛，是自私的。""无产阶级底哲学，
就是无产阶级社会的哲学。在这种社会里，没有私人财产，因
此也没有个人主义，一个人不但不想使他自己成为富人贵人，
也不想使他自己成为圣人。"[48]就是说，想使自己成为圣人，这
里仍然有着为自己的动机，还是没有忘我。这也就是说，《新世
训》还保存着或追求着一种个人主义的东西。但冯友兰所说的
这种个人主义不是当代社会主义文化所否定的利己主义，而是
近代以来西方社会文化所说的个人主义。

　　在这里，我们看到他的更重要的一段自述：

　　　　还是在青年的时候，我很喜欢富兰克林所作的《自
　　　传》，在其中他描写了他一生中怎样由一个穷苦的小孩子

---

[47]《三松堂全集》第十四卷，927 页。
[48] 同上书，929 页。

逐渐成为一个成功的世界闻名的大人物。当然，他的成功并不是用损人利己的方法得来的。他的成功跟美国的社会的进步也有一定的联系。我们也不能说他不是一个具有民主思想的爱国主义者。……我在《新世训》里所宣传的，实际上就是这种生活方式。我虽然也经常提到中国封建主义哲学家所讲的生活方法，也经常引用他们的言论，但是我跟他们在有一点上是有基本不同的。我说："宋明道学家所谓为学之方，完全是道德底，而我们所讲底生活方式，则虽不违反道德的规律，但不一定是道德底。说它不是道德底，并不是说它是不道德底，而是说它是非道德底。"这就是说，我所讲的生活方法，所要追求的一个主要部分，是在不违反道德的范围内，尽力追求个人的成功。这正是不折不扣的资产阶级个人主义的人生观。……《新世训》的总目的还是个人的成功。[49]

这一点非常重要，就是说，《新世训》一书关注和所要解决的重要问题是"如何不违反道德地追求个人的成功"，一种追求成功的进取精神如何不违反道德，这不仅对当时经历了现代中国第一波现代化高潮的上世纪 30 年代青年的人生观有意义，对今天从社会主义计划经济到社会主义市场经济的社会转型，也具有现实的意义。这就是冯友兰在此书中着力于"非道德方面"的

---

〔49〕《三松堂全集》第十四卷，980—981 页。

人生教训的根本原因。当然，在自我批判时期，冯友兰并没有正视此书的积极面，即，虽然就个人而言，此书包含着对个人追求成功的肯定，但就社会而言，此书无疑具有在市场经济条件下指导青年人生、增益社会良性行为的积极的社会功能。

虽然这些是冯友兰自我批判时期的反省，但是去掉那些"资产阶级"一类的帽子和一味的自我批评外，我认为其中也透露出许多他原始的想法，有重要的价值。在冯友兰研究中，我一向主张，不要把那些带有自我批判和反省气息的文字都看作是言不由衷的敷衍之词，在事实的层面，那些叙述不仅没有背离真实，而且由于年代接近新理学时期，它所陈述的内容往往更加真切。比如，既使在这个自我批判的时期，他不仅没有回避，而是仍然肯定了富兰克林的个人主义和美国的社会进步有关系。他甚至说，《新世训》谈的就是富兰克林式的生活方式。我们知道，马克斯·韦伯很推重富兰克林的工作伦理，更把新教伦理的勤俭、职业观念等作为近代资本主义的精神，所以，冯友兰这里的"个人主义"在一定意义上就是韦伯所肯定的近代社会的一种伦理精神。

马克斯·韦伯在《新教伦理与资本主义精神》的第二章"资本主义精神"的开始，大段大段地引述了富兰克林教导年轻人的话，如："切记，时间就是金钱。……切记，信用就是金钱。……除了勤俭和勤奋，在与他人的往来中守时并奉行公正原则，对年轻人立身处世最为有益。"〔50〕韦伯肯定了这些话是"具有伦理色彩的劝世格言"，认为这体现了"一种近代资本主义精神"。〔51〕然后韦伯指出："富兰克林所有的道德观念都带有功利主义的色彩，诚实有用，因为诚实能带来信誉；守时、勤奋、节俭都有用，所以都是美德。"〔52〕这些都和《新世训》的内容在性质上确有类似之处，虽然冯友兰所讲与富兰克林相比，做人和做事的部分更多。

富兰克林的说法被推到极端，会得出外在形象比内在美德更重要的结论，但韦伯也指出，富兰克林本人仍然重视培养内在的品格和美德。尽管如此，韦伯仍然指出："我们引用的富兰克林的话所表现的那类思想，虽曾令一整个民族为之喝彩，但在古代和中世纪，则肯定会遭排斥……事实上，一切尚未卷入或尚未适应现代资本主义环境的社会群体，今天对这种思想仍抱排斥态度。"〔53〕如果我们把韦伯着眼于经济伦理或工作伦理的表达换成一般伦理学的语言，那么可以说，韦伯在富兰克林那里所看到的正是传统的非功利主义到近代功利主义的转变，一种近代社会的人生态度与精神。这也说明，带有功利性的思

---

〔50〕《新教伦理与资本主义精神》，33—35页。

〔51〕应当注意，韦伯所说的"资本主义精神"，是指"某些宗教观念对于一种经济精神的发展所产生的影响，或者说一种经济制度的社会精神气质"。见《新教伦理与资本主义精神》，16页。

〔52〕同上书，36页。

〔53〕同上书，39页。

想，在古代是被正统思想所排斥的，因此富兰克林也好，冯友兰的《新世训》也好，正如韦伯所说，这种包含着具有功利主义色彩而道德中性的劝世格言，正代表了从古代到近代在伦理观念上的一种转变。[54] 所以，《新世训》这种适应转型时代社会的伦理特点和《新事论》前半部现代化取向的文化观是一致的，即冯友兰希望为多数人提供一种适合现代化过程的行为伦理，一种适应现代社会和市场经济结构的伦理。

四、《新世训》的伦理意义

不用费力我们就可观察到，《新世训》的重点在"行"，如各篇的篇名："行忠恕"的行，"道中庸"的道，"为无为"的为，"守冲谦"的守，"致中和"的致，都透露出此书重心在"行为"而不在德性。[55] 这与传统儒家重在内心之德的修养方法是不同的，也与稍后《新原人》重点在"心"（境界）的论述不同。正因为如此，冯友兰明确说明生活方法不是修养方法。冯友兰说："我们于以上所说底生活方法是'生活'方法，凡生活底人都必须多少依照之。"他特别指出，生活方法是为一个要成为有做事能力的人所做的准备，即求得做事能力的方法。

---

〔54〕　冯友兰的这种态度是否受到杜威的影响尚无人研究，但至少"尊理性"的讲法与杜威接近，杜威的《旧个人主义与新个人主义》与冯友兰思想相当接近。

〔55〕　如果说《新世训》是讲"行"（行为），则《新原人》是讲"心"（境界）。

"所谓修养方法，可随人的人生观不同而异。但我们于此所讲底生活方法，则不随人的人生观的不同而异，因为我们所讲底生活方法是'生活'方法，凡是生活底人都须用之。"[56] 所以此书的不少内容似在突出人生教训的技术意义，并非规范意义，而技术当然是理智的对象。当然，由于《新世训》突出的是"非道德的教训"，突出的是"处事术"和"生活术"，颇注重待人处己的技术（方法）指导的方面，所以还不是全面讨论道德伦理的著作，但其对青年人生实有重要的指导意义，不可低估。

如果用《新原人》和冯友兰1949年以后的说法，《新世训》虽然讲道德行为，但其实是以合乎道德的行为作为手段，以达到个人为我和成功的目的，所以他们的行为是合乎道德的，但不是从道德境界出发的。[57] 就是说，《新世训》所倡导的诸行为，不仅是道德中性的，而且即使是道德的行为，也是从有益其成功来说的。[58] 冯友兰在《新原人》中说："一切利他行为，都可以作为一种利己的方法。古今中外，所有格言谚语，以及我们的《新世训》，虽都是'讲道德，说仁义'，但大

---

〔56〕《三松堂全集》第四卷，381 页。

〔57〕 陈战国指出，冯友兰在《新理学》中认为道德行为就是合乎道德规律的行为，强调道德的客观原则；《新原人》认为，为道德而行的行为才是道德行为，强调的是道德的主观原则；二者似相抵牾，而实则冯友兰欲把功利主义和道德自律结合起来。参看氏著《冯友兰哲学思想研究》，北京大学出版社，1999年，181 页。

〔58〕 事实上，此书中的"从非道德方面"所说的，往往就是为了个人的成功而采取合乎道德的行为。

都是以道德仁义作为一种为自己求利的方法。"这是冯友兰自己清楚地承认的。他还指出，不仅古代谚语格言，就是典籍所论，也有不少此类的讲说，如"老子书中，有许多地方，都把合乎道德底行为，作为一种趋利避害的方法。如说：'非以其无私耶，故能成其私。''夫惟不争，故天下莫能与之争。'无私不争，是合乎道德底行为，但老子都将其作为一种为自己求利的方法"。[59] 因此，由于《新世训》的视点聚焦在行为上，所以其所倡导的处世方法似更多属于"对"，而不是"善"。

应当指出，虽然《新世训》中有不少哲学的阐述，但就读者对象来说，《新世训》在性质和功能方面与古代通俗伦理读物有类似之处，它不是讨论精英儒者的修养工夫，而是对一般社会人士提出的行为指导，这是它具有上述特点的原因。所以，在《新世训》出版两年后完成的《新原人》，同样是讨论人生观，便与《新世训》的着眼点不同了。冯友兰后来在回忆《新世训》时说：

> 我还可以说，《新世训》不过是一本通俗的书，所讲的生活方法，只是为一般人说的。《新理学》的人生观并不仅仅就是这个样子。在《新理学》的体系里，是提出了一个人生的崇高目的，就是"希圣希贤"。……《新世训》所讲的是一种低级的人生观和生活方式，《新原人》所讲

---

〔59〕《三松堂全集》第四卷，593 页。

的是一种高级的人生观和生活方法。[60]

　　《新世训》所讲的人生观和生活方法，就是《新原人》所讲的功利境界中的人。我在《新原人》里也承认这种境界不高。我也认为比较高的是所谓道德境界。[61]

可见，《新世训》和《新原人》的区别，首先是针对不同的读者。照这里所说，冯友兰在《新世训》里突出讲的是适合普通人的生活方法，在境界上属于不太高的功利境界；而他在稍后不久的《新原人》里则贬低功利境界，又提出一种高级的人生观和生活方法，在境界上属于传统圣贤君子的道德境界（和超道德境界）。因此，在这个意义上，《新原人》不是对《新世训》的否定，而是对《新世训》的发展。然而，从另一方面来看，对于冯友兰来说，这两部书即使不构成矛盾，也存在着重大区别，反映着从传统到现代社会伦理变迁的深刻矛盾。简言之，他既觉察到现代社会道德的变化趋势，从而希望做出一种伦理的调整，如《新世训》；同时又想保留古代的人生理想，如《新原人》。就《新世训》而言，其中重要的问题包含如何对待个人主义伦理。所谓“功利境界”的问题亦须从个人主义伦理来了解，才能显示出其完整的现代意义。这里所说的个人主义不是指相对于集体主义而言的个人主义，也不是指注重权利诉求的个人主义，而是指异化于美

---

[60]《三松堂全集》第十四卷，984 页。
[61] 同上书，986 页。

德伦理的个人主义生活方式。这种个人主义是道德中性的个人主义，与不道德的利己主义不同。

　　固然，道德境界高于功利境界，但冯友兰在这里使用的"低级的人生观"显然也染着上世纪 50 年代初期的时代色彩，即 1949 年以后一个相当的时期内对个人主义不加分析的排斥。如果从现代的角度看，《新世训》中劝人"作人"的人，虽然不是圣人，但这样的人生却已经是现代社会难得的正面人生，其积极意义应当充分肯定。正如，"消极的自由"与"积极的自由"不同，但消极的自由仍有其重要的意义。在这个意义上，《新世训》较偏于消极的自由，即如何不违反道德；而《新原人》更发展了积极的自由，即如何由道德境界进而达到超道德的境界。〔62〕当然，冯友兰最终在《新原人》里找到了他自己看来是更好的解决之道，在这个意义上，《新世训》对于他本人并不具有终极的意义。但是，放在现代中国社会伦理变迁中来看，《新世训》中涉及的问题确实值得重视，即儒家的传统人格理想在现代社会如何调适。对于现代社会中的人，哲学家不能只提出极少数人才能达到的最高的精神境界，而必须为规范大多数人的现代人生提出可知可行的正当的生活方式。《新世训》正是以大多数现代人为对象而提出的行为指导，其性质与《新原人》是不相同的，也更具有社会伦理的现实功能。而非道德的处世方法若上升为价值观念，也是现代人所需要的健康人生

---

〔62〕 这里所用的消极自由和积极自由的概念既不同于康德，也不同于伯林。

理念的一部分，即不唱道德高调，但仍给人生以适当的指引。在这个意义上，《新世训》的伦理意义不容忽视。也正是在这一意义上我曾说："《新世训》论述了现代社会的人的生活行为的基本规律，谋求从古代的圣人道德向现代的以个人为基础的道德生活的转变。"〔63〕

如本章一开始所说的，成功的追求已经成为当今青年的主导价值取向，但成功和做人如何统一，如何获致正当或正确的方法以求成功，使人得以保持好的行为以防止堕入不道德，正是这个时代所需要的人生行为导向。从这方面看，《新世训》是有其意义的。特别是它提示出，德性之后不见得就是感性的张扬。在后圣贤时代中，"生活方法必须不违反道德规律"仍然是人生重要的课题，在法律和道德之外，道德中性的人生教训对现代人也甚为需要。事实上，《新世训》并没有鼓吹"成功"的价值，仍然希望在传统的圣人理想去魅化以后能找到适宜的方式给青年人生以正确指导。至于冯友兰思想中更为积极的人生与价值理想，要到《新原人》中才能完全发展出来，这一点我们将有另外的机会来详细讨论。

―――――――――

〔63〕　陈来：《从"贞元之际"到"旧邦新命"——写在冯友兰先生全集出版之际》（《中华读书报》，2002 年 8 月 23 日）。事实上，清代自中期以后的思想文化已经没有再突出圣人理想了，"五四"以后传统的圣人理想更渐落寞，这一过程可谓去圣化。但没有圣人理想不等于德性伦理不能成立。中国伦理的近代进程，其要点即"去圣化"之后德性伦理如何保持。而不仅"去圣化"和政治、教育的变迁密切相关，去圣之后德性伦理的实现也仍然与道德权威得以成立的政治、教育条件密切关联。

　　从伦理学的性质来看,《新世训》的主题是德行论而不是境界论（像后来《新原人》那样）,属于德行伦理。而《新世训》的德行论,又与一般的德行论如孔孟、亚里士多德不同,是专注于非道德的德行论。如上所说,这是和社会转型时代的需要结合在一起的。在这个意义上,《新世训》也是儒家德行伦理在近代的一种转化和调适,值得重视和研究。当然,如果对比《新原人》来看,应该说,冯先生在上世纪30年代开始,是从现代化入手去理解和解决文化问题,而现代性是以功利主义为基础的。40年代以后,冯先生著《新原人》则开始摆脱现代性的单一视野,而力求从人之所以为人、从人之内心境界来了解和评价人的德与行。如果说《新世训》主要是从"行"的角度去讲,自然《新原人》便是从"心"上去讲,从心之境界讲人之所以为人。美德属于心,境界作为在心之德,在冯先生亦已经超越了道德意义上的美德伦理,人的最高目标是达到超道德的天地境界。这就超越了现代性,不仅复归中国哲学的人生论,而且体现了中国哲学家对现代性的批判超越。

第十七章　冯契思想的德性论

　　冯契先生的书特别是后期著作，平易而简白，但这种平易的叙述本身却具有一种理论的亲和力和说服力。冯契的哲学思想，特别提倡"文如其人"，作为理论化为德性的一个重要标志。我觉得他自己真正做到了文如其人，他的文字风格和他的人格修养互为映照。他的文字是温然的、平和的，决不故作高深，具有一种与读者平等的亲切感，他倡导的"平民化的自由人格"，在他的生活和文字中都充分体现出来了。他的理论文字，没有任何造作，没有任何庸俗，没有夸张，没有卖弄，他的和缓、平静、清明，透出一种纯粹的人格气象和理论思维的力量，这是一种哲学家的风度和境界。他的理论文字所具有的这样一种气象和感染力量，在我们中国哲学界是少见少有的，我读他的书，这种感受很深。

　　冯契是20世纪少有的建立了自己独到并且比较完整风格

的马克思主义哲学体系的哲学家。[1] 在晚年，他对自己哲学体系的各部分都经过了反复的思考，饱熟于胸，达到了融会贯通的境界。与同时代建立马克思主义哲学体系的哲学家相比，冯契具有一些特点。第一，他与上世纪 30—40 年代的中国哲学界最具亲缘关系。上世纪 30 年代中期他在清华哲学系就读，后在西南联大先后受业于金岳霖、冯友兰、汤用彤等，特别是在金岳霖的指导下完成了他在西南联大的研究生论文。由于在他学习哲学的历程里曾受教于当时中国最好的哲学家，所以，在前辈唯物辩证法哲学家中他是哲学基本训练最好、中西哲学视野最宽的一位。第二，他的基本哲学立场是实践的唯物主义辩证法，但在取径上，却与现代中国哲学有直接的联结，如他的哲学中最基本的问题意识是"转识成智"，这种广义认识论的主题显然与现代中国哲学清华学派的哲学家金岳霖的知识论和冯友兰的形上学对其的影响有关。[2] 与其他马克思主义哲学家相比，没有人比冯契在中国哲学方面的造诣更好的了，由于他对中国古典哲学不仅造诣很深并且有同情的了解，所以在他的著作中常常运用中国哲学史来说明和表达他的观点，他的哲学中也明显有中国哲学的影响。例如，对德性问题的关注，在发生

---

〔1〕　何萍、李维武认为冯契"形成了溶入他的个性特征的马克思主义哲学体系"，见《理论　方法　德性——纪念冯契》，学林出版社，1996 年，158 页。

〔2〕　智慧说和冯友兰的关系可见冯契所说："冯友兰先生用知识和智慧来区分科学和哲学，并提出如何'转识成智'的问题，这是富有启发意义的。"《冯友兰先生纪念文集》，北京大学出版社，1993 年，191 页。

学上既是他把理论工作者的品格培养与锻炼提炼为一个哲学问题来把握，从而体现了他作为一个哲学家的特点，同时也明显地表现出中国古典哲学特别是儒家哲学的影响。第三，在他的哲学活动中，始终贯穿着他自己的"真切感受的问题"。他从西南联大时期就"真正感到自己有一个哲学问题非要解决不可"，他的哲学很强调"有亲切感受"，也因此，与流行的辩证唯物主义哲学教科书体系相比，他所形成的哲学体系，无论在问题意识还是表述语言上都比较个性化。[3] 这与那些没有自己在生命中感受的问题，没有个性化理论特色，只是追随意识形态变动步伐的人相比，高下立见。第四，冯契的哲学以实践的唯物辩证法为基本立场，在当代哲学中也可以归为实践唯物主义的发展；但他主要的哲学问题意识是接着近代西方知识论来讲的，而他所注重的元学的人文精神和强调德性关切的方面，又与中国传统哲学密切相关。从这个方面看，他的体系实可以说是中、西、马哲学"三结合"的一个范例。在三结合的具体方式上，与张岱年先生注重吸收现代西方逻辑分析学派不同，冯契比较多地注重对康德哲学的吸收和改造。[4] 此外，虽然他早在抗战之初就加入共产党，并且终生坚持辩证唯物主义哲学，但对"组织"专制的格格不入和对自由人格的向往（这造成他曾

〔3〕《冯契文集》第一卷，华东师范大学出版社，1996 年，6、7 页。

〔4〕 尹大贻指出"冯先生的智慧说是从康德哲学的改造出发的"，高瑞泉也认为冯契《智慧说》三篇"表明先生又回到康德这个蓄水池"，二人的论文见《理论　方法　德性——纪念冯契》，99、45 页。

一度脱党，并在反右时遭遇险境），使得他在前辈马克思主义哲学家中，知识分子追求心灵自由思考的性格较为突出（这一点与李达、张申府相近）。他在晚年对自由的问题更为关注，重视自由思考、自由人格、自由德性成为他晚期哲学论述的重点。

　　冯契的哲学思想中，我最感兴趣的，当然还是"化理论为德性"的部分，这个部分表明，冯契的思想不仅以"转识成智"为理论核心，而且以"化智成德"为实践归趋。化理论为德性，固然是冯契整个广义认识论建构的一部分（这已经有许多学者讨论过），但我更关心的是把这一部分独立地来加以分析，从而把对这一部分的讨论更加推向深入。在哲学史上，这一类性质的讨论并不少见，如古代儒家的修身思想也可以说是集中在如何行所已知、化理论为德性。我关心的是，从德性论的角度来看，这个问题是怎么提出来的？这个论点的成立有什么预设？在一般意义上理论和德性的关系如何？冯契"化理论为德性"的思想，作为中国 20 世纪后半期的德性思想，具有什么意义？本章是我从这个角度对冯契这一思想的一个初步理解和分析。

一、提出与发展

　　关于"化理论为德性"的提出，需要留意这两句话的时代背景，冯契曾说：

　　　　我在 50 年代提出了"化理论为方法，化理论为德性"

> 这两句话，用以勉励自己，也勉励同学，用意就在于贯彻
> 理论联系实际的方针。就是说，理论联系实际可以从运用
> 理论作方法和运用理论来提高思想觉悟这两方面着手。我
> 自己也确实是这样努力的。〔5〕

放在20世纪50年代中国的政治理论氛围和社会文化环境中，这两句话和其具体意义应当是清楚的。在这里，"理论"应当是在一般意义上指马克思主义哲学理论，即马恩列斯毛的著作中所阐发的、被作为普遍真理的思想学说和理论。而"化"表明这一命题的重点不是原理本身的哲学探讨，而是实践的过程，从这个意义上说，这个有关"理论化为××"的提法是《实践论》哲学的一种具体化。但是《实践论》完全没有对德性的任何关注，在这一点上又显示出这两句话对于《实践论》的发展。由于在这里被"化"理论的真理性和圆满性是预定了的，而"化"的突出，表明这两句话在当时主要是实践指向的。因此，20世纪50年代冯契提出这两句话，是"理论联系实际"普遍要求的具体化，他所突出的是作为实践的"要求"，而并没有给出哲学的"论证"，并没有说明"化理论为德性"是何以可能、何以现实的。但是，把当时普遍流行的"提高思想觉悟"在理论上提炼为"化理论为德性"，用德性的概念去掌握它，与当时其他的唯物辩证法理论家相比，体现了冯契不凡的

---

〔5〕《冯契文集》第一卷，20页。

哲学能力。[6]换言之，他既强调提高思想觉悟要以学习理论为前提，也把思想觉悟的问题提炼为德性的哲学概念来把握，显示出哲学家对思想问题的分析特点和理论高度。当然，在唯物辩证法理论家之外，其他哲学家可以从另外的角度来把握，如冯友兰先生是从境界而不是从德性来理解"思想觉悟"变化和提高的。此外，从冯契这段话的最后一句"我自己也确实是这样努力的"来看，这两句话不仅是一种思想的表达，也是哲学家冯契在一生中对自己不变的实践要求，这是十分难得的。所以这一段提出的关于"化理论为方法，化理论为德性"缘由的叙述，平实、真诚、可信，也非常值得敬佩。

在以后的发展中，直到晚年，冯契仍然一直坚持"化理论为方法，化理论为德性"的思想主张，但其中的"理论"已经不是早期朴素意义上的含义，而是更多地与他在学生时期就关注的"智慧"学说即哲学的根本认识联系在一起；"德性"也具有了不同于早期的具体内涵。从而，这个命题也早已由上世纪50年代思想教育的一般提法变成为他富有个性特色的哲学体系中的哲学主题，并在《智慧说三篇》中得到了全面展开和论证。[7]

---

[6]　据丁桢彦说，冯契早在1956年全国第二次高师会议上就提出了两"化"的思想。见《理论　方法　德性——纪念冯契》，323页。

[7]　陈卫平认为冯契是在1983年出版的《中国古代哲学的逻辑发展》"绪论"里第一次正式表达了他的广义认识论，并对狭义认识论的偏失提出了批评，见《理论　方法　德性——纪念冯契》，244页。

若从哲学上分析，要了解和评价"化理论为方法，化理论为德性"，以及这两句话如何能够成立，就必须弄清其中的概念。比如，这里的"理论"具有什么特征，或者说什么样的理论有可能化为（方法和）德性，是不是任何理论都具有这种被化为（方法和）德性的基础和根据，都需要加以分析。其次，德性在这里是指某些品质美德，还是整全的人格，或是人的本性，也需要加以分析。最后，有了具备可化为德性之可能的理论，要经过什么方式和过程，才能把理论现实地化为德性？此外，以上所说这三点，即一个有可能化为德性的理论、经过一定的实践、践履而内化为人的人格，对于一个实践者来说，这个过程的实现需不需要其他的前提和条件？在理论工作者之外，一般人的德性一定要从理论化成而来吗？这些都需要我们在讨论中深入地加以思考。[8]

二、理论与理想

在 20 世纪 50 年代的氛围中，"化理论为德性"的具体意义是清楚的。但从这一具体的脉络中提升出来，把"化理论为德性"发展为一个一般意义的哲学命题并加以展开，就必须对理论二字做进一步说明。如一种狭义的知识论理论、一种逻辑学理论、一种分析哲学的理论，如何能化为德性，就显然会遇到困难。根据

---

〔8〕 此外，比如"化"的主体是个体的人还是总体的人，哲学史上知识与道德的关系、知与行的关系在这里如何相关，都是需要进一步研讨的问题。

《智慧说三篇》导论中冯契所谈到的，"化理论为德性"在哲学上要能成立，首先要把这里的"理论"解释为具有"理想"的意义，把"理论化为德性"的含义，在一定程度上转而为"理想化为德性""理想化为现实"。这里的"理想"具有价值的特性。

他在《智慧说三篇》的导论中提出：

> 在人文领域，由于目的因成为动力因，"以得自现实之道还治现实"就成为从现实生活中吸取理想，又促使理想化为现实，而作为主体的"我"便要求成为自由人格。人的自由是在实现理想的活动和成果中取得的。自由是历史的产物。人类在化自在之物为为我之物的过程中，发展了科学、道德、艺术等，同时也就培养了以真善美为理想和信念的人格，人们不仅按照理想来改变现实，也按照理想来塑造自己，取得越来越多的自由。自由人格就是有自由德性的人格，在实践和认识的反复过程中，理想化为信念，成为德性，就是精神成了具有自由的人格。[9]

"化理论为方法"是讲思维方式和方法论问题，"化理论为德性"是讨论人的德性和价值观念问题。[10] 而两者都有一个共同的认识论基础，二者都归结到智慧学说，冯契认为，只有解决了如何转识成智，才能解决这两方面的基本理论问题。[11]

---

〔9〕《冯契文集》第一卷，38页。

〔10〕同上书，31页。

〔11〕同上书，38页。

解决转识成智的关键，在广义认识论的意义上，就是吸收金岳霖的论点而形成的"以得自现实之道还治现实"。所以，按照冯契晚年的看法，"化理论为方法"和"化理论为德性"，都是遵循着一个共同的辩证实践原则，即"以得自现实之道还治现实"。然而，这一原则在认识世界和认识自己两方面是各有特点的，冯契认为这一原则运用、体现在"化理论为德性"的方面，就是"从现实生活中吸取理想，又促使理想化为现实"。

换言之，"理论"在这里必须是"理想"，或者包含着具有理想性格的部分。由于理想是人活动的动力，能够促使人去把理想化为现实，所以理想就成为"动力因"。理想是从现实中来，又促使人们对现实进行改造，但理想化为现实，不仅是对外部世界的改造，如果是那样，就谈不上化为德性了。人在改造客观世界的同时，也改造了主观世界，所谓改造了主观世界，就包含了人把理论化为德性，也就是人把理想化为德性。由于在冯契的体系中理想需要化为德性，所以这样的理想不能仅仅是社会理想，从冯契晚年的论述来看，要化为德性，理想必须以人生观为主要内容，甚至就是道德理想。[12]所以他也说，

---

〔12〕　冯契说："我们根据科学的世界观（智慧）来提出人道主义和社会主义的统一的社会理想，也是道德理想，它为实践精神所把握，贯彻于道德的行为，通过实践精神自觉自愿的活动，习以成性，最后可以达到自然。而出于德性自然的道德行为，又使现实世界成为合乎规范（具有道德秩序）的。"（《冯契文集》第一卷，244页。）

"品德是道德理想在个人身上的实现"。同时，所谓理想必是在书本、理论中体现的。在这样的前提下，才能说把理论、书本中的人生观通过力行而化为个体自我的德性。不过，为什么人们对现实会产生不同的理想，得自现实而形成的理论也往往不同，冯契似乎并没有觉得需要说明。

关于这一点，冯契在另一处又说：

> 反映现实的可能性的概念和人的本质需要相结合，而成为人的活动目的；活动所要达到的未来结果被先构想出来，概念便取得了理想形态。人类从事物质生产和精神生产，都可以说是从现实中汲取理想而又促使历史化为现实的活动。理想的实现意味着人的自由。[13]

理想没有实现以前只是"反映现实的可能性的概念"，是人活动的目的，目的就是预想达到的结果。目的在结果之前被构想出来，就成为理想。冯契对自由的定义是"理想的实现"。

这样看来，化理论为德性，理论不能只是一般的哲学理论，必须是理想，否则无法化为德性。而且在我们看来，理想不能只是一般的社会理想，仅仅是社会理想也很难化为德性；作为理论形态的理想自身必须同时是一种人生观，一种道德理想，一种价值理想，才可能在实践中化为人的德性。

---

[13]《冯契文集》第三卷，57页。

三、世界观与本性论

冯契所说的德性是指什么呢？冯契在清华和西南联大学习哲学时，必然对古希腊的德性论有所了解，后来他用力于康德，康德也讲过德性的问题。所以在冯契的理解中，德性首先是指品质、品德。他说："人的善的品质是一个发育的过程……如爱国主义，勤劳这些品德，尽管有层次上的差别，但都是道德，而且经过实践和教育，都可以提高。"[14]他又说："准则规范一定要通过教育、通过实践才能习以成性，形成人的品德。品德是道德理想在个人身上的实现。"[15]冯契认为，人的德性是一个发育的过程，不是天赋现成的，通过实践习以成性，这与亚里士多德是一致的。那么人的德性如何培养呢？照冯契的思想来看，由理想化为现实，并不是指任何的理想，而是必须由"理论"作为基础，要"确立"一种世界观和人生观（对冯契自己来说是要学习唯物辩证法的世界观、科学社会主义的人生观）。所以，理论必须有理想的内容，理想又必须有理论作为基础。

冯契提出：

> 一个人的品德如果是真正一贯的、明确的、坚定的，那么它一定是某种世界观和人生观的体现。过去的禅宗也好，理学家也好，它们都认为要培养人的品德需要确立

---

〔14〕《冯契文集》第三卷，243页。

〔15〕同上书，324页。

> 世界观。在今天来说，如果一个人在社会行为中间能够始
> 终一贯，既自尊又尊重别人，既个性解放又具有社会责任
> 感，具有李大钊所说的个性自由与大同团结统一的品德，
> 那么他便是把唯物辩证法的世界观、科学社会主义的人生
> 观贯彻到自己的行动，成为自己的德性了。所以世界观的
> 教育和品德的教育密切联系着，不可分割。[16]

换言之，品德德性的教育和世界观的教育不可分，必须先树立
某种世界观，某种人生观，然后把理念中树立的世界观和人生
观贯彻在行为实践，从而具有了品德，这就是理论化为德性
的过程。他认为儒家和佛教也是如此。这显然是一个对"理
论"的必要性的论证，这等于说，没有理论，没有由理论而来
的世界观的树立，就不可能有德性的发育。在这个意义上，品
质、品德是世界观的结果，世界观是品质、品德的基础和必要
前提。或者说，德性是理论的结果，理论是德性的前提。在这
个意义上，冯契是"主理论"或"理论优先论"者。冯契所说
的世界观或理论，都是指哲学理论，事实上，品质品德的养成
是不是一定要求建立某种哲学世界观作为基础和前提，是可以
讨论的，如世界各大宗教以及儒家都没有提出这样的要求。冯
契强调世界观这一点，不仅与"理论联系实际"的时代语境有
关，也应与他以理论工作者为对话对象有关。而这与亚里士多
德对伦理德性养成的观点是不同的，亚里士多德认为理智理性

---

[16]《冯契文集》第三卷，324 页。

与伦理德性不同，理智德性是思考和理解的能力，理论的理智不是实践的，理论理智也不会化为伦理德性，伦理德性主要是通过风俗习惯养成的。另外，很明显的，在概念上，冯契强调世界观，而没有关注"价值观"的意识。

冯契也常常论及人格的概念，如：

> 要求化理论为德性，那就意味着理论不仅是武器、工具，而且本身具有内在的价值，体现了人格，表现了个性。化理论为德性，这是一个要克服种种异化现象，刻苦磨炼的过程。……比较一贯地在心口如一、言行一致中体现化理论为德性的真诚，是能够做到的。真诚地、锲而不舍地在言论、行动、社会交往中贯彻理论，以至习以成性，理论化为自己内在的德性，就成为自己的人格。当达到这样一种境界的时候，反映在言论、著作中的理论，就文如其人，成了德性的表现，哲学也就是哲学家的人格。这样的哲学就有了个性化的特色，具有德性自证的品格。[17]

在冯契看来，化理论为德性的"理论"包含了道德人格的要求，所以人在实践中就要培养这种人格。人格就是一个人诸内在品德的综合，所以冯契论化理论为德性时，也常常用人格的说法，对于他来说，德性和人格两种用法是可以互换的，所以化为自己的德性，就是成为自己的人格。此外，他常常把"化理论为德性"的思想，用中国哲学"习以成性"的命题来表达。在中国哲学中，习以成性的

---

[17]《冯契文集》第一卷，22页。

性是指人性，而在冯契的使用中，他所谓的习以成性的性，是指德性和人格。他说："习之既久，习惯就可以成为自然，真正形成自己的德性，这就是习成而性与成。"[18]他特别指出，就一个理论工作者而言，在理论化为自己的德性之后，德性又反过来影响他自己的哲学论述的特色，使得文如其人。这也可以看出，冯契的这一思想，很大程度上就是对哲学理论工作者而发的。

值得注意的是，在晚年冯契的思想中，化理论为德性，其实已经不再只是"从现实生活中吸取理想，又促使理想化为现实"；理想不仅是对现实的认识，而且是"人的本质需要"的表现。因而，理论化为德性，不仅是得自现实的理想化为了现实，而且也是出于人的本质需要的实现。人的本质需要是自由，作为主体的"我"要求成为自由人格，所以说"理想的实现意味着人的自由"，成为具有自由的人格。这也就使冯契的化理论为德性的命题包含了更多的"自由"的内容。他说"自由人格就是有自由德性的人格"，这里的自由德性应指对自由个性追求的德性。自由人格是指不断按照理想塑造自己。自由德性和自由人格是冯契晚期提出的主要概念，它显示出晚期冯契的德性观更受到早期马克思的影响。德性自由是晚期冯契思想值得关注的概念，值得进一步加以发展。

本质需要是反映"本性"的一个概念，所以他也说："真善美等价值是人的要求自由的本性的体现。"[19]但是，冯契所理

---

[18]《冯契文集》第三卷，324 页。
[19]《冯契文集》第三卷，34 页。

解的本性，可能更多的是指一种要求和向往，因此，"知、情、意的全面发展"较少说成是某种自足的本性的实现，而是被看作在发展中不断获得、形成、达到的。不过，由于冯契后来吸收了"人的本质需要"的观点，这与他"习与性成"的思想在人性论上似不能完全协调。[20] 从体系的角度说，冯契的哲学可能需要一个更清楚的人性论。

四、自证与境界

由于理论是既成的知识形态，是普遍真理，因此把理论化为德性，在提出的时候主要是一个实践、践行的问题。在这个意义上，理论化为德性包含了哲学史上所说的知和行的关系。但是"知"的概念应当略有分别，如前人的认识经过提炼著于书册，这是一种知；而一个人读了这些书，了解和明白了其中的道理，认可和信同之，这也是一种知。前者是理论形态的知，后者是作为个体意识现实把握了的知。理想亦然，有作为理论形态的理想，如马克思著作中关于人类解放的理想；另一种是我们学习了马克思的著作，接受了他的思想，成为我们现实的理想。从"化理论为德性"的提法看来，严格地说，冯契所说的

---

[20] 杨国荣、晋荣东认为："一方面，本然状态的天性只有经过一个由自在上升到自为的历史实践过程才能转化为德性；另一方面，德性并不表现为一种对个体的外在强加，它总是以天性所提供的发展的可能为根据，并通过习惯成自然而不断向天性复归。"（《理论　方法　德性——纪念冯契》，220 页。）

理想是指作为理论形态的理想，特别是哲学理论。冯契指出：

> 哲学理论，一方面要化为思想方法，贯彻于自己的活
> 动，自己的研究领域；另一方面又要通过身体力行，化为
> 自己的德性，化为有血有肉的人格。[21]

可见，化理论为德性，在其本来的意义上就是强调对理论要
求的"身体力行"，这是一个实践取向的问题，相对于理论的
"知"，化则是"行"，是贯彻、实现的问题。把理论上的原则贯
彻到自己的行为中，是这一思想的首要要求。

在力行的问题上，冯契讲得比较简略，但很清楚，就是心
口如一、言行一致，真诚力行、刻苦磨炼，这些思想与中国古
人知行一致、知贯于行的学说是一致的。

但后期冯契的理论活动中，化理论为德性，并没有突出实
践方法的问题，而更多的是从理论本身、从概念的逻辑展开上
加以分析和论证，使之成为哲学的论述。但经历了"文革"时
代的冯契也仍然对实践、践行有新的思考，如果注意冯契前面
的说法，就可以看到冯契晚年关于"化理论为德性"的论述中
对实践过程的"自证"的强调。如：

> 哲学的理性直觉的根本特点，就在于是具体生动地领
> 悟到无限的、绝对的东西，这样的领悟是理论思维和德性
> 培养的飞跃。它是思辨的结晶，还需要用思辨的综合加以
> 论证；是德性自由的表现，还需要在言行一致的人生实践

---

[21]《冯契文集》第一卷，20页。

中加以自证。[22]
. . . . .

虽然这里是谈理性的直觉,把理性的直觉作为从识到智的飞跃的关键,但也着重指出自证作为这一飞跃之基础的重要性。自证本来是佛教唯识宗的一个概念,冯契则把它应用为德行培养的范畴,可见自证在直接意义上是一个指向道德实践领域的活动。他又说:

> 我把认识的全过程看作是在实践基础上的认识世界和认识自我的交互作用过程,所以哲理境界由抽象到具体的飞跃,既要凭借对天道、人道、认识过程之道的辩证综合,又要求在自己的德性培养中获得自证,二者是互相联系的、
> . . . .
> 不可分割的。据我的体会,德性的自证首要的是真诚,这也是中国哲学史上儒家和道家所贡献的重要思想。[23]

> 主体的德性由自在而自为,是离不开化自在之物为为我之物的客观实践的活动过程的。所以,德性的自证并非只是主观的活动、主观的体验,而有其客观的表现。心口是否如一,言行是否一致,这是自己能"自证"的,别人也能从长期客观表现来加以权衡的。[24]

可见,自证主要属于自知的范畴,古人所谓"如人饮水,冷暖自知"。但这种自知并不是一般的知觉,而是一种具有哲学意义的体认、反思和证实。但是,为什么要自证呢?人需要在化理

---

〔22〕《冯契文集》第一卷,43页。

〔23〕 同上书,44页。

〔24〕 同上书,45页。

论为德性的实践中经常反观，这种反观当然是对自己内心的反观，体认自己实际的德性状态是进是退，验证自己"化"的努力的实际结果。

> 我是意识主体。我不仅有意识和自我意识，而且还能用意识之光来返观自我，自证"我"为德之主。这里用"自证"一词，不同于唯识之说，而是讲主体对自己具有的德性作反思和验证。……主体有能力自证，实际上人们在平时的活动和感受中并不经常反观而求自证。自证是主体的自觉活动，虽然说人人有个我，但真正要认识自己的面目、自己的性情，却并不容易。[25]

化理论为德性不是一下子完成的，在理论化为德性的过程中，人需要以意识对自己的德性状态加以反思和验证，以确定进一步努力的方向，所以这种自证又不是泛指一切哲学的体认、反思，而是对德性的，故又称为"德性自证"。其实这就属于儒家常说的反己、反躬、反身、省察，观心的范围。但是，表面上冯契的自证说与孟子"反身而诚"的讲法也有接近之处，但冯契所理解的反观似未包括反省。然而不管冯契是否自觉，从儒学传统的角度来看，自证就是一种修身的工夫，一种心性修养的工夫。只是，这种自证在冯契思想中主要的功能是"知"，还不是"修"。

对理论的身体力行和对德性的不断自证之后，人可以达到什么样的境界和人格？对此，冯契做了明确的、概括的说明：

---

[25]《冯契文集》第一卷，442 页。

　　对从事哲学的人来说，从真诚出发，拒斥异化、警惕虚伪，加以解蔽去私，提高学养，与人为善，在心口如一、言行一致的活动中保持自己的独立的人格、坚定的操守，也就是凝道以成德，显性以弘道的过程。真正能够凝道以成德，显性以弘道，那便有德性之智。……德性之智就是在德行的自证中体认了道，这种自证是精神的"自明、自主、自得"，即主体返观中自知其明觉的理性，同时有自主而坚定的意志，而且还因情感的升华而有自得的情操。这样便有了知情意情等本质力量的全面发展，在一定程度上达到了真善美的统一，这就是自由的德性。而有了自由的德性，就意识到我与天道为一，意识到我具有一种"足乎己无待于外"的真诚的充实感，我就在相对、有限之中体认到了绝对、无限的东西。[26]

应当说，冯契的这些说明，在自证的方面还是比较简略的，还不能像儒家、佛教那样深入其复杂的过程和调动各种积极的手段。但在冯契看来，德性的自证如能达到较高的程度，就能在自证中体认天道，意识到我与天道为一，体验到最大的充实感，体认到绝对和无限。这说明，冯契在哲学家个人活动的终极结果和境界上，已经认同了中国古代哲学天人合一、万物皆备于我的最高境界。在这一点上，他超越了马克思主义哲学的视域限制，清楚地体现了他在晚年对中国哲学精神境界的重新肯定和回归。

---

[26]《冯契文集》第一卷，45页。

五、信念与信仰

如果我们回到上世纪 50 年代，即"化理论为德性"提出的时代，那么不能不指出，这种"化"应当是有其前提的，这种前提就是"信"。如人们对待儒家、基督教、佛教的经典（理论）一样，把这些经典教训贯彻到人生实践的前提是，践行者相信其道德理想及其整个世界观是正确无疑的，是有权威性的。如果人们对一个理论没有一定的"信"，就很难产生出由知到行的关切。对于马克思主义理论而言，在上世纪 50 年代大多数中国知识分子和中国青年是有"共信"的。在这个"共信"的前提下，化理论为德性的提法，从理论上，为风行于 50 年代后期至 60 年代的学习毛主席著作以提高思想觉悟的时代热潮，为廖初江、雷锋等活学活用的实践模范，预先做出了一种哲学的概括。

这种"信"，可以用"信念"来表达，事实上冯契也谈到过自己的经验："我们那一代爱国青年，很多人在一二·九运动和参加抗战中接受了马克思主义，认为马克思主义能够救中国。这种革命青年的共识，主要是从政治角度考虑的，正因为政治上有这么一种信念，于是在理论上也相信实践唯物主义辩证法，满怀热情地学习马克思主义哲学。"[27]他还说过："我们因为要解决现实问题而自愿接受马克思主义的教育，有了初步的理解，有了一点自觉，这是自愿促进自觉。后来受的教育多

––––––––––––

〔27〕《冯契文集》第一卷，12 页。

了，对马克思主义了解比较深入了，觉悟有了提高，在自由讨论中经过比较，做出肯定的选择，自愿地走上了革命的道路，这又是自觉促进自愿。而后理智与意志、实践与认识不断地互相促进，便逐步地确立了革命的世界观和人生观，有了革命者的品德。"[28]这里的自愿接受就是一种信从，而这种信从是政治信念上的，由于认定、确信它在政治上是正确有效的，于是也就相信其理论上都是正确的真理。

不过，冯契对"信念"的理解只是以之对应意志的结构（受制于康德的框架），而没有注意我们所说的信念对德性实践的更基本的作用。他说："经过教育、锻炼来形成真正自由的个性，这就是理论化为德性的过程，理论化为德性要通过怎样一个过程？理论首先成为理想，并进一步形成信念，才可能真正形成为人的德性。理想人格的培养，归根到底是要用科学的世界观理论来指导人生，通过理想、信念的环节而变为德性。"[29]事实上，信念的问题和意志应当区分，"信"和"行"是一切学说被践行的两个主要关节点，意志是行的问题，信念则甚至在知之前，不应作为行的范畴。信念不应当作为理智之后的环节，而是实践的前提。

从今天来看，"化理论为德性"如果要作为一个有普遍意义的陈述，必须在某种程度上吸取古代的知行论述。而这个命题及冯契的解说，往往是"对从事哲学的人来说"的，如果仅

〔28〕《冯契文集》第三卷，225 页。

〔29〕《冯契文集》第三卷，322 页。

仅是这样，就限制了它的"转化为集体的德性"的意义。[30]而如果着眼于所有人的德性进步，那么"化理论为德性"的"理论"就不能限制为一种"哲学理论"，而应该使它能够包含像《论语》《圣经》这样的经典文本和论述形态。在这一点上，古代知行观的"知"，就没有这样的困难。

如果《圣经》《论语》作为理论、知识、智慧，是可以肯定的，那么，在实践上，一个人把《圣经》或《论语》所说的德性要求贯彻于自己的行为中去，需要有一个前提，即他确信这些经典中所说的是正确、无疑的，具有权威的指引作用，这是实践的前提。而这里的确信虽然不见得是非理性的，但其中往往包含信仰的意义，信念可以说是信仰的一种形式。在这个意义上，如果不在逻辑的意义上说，而就实践而言，似不能说"理论首先成为理想，并进一步形成信念"；而应当说，理论首先必须是理想，理论必须被确信，由此才能被贯彻至行动并化为德性。在这里，信念不能被看成后于理想的一个环节。在这个意义上，理论化为德性，这个说法就不能适用于任意的理论，而是在一种已被信仰、确信的理论的前提下提出来的。信仰的实践意义是权威的建立，换言之，理论要化为德性，必须对人具有道德权威的意义，理想没有道德权威，不能被信仰，就缺少了化为德性的基本条件。冯契提出理论化为德性的时候，

---

〔30〕 "转化为集体德性"的提法引自陈卫平、童世骏：《智慧的探索者——冯契小传》，《理论　方法　德性——纪念冯契》，304 页。

这些条件都充分具备，所以他没有重视这一条件的现实必要。从这方面来说，他的化理论为德性的思想，可以看作是对 20 世纪 50—60 年代中国道德实践的理论概括和哲学表达。今天，"理论"的社会状况已经与那个时代相距甚远，任何"理论"要化为德性，都不能不认真考察它所需要的现实条件，进行新的论证。

另一方面，化理论为德性，从德性伦理学的角度看，冯契没有具体说明他所说的"理论"中所包含的具体的德性要求、德性条目，这是德性伦理学一般的理论形式。这可能在当时对于他是不言而喻的，故未细加论述，而只是一般地提及了爱国主义、勤劳、真诚等。[31] 从这个角度来说，对于今天的价值理论，要化理论为德性，要能面向社会公众的教化需要，理论中必须有明确的德性内容，明确的、能够覆盖人的道德实践基本需要的伦理德性的内容，有具体的德目的论述，才能引导人们在实践中进行践行、修养。在这个意义上，我们需要发展冯契的德性论，以适应今天社会文化的实践需求。

以上是从理论上做的分析，其实，化理论为德性，在今天，对于从事理论工作的同志，尤其是从事马克思主义研究的同志仍然有明确的意义，就是把马克思主义思想体系中的作为价值理

---

〔31〕 冯契的思想主要针对理论工作者，而非大众教化，所以他所说的化理论为德性很强调保持"独立的人格，坚定的操守"，这是学术、理论工作者的德性，但不是社会大众的德性。这当然是汲取了"文革"教训而总结的，值得注意的是这和陈寅恪所倡导的知识分子的"独立精神、自由思想"是一致的。他们所说的独立都是指独立于政治权力的压力。

想的概念落实在我们自己的生活当中，真诚去私，保持操守，不断培养自己的德性。化理论为德性，不是指向理论的建构，而是指向道德的修身实践。在这一点上，应该说，在马克思主义哲学中重视德性修身，是中国化马克思主义的一种表现，与儒家传统应有一定的关系。冯契的努力为中国化的马克思主义吸收儒家思想、发展其内部的德性理论，开辟了一个方向。

从某种意义上说，冯契的哲学思想也可以看作一个广义的教育哲学体系，是从实践唯物主义辩证法的立场，对人的世界观和人生观的形成和教育的系统进行说明和研究。他的思想不仅关注"转识成智"的智慧问题，同时关注"化智成德"的德性问题。如果从德性或德性伦理的角度看，冯契所说的德性更多是指作为人性的德性，而没有从品质、也没有从品质的德目去深入讨论，从而也就不容易和美德伦理学家相比较。自由德性的提法，显示出他受到 19 世纪启蒙思想家的影响。若与刘少奇相比，刘在马克思主义中国化过程中提出的德性修养，不仅不回避，而且积极地利用儒家道德文化的资源，较早地走出"五四"反传统的影响，以求提升共产党人作为先锋队的道德品质。他的视角明显是儒家式的。而冯契并没有像刘少奇那样大量积极运用儒家道德资源，因而他的化理论为德性，就少了儒学的桥梁为之接引。而刘与冯的共同问题是，他们的着眼之处是把共产主义作为信仰的人群，而没有关注大多数人如何养成德性，提升品质。而如果关注后者，就不能不以中华民族的传统文化为转化的根本前提和条件了。

参考书目

T. W. 阿多诺:《道德哲学的问题》,谢地坤、王彤译,北京:人民出版社,2007 年。

安乐哲:《儒家角色伦理学——一套特色伦理学词汇》,孟巍隆译,济南:山东人民出版社,2017 年。

包利民、M. 斯戴克豪斯:《现代性价值辩证论:规范伦理的形态学及其资源》,上海:学林出版社,2000 年。

齐格蒙特·鲍曼:《后现代伦理学》,张成岗译,南京:江苏人民出版社,2003 年。

汤姆·L. 彼彻姆:《哲学的伦理学》,雷克勤等译,北京:中国社会科学出版社,1990 年。

边沁:《道德与立法原理导论》,时殷弘译,北京:商务印书馆,2005 年。

L. J. 宾克莱:《理想的冲突——西方社会中变化着的价值观念》,

马元德、陈白澄、王太庆等译，北京：商务印书馆，1986 年。

C. D. 布劳德：《五种伦理学理论》，田永胜译，北京：中国社会科学出版社，2002 年。

艾伦·布卢姆：《美国精神的封闭》，战旭英译，南京：译林出版社，2007 年。

陈根法：《德性论》，上海：上海人民出版社，2004 年。

陈来：《从思想世界到历史世界》，北京：北京大学出版社，2015 年。

陈来：《古代思想文化的世界》，北京：生活·读书·新知三联书店，2002 年。

陈来：《古代宗教与伦理》，北京：生活·读书·新知三联书店，1996 年。

陈来：《孔子·孟子·荀子》，北京：生活·读书·新知三联书店，2018 年。

陈来：《仁学本体论》，北京：生活·读书·新知三联书店，2014 年。

陈来：《竹帛〈五行〉与简帛研究》，北京：生活·读书·新知三联书店，2009 年。

陈弱水：《公共意识与中国文化》，北京：新星出版社，2006 年。

慈继伟：《正义的两面》（修订版），北京：生活·读书·新知三联书店，2014 年。

罗纳德·德沃金：《认真对待权利》，信春鹰、吴玉章译，北京：中国大百科全书出版社，2002 年。

邓安庆：《启蒙伦理与现代社会的公序良俗——德国古典哲学的道德事业之重审》，北京：人民出版社，2014 年。

方熹:《对现代规范伦理学的"颠破":伯纳德·威廉姆斯伦理思想研究》,北京:科学出版社,2014年。

约瑟夫·弗莱彻:《境遇伦理学:新道德论》,程立显译,北京:中国社会科学出版社,1989年。

W. K. 弗兰克纳:《伦理学》,关键译,北京:生活·读书·新知三联书店,1987年。

龚群、陈真:《当代西方伦理思想研究》,北京:北京大学出版社,2013年。

何怀宏:《契约伦理与社会正义:罗尔斯正义论中的历史与理性》,北京:中国人民大学出版社,1993年。

罗莎琳德·赫斯特豪斯:《美德伦理学》,李义天译,南京:译林出版社,2016年。

黄慧英:《从人道到天道:儒家伦理与当代新儒家》,新北:鹅湖月刊社,2013年。

黄慧英:《儒家伦理:体与用》,上海:上海三联书店,2005年。

黄克武、张哲嘉主编:《公与私:近代中国个体与群体之重建》,台北:"中研院"近代史研究所,2000年。

黄勇:《宗教之善与政治之公正:超越自由主义–社群主义之争》,黄启祥译,桂林:广西师范大学出版社,2016年。

卡罗尔·吉利根:《不同的声言》,肖巍译,北京:中央编译出版社,1999年。

柯尔伯格:《道德教育的哲学》,魏贤超、柯森等译,杭州:浙江教育出版社,2000年。

休·拉福莱特主编:《伦理学理论》,龚群主译,北京:中国人民大学出版社,2008年。

约瑟夫·拉兹:《公共领域中的伦理学》,葛四友主译,南京:江苏人民出版社,2013年。

让－弗朗索瓦·利奥塔:《后现代道德》,莫伟民、伈晓笛译,上海:学林出版社,2000年。

李建华主编:《伦理学与公共事务》(第二卷),长沙:湖南人民出版社,2008年。

李明辉:《儒家与康德》,台北:联经出版公司,1990年。

李秋零主编:《康德著作全集》(第6卷),北京:中国人民大学出版社,2007年。

李义天:《美德伦理学与道德多样性》,北京:中央编译出版社,2012年。

李泽厚:《回应桑德尔及其他》,北京:生活·读书·新知三联书店,2014年。

李泽厚:《伦理学纲要续篇》,北京:生活·读书·新知三联书店,2017年。

李泽厚:《哲学纲要》,北京:北京大学出版社,2011年。

李泽厚等:《什么是道德:李泽厚伦理学讨论班实录》,上海:华东师范大学出版社,2015年。

刘余莉:《儒家伦理学——规则与美德的统一》,北京:中国社会科学出版社,2011年。

罗尔斯:《道德哲学史讲义》,张国清译,上海:上海三联书店，2003 年。

罗尔斯：《作为公平的正义——正义新论》，姚大志译，北京：中国社会科学出版社，2011 年。

阿拉斯戴尔·麦金太尔：《追寻美德：道德理论研究》，宋继杰译，南京：译林出版社，2011 年。

阿拉斯代尔·麦金太尔：《伦理学简史》，龚群译，北京：商务印书馆，2003 年。

阿拉斯戴尔·麦金太尔：《谁之正义？何种合理性？》，万俊人、吴海针、王今一译，北京：当代中国出版社，1996 年。

约翰·密尔：《论自由》，许宝骙译，北京：商务印书馆，2005 年。

玛莎·纳斯鲍姆：《善的脆弱性：古希腊悲剧和哲学中的运气与伦理》，徐向东、陆萌译，南京：译林出版社，2007 年。

托马斯·内格尔：《人的问题》，万以译，上海：上海译文出版社，2004 年。

弗里德里希·尼采：《论道德的谱系》，赵千帆译，北京：商务印书馆，2016 年。

潘小慧：《德行与伦理——多玛斯的德行伦理学》，台南：闻道出版社，2009 年。

沈晓阳：《关怀伦理研究》，北京：人民出版社，2010 年。

石元康：《从中国文化到现代性：典范转移？》，北京：生活·读书·新知三联书店，2000 年。

迈克尔·斯洛特：《从道德到美德》，周亮译，南京：译林出版社，2017 年。

查尔斯·泰勒:《现代性之隐忧》,程炼译,北京:中央编译出版社,2001年。

弗兰克·梯利:《伦理学导论》,何意译,桂林:广西师范大学出版社,2001年。

涂尔干:《职业伦理与公民道德》,渠敬东译,北京:商务印书馆,2015年。

万俊人:《现代性的伦理话语》,哈尔滨:黑龙江人民出版社,2002年。

万俊人:《政治与美德——悠斋书序及其他》,北京:北京师范大学出版社,2017年。

万俊人主编:《20世纪西方伦理学经典(四)》,北京:中国人民大学出版社,2005年。

王庆节:《道德感动与儒家示范伦理学》,北京:北京大学出版社,2016年。

伯纳德·威廉斯:《道德运气》,徐向东译,上海:上海译文出版社,2007年。

伯纳德·威廉斯:《伦理学与哲学的限度》,陈嘉映译,北京:商务印书馆,2017年。

吴潜涛主编:《论公共伦理与公德》,武汉:湖北人民出版社,2008年。

大卫·休谟:《道德原理研究》,周晓亮译,北京:中国法制出版社,2011年。

大卫·休谟:《人性论》,关文运译,北京:商务印书馆,1980年。

徐向东：《道德哲学与实践理性》，北京：商务印书馆，2006年。

徐向东编：《美德伦理与道德要求》，南京：江苏人民出版社，2007年。

亚里士多德：《尼各马可伦理学》，廖申白译注，北京：商务印书馆，2003年。

亚里士多德：《政治学》，吴寿彭译，北京：商务印书馆，1997年。

杨国荣：《成己与成物——意义世界的生成》，北京：北京大学出版社，2011年。

余纪元、张志伟主编：《哲学：西方人文社科前沿述评》，北京：中国人民大学出版社，2008年。

余纪元：《亚里士多德伦理学》，北京：中国人民大学出版社，2011年。

余纪元：《德性之镜：孔子与亚里士多德的伦理学》，林航译，北京：中国人民大学出版社，2009年。

张岱年：《中国伦理思想研究》，南京：江苏教育出版社，2009年。

张曙光等：《价值与秩序的重建》，北京：人民出版社，2016年。

周晓亮：《休谟及其人性哲学》，北京：社会科学文献出版社，1996年。

朱伯崑：《先秦伦理学概论》，北京：北京大学出版社，1984年。

后　记

　　麦金太尔说过，"有必要撰写一部有关美德概念的简史"，我也一度受此诱惑。1987年我在马尼拉参加"新时代的中国"国际学术研讨会，大会主席在讲演中提到两部书，一部是傅高义的《日本第一》，另一本就是麦金太尔的《德性之后》。这是我第一次听说麦金太尔其人其书。1989年我在夏威夷参加第六届东西方哲学家会议，由于麦金太尔的论文是讲儒家与亚里士多德美德伦理的问题，所以在晚餐酒会上我曾跟他聊过几句。因为他的论文主要用科学哲学的"incommensurability"（不可通约性）的概念来讨论儒家与亚里士多德理论的关系，当时朱约林曾跟我解释过这个概念，我对此并无了解，故不能深入其中。据杜维明先生当时跟我说，麦金太尔认为他已经处理过西方哲学史的美德传统，我们只有把中国哲学史的全部美德理论处理之后才有资格与他进行对话。其实他不知道，老辈的中国学者如冯友兰、张岱年先生和居住港台的唐君毅、牟宗三先生都对中国哲学史做过全盘深入的研究，对中国伦理学史的了解要远超过只写过《伦理学简史》的麦金太尔本人对西方伦理学史的了解，尤其是张岱年先生还写过《中国伦理思想研究》。杜先生和我作为20 世纪这一研究传统的传人，有足够的学术基础参与这一对话。不过，中国学者必须以反思的态度，从中国自己的问题出发，不能盲目跟从"西方学术"的潮流，这也是我多年追踪德性伦理的发展但很少撰写文章讨论的原因。

　　1992 年在哈佛开会的时候，一个朋友特别提示我要注意社群主义对康德的批评，可能对儒家有所启发。1997 年我在哈佛一年，收集了不少社群主义的资料，复印的整本的书也有六七部，其中麦金太尔是重点。所以 1999 年我在香港中文大学教书讲授先秦儒学课程时，便多有涉及德性伦理和儒家伦理的讨论。在香港时，香港大学的两位朋友有一次跟我谈话，颇为正式地向我建议，希望我可以写一本像麦金太尔《德性之后》那样的一本书，对中国哲学的德性传统做一研究梳理。这两位朋友都不是研究中国学问的，他们说虽然他们很想写这样一本书，但实在缺乏功力和根底，所以希望我能来做。

　　2005 年在中国人民大学开会时我跟余纪元谈过一次德性伦理的问题，他觉得亚里士多德的德性与道德可以是对立的，儒家伦理应与之不同。2006 年我们又一起吃饭谈过一次，他希望我写一部中国德性伦理的书，方法可如冯友兰的《中国哲学史》。事实上，1989 年在东西方哲学家会议上麦金太尔即对杜维明提出过此类建议，即系统梳理中国儒学的德性理论。余纪元又说麦金太尔主张道德相对主义，儒家肯定与他不同。2006年我在美国做的《五行》篇研究，也和这个推动有关。而《五行》的研究后来成为一个独立部分，故不收入本书。2007 年余纪元和我在蓝旗营书店的咖啡厅谈了一下午，那次见面，他主要是催促我早点把儒家德性伦理的书写出来，由他译为英文。

因此，2008 年我在台湾教书时，又收集了一些相关文献，并尝试开始写作，于是就有了《五行》与《六德》的对比研究。我当时的想法是，此项工作包括两个方面，一个是儒学史研究的方面，看看德性伦理运动对古代儒家伦理研究可能的推动是什么，看看西方德性伦理提出了什么问题，儒家是如何处理和回答的；也看看儒家的德性理论有何特点，提出了哪些西方德性伦理没有提到的问题。另一个是伦理学研究的方面，从儒家的角度反思西方德性伦理运动的薄弱之处，在一般的德性伦理学方面深入思考，以提出新的理论面向。

然而，不久我就转到清华大学。到清华后，我先后参与了两次讨论德性伦理与儒家伦理问题的会议。一次在清华，与美国的中国哲学学者安靖如（Stephen Angle）等一起；另一次在北大，与德性理论学家斯洛特等学者一起。在这一期间，我也写了《德性伦理与儒家伦理》一文，也开始做《论语》与《孟子》的德性思想研究，尝试从德性伦理学的角度来重新检视儒家思想。

　　待我做了这些初步研究后，我对此项工作的兴趣开始改变。此时的我认为，对先秦儒家德性伦理的研究已经足以帮助我把德性伦理与儒家伦理这一问题阐发清楚，而不需要对汉唐宋明儒学的德性理论再细加研究了，至少对我来说是如此。而如果我们理解麦金太尔最终是为了解决西方启蒙时代以来伦理学遭遇的道德困境，则我们的研究本来就不能仅仅就一般的德性伦理（反规则伦理）来展开，也不能仅就伦理学理论而研究，而必须就中国近代以来道德变化的真正问题进行研究。这样我们就发现，如果参照麦金太尔的说法，我们可以用一句话来说明，那就是，西方近代以来是规则压倒了美德，而中国近代以来是公德压倒了私德（如果我们暂且用这个不太严谨的表述）。因此，虽然别的学者可以从不同角度开展德性伦理的研究，但对我来说，对中国德性伦理的研究必须在这一线索下联结起来。事实上，私德更多和品质联系在一起，而公德更多和行为原则联系在一起。所以这个问题的讨论仍然可以联结到美德伦理的思考。

　　因此，在先秦儒学的德性思想的研究之后，我开始关注近代以来中国思想中公德—私德的讨论，以便揭示中国当代道德文化困境的真正来源。自然，就文化的意义而言，我要证明儒家伦理的现代意义，所以我的关注点也就从一般的德性伦理和儒家伦理转到从儒家的立场上梳理近代以来公德—私德的起伏变化，揭示出中国近代道德困境的根源和出路。在这个意义上私德和公德都是美德伦理，只不过我们必须把握到美德伦理研究的中国问题。而中国道德的出路是要从公德—私德的对峙与失衡回归到儒家的君子之德。

陈 来

2019 年 1 月 31 日